Paul M. Zulehner (Hrsg.)

Spiritualität –
mehr als ein Megatrend

Gedenkschrift für Kardinal DDr. Franz König

Publikation zur Ringvorlesung: »Spiritualität – mehr als ein Megatrend?« an der Katholisch-Theologischen Fakultät der Universität Wien im Wintersemester 2003/2004

Gedruckt mit Förderung des Bundesministeriums für Bildung, Wissenschaft und Kultur in Wien

DAS ZUKUNFTSMINISTERIUM

Bibliographische Information der Deutschen Bibliothek
Die deutsche Bibliothek verzeichnet diese Publikation in der
Deutschen Nationalbibliografie; detaillierte bibliografische
Daten sind im Internet über http://dnb.ddb.de abrufbar.

Umschlaggestaltung: Finken & Bumiller, Stuttgart
Umschlagmotiv: © Francesco Clemente, XIXC
Satz: Schwabenverlag mediagmbh, Ostfildern
Herstellung: Koninklijke Wöhrmann, B. V. Zutphen, Niederlande
Printed in Netherlands

ISBN 3-7966-1174-5

Inhalt

Zum Gedenken an Kardinal DDr. Franz König

»Wenn die Botschaft Christi wirklich das ist, was sie sein soll und sein will, dann muss sie auch eine Antwort auf die Fragen der suchenden Menschen von heute geben können.« Dieses missionarisch-dialogische Grundmotiv prägte das Leben und Wirken von Kardinal Franz König (1905–2004). Als Konzilskardinal konnte er so gemeinsam mit seinem Berater Karl Rahner (1904–1984) wesentlich dazu beitragen, dass sich das Zweite Vatikanische Konzil (1962–1965) der modernen Welt öffnete und wesentliche theologische und pastorale Impulse für eine zeit-gerechte, zeit-offene Kirche formulierte, die bis heute aktuell sind.

- Zu den elementaren «Zeichen der Zeit«, nach denen zu forschen und sie im Licht des Evangeliums zu deuten das Konzil alle Christen und Christinnen beauftragt hat (GS 4), gehört auch das, was man in der Religionssoziologie und Theologie den »Megatrend Religion«, die »Respiritualisierung«, die »Wiederkehr der Spiritualität« nennt. Im letzten Jahrzehnt mehrfach als komplexer gesellschaftsrelevanter Trend empirisch bestätigt[1] hat sich die Katholisch-Theologische Fakultät der Universität Wien im Wintersemester 2003/04 mit diesem aktuellen Thema vertieft auseinandergesetzt und die Veränderungen im »religiösen Feld« (Pierre Bourdieu) der Moderne und Postmoderne aus den Perspektiven unterschiedlicher theologischer Disziplinen reflektiert. Professor/innen der Wiener Katholisch-Theologischen Fakultät und internationale Expert/innen wie die Religionsphilosophin und Religionswissenschaftlerin Univ. Prof. DDr. Hanna-Barbara Gerl-Falkovitz (TU Dresden) und der katholische Theologe Univ. Prof. Dr. Hans-Joachim Höhn (Köln) haben sich im Rahmen eines Symposiums am 12. September 2003 in Wien und in einer anschließenden Ringvorlesung mit folgenden Ausgangsthesen und Fragen auseinandergesetzt:
- Was bedeutet es theologisch, wenn Säkularität ab einer bestimmten Quantität und Qualität Religion nicht zur Gänze verschwinden lässt, sondern ihrerseits Spiritualität evoziert? Die alte Gleichung, dass die Säkularisierung die Religion abschaffe, stimmt in ihrer linearen Eindimensionalität nicht mehr, im Gegenteil: je moderner eine Gesellschaft ist, umso spiritualitätsproduktiver ist sie.
- Spiritualitäten zeigen sich heute als ambivalente Suchbewegungen mit lebensschädlichen und lebensförderlichen Aspekten. Welche Dimensionen moderner Spiritualitäten lassen sich erkennen? Wie kann man diese Dimensionen theologisch verstehen? Wie stellen sich diese Dimensionen im Licht der christlichen Tradition dar und was bedeuten diese neuen Spiritualitäten für die Kirchen?

---

1 Vgl. u. a.: Zulehner, Paul M./Hager, Isa/Polak, Regina: Kehrt die Religion wieder? Religion im Leben der Menschen 1970–2000, Ostfildern 2001; Polak, Regina (Hrsg.): Megatrend Religion? Neue Religiositäten in Europa, Ostfildern 2002 (dort ausführliche Darstellung der empirischen Studien des vergangenen Jahrzehnts).

Die Suchbewegungen sind das Resultat einer ambivalenten Moderne. Die Moderne führt zur Entfremdung des Menschen von sich selbst, zugleich aber auch zu sensibilisiertem, humanisierendem Selbst- und Weltbewusstsein. Diese Suchbewegungen führen dazu, dass Spiritualitäten heute verschieden gewichtete, widersprüchliche Dimensionen aufweisen. Die Vorlesungsreihe gliedert sich entlang solcher vermuteter Dimensionen wie der Suche nach dem Ich, nach Sinn, nach Verwebung und Vernetzung, nach einer neuen Ethik der Liebe.[2]

Die vielfältigen und oft widersprüchlichen Ergebnisse der theologischen Reflexionen im Rahmen der Ringvorlesung haben neben vielen kritischen Anfragen auch deutlich jene vieler moderner Zeitgenoss/innen ins Zentrum der Aufmerksamkeit gerückt, die sich heute zuversichtlich und experimentierfreudig auf eine neue Suche nach Sinn machen: angezogen von einer Sehnsucht nach Leben, nach Fülle und Glück hoffen sie, dass »Spiritualität« ihnen Antwort geben kann. Hinter den oft ambivalenten und diffusen Erwartungen, die Menschen dazu veranlassen, sich auf »spirituelle Wanderschaft« zu begeben, stehen neben vielen fragwürdigen Motiven wie übertriebene Selbstfixiertheit oder die naive, individualistische Vorstellung von einem »Recht auf Glück«, nicht selten auch die großen Fragen des Lebens: Woher komme ich? Wohin gehe ich? Welchen Sinn hat mein Leben? Jene Fragen, auf die Kardinal Franz König zeitlebens gemeinsam mit Menschen in der Kirche, in der Wissenschaft, in anderen Religionen Antworten gesucht und gefunden hat. Diese Entdeckung, dass trotz aller Verwaschenheit und undefinierbaren Breite, die der Begriff »Spiritualität« in vielen neuspirituellen Bewegungen hat, in den Tiefen der Menschen doch eine tiefe Sehnsucht nach Sinn und Wahrheit am Werk ist, hat uns dazu veranlasst, die Publikation der Ringvorlesung Kardinal König zu Beginn seines 100. Lebensjahres am 3. August 2004 schenken zu wollen. Dazu sollte es nicht kommen – denn am 13. März 2004 hat Gott seinen treuen Diener zu sich berufen. Der Kardinal mit dem globalen und universalen Denk- und Lebenshorizont, immer auf der Suche nach Wahrheit und verankert in einem unerschütterlichen echten Glauben, ist in die ewige Treue-Wahrheit Gottes neu hineingeboren.

So wollen wir nun dieses Werk im Gedenken an ihn herausgeben: Die schillernden Beiträge in diesem Buch seien einem Mann gewidmet, dessen Interessen nicht nur der Theologie, sondern auch der Naturwissenschaft und anderen Religionen galten – und das in Theorie und Praxis. Zeitlebens der Wissenschaft zugetan, hat Kardinal König in seiner vierjährigen Tätigkeit als Moraltheologieprofessor in Salzburg 1951 das heute noch bedeutende religionsgeschichtliche Standardwerk »Christus und die Religionen der Welt«[3] herausgegeben, 1956 erschien sein »Religionswissenschaftliches Wörterbuch«[4]. Als Mann der Ökumene und des interreligiösen Dialogs knüpfte der Kardinal zahlreiche und intensive Kontakte mit den Ostkirchen und gründete die Stiftung »Pro Oriente«, die mit internationalen ökumenischen Symposien dem ökumenischen Dialog bis heute wesentliche Impulse gibt. Im Jahr 1964 leitete er im Rahmen des Eucharistischen Weltkongresses in Bombay das große Religionsgespräch, an dem Vertreter aller Religionen teilnahmen. Ein besonderes

---

2 Ausführlich dazu: Zulehner, Paul M./Polak, Regina: Theologisch verantwortete Respiritualisierung. Zur spirituellen Erneuerung der christlichen Kirchen, s. u. 207–212. Zu den Dimensionen zeitgenössischer Spiritualitäten: Martin, Ariane: Mehr Licht?! Unveröff. Dissertation in Arbeit, Wien 2005.
3 König, Franz (Hrsg.): Christus und die Religionen der Erde, Wien 1951.
4 König, Franz (Hrsg.): Religionswissenschaftliches Wörterbuch, Wien 1956.

Anliegen war Kardinal König auch der Dialog zwischen Religion und Naturwissenschaft. Hier setzte er auf internationaler Ebene zahlreiche Initiativen, zum Beispiel am 1. Juli 1968 in Lindau am Bodensee bei einer Tagung der Nobelpreisträger mit einem Referat zum Thema »Überwindung des Galilei-Traumas im Verhältnis von Kirche und Profanwissenschaft«, ein wesentlicher Beitrag zur Rehabilitierung des großen Naturwissenschaftlers. Die Gründung der Stiftung »Nova Spes«, ein Handlungsbündnis, das Kardinal König zwischen internationalen Kräften von Religion, Wissenschaft, Wirtschaft und Kommunikation gestiftet hat, soll einer ganzheitlichen Entwicklung des Menschen und der Gesellschaft dienen. An diesen wenigen Fragmenten wird die menschliche und geistige Weite eines großen Gottes- und Kirchenmannes deutlich. Die Universität Wien hat ihn aus diesem Grund – wie sehr viele andere akademische Einrichtungen – zu einem ihrer Ehrendoktoren ernannt.

Bei aller wissenschafts-, welt- und kirchenpolitischen Umtriebigkeit standen im Zentrum seines Tuns aber immer die Überzeugung und der Glaube, dass Christus und seine Kirche das Heil der Welt sind. Dieser Glaube führte zu einer Menschenfreundlichkeit und Gesprächsbereitschaft, zu einer Offenheit für alle Menschen guten Willens – diese Tugenden waren ihm immer ein zentrales Anliegen. Sein Herz galt dabei auch den so genannten »Nichtglaubenden«, jenen, die den Weg zu Christus und der Kirche nicht finden wollen oder können und trotzdem nach Wahrheit, Freiheit, Liebe und Sinn fragen. Insbesondere in seiner Funktion von 1965–1981 als Sekretär des vatikanischen »Sekretariats für die Nichtglaubenden« widmete er sich einem substantiellen Verständnis von Atheismus und nicht-institutionalisierten Formen der Religiosität.

Kardinal König ist sein ganzes Leben in erster Linie Seelsorger geblieben. Zutiefst davon überzeugt, dass Religion zum Wesen des Menschen gehört, waren ihm alle Menschen ein Anliegen, die auf der Suche nach Sinn unterwegs waren. Sein Interesse hätte in Zukunft daher wohl auch jenen gegolten, die wir heute oft, etwas abfällig, als »Religionsbastler/innen« bezeichnen: also den spirituell Suchenden, den Religionskomponist/innen.

Das bischöfliche Leitmotiv des großen österreichischen Kardinals war ein Spruch aus dem Epheserbrief: »Veritatem facientes in caritate«, die Wahrheit in Liebe tun (Eph 4,15). Dieses Motto ist für Theologinnen und pastoral Verantwortliche eine wichtige Erinnerung, wie Christen und Christinnen jenen begegnen können und müssen, die heute abseits der Kirchen spirituelle Wege einschlagen – auch wenn diese Wege uns nicht immer gefallen, oft weit abseits vernünftiger und verantwortungsvoller Wahrheitssuche erfolgen oder vielleicht niemals zur Kirche führen sollten: Die Form unserer Wahrheitsverkündigung ist und wird immer die Liebe bleiben.

Kardinal König verstand die Kirche stets auch als gestaltenden Faktor der Gesellschaft – und das Studium des »Megatrends Spiritualität« zeigt, dass die neuen Spiritualitäten bereits jetzt schon, wenn auch indirekte, so doch relevante öffentlichkeitsgestaltende Kräfte freisetzen: eine oft fragwürdige Affinität zu gefährlich autoritären oder liberalistischen politischen Strukturen können wir als Folge genauso beobachten wie eine große Stoßkraft hin zu neuen solidarischen und ökologischen Initiativen. Nicht zuletzt deshalb ist das Thema Spiritualität von höchster, auch religionspolitischer Aktualität.

Als Kirche sind wir in solchen gesellschaftlichen Situationen Antworten und Dialog schuldig, zudem aus eigenem Selbstverständnis heraus verpflichtet, das Evangelium Jesu Christi auch in die Lebens-Situation jener Menschen und Gesellschaftsstrukturen zu sprechen, die sich erneuern wollen, suchen und fragen. Als Christ/innen sind wir eingeladen, uns am Diskurs rund um Spiritualität und Religion, wie er gegenwärtig in modernen Gesellschaften wieder beginnt, rege zu beteiligen, mitzufragen, mitzudenken, den Glauben einzubringen. Möglich wäre sogar, dass wir dabei etwas lernen und unsere Kirche wieder spirituelle Kräfte sammeln und weiterreifen kann. Möge dieses Buch ein Beitrag dazu sein.

Dank sei an dieser Stelle allen ausgesprochen, die am Zustandekommen der Ringvorlesung und der nun vorliegenden Publikation beteiligt waren:

Danke zunächst dem Leitungsteam, das die Vorlesungsreihe konzipiert hat: Ass. Prof. Dr. Karl Baier, Univ. Doz. Dr. Christoph Benke, Univ. Prof. DDr. Johann Figl, Univ. Prof. Dr. Josef Weismayer und meiner Assistentin Mag. Regina Polak, die neben der Organisation auch die Redaktion des vorliegenden Bandes geleitet hat.

Unserer Instituts-Office-Managerin, Frau Monika Mannsbarth, die für die nötige und perfekte organisatorische Begleitung gesorgt hat, sei ebenfalls Dank ausgesprochen.

Dank auch jenen Institutionen, die sich für das Zustandekommen des gesamten Projektes materiell und ideell eingesetzt haben:

- dem Alumniverband der Katholisch-Theologischen Fakultät der Universität Wien
- der Erzdiözese Wien: den Theologischen Kursen, dem Erzbischöflichen Amt für Unterricht und Erziehung und dem Religionspädagogischen Institut, dem Katholischen Bildungswerk Wien
- dem Pastoralen Forum Wien
- dem österreichischen Bundesministerium für Bildung, Wissenschaft und Kultur sowie der Stadt Wien
- sowie dem Erzbischof der Erzdiözese Wien, Kardinal Dr. Christoph Schönborn, der das Projekt bereitwillig unterstützt hat.

Ihnen allen verdankt das Projekt »Megatrend Spiritualität« sein Zustandekommen.

Wien, 3. August 2003   Paul M. Zulehner

Auf dem Weg in eine postsäkulare Kultur?

Herausforderungen einer kritischen Phänomenologie der Religion

Hans-Joachim Höhn

Lange Zeit dominierte in den Selbstdeutungsmustern moderner Gesellschaften ein lineares Verständnis von wissenschaftlich-technischem Fortschritt, von ökonomischem Wachstum und politischer Selbstbestimmung. Es sollte in allen Belangen ständig »vorwärts« und »aufwärts« gehen. Der Lauf der Welt hat diese Erwartung nicht bestätigt. Das 20. Jahrhundert ist zum »Zeitalter der Extreme« (E. Hobsbawm) geworden, das ein »Hin und Her« von Utopien und Apokalypsen, ein »Auf und Ab« von Hoffnungen und Enttäuschungen regiert. Der Anfang des 21. Jahrhunderts hat diese Tendenzen in den »Megatrend« der gegenläufigen Gleichzeitigkeit überführt: Was überwunden schien, kehrt zurück. Was als veraltet galt, macht dem Neuen den Rang streitig. Nahezu alle Bereiche von Kultur und Gesellschaft sind von dieser Dialektik geprägt. Auch die Religion macht hier keine Ausnahme. Hinsichtlich ihrer sozio-kulturellen Signatur lassen sich sowohl Prozesse der Säkularisierung und zugleich der Respiritualisierung ausmachen. In den weitgehend säkularisierten Gesellschaften (West- und Mittel-)Europas tritt sie vor allem in ihren lebenspraktischen Äußerungen, im Bereich lebensweltlicher Sinnfindung und Daseinsgestaltung wieder in Erscheinung. Je unübersichtlicher und unvertrauter eine von ständigen Innovationen geprägte Gesellschaft wird, umso notwendiger werden offenkundig kulturelle Widerlager, die Wirklichkeitsvertrautheit, Biographiekohärenz und Identitätsvergewisserung ermöglichen.[1] Unbestreitbar sind dagegen Funktions- und Bedeutungsverluste auf gesamtgesellschaftlicher Ebene für die institutionellen Ausprägungen religiöser Weltdeutungen. Mit weltanschaulich pluralen Gesellschaften sind offenkundig nur pluralitätsfähige religiöse Großinstitutionen kompatibel. Den bestehenden religiösen Körperschaften fällt es gleichwohl konstitutionell schwer, in ihrem Binnen- und Außenverhältnis produktive Umgangsformen mit religiöser und weltanschaulicher Pluralität auszubilden.

---

1 Vgl. hierzu u. a. Zulehner, Paul M./Hager, Isa/Polak, Regina: Kehrt die Religion wieder? Religion im Leben der Menschen, Ostfildern 2001.

Problemskizze: Religion – nach ihrem Ende!?

Zwiespältig und gegenläufig sind die Impressionen, die man bei einem Blick auf das religiöse Feld der Gegenwartsgesellschaft gewinnt. Zwar sind die Tendenzen einer Entkirchlichung des Christentums und einer Entchristlichung des Religiösen nach wie vor ungebrochen. Aber die Befunde und Belege einer Renaissance des Religiösen diesseits der Kirche und jenseits des Christentums haben die Prognose eines modernisierungsbedingten Komplettverschwindens des Religiösen als unzutreffend erwiesen. Vor allem in den nicht-(west)europäischen Gesellschaften der Moderne hat das Religiöse der Abdrängung ins Private widerstehen können und sich im Bereich der politischen Öffentlichkeit präsent halten bzw. diese Präsenz verstärken können.[2] Dass auf diesen empirischen Befund religionssoziologische Theorien entsprechend reagieren müssen und an die Stelle des »klassischen« Säkularisierungsparadigmas neue Erklärungsmuster zu setzen sind, bedarf keiner langen Begründung. Wenn sich die Vorgänge der Erosion religiöser Kulturbestände bei näherem Hinsehen als Prozesse des individuellen Neuarrangements bzw. der privaten Neukomposition erweisen[3], wird man eher von einer Pluralisierung und Individualisierung des Umgangs mit Religion zu reden haben als von ihrer »Exkulturation«. Weitaus vorsichtiger aber wird man sein müssen, wenn die behauptete »Wiederkehr« des Religiösen bereits als Eintritt in eine neue »postsäkulare« Phase der Moderne bezeichnet wird. Zwar sind inzwischen etliche religionstheoretische Verdunstungstheorien verdunstet, nicht aber »die« Religion.[4] Und kein Soziologe vertritt noch die Pauschalbehauptung, dass die Zeit der Religion abgelaufen ist, so dass man über sie am besten im Stile eines Nachrufes reden sollte oder – je nach dem Grad der persönliche Betroffenheit – die Totenklage anzustimmen habe. Aber die Prognose vom Comeback der Religion könnte ebenso voreilig sein. Gleichwohl hat die Religion ihr Ende einstweilen überlebt. Sie ist hinweggegangen über eben jene Zeit, die meinte, über Religion einfach hinweggehen zu können: die Moderne.

Die Moderne versteht sich als die Epoche der Verabschiedung aller kulturellen Bestände, die sich auf metaphysische Illusionen gründen. Sie war überzeugt, man müsse nur über den illusionären Charakter religiöser Heilsversprechen aufklären und an die Stelle ihrer Jenseitsträumereien säkulare Fortschrittsverheißungen setzen, dann würde unweigerlich das Ende der Religion kommen. In der Tat sind viele Fortschrittsversprechen der Moderne erfüllt worden. Und dennoch hat Religion, die einmal überholt schien, sich am Leben erhalten. Sie behauptet sich nach etlichen Säkularisierungs- und Entmythologisierungswellen immer noch. Die Moderne hat offenkundig nicht die Religion »hinter« sich, sondern die Säkularisierung der Religion, und kann sich ihrer eigenen Säkularität nicht mehr sicher sein. Zuerst

---

2 Vgl. hierzu vor allem die Studien von Casanova, José: Public Religions in the Modern World, Chicago/London 1994. Zum Ganzen vgl. auch Gabriel, Karl (Hrsg.), Religionen im öffentlichen Raum: Perspektiven in Europa (JCSW 44), Münster 2003.
3 Vgl. hierzu Pollack, Detlef: Säkularisierung – ein moderner Mythos?, Tübingen 2003; Gabriel, Karl (Hrsg.): Religiöse Individualisierung oder Säkularisierung?, Gütersloh 1996.
4 Der Religionsbegriff wird nachfolgend sukzessive präzisiert und zunächst lediglich als »Containerbegriff« benutzt, der jene (symbolischen) Sinnsysteme erfasst, die bestimmte Weltdeutungen enthalten, mit praktischen Handlungsorientierungen und rituellen Praktiken einhergehen, die mit Annahmen über eine »letzte Wirklichkeit« verbunden sind. Zu den näheren Problemen einer »Religionsdefinition« vgl. Figl, Johann (Hrsg.): Handbuch der Religionswissenschaft, Darmstadt 2003, 62–80.

hat sie die Religion in eine Tradierungskrise gestürzt. Nun ist sie selbst in eine solche geraten, nachdem sich die aufklärerische Gleichsetzung von Vernunft und Fortschritt als voreilig erwiesen hat. Offensichtlich hat sich die Moderne zu viel vorgenommen. Ihre Leitidee hat sich verbraucht, wonach eine ständig weiter ausgreifende Naturbeherrschung, eine permanente Erweiterung des Wohlstands durch ökonomisches Wachstum sowie eine selbstbestimmte Identität des Subjekt durch Emanzipation von überkommenen Traditionen je für sich und gemeinsam auf einem ungehemmten Geradeausweg zu realisieren sind. Offensichtlich sind die Projekte der Moderne zu ihrer Vollendung auf andere Kräfte angewiesen, als sie der Moderne zur Verfügung stehen. Zur Dialektik der Moderne gehört auch, dass sie nur mit den Mitteln der Dialektik bewältigt werden kann. Dazu braucht es mehr und anderes als nur die instrumentelle und emanzipatorische Vernunft. Hier gilt: *sola ratione numquam sola*. Strittig ist allenfalls, was als das gesuchte »Andere« der Vernunft in Frage kommt.

Wenn sich die säkularen Fortschrittsmächte übernommen haben, ist dies bereits ein Zeichen dafür, dass sie den Platz wieder räumen sollen für dasjenige, dessen Stelle sie eingenommen haben? Ist jetzt die Zeit gekommen, da jene von der Moderne verdrängten Bestände des Religiösen, Mythischen und Spirituellen wiederkehren? War die Moderne nur ein Interregnum, ein Intermezzo, so dass man die alten Herrschaftsverhältnisse von Glaube und Vernunft wieder etablieren kann? Kann dies mit dem Stichwort »postsäkular« gemeint sein?[5]

Hat die Religion also wieder Zukunft, weil sie ihr Ende hinter sich hat? Oder ist sie nur noch in der Weise jener Größen vorhanden, die sich selbst überlebt haben? Ist das Ende einer bestimmten Form von Religion der Anfang einer ganz anderen Form von Religiosität? Fragen dieser Art arbeiten sich an Widersprüchen ab. Und in der Tat muss heute, wer angemessen über die Lage und die Zukunftschancen der Religion reden will, eine auf den ersten Blick widersprüchliche Doppelthese vertreten. Auf der Bühne moderner Gesellschaften wird ein Stück aufgeführt, das zugleich vom Verschwinden und vom Fortbestand des Religiösen handelt. Für die Doppelthese, dass das Ende der Religion gekommen ist (so dass wir in dem Sinn in einer

5 Der Begriff »postsäkular« verdankt seine Karriere vor allem der öffentlichen Aufmerksamkeit, welche die Rede von Jürgen Habermas anlässlich der Verleihung des Friedenspreises des deutschen Buchhandels 2001 gefunden hat (vgl. Ders.: Glaube und Wissen, Frankfurt 2001). Habermas hat diesem Begriff vor allem eine sozialtheoretische bzw. sozialethische Wendung gegeben, indem er darauf hinweist, dass ungeachtet zahlreicher Entmythologisierungs- und Säkularisierungswellen religiöse Sinnsysteme wichtige »vorpolitische« Ressourcen eines liberalen Staates bilden können, da sie für die Sicherung des Humanum etwas bergen, »was andernorts verloren gegangen ist und mit dem professionellen Wissen von Experten allein auch nicht wiederhergestellt werden kann – hinreichend differenzierte Ausdrucksmöglichkeiten und Sensibilitäten für verfehltes Leben, für gesellschaftliche Pathologien, für das Misslingen individueller Lebensentwürfe und die Deformation entstellter Lebenszusammenhänge« (Ders.: Stellungnahme: Vorpolitische moralische Grundlagen eines freiheitlichen Staates, in: zur debatte 1/2004, 4. Vgl. auch Ders.: Kulturelle Gleichbehandlung – und die Grenzen des Postmodernen Liberalismus, in: DZPh 51 (2003) 367–394). Nach Habermas führt die Tradition des Christentums im Blick auf die politisch-ethische Vernunft inspirierende, ja unaufgebbare semantische Gehalte mit sich. Ohne deren sozialisatorische Vermittlung könnte »eines Tages dieses semantische Potential unzugänglich werden; dieses muss sich jede Generation von neuem erschließen, wenn noch der Rest des intersubjektiv geteilten Selbstverständnisses, welches einen humanen Umgang miteinander ermöglicht, zerfallen soll« (Ders.: Nachmetaphysisches Denken, Frankfurt ²1988, 23). Allerdings muss die Vermittlung dieser Gehalte dem Anspruchsprofil der Moderne entsprechen. Ihre Inspirationen und Ideale eines »guten Lebens« müssen dabei in eine säkulare Sprache übersetzt werden und darin argumentativ vertreten werden, wollen sie die Zustimmung von Mehrheiten finden. Aber auch umgekehrt gilt: »Säkularisierte Bürger dürfen, sofern sie in ihrer Rolle als Staatsbürger auftreten, weder religiösen Weltbildern grundsätzlich ein Wahrheitspotential absprechen, noch den gläubigen Mitbürgern das Recht bestreiten, in religiöser Sprache Beiträge zu öffentlichen Diskussionen zu machen. Eine liberale politische Kultur kann sogar von den säkularisierten Bürgern erwarten, dass sie sich an Anstrengungen beteiligen, relevante Beiträge aus der religiösen in eine öffentlich zugängliche Sprache zu übersetzen« (Ders.: Stellungnahme, 4).

»postreligiösen« Zeit leben, dass Religion in einer weltanschaulich pluralen Gesellschaft nicht mehr als soziales Bindemittel oder moralische Letztinstanz gelten kann), aber dieses Ende nicht das Ende alles Religiösen bedeutet (sondern ihr Fortbestand außerhalb religiöser Institutionen zu registrieren ist), lässt sich jedoch nur dann Zustimmung finden, wenn Hinsichten angebbar sind, die eine nicht-widersprüchliche Erklärung dieser Doppelthese leisten.

Ein entsprechendes Deutungsmodell bietet die in den späten 1990er Jahren entwickelte so genannte »*Dispersionstheorie der Religion*«. Ihr zentrales Thema sind Veränderungen im Aggregatzustand religiöser Bestände einer Gesellschaft. Die Beschreibung einer »dispersen« Religiosität konzentriert sich buchstäblich auf die »Liquidierung« des Religiösen, d. h. auf die Verflüssigung der einstmals kirchlich-institutionell gebundenen Formen und Inhalte religiöser Praxis. Sie beobachtet ihr Verdunsten, aber auch ihr kulturelles Versickern und Aufgefangenwerden in den unterirdischen Bewässerungssystemen der säkularen Teilsysteme moderner Gesellschaften (Medien, Wirtschaft, Sport). Ihre Pointe besteht darin, dass sie die bleibende Bedeutung der Religion an den nicht-religiösen Aneignungen und Verwertungen religiöser Stoffe und Traditionen und ihre Präsenz in den nicht-religiösen Segmenten der Gesellschaft festmacht.[6]

Anhand der kritischen Sondierung dieser Art von »Religionspräsenz« soll im Folgenden zunächst eine kultur- und religionssoziologische Problematisierung der Kategorie »postsäkular« vorgenommen werden.[7] Nicht weniger klärungsbedürftig ist die Bestimmung dessen, was der »Megatrend Religion« tatsächlich an spezifisch Religiösem aufzuweisen hat.[8] Diese Klärungsversuche stehen in gewisser Weise im Vorfeld der Frage, wie es um die Selbstbehauptungschancen des Christlichen im Säkularen steht – allen säkularen Verzweckungen und Instrumentalisierungen des Religiösen zum Trotz. Man mag dies als ein Ausweichen vor drängenden theologischen und pastoralen Herausforderungen kritisieren. Der Verzicht auf diese Bemühungen würde aber bedeuten, die Tragweite dieser Herausforderungen nur verkürzt wahrzunehmen. Entsprechend kurzatmig werden dann auch die notwendigen pastoralen Initiativen ausfallen. Sofern die »Scheidung der Geister« ein zentrales Moment pastoralen Handelns ist, dürften die folgenden Erörterungen zudem durchaus praxisrelevant sein, da sie auf die Unterscheidung quasi- und pseudoreligiöser von originär religiösen Sinn- und Handlungsofferten abzielen. In methodischer Hinsicht geht es dabei darum, die Bedeutung religionsphänomenologischer Beobachtungen[9] für das

---

6 Vgl. hierzu ausführlich Höhn, Hans-Joachim: Zerstreuungen. Religion zwischen Sinnsuche und Erlebnismarkt, Düsseldorf 1998.

7 Die folgenden Überlegungen gehen weniger den politisch-ethischen Implikationen von J. Habermas' These nach, sondern konzentrieren sich auf die Formate und Formen, in denen die Gehalte der religiösen Semantik in modernen Gesellschaften außerhalb religiöser Traditionen begegnen. In dieser Perspektive kann gezeigt werden, inwiefern »postsäkulare« Gesellschaften zugleich »postreligiös sind, insofern sich das Religiöse weniger in den überkommenen religiösen als in säkularen Feldern manifestiert, was wiederum Anlass zur Frage bietet, ob es darin als Religiöses antreffbar ist. An diesem Sachverhalt wäre auch genauer zu analysieren, worin das Spezifikum einer modernisierungsbedingten Säkularisierung des Religiösen in (West-/Mittel-)Europa liegt. Vgl. dazu auch Eder, Klaus: Europäische Säkularisierung – ein Sonderweg in die postsäkulare Gesellschaft?, in: Berliner Journal für Soziologie 12 (2002) 331–343.

8 Indem hierbei in kultursoziologischer Perspektive primär die Antreffbarkeit des Religiösen in nichtreligiösen »Feldern« (vgl. P. Bourdieu) reflektiert wird, tritt dahinter eine Analyse religiöser Suchbewegungen und ihrer Subjekte zurück. Nicht was und wie die Menschen heute glauben können oder wollen, woran sie zweifeln und womit sie spirituell experimentieren, steht hier im Vordergrund, sondern welchen Formen und Relikten, Mustern und Fragmenten des Religiösen sie dabei im Säkularen begegnen.

9 Vgl. hierzu auch Casper, Bernhard: Was kann »Phänomenologie der Religion« heißen?, in: Jahrbuch für Religionsphilosophie 1 (2002) 171–194 (Lit.).

Projekt einer kritischen Hermeneutik des Religiösen[10] zu erweisen, und somit eine Brücke zu schlagen zwischen kriteriologischen und empirischen Ansätzen in der Religionssoziologie bzw. -philosophie und der Theologie.

Zerstreuungen: Phänomene einer Dispersion des Religiösen

Wer das Schwinden »kulturreligiöser« Bestände in der Gegenwartsgesellschaft beobachtet ist geneigt, dies als späten Beleg für die fortschreitende Verdrängung des Religiösen in den Privatbereich zu deuten. Als »öffentliches Gut« scheint Religion keinen besonderen Kurswert mehr zu haben. Allerdings zeigt sich bei näherem Hinsehen, dass hinter dem vermeintlichen Unsichtbarwerden religiöser Kulturbestände Prozesse der »Dispersion« stehen. Dieser Begriff steht für das Phänomen der Aussiedlung des Religiösen in die nicht-religiösen Segmente der modernen Kultur, für die Durchmischung von Glaubensinhalten unterschiedlicher Herkunft und die Herausbildung neuer religiöser Nachfrageformen, die sich mit anderen Mustern der Daseinsvergewisserung oder Lebensführung legieren. Die religiöse Dispersion lässt neue Berufe entstehen, in denen die ästhetisch-therapeutischen Sinnelemente des Christentums aus ihrem dogmatischen Sinnsystem herausgelöst und von freischaffenden »Ritendesignern« an den Wendepunkten einer Biographie zur Selbst- und Sinnvergewisserung verunsicherter Individuen eingesetzt werden. Als Resultate religiöser Dispersion lassen sich auch jene säkularen Liturgien und Wallfahrten verstehen, die aus Anlass von »Kultevents« bei Rock- und Popfestivals oder sportlichen Großereignissen veranstaltet werden. Und nicht zuletzt wird man im Bereich der Werbung und im Marketing fündig, wenn man nach Phänomenen einer dispersen Religion sucht.[11]

Dispersion heißt in diesem Zusammenhängen vor allem (1) »*Dekonstruktion*«. Hierbei geht es weder um die pure Destruktion noch um die Neuerfindung des Religiösen, sondern um ein zerlegendes Zusammensetzen. Zerlegt und neu zusammengesetzt wird das Ensemble religiöser Angebote, das Set religiöser Erwartungen und Bedürfnisse sowie die bisherige Zuordnung religiöser Inhalte, Funktionen und Institutionen. Ein signifikantes Beispiel ist etwa das anhaltende Interesse am mystischen Heilwissen der Hildegard von Bingen. Abgelöst von seinem schöpfungstheologischen Hintergrund wird es neu arrangiert für allein therapeutische Zwecke – angeboten und nachgefragt von all jenen Zeitgenossen, die nach Alternativen zur Schulmedizin suchen.

Die Dispersion des Religiösen zeigt sich sodann als (2) *Deformatierung* religiöser Motive und Symbole. Hierbei geht es nicht um das Deformieren als das völlige Unkenntlichmachen eines religiösen »Labels«, sondern um dessen zitierende Weiter-

---

10 Vgl. Rentsch, Thomas: Religiöse Vernunft: Kritik und Rekonstruktion. Systematische Religionsphilosophie als kritische Hermeneutik, in: Höhn, Hans-Joachim (Hrsg.): Krise der Immanenz, Frankfurt 1996, 235–262; Gräb, Wilhelm (Hrsg.): Religion als Thema der Theologie. Geschichte, Standpunkte und Perspektiven theologischer Religionskritik und Religionsbegründung, Gütersloh 1999.
11 Vgl. zahlreiche Beispiele in: Isenberg, Wolfgang/Sellmann, Matthias (Hrsg.): Konsum als Religion? Mönchengladbach 2000; Bolz, Norbert/Bosshart, David: Kult-Marketing. Die neuen Götter des Marktes, Düsseldorf 1995.

verwendung bei einer gleichzeitigen »Umbuchung« in nicht-religiöse Deutungs-
und Handlungszusammenhänge. Dies wird vor allem in der Werbung praktiziert.
Der Rucksackproduzent »4YOU« zeigt in seinen Anzeigen – unter der Überschrift
»Believe« – Mose beim Durchschreiten des Roten Meeres; auf seinem Rücken trägt
dieser einen ebenso prall gefüllten wie solide gearbeiteten Rucksack und ist auf
diese Weise bestens gewappnet für eine vierzigjährige Wüstenwanderung.

Eine weitere Spielart der Dispersion des Religiösen besteht in der (3) *Inversion*
transzendenzorientierter Weltdeutungen. Hier ereignet sich eine »Richtungsum-
kehr« hinsichtlich der Verweisungsfunktion religiöser Motive und Symbole. In-
struktive Beispiele liefern auch hier PR-Abteilungen der Konsumgüterindustrie und
der Autobranche. In einem TV-Spot, in dem der Automobilhersteller Renault seinen
neuen Kleinwagen vorstellt, wird die Geschichte des Sündenfalls neu verfilmt. Nach
biblischem Vorbild endet sie mit der Vertreibung aus dem Paradies. Auf dieses Finale läuft auch das filmische Remake zu, doch wird an einer entscheidener Stelle
der biblische Mythos »umgedreht«: Adam und Eva klettern in den Kleinwagen, mit
dem sie das Paradies verlassen. Dessen Fahrkomfort lässt jeden Bestrafungsgedan-
ken vergessen. Die Vertreibung wird zu einer Vergnügungsfahrt. In der Schlussein-
stellung wird zudem ein typischer neuzeitlicher Mythos eingeblendet. Man fährt ins
Freie, in die Freiheit. Der Garten Eden war wohl letztlich doch ein zu enges Paradies.
Dieser Überzeugung ist offensichtlich auch die Schlange, die sich als blinder Passa-
gier in den Fond des Wagen geschmuggelt hat …

Der Begriff der Dispersion steht darüber hinaus für die Abnahme einer einheit-
lichen, traditionell christlich geprägten Religiosität der Bevölkerung und für die
stattdessen zunehmende (4) *Diffusion*, d. h. Durchmischung von Glaubensinhalten
unterschiedlicher Herkunft sowie für die Herausbildung neuer religiöser Charak-
tere, die virtuos Versatzstücke aus verschiedenen spirituellen bzw. esoterischen
Richtungen kombinieren und neu aufbereiten. Im Extremfall wird im Stile einer
Selbstmedikation bunt kombiniert. Es kommt dann vor, dass jemand in schwierigen
persönlichen Entscheidungssituationen ignatianische Exerzitien absolviert und zusätzlich das I Ging wirft, die getroffene Wahl in der Weise des »Auspendelns« nochmals überprüft und abschließend ein Horoskop konsultiert.

Die Bandbreite von »Dekonstrukten« des Evangeliums, die in den letzten Jahren
etwa im Fernsehen zu neuen »Sinnbildern« verarbeitet wurden, deckt nahezu alles
ab, was (einst) zum Bestand kirchlich institutionalisierter Christlichkeit gehörte. Religiöse Dispersion zeigt sich hier als (5) *mediale Adaption* religiöser Stoffe und Motive.[12] Zu erinnern ist etwa an die Neuauflage des Gleichnisses vom verlorenen Sohn
in der Sendung »Bitte melde dich« (Sat 1). Wer will, kann Wunder erbitten und erleben (»Lass Dich überraschen«, ZDF). Es genügt, einen passenden Wunschzettel an
einen Sender zu schicken, sich vor laufender Kamera darüber zu grämen, einen engen Angehörigen seit Jahrzehnten nicht mehr gesehen zu haben und schon geschieht
das Wunder, dass auf das Stichwort des Moderators eben jener Verwandte aus den
Kulissen hervorkommt und man sich tränenreich in die Arme fällt. Man kann sich

---

12 Vgl. hierzu mit zahlreichen Fallstudien Hurth, Elisabeth: Zwischen Religion und Unterhaltung. Zur Bedeutung der religiösen Dimension in den Medien, Mainz 2001; Reichertz, Jo: Die Frohe Botschaft des Fernsehens, Konstanz 2000; Thomas, Günther (Hrsg.): Religiöse Funktionen des Fernsehens?, Wiesbaden 2000; Schilson, Arno: Medienreligion. Zur religiösen Signatur der Gegenwart, Tübingen/Basel 1997.

auch selbst als barmherziger Samariter erweisen und sich in den Sparten des »Charity-TV« (»Menschen für Menschen«) – vorzugsweise im Advent – an Spendenaufrufen beteiligen. Es ist sogar möglich, Zeuge der Wiederauferstehung Verstorbener zu werden. Wird in den Zwanzig-Uhr-Nachrichten der Tod eines prominenten Schauspielers vermeldet, geschieht dies nicht ohne den Hinweis, dass er am selben Abend noch einmal im einem seiner größten Kinoerfolge zu sehen sein wird. Prompt ereignet sich nach 23 Uhr seine elektronische Wiederauferstehung.

Fernsehsendungen haben nicht nur Schau- und Zeigefunktionen; sie vermitteln auch das, was sie zeigen, und erfüllen damit rudimentär die theologischen Definitionsbedingungen eines Sakramentes: Öffentlich Sündiges bekennen und Vergebung erlangen kann man in den zahlreichen Talkshows: Den großen medialen Segen gab es zeitweise für Heiratswillige in der »Traumhochzeit« (RTL), als Kleinformat ist er noch heute erhältlich bei Nina Ruge, die ihr Klatsch- und Glamourmagazin »Leute heute« (ZDF) mit dem Schluss-Satz verziert: »Alles wird gut!« Bis es so weit ist, sind die nachmittäglichen Gerichtsshows zu überstehen, deren Dramaturgie der christlichen Eschatologie entspricht (Gericht – Fegefeuer), aber den Gedanken an ein böses Ende meidet.

Einen instruktiven Beleg für die mediale Dekonstruktion religiösen Rollenhandelns liefert nicht zuletzt die Serie »Schwarz greift ein«, die vom Fernsehsender SAT 1 über mehrere Jahre hinweg ausgestrahlt wurde: Schauplatz ist die Pfarrei St. Antonius im Frankfurter Bahnhofsviertel, im Mittelpunkt des Geschehens steht ihr Pfarrer Henning Schwarz. Allerdings haben wir es hier nicht mit einer der inzwischen außer Mode geratenen Pfarrerserien zu tun. Nicht die Arbeit in der Pfarrei, nicht die persönlichen Krisen und Konflikte des Pfarrers, nicht Zölibat und Kirchensteuer stehen im Vordergrund. »Schwarz greift ein« ist eine Krimiserie, ihr Titelheld ein ehemaliger Fahnder der Kriminalpolizei, der nach seiner Priesterweihe nun als »Detektiv Gottes« aktiv wird. Diebstahl, Mord, Erpressung – Schwarz greift ein und ist seinen ehemaligen Kripokollegen meist einen Schritt voraus. Denn er ist nicht nur mit kriminalistischem Spürsinn ausgestattet, sondern kennt auch etliche »himmlische Tricks«, um Täter zu überführen und bisweilen Gnade vor Recht ergehen zu lassen.

Dass »Schwarz greift ein« nicht als Pfarrer-, sondern als Krimiserie konzipiert wurde, ist kein Zufall. Hier wird symptomatisch deutlich, wie es zur Zeit um die gesellschaftliche Nachfrage nach Religion steht: Für sich allein genommen ist Religion nicht mehr interessant genug. Religion kann nur dann Aufmerksamkeit und Beachtung finden, wenn sie das, was von sich aus bereits interessant ist, auf neue Weise noch einmal interessant macht. Religiöse Akteure finden nur wenig Publikum, wenn sie in ihrer angestammten Hauptrolle auftreten. Wer allein den Glauben vertritt – sola fide – bleibt mit seinem Glauben meist allein. Religiöse Akteure müssen in der Lage sein, auch in anderen Gewändern aufzutreten – sola fide numquam sola. Für Drehbuch und Regie sind sie dabei nicht mehr verantwortlich und ehe sie auf die Besetzungsliste kommen, müssen sie ein entsprechendes »casting« überstehen. Kurzum: Religion macht nicht mehr durch sich selbst, d. h. durch Religion auf sich aufmerksam. Sie muss Funktionen miterfüllen, die keine religiösen sind.

Wenn an dieser Stelle die Exkursion in die Regionen disperser Religiosität abgebrochen wird, dürfte gleichwohl genügend Material vorliegen, um die Vermutung zu erhärten, dass viele der dort antreffbaren Fragmente und Versatzstücke des

Christentums auf ihren religiösen Hintergrund kaum noch transparent sind. Sie sind hinsichtlich ihrer christlichen Herkunft »anonymisiert«, haben aber eine gewisse »Aura« oder Assoziativkraft »in Richtung Religion« behalten. Sie erinnern im Phänotyp, in Ästhetik und Semantik noch an die alten Erscheinungsformen – wie etwa diverse Videoclips belegen, die »Cover-Versionen« gregorianischer Choräle bieten. Aber in solchen Verpackungen stecken keine Inhalte mehr, mit denen sich eine konkrete religiöse »Kennung« verbindet. Es sind diese entkonfessionalisierten und dekontextualisierten »updates« religiöser Traditionen, in denen die Religion weiterlebt.

Die Frage ist jedoch, ob sie darin auch als Religion weiter existiert. Kann es sein, dass »die« Religion ihr Ende überlebt hat, ohne dass erkennbar ist, dass sie *als* Religion weiterlebt? Hängt die kulturelle Präsenz der Religion davon ab, dass sie zu einem Tausch von traditioneller Haupt- und säkularer Nebenrolle fähig ist!? Das Religiöse lebt dann in einer säkularen Kultur hinsichtlich seiner ästhetischen Nebenwirkungen fort, aber nicht hinsichtlich seiner primären Geltungsansprüche für eine transzendenzorientierte Lebensführung des Menschen. Religion besteht fort als Fundus ökonomischer Marketingstrategen, als Lieferantin von Zeichen und Symbolen, die aus ihrem ursprünglichen Sinnzusammenhang gerissen werden und für Werbezwecke herhalten müssen, als kulturelles Treibgut, das an nicht-religiöse Ufer angeschwemmt wird und dort auf die säkulare Restverwertung wartet.

Es drängt sich der Verdacht auf, dass die ökonomischen, ästhetisch-medialen und therapeutischen Dekonstruktionen, Dekontextuierungen und Inversionen religiöser Themen, Symbole und Überlieferungen in Wahrheit Dubletten eines ökonomischen, therapeutischen oder ästhetisch-medialen Verhältnisses des Menschen zu sich selbst und seiner Welt sind. Einstweilen bleiben dann lediglich die ästhetischen und therapeutischen Erlebnisformate und Folgewirkungen der Religion erhalten; ihre Inhalte aber werden im Lauf der Zeit aufgezehrt. Kurzum: Das Erscheinungsbild der dispersen Religion ist nur noch »religions*förmig*«, benutzt werden religiös konnotierte Layouts, Ästhetiken und Semantiken für nicht-religiöse Inhalte und Ziele.[13]

Auch die frappierende Häufigkeit der Übernahme religiöser Funktionen durch das Fernsehen und im Fernsehen belegt nur scheinbar den medialen Fortbestand vieler Elemente religiöser Lebensdeutung und Lebenskultur. Es mag sein, dass im TV-Krimi das Mythem des Widerstreits von Gut und Böse auflebt, dass Serien und Mehrteiler auf Seiten der Rezipienten das anthropologische Bedürfnis nach biographischer Kontinuität ansprechen, dass Talkshows als Beichtersatz fungieren und in den Spielshows die Suche nach einer »anderen« Seite des Lebens inszeniert wird. Aber es wäre falsch zu behaupten, »die Produzenten und Fernsehmacher seien, indem sie solche Momente des Medienreligiösen vermitteln, selbst von religiösen Motiven oder Ambitionen bestimmt, so als seien sie die geheimen Missionare dieser besonders gearteten welthaften Religiosität in diesem Medium«.[14] Es darf nicht übersehen werden, dass der Kontext, in dem diese funktionalen Schwundstufen des Religiösen auftauchen, kein religiöser ist und selbst noch einmal in einem größeren (ökonomischen) Funktionszusammenhang steht. Aufmerksamen Fernsehbeobachtern stellt sich immer deutlicher heraus, dass z. B. viele »daily soaps«, in denen sich das

13 Vgl. hierzu auch Nüchtern, Michael: Die Weihe des Profanen – Formen säkularer Religiosität, in: Hempelmann, Reinhard u. a. (Hrsg.): Panorama der neuen Religiosität, Gütersloh 2001, 21–47, 87–94.
14 Schilson, Arno: Jenseits aller Kommunikation: Medien als Religion?, in: Kochanek, Hermann (Hrsg.): Ich habe meine eigene Religion, Zürich/Düsseldorf 1999, 146.

Fernsehen als Tagesbegleitmedium und Ritualersatz präsentiert, zunehmend ein Umfeldprodukt der Werbebranche darstellen und ihrerseits durch Begleitmedien (z. B. CDs, Fanbücher und -zeitschriften) eine forcierte Selbstvermarktung betreiben.

Wenn die bisherigen Beobachtungen und Schlussfolgerungen zur Dispersion des Religiösen zutreffen, dann ist das Ende der Religion in ihrer herkömmlichen institutionellen Verfassung und sozio-kulturellen Verfassung nur aufgeschoben. Denn die in den Blick genommenen Neukompositionen des Religiösen erweisen sich bei näherem Hinsehen als Einwegprodukte; sie sind nicht Indizien einer »postsäkularen« Kultur, sondern Formen und Resultate einer anderen Weise der Säkularisierung von Religion. Für die Frage, als was Religion weiterlebt, die ihr Ende als sozio-strukturell abgestützte Konfession hinter sich hat, ergibt sich angesichts der Vielfalt der »Dekonstrukte« herkömmlicher Glaubensformen kein klares und einheitliches Bild. Deutlich erkennbar ist aber, dass es sich überwiegend um eine dogmatisch »entkernte« Spiritualität und um die »light-Versionen« eines religiösen Ethos handelt. Und es ist zu bezweifeln, ob eine solche »Diesseitsreligion« auf Dauer Bestand hat, wenn sie – ökonomisch gesprochen – nur konsumtiv vom Erbe der großen spirituellen Traditionen des Christentums oder anderer Religionen lebt und keinen Beitrag leistet, dass diese Ressourcen auf regenerativem Niveau bleiben.

Einstellungssache? Kriterien zur Identifikation religiöser Phänomene

Ob die These vom nicht-religiösen Fortbestand der Religion plausibel ist, kann nicht allein vom Beibringen passender Beispiele abhängig gemacht werden, sondern bedarf auch kriteriologischer Abklärungen. Sie sind ebenfalls unabdingbar, wenn es um die Frage geht, wie von Seiten des Christentums die Trends und Tendenzen religiöser Dispersion gedeutet werden können und wie mit ihnen umzugehen ist. Geschieht hier eine Enteignung christlicher Motive und Stoffe? Kann das Christentum ein Copyright gegenüber religionsförmigen Plagiaten und Kopien geltend machen? Gibt es Möglichkeiten der Rückgewinnung? Sind die religiösen Dekonstrukte anschlussfähig für originär christliche Verstehens- und Verwendungsweisen? Oder, grundsätzlicher ansetzend: Verdient nur das (noch) »Religion« genannt zu werden, was in »Reinform« in einer Sphäre des Sakralen, d. h. jenseits aller nicht-religiösen Segmente und Teilsysteme einer Gesellschaft antreffbar ist? Bedeutet jede »Inkulturation« in die Plausibilitäten einer säkularen Welt bereits die Selbstauslieferung an nicht-religiöse Verzweckungen? Gibt es etwas »genuin« Religiöses, das solchen Verzweckungen widerstreitet? Wie lassen sich »legitime« Übersetzungen des Religiösen in eine säkulare Kultur identifizieren? Wie kann man für die Erörterung dieser Fragen überhaupt einen angemessenen Standpunkt finden? Soll man die (neutrale?) religionsexterne Beobachterperspektive wählen oder auf das Selbstverständnis religiöser Individuen und Gruppen Bezug nehmen?[15]

---

15 Vgl. hierzu u. a. Feil, Ernst (Hrsg.): Streitfall »Religion«. Diskussionen zur Bestimmung und Abgrenzung des Religionsbegriffs, Münster 2000.

Der besondere Zuschnitt dieser Fragen deutet bereits an, dass sie mit dem Instrumentar einer theologischen Dogmatik kaum zureichend beantwortet werden können. Für die Klassifikation der verschiedenen Formate disperser Religiosität ist die Bestimmung von Nähe und Distanz, von Übereinstimmung und Differenz zum christlichen Glaubensbekenntnis und von dort abgeleitete Markierungen ihres Orthodoxie- oder Häresiepotentials nur bedingt hilfreich, da die anstehenden Fragen dieser Zuordnungslogik größtenteils vorausliegen. Es ist also naheliegend, zunächst die Eigenlogik des Religiösen überhaupt bzw. Ort und Bedeutung eines religiösen Wirklichkeitsverhältnisses im Ensemble menschlicher Weltbezüge zu sondieren, ehe auf den Unterscheidungs- bzw. Zuordnungscode »religiös/säkular« eingegangen werden kann. Für einen ebenso notwendigen wie unvermeidlich abstrakten Klärungsversuch soll im Folgenden mit einer relational-strukturellen Buchstabierübung jener »relativistischen« Floskel begonnen werden, die zunächst wie eine Wiederholung jener Verlegenheit klingt, die weiteren Klärungsbedarf auslöst: Religion ist eine »Einstellungssache«.[16]

Religion als Einstellungssache zu bezeichnen, impliziert den Versuch, in ihr ein spezifisches Verhältnis des Menschen zu seinen Lebensverhältnissen zu sehen. Damit ist zunächst auf die relationale Struktur des Menschseins angespielt: Am Leben sein heißt: »ein Verhältnis haben«, »in Beziehungen stehen« und sich zu diesen Beziehungen nochmals in ein Verhältnis setzen zu können.[17] Jeder Mensch ist in der Weise am Leben, dass er/sie ein Verhältnis hat zur Gesellschaft, Natur, Geschichte und zu sich selbst. Diese (primären) Verhältnisse werden nach Maßgabe bestimmter Parameter gestaltet und gedeutet, die sich aus der »existentialen« Verfassung menschlichen Daseins ergeben, d. h. aus der Befristung menschlicher Lebenszeit, der Erschöpfbarkeit der Lebensressourcen, der Konkurrenz um deren Nutzung sowie der Ungewissheit künftiger Lebenslagen. Sie können z. B. nach ökonomischen Gesichtspunkten bestimmt und gestaltet werden. »Leben« heißt dann: in den Bezügen zu Natur, Gesellschaft und Geschichte unter Knappheitsbedingungen zu existieren und diese Bezüge gemäß dem optimalen Verhältnis von Aufwand und Ertrag, Mittel und Zweck zu gestalten. Ökonomisch gestaltete Lebensverhältnisse beziehen sich auf die Frage, wie unter Knappheitsbedingungen (von Ressourcen und Lebenszeit) eine optimale Relation von Mitteln und Zwecken bei der Produktion und Verteilung von Gütern hergestellt werden kann und wie teuer es einem kommt, wenn man dieses Optimum im Zweck/Mittel-Verhältnis verfehlt.

Zu diesen (primären) Lebensverhältnissen, ihren Deutungen und kulturellen Ausformungen kann man nun wiederum unterschiedliche Einstellungen haben. Denkbar ist eine moralische Einstellung, die an das ökonomische Umgehen mit den Knappheitsbedingungen menschlicher Existenz die Frage anschließt, wie unter Un-

---

16 Mit dem zu entwickelnden relational-strukturellen Religionsbegriff soll eine Alternative zu funktionalistischen und material-substantiellen Ansätzen formuliert bzw. deren Engführungen überwunden werden: Der funktionalistische Ansatz knüpft die Bestimmung des Religiösen an die Bewältigung bestimmter Lebensprobleme und an die Freisetzung entsprechender Wirkungen (Kontingenzbewältigung → Angstentmachtung). Sein Nachteil besteht in der unzureichenden Abgrenzung von Religion zu sich als nicht-religiös bestimmenden Phänomenen und Vollzügen, die aber funktional äquivalente Leistungen erbringen. Der material-substantielle Ansatz knüpft die Bestimmung des Religiösen an bestimmte Inhalte und Objekte menschlicher Vollzüge. Gegenstand der Religion ist z. B. »Gott« oder das »Heilige«; exemplarische religiöse Vollzüge sind »Opfer« und »Gebet«. Der Nachteil dieses Ansatzes besteht aufgrund seiner (eurozentrischen) Prämissen und Apriori-Annahmen in der eingeschränkten Reichweite seiner Definition im interreligiösen Gespräch (z. B. mit dem Buddhismus). Vgl. zu dieser Problematik ausführlich Pollack, Säkularisierung, 28–55.
17 Vgl. Schwöbel, Christoph: Menschsein als Sein-in-Beziehung, in: Ders.: Gott in Beziehung, Tübingen 2002, 193–226.

gewissheitsbedingungen menschlichen Erkennens eine verantwortbare Relation von Handlungsmotiven, -zielen und -folgen gefunden werden kann. Die Schlüsselfrage kann hier lauten: Sind Handlungen verantwortbar, deren Folgen nicht abzuschätzen sind bzw. von deren Folgen nicht klar ist, ob sie die Zustimmung aller möglicherweise Betroffenen finden? Es ist aber auch möglich, auf dieser Reflexionsstufe erneut nach ökonomischen Parametern zu verfahren und eine moralische Einstellung in eine ökonomische zu integrieren. Die Leitfrage lautet dann: Was kostet es mich, unter ökonomischen Knappheitsbedingungen nach den moralischen Parametern des Handelns unter Ungewissheitsbedingungen zu verfahren? In einer therapeutischen Variante dieser Einstellung wird es etwa darum gehen, inwieweit das Leben unter Knappheits- und Ungewissheitsbedingungen psychische Reifungsprozesse begünstigt oder behindert. In ähnlicher Weise ist es möglich, eine moralische Einstellung zu den Lebensverhältnissen in eine ästhetische, ökologische oder historische Einstellung zu übernehmen und umgekehrt.

Wo die unterschiedlichen Lebensverhältnisse auf diese Weise jeweils in anderen Einstellungen zu diesen Lebensverhältnissen gespiegelt oder aufgehoben werden, ist nicht erkennbar, ob dabei ein Lebens- und Einstellungsverhältnis zu entdecken oder zu erwarten ist, das »religiös« genannt werden könnte. Sofern man in klassischer Manier diese Bezeichnung jenen Vollzügen reservieren will, in denen sich eine »Transzendenz« menschlicher Lebensverhältnisse bzw. der verschiedenen Einstellungen zu ihnen manifestiert, könnte man solche Vollzüge »religiös« nennen, in denen ein Verhältnis zu den menschlichen Lebensverhältnissen eingenommen wird, das diese Verhältnisse zugleich auf etwas übersteigt bzw. auf etwas bezieht, das nicht in den primären Lebensverhältnissen und den auf sie bezogenen Einstellungen aufgeht. Im Unterschied zu den ökonomischen, technisch-instrumentellen oder moralischen Lebenseinstellungen, deren Maß das Integral der weltimmanenten Lebensbedingungen bildet, lässt sich als »religiös« eine solche Einstellung zu diesen Lebensverhältnissen bezeichnen, welche diese Lebensverhältnisse »transzendiert«, d. h. auf das bezieht, was den Menschen unausweichlich betrifft, und sich zugleich über dieses Unausweichliche »hinwegsetzt«. Zu diesem Unausweichlichen gehören die Aporien, Paradoxien und Widersprüche, die mit der Befristung menschlicher Lebenszeit, der Erschöpfbarkeit der Lebensressourcen sowie der Ungewissheit künftiger Lebenslagen gegeben sind. Sich über dieses Unausweichliche »hinwegzusetzen« heißt, sich zu ihm in ein Verhältnis zu setzen, das es ermöglicht, im Modus der Bestreitung mit seinen Aporien und Paradoxien zu leben und sich widerständig gegen sie zu behaupten. Sie werden anerkannt als etwas, das unausweichlich über alles im Leben verhängt ist, das nicht zu umgehen und dem nicht zu entrinnen ist. Und zugleich wird bestritten, dass sie in ihrer Unabwendbarkeit für alles, was *im* Leben geschieht, auch darüber bestimmen, was letztlich *mit* dem Leben geschieht und *aus* ihm werden kann. Das spezifisch Christliche lässt sich dann als eine besondere Formatierung dieses Transzendenzvollzuges bestimmen, deren Maß das Lebens-, Menschen- und Gottesverhältnis Jesu von Nazareth darstellt.[18]

Überprüft man die verschiedenen Dispersionsformen des Religiösen, ist hinsichtlich Struktur, Form und Gehalt wenig von einer Einstellung zu menschlichen

---

18 Zu entsprechenden Konkretionen dieser Formatierung sei verwiesen auf Zulehner, Paul M.: Leibhaftig glauben. Lebenskultur aus dem Evangelium, Freiburg/Basel/Wien 1983.

Lebensverhältnissen zu erkennen, welche diese Lebensverhältnisse »transzendiert«, indem sie sich auf das bezieht, was den Menschen unausweichlich betrifft, und sich zugleich über dieses Unausweichliche »hinwegsetzt«. Allenfalls handelt es sich um das Über-Setzen eines Musters, sich zum Leben in ein Verhältnis zu setzen, in ein anderes. Solche immanenten Transzendenzen verstärken den Anfangsverdacht, dass die ökonomischen, ästhetisch-medialen und therapeutischen Dekonstruktionen, Dekontextuierungen und Inversionen religiöser Themen, Symbole und Überlieferungen in Wahrheit Dubletten eines ökonomischen, therapeutischen oder ästhetisch-medialen Lebensverhältnisses sind.

Die Kunst der Bestreitung: Hermeneutisch-kritische Aufgaben einer Phänomenologie der Religion

Die skizzierten nicht-religiösen Dekonstruktionen, Dekontextuierungen und Inversionen religiöser Themen, Symbole und Überlieferungen scheinen jenen Kräften in Theologie und Kirche Argumente zu liefern, welche die Unverwechselbarkeit eines genuin christlichen Welt- und Gottesverhältnisses durch die radikale Absetzung von allen Versuchen zivilreligiöser, ästhetisch-medialer oder kulturökonomischer Daseinsgrundierungen (bzw. -überhöhungen) zur Darstellung und Geltung bringen wollen. Wenn das Nicht-Religiöse Züge des Religionsförmigen annimmt, dann scheint es in der Tat angezeigt, dass der christliche Glaube sich entschieden von derartig religionsförmigen Konstellationen und Praktiken unterscheidet.

Gegen diese Empfehlung ist insofern Widerspruch anzumelden, als eine radikale Absetzung des christlichen Glaubens von allem Religionsförmigen den Glauben um seine sozio-kulturelle Resonanzfähigkeit bringt. Die christliche Theologie hat nicht nur die Aufgabe, den Glauben gegenüber solchen Vereinnahmungen in Schutz zu nehmen. Sich theologisch für das gesellschaftliche Vorkommen von Religion zu interessieren, kann sich nicht in der Kritik an offensichtlichen Schwundstufen und Verzweckungen eines religiösen Lebensverhältnisses erschöpfen. Wenn es zutrifft, dass der christliche Glaube darin besteht, ein evangeliumsgemäßes Verhältnis zu den Lebensverhältnissen heutiger Menschen auszubilden, dann ist von diesem relationalen Glaubensverständnis her bereits klar, dass man ein Verhältnis zu einem Verhältnis niemals als solches ausbilden oder darstellen kann. Ein derartiges Verhältnis lässt sich vielmehr nur in anderen Verhältnissen ausdrücken. Welche moralische Einstellung zum Geld – Sparsamkeit, Geiz, Verschwendung – jemand pflegt, lässt sich nicht in moralischen Verhältnissen, sondern nur in ökonomischen Kontexten – d. h. im praktischen Umgang mit Geld – beobachten. Ein evangeliumsgemäßes Verhältnis zur Ökonomie, Moral, Politik oder Kunst ist demnach auch nicht adäquat in einer religiösen Sonderwelt darstellbar, sondern kann sich ebenfalls nur in ökonomischen, moralischen, ästhetischen oder politischen Kontexten bewähren.

Theologie und Glaube, die sich ihrer Resonanzfähigkeit bezüglich religiöser Phänomene im nicht-religiösen Kontext nicht mehr vergewissern können, weil sie diese Phänomene allein im Modus der Kritik wahrnehmen, stehen in der Gefahr, ihr eigenes Thema aus säkularen Erfahrungsbezügen herauszunehmen. Letztlich geschieht dies zu ihrem eigenen Nachteil, weil kritischen Zeitgenossen ein von allen säkularen Erfahrungsbezügen abgesetzter Glaube als eine dem Zugriff der Kritik entzogene, d. h. fundamentalistische Lebenseinstellung erscheinen muss. Eines solchen Eindrucks kann sich der christliche Glaube nur erwehren, wenn er sich widerständig auf die religionsförmigen Deutungen nicht-religiöser Lebensbezüge einlässt. Aufgabe theologischer Religionshermeneutik und -kritik ist es dann nicht, den christlichen Glauben apart zu setzen zu allen jenen Vollzügen, in denen aufgeht, wozu Religion »gut« und belangvoll sein kann. Vielmehr kommt es entscheidend darauf an, für die Kritik an allen Versuchen der Absorption oder Verzweckung des Religiösen innerhalb des Religiösen einen Anhalt für seine Widerständigkeit gegenüber nicht-religiösen Adaptionen zu finden und zugleich die Lebensrelevanz dieser Widerständigkeit zu identifizieren. Eine kritische Phänomenologie der Religion wird sich – um dieses Ziel zu erreichen – auf folgenden Reflexionsstufen bewegen müssen:

- Sichtung des Phänomenbestandes und der sozio-kulturellen Funktion disperser Religiosität (d. h. der Dekonstruktion, Dekontextuierung und Inversion religiöser Traditionen, Stoffe, Motive);
- (Ideologie)Kritik der ökonomischen, therapeutischen oder ästhetisch-medialen Instrumentalisierung des Religiösen;
- Freilegung des Resistenzvermögens des Religiösen angesichts seiner nicht-religiösen Aneignungen und Verzweckungen;
- Demonstration der Modernitätskompatibilität eines originär religiösen Verhältnisses zu modernen Lebensverhältnissen.

Von den Ergebnissen einer solchen kritischen Religionsphänomenologie werden auch theologische Bemühungen um die Sicherung der Zukunftsfähigkeit des Christentums profitieren. Auch das Christliche wird nur dann eine Zukunft haben, wenn es sich als modernitätskompatibel und zugleich als säkularisierungsresistent erweist. Als säkularisierungsresistent erweisen sich religiöse Bezugnahmen auf Lebensverhältnisse, wenn dafür modernisierungsbedingte Gründe und Anlässe bestehen und wenn die Aufnahme dieser Bezugnahme in andere Einstellungen zu Lebensverhältnissen bzw. andere Einstellungen zu religiösen Lebenseinstellungen nicht zu funktional äquivalenten Resultaten führt. Als »religiös« käme demnach eine solche Einstellung zu Lebensverhältnissen und Lebenseinstellungen in Betracht, welche diese Relationen des Ökonomischen, Moralischen, Medialen etc. transzendiert, indem sie bezogen werden auf das, wofür es keine funktionalen Äquivalente gibt. Alle Notwendigkeiten transzendierend und ohne funktionales Äquivalent kann nur sein, was nicht innerhalb anderer Einstellungen zu Lebensverhältnissen zum Mittel des Erreichen von Zwecken innerhalb dieser Systeme gemacht werden kann. Es muss also gezeigt werden können, dass das, was als »religiös« behauptet wird, einer Überführung oder Aufhebung in ökonomische, technische, moralische, therapeutische und ästhetisch-mediale Lebenseinstellungen widerstreitet.

Funktional bestimmbar und instrumentell verzweckbar ist alles, was es *im* Leben gibt. Religion und Glaube haben verspielt, wenn sie bei der Frage, was ein religiöses Verhältnis zu Lebensverhältnissen konstituiert, unmittelbar Bezug nehmen auf Dinge und Ereignisse im Leben, für deren Bewältigung sie sich nützlich machen möchten. Religion und Glaube müssen sich vielmehr für das interessieren, was *im* Leben keinen Nutzwert hat, was aber *für* das Leben als solches belangvoll ist. Ein religiöses Verhältnis zu menschlichen Lebensverhältnissen (und deren Deutung) nimmt demnach nicht Bezug auf etwas *im* Leben, zu dem man ein Verhältnis aufbauen kann, sondern sucht nach einem sinnvollen Verhältnis zu den verschiedenen Einstellungen *zum* Leben. Das Bezugsproblem religiöser Weltdeutung und Lebenspraxis besteht näherhin darin, inwiefern diese Lebenseinstellungen zur Klärung der existenziellen Sinnfrage führen. In dieser Sinnfrage artikuliert sich das Problem der Welt- und Daseinsakzeptanz: Ist ein Dasein letztlich zustimmungsfähig, das angesichts der Befristung menschlicher Lebenszeit, der Erschöpfbarkeit der Lebensressourcen und der Ungewissheit künftiger Lebenslagen keinen letzten Grund zum Ja-Sagen erkennen lässt? Ist ein Leben letztlich akzeptabel, wenn alle daseinsimmanenten Versuche zur Herstellung dieser Akzeptanz am Ende nur deren Fraglichkeit hervortreiben?

Das Grundproblem eines befristeten Lebens besteht in der Nötigung, es möglichst schnell in diesem Leben zu etwas zu bringen, will man etwas vom Leben haben. Man hat je mehr vom Leben, desto besser jenes ist, wozu man es gebracht hat. Ist es nicht optimal, dann muss es wenigstens so beschaffen sein, dass es weitere Optimierungen zulässt. Die Kunst des Lebens besteht dann darin, sich um jenes Gute zu bemühen, das vielleicht nicht vollkommen ist, aber Verbesserungen seiner Güte in Aussicht stellt. Angesichts der Ungewissheit der Dauer des eigenen Lebens ist man gut beraten, sich möglichst rasch und möglichst viel dieses optimierbaren Guten zu besorgen.[19] Allerdings zeigt sich dabei sehr bald das Problem des »abnehmenden Grenznutzens«. Die bestmögliche aller Welten bildet keineswegs jene, die immer und für alles neue Optimierungen bietet. Ein endliches Leben kann nur dann glücken, wenn es in einer Welt permanenter und beschleunigter Verbesserungen nicht nur Dinge gibt, die technisch oder ökonomisch optimierbar sind, sondern auch solche, die nicht wieder schlecht gemacht werden können. Gibt es etwas im Leben, das uneingeschränkt zustimmungsfähig ist, oder ist alles nur vorbehaltlich seiner Optimierung akzeptabel? Von Dingen, die nicht optimal sind, hat man letztlich nicht viel. Denn letztlich sind sie nicht uneingeschränkt akzeptabel. Und wie verhält es sich mit dem Leben selbst? Wie steht es um mögliche Daseinsoptimierungen, wenn diese genauso befristet optimal sind wie das Leben selbst?[20]

Eine theologische (und ebenso eine philosophische) Religionshermeneutik und -kritik sollte sich an diesen (Sinn-)Fragen abarbeiten und umlaufende Sinnofferten – mögen diese ästhetisch, therapeutisch oder religiös formatiert sein – daraufhin testen, ob sie dem Anspruchsniveau dieser Fragen entsprechen. Eine solche Analyse des Weltanschauungsmarktes legt an die »Scheidung der Geister« philosophisch-kritische Maßstäbe an und besteht zunächst aus einer gehörigen Portion »Kopfarbeit«. Ihr Aufwand wird nicht selten gescheut, da man vielfach überzeugt ist, dass die Chancen des Glaubens heute eher dadurch beeinträchtigt werden, dass man ihn kritisch reflektiert (und dabei »verkopft«), anstatt ihn mutig zu praktizieren. Aber diese Form der Kopfarbeit steht durchaus im Dienst der Glaubenspraxis. Sie dient der Verhinderung negativer Folgen einer gedankenlosen religiösen Praxis.

---

19 Zur soziologischen und lebensphilosophischen Reflexion dieses Bemühens vgl. Schulze, Gerhard: Die beste aller Welten. Wohin bewegt sich die Gesellschaft im 21. Jahrhundert, München/Wien 2003.
20 Zur Aufarbeitung dieser Fragen aus christlicher Sicht vgl. Höhn, Hans-Joachim: Zustimmen. Der zwiespältige Grund des Daseins, Würzburg 2001.

Was ist (christliche) Spiritualität?
Begriffsdefinitionen und theoretische Grundlagen

Christoph Benke

Hinführung

Anforderungsprofil Spiritualität heute

Wer sich dem Phänomen Spiritualität, so wie es sich gegenwärtig zeigt, annähern will, hat mit Unübersichtlichkeit zu rechnen. Spiritualität ist derzeit einer der gängigsten Begriffe aller möglichen religiösen Sprachspiele. Aus semantischer Perspektive ist Spiritualität mit Sicherheit ein Megatrend. Ob die Verwendung des Wortes auf ökumenische Weite hinweist oder ob der inflationäre Gebrauch ihn längst jeglichen Inhalts entblößt hat, muss vorerst offen bleiben. Als Containerbegriff ist Spiritualität eine unbestimmte Chiffre zur Bezeichnung höchst disparater Angebote, Übungen, Traditionen, Zustände, Gefühle und Wirklichkeitsdeutungen. Was für eine Wirklichkeit aber ist hier gemeint? Was heißt Spiritualität? Was heißt christliche Spiritualität? Was könnte es bedeuten, ein »spiritueller Mensch« zu sein – und das in unserer Zeit?

Als »spirituell« gilt jedenfalls immer weniger das möglichst treue Befolgen religiöser Vorschriften und Ordnungen oder die geistliche Gestaltung des Tagesablaufs. Das Anforderungsprofil an eine moderne Spiritualität besteht aus mindestens zwei Elementen:
- »Ganzheitlichkeit«[1]: Spiritualität soll ganzheitlich sein und Ganzheitlichkeit vermitteln. Was damit genau gemeint ist, bleibt meist vage. Spiritualität soll jeglicher Gespaltenheit des Menschen wehren und dessen Integration fördern. Daraus spricht der Wunsch, Spiritualität möge kein Sonderbereich sein und nicht nur ein Segment der Wirklichkeit abdecken, sondern alles umfassen (G. Mühlenbrock: Spiritualität als »gläubiger Umgang mit der Wirklichkeit«).
- »Authentizität«: Spiritualität soll authentisch sein und Authentizität vermitteln. Echtheit und Glaubwürdigkeit, Ineinsfallen von Innen und Außen, Übereinstimmung von Reden und Tun, von Tun und Denken, von Denken und Sein, innere

---

1 Vgl. dazu Nientiedt, Klaus: Ganzheitlichkeit, in: HerKorr 41 (1987) 101–103; Weismayer, Josef: Christliche Spiritualität als ganzheitlicher Lebensvollzug, in: Figl, Johann/Waldschütz, Erwin (Hrsg.), Ganzheitliches Denken. FS Augustinus K. Wucherer-Huldenfeld, Wien 1989, 183–196.

und äußere Wahrhaftigkeit lautet das Ziel. Spiritualität hat das Einssein mit sich selbst, die Selbstfindung zu fördern. Gegenüber dem, was in überkommener christlicher Sprache Selbstverleugnung oder Abtötung heißt, lautet das Programmwort »ganz Ich«. Spirituelle Strukturen, die von außen oder von oben kommen und übergestülpt werden, sind verdächtig, der Identitätsfindung hinderlich zu sein. Der Wunsch nach Authentizität stellt die Einzelperson in den Mittelpunkt. Einem spirituellen »Programm«, einer Konfession, einer Religion als je abstrakte oder anonyme Größe traut man in Sachen Authentizität weniger zu als einem einzelnen Autor oder einer Autorin. Generell rücken Autoren in die Nähe eines Begleiters.

Dieses mit zwei Reizworten umrissene Anforderungsprofil zeigt, dass gegenwärtig die nutzbringenden Dimensionen von Spiritualität im Vordergrund stehen. Von Spiritualität wird erwartet, dass sie Lebenskunst, Lebenshilfe vermittelt. Sie soll leben helfen. Die Devise lautet: »Die Spiritualität hat mir zu dienen, nicht ich ihr.« Dass umgekehrt von einer Spiritualität Anforderungen an den (die) Einzelne bzw. an eine Gemeinschaft ergehen, bleibt im Hintergrund.

Um aus der diffusen Unübersichtlichkeit einen Schritt heraus zu tun, schlage ich vor, beim Wort Spiritualität und seiner Geschichte anzusetzen, zumal der Untertitel der Vorlesung »Begriffsdefinitionen und theoretische Grundlagen« lautet. Zuvor sollen zwei hermeneutische Vorbemerkungen das Folgende ins rechte Licht setzen.

Hermeneutische Vorbemerkungen

- Die Begriffsklärung hat sich einem Einwand zu stellen: Kann man über Spiritualität überhaupt sprechen? Lässt sich über Spiritualität überhaupt theologisch reflektieren? Ist Spiritualität nicht doch zuerst Leben und nicht Theorie? Begriffe legen fest, und das scheint mit Spiritualität unverträglich zu sein.
- Ohne Zweifel: Spiritualität ist zuerst Leben, dem die Reflexion folgt. Doch Spiritualität benötigt Selbstvergewisserung. Denn soll Spiritualität das Kriterium der Ganzheitlichkeit erfüllen, den Menschen also in seiner Totalität ernst nehmen und erfassen, dann sind die geistigen Fähigkeiten des Menschen (Einsicht, rationales Durchdringen, Reflexion) nicht auszuklammern. Vollzieht ein Mensch seine Spiritualität blind, d. h. ohne Einsatz des Denkens, bleibt er unterhalb seiner menschlichen Möglichkeiten. Christlich gesprochen: Auskunft geben zu können über die Spiritualität, die einen erfüllt, ist nach 1 Petr 3,15 unerlässlich. Hier setzt ein Wesensmerkmal christlicher Spiritualität an, das noch auszuführen ist: Sie ist kommunikabel und intersubjektiv überprüfbar. Dennoch muss es kein Widerspruch sein, für Spiritualität an einem unaussagbaren Rest festzuhalten, der, sofern sich Spiritualität aus theistischen Wurzeln speist, im Geheimnis Gottes sowie im Geheimnis des Menschen gründet.
- Spiritualität gibt es nie an sich, sondern immer nur in einer konkreten Gestalt. Spiritualität hat sich mit Geschichtlichkeit auseinander zu setzen, will sie nicht der Versuchung erliegen, in die Welt der ewigen, abstrakten Ideen zu flüchten. Christliche Spiritualität bejaht solche geschichtliche Konkretheit und die damit gegebene Kontextualität. Ich behandle das Thema aus der eingeschränkten Perspektive eines Europäers spezifischer, nämlich christlicher, abendländisch-westlicher,

katholischer Prägung. Die Sichtweisen der Weltreligionen werden in einer späteren Vorlesung thematisiert.

Behält man beide Vorbemerkungen im Blick, so ist selbst die Begriffsgeschichte des Wortes Spiritualität kein Konzentrat dürrer, etymologischer Details. Dahinter verbergen sich Hoffnungen, Sehnsüchte, Lebensimpulse, freilich auch Enttäuschungen, jedenfalls das Leben konkreter Menschen. Im Wissen um derartige religiöse Suchbewegungen wird im Folgenden versucht, ausgehend von der Wortgeschichte und Wortbedeutung von Spiritualität, konstitutive Wesenselemente christlicher Spiritualität zu beschreiben.

Zur Wortgeschichte und Bedeutung des Ausdrucks »Spiritualität«

An der Wurzel des Wortes »Spiritualität« steht das lateinische *spiritualis*.[2] *Spiritualis* ist ein christlicher Neologismus (C. Mohrmann), der dem Adjektiv πνευματικός (*pneumatikós*) bei Paulus (= Fachausdruck für christliche Existenz) entspricht, gebildet um 200 n. Chr. (Tertullian?).[3] Das lateinische Adjektiv wurde allgemein gebräuchlich, das lateinische Substantiv *spiritualitas*, nachweisbar ab dem 5. Jahrhundert, hingegen kaum verwendet.

Im deutschen Sprachraum existiert der Begriff bis etwa 1950 nicht. Vieles von dem, was heute unter Spiritualität subsumiert wird, hieß bis zu diesem Zeitpunkt *Aszese, Mystik, Vollkommenheit, Heiligkeit* oder *Frömmigkeit*. Die Eingemeindung in den deutschen Sprachraum lief über zwei Traditionslinien:

Romanische Traditionslinie

Um 1900 spricht die katholische Ordenstheologie in Frankreich von *spiritualité* als der Lehre vom religiös-geistlichen Leben. Schon im 17. Jahrhundert bezeichnete man in Frankreich mit *spiritualité* die persönliche Beziehung des Menschen zu Gott. »Spiritualität« kam also über das französische *spiritualité* ins Deutsche, eingeführt etwa seit 1940 von katholischen Theologen. Obwohl noch die zweite Auflage des LThK 1964 unter dem Stichwort *Spiritualität* nur den Verweis auf den Artikel *Frömmigkeit* bietet, setzt sich in Folge etwa ab 1970 der Begriff *Spiritualität* durch. Seither ist er auch im Protestantismus bekannt.

Angelsächsische Traditionslinie

Etwa ab 1870 ist *spirituality* nachweisbar. Hier wird Spiritualität in einem weiteren Sinn verstanden als Religiosität, die auf direkter, unmittelbarer, persönlicher Erfah-

---

2 Vgl. dazu Solignac, Aimé: Art. Spiritualité, in: DS 14 (1990) 1142–1156; Bochinger, Christoph: »New Age« und moderne Religion. Religionswissenschaftliche Analysen, Gütersloh 1994, 377–392.
3 Vgl. s. u. 38ff.

rung von Transzendenz beruht anstelle von »Glaube aus zweiter Hand«, durch Autoritäten vermittelt. Institutionelle und dogmatische Festlegungen werden abgelehnt. *Spirituality* steht seither für die Verinnerlichung von Religion; sie ist universal, transzendiert die Grenzen von Religionen, Kulturen und Nationen. *Spirituality* bezeichnet einen Fortschritt vom Glauben zum direkten Wissen bezüglich religiöser Dinge als auch der naturwissenschaftlichen Wahrnehmung der Welt. *Spirituality* kann im weitesten Sinn gefasst sein als Bezogenheit auf das umgreifende eine Sein, das den Menschen als unfassbares Geistiges, Transmaterielles, Metaphysisches erscheint.

An dieser Stelle fällt eine Vorentscheidung, stehen doch beide Traditionslinien für einen unterschiedlichen Zugang und in weiterer Folge für ein Verständnis des Phänomens und des Begriffs Spiritualität, das nicht ohne weiteres harmonisierbar ist: der eine auf dem Boden der biblischen Offenbarung gewachsen, der andere so ökumenisch weit wie unbestimmt. In Anbetracht der vorhin erwähnten, längst auf breiter Basis akzeptierten Forschungsergebnisse von Christine Mohrmann, die das lateinische Wort *spiritualis* als genuin christliche Wortschöpfung zeigen, darf mit Recht behauptet werden, dass man sich – aus christlicher Sicht – im Feld Spiritualität auf ureigenstem Boden bewegt. Damit ist nicht gesagt, dass geistliche Konzepte, die sich einem anderen als dem christlichen Zugang verpflichtet wissen, in Spiritualität keine Kompetenz vorzuweisen haben. Christliche Theologie steht hier vor der Aufgabe, auf der Basis biblisch-christlicher Spiritualität und christlicher Überlieferung die Aufgabe der Vermittlung wahrzunehmen und Gesprächsmöglichkeiten auszuloten. Zu den Bedingungen eines fruchtbaren Gesprächs zählt, die eigene Ausgangsposition zu deklarieren. Was macht nun christliche Spiritualität aus? Was gehört zu ihrem Grundbestand? Welche Elemente sind konstitutiv?

Was heißt christliche Spiritualität? Elemente einer Definition

Die Mitte des christlichen Glaubens lässt sich auf vielfältige Weisen aussagen. Stets wird dabei die Person Jesu Christi die zentrale Rolle spielen, von dem der Kolosserbrief bekennt: *Er ist das Ebenbild des unsichtbaren Gottes* [...] *Gott wollte mit seiner ganzen Fülle in ihm wohnen, um durch ihn alles zu versöhnen* (Kol 1,15.19–20). Christliche Spiritualität ist von der Mitte des christlichen Glaubens, vom Christusereignis her zu erschließen. Dies soll nun mithilfe zweier neutestamentlicher Texte geschehen. Sie entstammen johanneischer und paulinischer Tradition und verkörpern jeweils schon bestimmte, typische theologische Deutungen und Ausformungen des Christusereignisses.

»Und das Wort ist Fleisch geworden« (Joh 1,14)

Nach dem Prolog des Johannesevangeliums führt die Selbstoffenbarung Gottes zur Fleischwerdung des Logos als dem zentralen Ereignis der Offenbarungsgeschichte: καὶ ὁ λόγος σάρξ ἐγένετο/»Und das Wort ist Fleisch geworden« (Joh 1,14). Hier, in der

Menschwerdung des Sohnes, findet der universelle Heilswille Gottes seine konkreteste Verdichtung. Von daher konzipiert christliche Theologie Offenbarung als Geschichte. Sie ist durch das wesentliche Mit- und Ineinander der beiden Dimensionen des Konkreten und des Universalen gekennzeichnet. Die Selbstmitteilung Gottes ereignet sich in der Geschichte, d. h. das Universale, das Wesenhafte, das Erlösende, das Normative liegt im Konkreten.[4]

Konkretheit
Die in der Fleischwerdung des Logos begründete inkarnatorische Struktur des Christentums bedeutet für christliche Spiritualität vor allem dies: Sie hat einen Zug zum Konkreten. Sie deutet den Geist Gottes als einen, der zur Konkretheit tendiert. Nicht Idealismus, sondern Verleiblichung, keine abstrakt-ewigen Ideen, vielmehr das Hier und Jetzt, nicht Auszug aus dem Stofflichen, sondern Gestaltwerdung ist christlicher Spiritualität aufgetragen.

Bindung an die Geschichte
Diese inkarnatorische Struktur hat weitreichende Folgen. Zunächst: Geistgewirktheit, die auf Verleiblichung und Gestaltwerdung zielt, beinhaltet ein klares Bekenntnis zur Materie, zur Welt und zur Geschichte. Christliche Spiritualität ist die konkrete geistgewirkte Weise, in der jemand seinen Glauben, seine Bindung an Christus vollzieht. Die konkret-geschichtliche Verobjektivierung ist ihr wesentlich. Darum kann es *die* christliche Spiritualität schlechthin nicht geben. Sie bleibt immer auf eine konkrete geschichtliche Situation bezogen, in welcher der Glaube Gestalt gewinnt. Sie ist kontextuell.

Konkrete Vermittlung
Die inkarnatorische Struktur des Christentums prägt christlicher Spiritualität den Stempel der Konkretheit auf. Sie weiß sich dem Prinzip der Verleiblichung bleibend (und nicht nur für eine bestimmte Wegstrecke) verpflichtet. Dies hat zur Folge, dass die verschiedenen Weisen der konkreten Vermittlung des Geistes Gottes (Schöpfung, Mitmensch, Heilige Schrift, Sakramente, Überlieferung) keine sind, die einmal zu übersteigen und dann hinter sich zu lassen wären. Umgelegt auf die Ebene der Gotteserfahrung besagt dies: Kein/e christliche/r Mystiker/in kann anderes oder mehr erfahren, als das Wort der heiligen Schrift und die Feier der Sakramente immer schon enthalten.

Mitteilbarkeit
Durch Verleiblichung wird christliche Spiritualität mitteilbar. Wo christliche Spiritualität um ihre theologische Verantwortung weiß, ist sie um Kommunikabilität, um intersubjektive Überprüfbarkeit bemüht. Der Diskurs in Sachen Spiritualität ist nach außen und nach innen zu führen (philosophisch, interreligiös, interkonfessionell).

Daneben gilt es das Feld der innerkatholischen Ökumene zu beackern. Die Vielfalt der spirituellen Stile, die es im Katholischen immer gab und so auch derzeit gibt,

---

4 Vgl. dazu Löser, Werner: »Universale concretum« als Grundgesetz der oeconomia revelationis, in: Kern, Walter/Pottmeyer, Hermann J./Seckler, Max (Hrsg.): Handbuch der Fundamentaltheologie. Band 2: Offenbarung, Freiburg 1985, 108–121.

hat sich nach ihrem Zusammenhalt und nach ihrem Verhältnis zu dem einen *spiritus* zu fragen. Grundsätzlich ist diese bunte Vielfalt der Spiritualitäten als Zeichen des Heiligen Geistes zu werten, seines Reichtums, seiner Fülle, seiner Fruchtbarkeit. Aber damit die zum Teil sehr unterschiedlichen Gestalten, Haltungen und Formen von Nachfolge Jesu im Raum der Kirche einander tatsächlich ergänzen, korrigieren, befruchten, helfen und tragen, bedarf es des Gesprächs auf allen Ebenen. Der Rückbezug auf den gemeinsamen Maßstab des Evangeliums, auf den einen Heiligen Geist und auf die gemeinsame Kirche bildet die Gesprächsbasis. Die »Christlichkeit der differenzierten Spiritualitäten wird sich unter anderem darin bewähren müssen, dass sie mit dem Ganzen der Kirche, mit ihrer eigentlichen Mitte kommunizieren« (B. Fraling).[5] Um dem gemeinsamen Auftrag, sich durch gegenseitige Ergänzung zum Ganzen des Leibes Christi zusammenfügen zu lassen, nachzukommen, muss christliche Spiritualität kommunikabel sein. Auf diese Weise kann sie dem Glauben anderer dienen. Ein nur einigen Auserwählten vorbehaltenes gnostizistisch-esoterisches Geheimwissen ist nicht Sache christlicher Spiritualität.

Biographie als Mystagogie

Im Blick auf die Inkarnation des Logos, auf die Gestalt Christi, lässt sich sagen: Christliche Spiritualität begreift das Geistwirken Gottes als das *universale concretum*: »Das Unfassbare wird im menschlichen Antlitz fassbar […] Seitdem Jesus von Nazaret als ›der Weg‹ erkannt wird (vgl. Joh 14,6) – ›*Wer mich gesehen hat, hat den Vater gesehen*‹ (Joh 14,9) – ist Gottes Geistwirken in der Geschichte der Menschen zu suchen: ›*Wir alle spiegeln mit enthülltem Angesicht die Herrlichkeit des Herrn wider und werden so in sein eigenes Bild verwandelt, von Herrlichkeit zu Herrlichkeit, durch den Geist des Herrn*‹ (2 Kor 3,18). Die Geschichte der Menschen, ihre Biographie, wird zur Mystagogie, zur Wegweisung ins Mysterium Gottes« (H. Waldenfels).[6] Das Prinzip der Verleiblichung besagt also: Das christliche Leben ist somatisch konzipiert. Spiritualität ist fassbar in der Geschichte eines Lebens, ist biographisch verortet. Christliche Spiritualität wird also konsequent vom Menschen her formuliert, weil das Wirken des Geistes Gottes entschieden an eine menschliche Vermittlung gebunden ist. Die Geschichte der Heiligen ist somit für christliche Spiritualität eine Quelle theologischer Erkenntnis. Christliche Spiritualität lässt sich gültig aus der Geschichte der Heiligen biographisch erheben.

Totalität

Verleiblichung beinhaltet Totalität. Christliche Spiritualität zielt auf das Ganze, auf die Prägung des ganzen Lebens, nicht nur eines Segments von Wirklichkeit; sie betrifft stets die Innenseite und die Außenseite. Christliche Spiritualität wäre missverstanden, würde man darunter nur explizit geistliches Tun wie Gebet, Exerzitien, Schriftlesung, liturgische Vollzüge etc. verstehen, aber das Handeln, die Aktion, das Engagement, die Politik »draußen« lassen. Das Pneuma Gottes soll alle Lebensbereiche und -vollzüge des Menschen bestimmen und durchdringen. Zu solcher Verleiblichung zählt nicht zuletzt der Dienst am Mitmenschen. Deshalb umschreibt das

---

5 Fraling, Bernhard: Überlegungen zum Begriff der Spiritualität, in: ZKTh 92 (1970) 193.
6 Waldenfels, Hans: »Spiritualität«. Zur »Wahrnehmung des Geistes« und zur »Unterscheidung der Geister«, in: Böhnke, Michael/Heinz, Hanspeter (Hrsg.): Im Gespräch mit dem dreieinen Gott. Elemente einer trinitarischen Theologie. FS Wilhelm Breuning, Düsseldorf 1985, 393.

Institut für missionarische Seelsorge christliche Spiritualität so: »Spiritualität ist die Integration des gesamten Lebens in eine vom Glauben getragene und reflektierte Lebensform.« Christliche Spiritualität bedient nicht die Nische für religiöse Bedürfnisse. Sie stellt den Anspruch auf die Prägung des gesamten Lebens.

Totalität besagt ferner: Christliche Spiritualität möchte sich in die Welt, in das Weltganze einschreiben. Sie ist der biblisch-eschatologischen Verheißung eines neuen Himmels und einer neuen Erde, in denen die Gerechtigkeit wohnt (vgl. 2 Petr 3,13), verpflichtet. Christliche Spiritualität befähigt, der neuen Welt Gottes, einer neuen Geschichte und einem neuen gesellschaftlichen Handeln den Boden zu bereiten (vgl. 2 Petr 3,13) und sie zeichenhaft zu verwirklichen. Hierin deutet sich schon ein weiteres Merkmal an, jenes der Sendung.

Sendung

Christliche Spiritualität gründet in der Sendung und Fleischwerdung des Gottessohnes. Diesen Ursprung darf sie nicht vergessen. Verleiblichung und Gestaltwerdung besagt in diesem Zusammenhang: Christliche Spiritualität ist nicht Selbstzweck, auch nicht dort, wo sie um ihrer Authentizität willen Selbstvergewisserung übt. Sie muss gelegentlich ihren Puls fühlen, doch sie sollte es nicht zu oft tun. Die christliche Identität liegt im Verweis. Das Zeugnis Johannes des Täufers »*Ich bin nicht der Messias, sondern nur ein Gesandter, der ihm vorausgeht*« (Joh 3,28), darf als Muster für das Selbstverständnis des Glaubenden gelten. Christliche Identität entsteht vom Messias her und auf ihn hin. Sie meint nicht sich. Selbstfindung ereignet sich geschenkhaft als Bei-Gabe, sie ist nicht Hauptzweck. Pointiert gesagt: Christliche Spiritualität ist nicht Kontemplation, sondern Sendung. Ihr Ziel hat sie in der je tieferen Hineinnahme in die Sendung des Sohnes.

Das bedeutet: Das Kriterium für eine gesunde Dynamik im spannungsreichen Verhältnis von Aktion und Kontemplation liegt christlich gesehen darin, dass die Nähe des Gotteswortes immer in die Nähe zum Menschen führt. Der Weg nach innen (der anzutreten ist, weil es ohne Selbsterkenntnis keinen geistlichen Weg gibt), der Weg in die Stille, in das Schweigen, in die Wüste, der Weg ins Gebet wird durch die Gotteserfahrung – so sie eine ist – zu einem Weg, der (gewissermaßen auf einer neuen Ebene) zurück in die Welt und zurück zu den Menschen führt. Mose, Elija, Jesus: Sie gehen in die Wüste oder auf den Berg. Dort ereignet sich die Begegnung mit sich und die Begegnung mit Gott. Diese Selbstvergewisserung mündet darin, dass sie, mit einer Berufung, einer Sendung, einem Auftrag versehen, aus der Wüste heraus- oder von der Höhe heruntergehen, um sich wieder den Menschen zuzuwenden.

Christliche Spiritualität lebt also in einer Dynamik: Die Intensität einer Gotteserfahrung führt letztendlich in das Engagement für die Anderen (ein Engagement, das viele Gestalten und Formen annehmen kann); die je größere Nähe zu Gott entspricht einem umso weiter gespannten Aktionsradius. Wer (mit Jesus) weit nach innen (zum Vater) geht, hat immer zugleich eine Sendung für die Welt und für die Menschen. Immer besteht die Sendung in der je neuen Verwirklichung des »Mitlebens mit Gott«, wie es der große Franziskanertheologe des Mittelalters Johannes Duns Scotus († 1308) ausdrückt: *Deus vult condiligentes* – »Gott will Geschöpfe, die mit ihm zusammen lieben.« Gott ist Liebe, die andere Wesen an ihr teilnehmen lässt. Gott will lieben und will Mit-Liebende seiner selbst. Freilich gilt umgekehrt: Wer in der Welt tätig (»politisch«) ist, muss weit nach innen gehen und ein »Mystiker« sein oder es werden, um die Orientierung nicht zu verlieren. Das Leben vieler Heiliger zeigt, wie das Bei-Sich-Sein, das Bei-Gott-Sein und das Bei-den-Menschen-Sein zusammengehen und eine Einheit bilden kann.

Christliche Spiritualität hat also eine universale Perspektive. Die christliche Hoffnung umfasst die gesamte Schöpfung und das Heil aller Menschen. Es gilt, was Paulus zur Hoffnung auf die Erlösung der Welt sagt: Auch die Schöpfung soll von der Sklaverei und Verlorenheit befreit werden zur Freiheit und Herrlichkeit der Kinder Gottes. Denn wir wissen, dass die gesamte Schöpfung bis zum heutigen Tag seufzt und in Geburtswehen liegt (Röm 8,21–22). »Gemeinschaft des Glaubens« im Vollsinn ist erst gegeben, wenn sie alle miteinbegreift. Darum kann Origenes sagen: »Noch haben auch die Apostel selbst ihre Freude nicht erhalten, sondern auch die Apostel warten, dass ich ihrer Freude teilhaft werde. Denn auch die von hinnen scheidenden Heiligen erhalten nicht sogleich den vollen Lohn ihrer Verdienste, sondern sie warten auf uns, auch wenn wir verzögern, auch wenn wir träge bleiben.«[7]

Die Dimension der Warumlosigkeit

Christliche Spiritualität ist nicht Selbstzweck, sondern Sendung: Damit ist ein theologisches Kriterium, ein inneres Strukturgesetz christlicher Spiritualität benannt, das vom Blick auf das Christusereignis und die innertrinitarische Communio lebt. Keinesfalls soll damit einer Instrumentalisierung von Spiritualität das Wort geredet werden. Christliche Spiritualität ist kein geistliches Trainingsprogramm. Sie betrachtet es als ihre Aufgabe, dort, wo Fremdbestimmung, Verdinglichung und Funktionalisierung überwiegen, den Raum der Zwecklosigkeit offen zu halten und die Dimension der Warumlosigkeit zu retten: *Die Ros' ist ohn' Warum / sie blühet, weil sie blühet / sie acht nicht ihrer selbst / fragt nicht, ob man sie siehet* (Angelus Silesius). Sie darf nicht in die Nützlichkeitsfalle tappen. Gott verdient Aufmerksamkeit, Zeit und Anbetung um seiner selbst willen. Sie kann dies dort, wo sie Gott sucht und sich dabei von der Liebe leiten lässt.

Zugegeben: Interesselose Liebe ist ein großes Wort. Wo jedoch die Relationen zwischen Gott und Mensch, zwischen Schöpfer und Geschöpf ausdrücklich in den Blick genommen und dabei die eigene Geschöpflichkeit bejaht, wo intentional Gott um seiner selbst willen betrachtet, angebetet und geliebt wird, dort ereignet sich ein Stück Paradies. Hier findet der Mensch seinen Ursprung ebenso wie Eröffnung von Zukunft. Dies setzt freilich das christliche Menschenbild voraus: Menschsein gelangt erst dann zur Vollgestalt, wenn Gott hereingenommen wird. Der Mensch ist nur mit Gott Mensch; der Mensch wird nur mit Gott glücklich.

In diesem Sinn »dient« christliche Spiritualität zu nichts. Sie verweigert gegenüber einer Umwelt, die in vielem auf Nützlichkeit besteht, die Evaluierung – um Gottes willen und des Menschen willen. Caritas, Diakonie und vielleicht noch das kirchliche Schulwesen werden von Staat und Gesellschaft anerkannt, ja bisweilen geschätzt, weil sich Kirchen hier um Segmente kümmern, mit denen Staat und Gesellschaft nicht zurechtkommen. Hier macht sich Christentum nützlich und es lassen sich verifizierbare Ergebnisse und Statistiken vorweisen. Christliche Spiritualität begnügt sich nicht mit einer derartigen Funktionalisierung von Religion. Indem sie das bloße Sein vor Gott zu ihrem Programm zählt, relativiert sie das »um zu«, das

---

7 Origenes, 7. Predigt über Leviticus, Nr. 2; zitiert nach Lubac, Henri de: Glauben aus der Liebe, Einsiedeln 1970, 370.

sich über alles und alle legt. Mit anderen Worten: In der Anbetung wird das Humanum gerettet. Darin liegt ein hohes Maß an gesellschaftskritischem Potential, das im Raum der Kirche von den kontemplativen Stilen gelebt und zeichenhaft dargestellt wird. In gewisser Hinsicht dient spirituelles Tun zu nichts. Es ist eine Karikatur geistlicher Vollzüge, sie ausschließlich so zu verstehen, dass sich der (die) Glaubende darin fit hält, um wieder besser leben und besser funktionieren zu können. Der Zwang der Moderne, alles zu benützen und dann wegzuwerfen, benötigt das Korrektiv in der zwecklosen Anbetung.

Personale Beziehung

Aus der Geschichte derer, die sich vom Geist Gottes treffen ließen, ist ablesbar: Christliche Spiritualität ist personal ausgerichtet. Sie ist Beziehung. Sie ist je persönliche Antwort des Menschen auf das vorausgehende Wort Gottes, auf den Ruf Gottes, der an den Einzelnen oder an das Volk Gottes ergeht. Das Neue Testament kennt, wie Josef Sudbrack ausführt, noch nicht unsere heutige Frage nach der Spiritualität: »Man kann einmal den Anachronismus versuchen und sich fragen, was wohl für die Menschen, die mit dem Herrn zusammenlebten, für Maria, die Apostel, die frommen Frauen oder die Jünger, ›Spiritualität‹ gewesen sein mag. Die Antwort ist evident: Begegnung mit Jesus, personales Offenstehen auf Ihn hin und ein Sich-Hingeben an Seine in der Menschlichkeit sich ausdrückende göttliche Person.«[8] Spiritualität ist, christlich gefasst, weniger ein innerer Weg der Seele, der über viele Stufen zur Schau Gottes führt, sondern allererst ein Lebensvollzug, der in der schlichten Weggemeinschaft mit dem Auferstandenen besteht. Sie ist keine Einweisung in einen höheren geistigen Weg, sondern die persönliche Beziehung jedes Glaubenden zu Jesus Christus. Darin – und damit ist eine Zielvorstellung formuliert – soll Jesus Christus nicht Objekt, sondern immer mehr handelndes Subjekt werden: Nicht mehr ich lebe, sondern Christus lebt in mir (vgl. Gal 2,20).

Spiritualität im Wir

Ein Blick auf die Buntheit und Vielfalt der Heiligen zeigt: Gott wiederholt sich nicht. »Gott hat sein Ohr an deinem Herzen«, sagt Augustinus (Enn. in ps. 144). Gott nimmt den einzelnen, den Menschen als je einzigartigen ernst. Diese Tatsache ermächtigt den Glaubenden, von der je »eigenen« Spiritualität (»meine«, »deine« Spiritualität) als dem je persönlichen Zugang oder einer individuellen Akzentuierung zu sprechen. Dies steht in fruchtbarer Spannung zum Wir. Zur somatischen, weil der inkarnatorischen Struktur folgenden Konzeption christlicher Spiritualität zählt deren soziale Einbindung. Christliche Spiritualität ist primär nicht individuell fassbar, sondern vorwiegend als sozialer Ausdruck zu beschreiben. Sie ist eine Spiritualität im »Wir« und in diesem Sinn ist sie »liturgische« Spiritualität.

In diesem Zusammenhang bemerkt Josef Ratzinger: »Das Programm des frühen Augustinus ›Gott und die Seele – sonst nichts‹ ist unrealisierbar, es ist auch unchristlich. Religion gibt es letztlich nicht im Alleingang des Mystikers, sondern nur in der Gemeinsamkeit von Verkündigen und Hören. Gespräch des Menschen mit Gott und Gespräch der Menschen miteinander fordern und bedingen sich gegenseitig […] Das Wir der Glaubenden ist nicht eine sekundäre Zutat für kleine Geister,

---

8 Sudbrack, Josef: Vom Geheimnis christlicher Spiritualität, in: GuL 36 (1966) 36.

es ist in gewissem Sinn die Sache selbst.«[9] Theologisch gesehen ist die Kirche als Ganze die Trägerin der Spiritualität, da sie den Heiligen Geist zum Urheber hat, der nach dem Zeugnis der Bibel das primäre Subjekt des spirituellen Geschehens ist. Der (die) einzelne Glaubende trägt Spiritualität insofern, als er (sie) am Leben des Volkes Gottes teilnimmt, Glied dieser Kirche ist und von dorther Leben empfängt, und zwar ursprünglichst aus der Taufe. Kein Glaubender, für sich allein genommen, lebt oder »hat« die ganze christliche Spiritualität oder stellt sie dar. Der (die) Einzelne lebt immer nur »das Ganze im Fragment«. Die Kirche »hat« das Ganze.

Fassen wir zusammen: Ausgehend von einem Schlüsselsatz des Johannesprologs *»Und das Wort ist Fleisch geworden«* sahen wir, dass die inkarnatorische Struktur des Christlichen für die Bestimmung christlicher Spiritualität konstitutiv ist. Verleiblichung, Gestaltwerdung, geschichtliche Konkretheit, mannigfache Vermittlung sind die entsprechenden Leitworte. Als Wesenselemente christlicher Spiritualität sind personale Beziehung zu Jesus Christus, Einbeziehung der ganzen Wirklichkeit (Totalität), Bezogenheit auf die geschichtliche Situation, Vielfalt des Ausdrucks, Kommunikabilität und Transparenz abzuleiten. Christliche Spiritualität ist Sendung, indem sie an der Sendung des Sohnes Anteil erhält, zur Mitarbeit am Werk der Erlösung berufen ist, die Welt dem Vater zuzuführen. Die Kirche als Ganze ist Trägerin der Spiritualität.

Die zweite, jedoch wie gleich ersichtlich ist, mit der ersten verbundene Auslegung des Christusereignisses, die nun im Folgenden für die Bestimmung christlicher Spiritualität leitend sein soll, ist paulinischer Theologie, präziser: paulinischer Soteriologie entnommen.

»Wenn also jemand in Christus ist, dann ist er eine neue Schöpfung: Das Alte ist vergangen, Neues ist geworden« (2 Kor 5,17)

Paulus versteht Erlösung als Neuschöpfung. Der Sinn der Fleischwerdung des Logos liegt in der Transformation des Menschen und der gesamten Schöpfung in Gott hinein. Die Menschwerdung des Sohnes zielt immer schon auf die Wandlung des Menschen hin zur »neuen Schöpfung« (καινὴ κτίσις; vgl. 2 Kor 5,17; Gal 6,15): Der neue Mensch löst den alten ab. Die Bedingung der Möglichkeit dieser Wandlung ist das Paschamysterium Jesu Christi, weil darin der Schritt durch den Tod hindurch in eine neue Qualität des Lebens endgültig und unwiderruflich gesetzt ist. Daraus folgt:

Österliche Spiritualität
Auf seinem Hinübergang zum Vater hat Christus die von ihm angenommene Menschheit mitgenommen und dadurch das Menschsein in ein qualitativ neues Leben übergeführt (ohne dass es aufhörte, menschliches Leben zu sein). Das Mysterium des Pascha bedeutet also: Im Tod wird das ursprüngliche Leben zu einem neuartigen Leben verwandelt. Jene aus dem Hinübergang Jesu Christi resultierende Wandlung ursprünglichen Lebens in ein gänzlich neuartiges ist dem Menschen in der Taufe sakramental-gnadenhaft zugesprochen. Diese Wandlung soll den Men-

---

9 Ratzinger, Joseph: Einführung in das Christentum, München [11]1968, 65.69.

schen total erfassen. Christliche Spiritualität wurzelt im Paschamysterium und ist darum österliche Spiritualität. Dies gilt allgemein von christlicher Spiritualität, wenngleich es konfessionsspezifische Akzentuierungen gibt.

Taufspiritualität

Christliche Spiritualität ist und bleibt Taufspiritualität. Sie hat die schrittweise Aktuierung des Taufbewusstseins zum Inhalt, das lebensmäßige Einholen dessen, was die Taufe immer schon sakramental im Voraus schenkt. Kraft der Auferstehung Christi steht dem (der) Getauften das neue, eschatologische Leben bereits offen (Röm 6,4: καινότης ζωῆς), was freilich erst durch einen neuen Lebenswandel zu verifizieren ist.

Ist christliche Spiritualität Taufspiritualität, ist sie Sache aller Getauften. Berufung zur Heiligkeit ist nicht nur eine Draufgabe, die arbeitsteilig in der Kirche von der einen oder anderen Gruppe stellvertretend oder ergänzend wahrgenommen werden kann, sondern sie ist, wie das Zweite Vaticanum betont, Sache aller Getauften.

Neue Qualität der Wahrnehmung

Die im Glaubenden wirksame Erlösung als Transformation hinein in das neue »Leben in Christus« verändert die Qualität der Wahrnehmung. Der Glaube bringt einen Umbau des Wirklichkeitsbewusstseins mit sich. Leben als »neuer Adam« in Christus führt zu einer neuen Sicht der gesamten Wirklichkeit, zu einer Deutung von Welt aus dem Pneuma Gottes. Neue Wertigkeiten beginnen zu greifen.

Für Paulus ist das Leben aus dem Glauben eine Auswirkung des Heiligen Geistes. Ein geistlicher Mensch (πνευματικός / pneumatikós = *spiritualis* = »*geistlich*«) ist nicht jemand, der im Unterschied zu anderen einen besonderen Geistbesitz und darum besondere Einsichten hat, sondern der durch Gott-Vater angenommene, an der Sohnschaft Jesu teilhabende Mensch. Im Heiligen Geist ist uns eine neue Erfahrung eröffnet – vor allem ein Verstehen der Wirklichkeit Christi. Ein Schlüsseltext dafür ist 1 Kor 2,13–15: πνευματικός bezeichnet den Menschen, der kraft des Gottesgeistes Gottes Heilshandeln erkennt, ψυχικός den dafür blinden (»der irdisch Eingestellte«). Der Gegensatz ist dabei ganz scharf, für Paulus gibt es kein neutrales Dasein. Das πνεῦμα Gottes nicht haben heißt vom πνεῦμα τοῦ κόσμου bestimmt sein.[10]

So gesehen bedeutet »geistlich« (*spiritualis*) eine Weise menschlichen Lebens, die vom Geist Gottes bestimmt und durchwirkt ist. Es meint das totale Betroffensein des Glaubenden und Getauften durch das Christusereignis. Aus christlicher Sicht ist darum *spirituell* als *geistlich* zu verstehen, vom Pneuma Gottes herkommend und wiederum dorthin zielend.

Dies meinen auch folgende Umschreibungen: Spiritualität ist das vom Geist Gottes erweckte und geschenkte Leben, das geistliche Leben, das Leben aus dem Geist Gottes, das Leben mit Christus im Heiligen Geist. Hilfreiche Annäherungen an christliche Spiritualität – mit jeweils anderer Akzentuierung – sind ferner: »Die bewusste und in etwa methodische Entwicklung des Glaubens, der Hoffnung und der Liebe« (Karl Rahner); »Verwirklichung des Glaubens unter den konkreten Lebensbedingungen« (Paul M. Zulehner); »Die gelebte Grundhaltung der Hingabe des Menschen an Gott und seine Sache« (Gisbert Greshake); »Glaubenspraxis, die ihren

---

10 Vgl. Schweizer, Eduard: Art. πνεῦμα, πνευματικός, in: ThWNT VI 435.

Maßstab aus der Geschichte bezieht, die durch Jesus von Nazaret eröffnet worden ist« (Anton Rotzetter). Immer ist die Antwort des Menschen gefragt, als Antwort auf die geschehene und geschehende Zuwendung und Selbstgabe Gottes.

Halten wir hier kurz inne: Mit Hilfe zweier Texte des Neuen Testaments sammelten wir einige Wesenselemente christlicher Spiritualität. Der eine (Joh 1,14) verweist auf die Konkretheit. Der andere (2 Kor 5,17) bringt die österliche Dimension ein und begreift christliche Spiritualität als Buchstabierung von Taufe. Beide Texte bilden einen Horizont, hinter den christliche Spiritualität nicht zurück kann. Damit ist nicht gesagt, dass immer alle beschriebenen Elemente vorhanden sein müssen oder im faktischen Glaubensvollzug tatsächlich ausgeprägt anzutreffen sind, um von christlicher Spiritualität sprechen zu können.

Entfaltet man diese Grundlegung, eröffnen sich nicht nur eine Reihe von Themen, die für die Bestimmung christlicher Spiritualität konstitutiv sind. Zuvor ist eigens zu bedenken, dass stets geschichtlich bedingte Akzentuierungen anzutreffen sind.

Entfaltung

Typologie oder: Jede Spiritualität setzt Akzente

Bereits das Neue Testament kennt bestimmte, typische theologische Ausformungen des Christusereignisses – und damit korrespondierende Typen von Spiritualität (die Theologie und Frömmigkeit der Paulusbriefe, der Synoptiker, der Pastoralbriefe etc.). Wenn im Folgenden einige dieser wirkmächtigen Schwerpunkte genannt werden, so geschieht dies im Wissen, dass »alle Klassifizierungen der Spiritualität hinter der Vielfalt des gelebten Christentums zurückbleiben, in dem sich Einzelausprägungen vielfach durchdringen und überschneiden« (Josef Sudbrack).[11] Wie sind diese vielen Perspektiven und Akzentsetzungen und somit unterschiedlichen Spielarten von Frömmigkeit in der Heiligen Schrift und in der Geschichte christlicher Spiritualität zu erklären?

Die Art und Weise, wie sich Gott der Welt und dem Menschen mitteilt, aber auch die Art und Weise, wie der Mensch diese Botschaft aufnimmt und vollzieht, ist wesenhaft von Spannungspolen geprägt, von denen keiner eliminiert werden darf, die aber im konkreten Glauben gemäß der persönlichen Berufung und Begabung eine je unterschiedliche Priorität und Akzentsetzung finden.[12] Die unterschiedlichen Schwerpunkte ergeben einen Typ von Spiritualität bis hin zur Bildung einer geistlichen »Schule«. Die Betonung des einen oder des anderen Spannungspoles der Offenbarung führt jeweils zu einer eigenen Spielart von Spiritualität.[13]

---

11 Sudbrack, Josef: Art. Spiritualität. V. Typologien, in: LThK3 Band 9, 858; Vgl. ferner MacGrath, Alister E.: Christian Spirituality. An Introduction, Oxford 1999, 8–24.
12 Greshake, Gisbert: Art. Spiritualität, in: Ruh, Ulrich/Seeber, David/ Walter, Rudolf (Hrsg.): Handwörterbuch religiöser Gegenwartsfragen, Freiburg 1986, 445–446.
13 Vgl. dazu Benke, Christoph: Vielfalt der Spiritualitäten, in: Arbeitsgemeinschaft Theologie der Spiritualität (AGTS): »Lasst euch vom Geist erfüllen!« (Eph 5,18) – Beiträge zur Theologie der Spiritualität (Theologie der Spiritualität 4), Münster 2001, 107–151.

Gotteserfahrung

Wo gegenwärtig von Spiritualität die Rede ist, meint man oft »Erfahrung«. Nur ein spirituell erfahrener Mensch gilt etwas. Nur wer spirituell etwas »erlebt« hat, darf sich zu Wort melden und Authentizität beanspruchen. Das Thema »Gotteserfahrung« und »Gotteserleben« durchzieht spannungsreich die Geschichte christlicher Spiritualität. Vertiefte Gotteserfahrung war ein Motiv, das zum Entstehen des Mönchtums führte. Dort, im Mönchtum, blieb das Interesse an der geistlichen Erfahrung stets lebendig, aber immer eingebettet in einen Gesamtrahmen liturgischen, kirchlichen, theologischen Lebens und einer christlichen Lebenspraxis. Wo, wie es heute nicht selten der Fall ist, dieser Rahmen fehlt, gerät das glaubende Subjekt unter Druck. Wer nichts erfährt, hat sich zu rechtfertigen und wähnt sich gegenüber den an Erfahrung Reichen im Hintertreffen. In einer theologischen Typologie christlicher Spiritualität lässt sich zeigen, dass es legitime spirituelle Profile gibt, deren Schwerpunkt mehr im Nicht-Erfahren als im Erfahren liegt. Offen ist ferner, ob der (die) Glaubende und Betende wirklich Gott erfährt oder etwas Anderes. Dies zielt auf das biblische Kriterium der Früchte: guter Ursprung – gute Früchte (vgl. Mt 7,16–20). Die Rede von der Erfahrung Gottes, so berechtigt sie ist, hat sich dem Evangelium auszusetzen. Dort kommt es nicht auf die Erfahrung an, sondern auf die Bekehrung, auf den Glauben und auf das Tun des Guten. Im Gericht frägt der Menschensohn nicht nach der Erfahrung, sondern nach der Praxis (vgl. Mt 25,31–46).

(Christliche) Mystik

Christliche Spiritualität ist nicht ident mit christlicher Mystik. Dennoch beeinflusste, historisch betrachtet, stets das eine das andere. Mystik zu definieren ist fast unmöglich. Christliche Mystik meint jedenfalls mehr als bloß autobiographisch verortete besondere Erfahrung göttlicher Gegenwart. Christliche Mystik im Sinne der klassischen *cognitio Dei experimentalis*, d.h. der erfahrungsmäßigen Wahrnehmung Gottes, schließt die Vorbereitung auf, das Bewusstsein von, sowie die Reaktion auf die unmittelbare Gegenwart Gottes ein.[14] Als Begegnungsmystik hat sie personalen Charakter. Die *unio mystica* ist als *unio distinctionis* aufzufassen, selbst wenn die Sprache christlicher Mystik auf das völlige Eingehen in Gott schließen lässt.

Einer der Väter christlicher Mystik, Pseudo-Dionysius Areopagita, spricht vom »Erleiden Gottes«. Das meint nicht nur die Haltung des Wartens und menschliche Passivität. Wenn »Gott weh tut«, ist der Mensch weniger in Gefahr, Gott als Ventil oder als Kompensation zu gebrauchen. Im Bild gesprochen: Gott ist nicht einfach der passende Deckel auf das Gefäß der menschlichen Bedürfnisse. Das Erleiden Gottes führt zur Ahnung: Gott ist anders. Für die Wesensbestimmung christlicher Spiritualität besagt das Motiv »Gott erleiden« ferner: Spiritualität ist etwas, was am Menschen geschieht, insofern das Leben des Glaubens ein Werk des Heiligen Geistes ist.

---

14 Vgl. McGinn, Bernard: Die Mystik im Abendland. Bd. 1: Ursprünge, Freiburg 1994, 16.

Christliche Spiritualität und Methode

Historisch betrachtet fällt auf, dass christliche Spiritualität bis ins Spätmittelalter im Hinblick auf die konkrete Ausgestaltung des geistlichen Weges keinerlei Interesse an Methodik entwickelte. Erst die *Devotio moderna* am Ausgang des Mittelalters interessierte sich für methodische Anleitungen. Die Methodenarmut ist deshalb eine bewusst angesteuerte, weil Christus der Weg ist (vgl. Joh 14,6). Methoden sind daran zu messen, ob sie mit dieser Mitte kompatibel sind, ob sie ihre eigenen weltanschaulichen Vorentscheidungen offen legen und ob sie, noch grundsätzlicher gefragt, ihres religiös-weltanschaulichen Kontextes derart enthoben werden können, dass sie nur mehr »reine« Methode sind – und nicht mehr.

Evangelische Räte

In den Evangelischen Räten verdichtet sich die Lebensform aus dem Geist des Evangeliums. Sie sind innere Momente jeglichen christlichen Lebens und somit jeglicher christlicher Spiritualität. Sie erinnern, dass sich die Glaubenden darauf verlassen können, gerade in den zentralsten Sehnsüchten des menschlichen Daseins von Gott her zu leben. Nicht das angstbedrohte Dasein selbst sichern, sondern Leben aus dem Vertrauen auf Gott – das ist die Botschaft der Evangelischen Räte.

Theologie der Berufung

Christliche Spiritualität ist nicht denkbar ohne eine Theologie der Berufung, insofern Gott den Menschen anspricht und der Mensch zu einer personalen Antwort herausgefordert ist. Die Bibel kennt nicht die moderne Situation einer angeblichen Wahlfreiheit gegenüber einer Bandbreite von Sinnentwürfen. Sie spricht von der Erwählung des Volkes Israel und vom Ruf in die Nachfolge Jesu. Berufung lässt sich biblisch und mit großen theologischen Entwürfen aus jüngerer Zeit als »Ruf ins Eigene« (Karl Rahner) oder mit Hans Urs von Balthasar als »Ruf ins Andere (seiner selbst)« deuten.

Theologie und Spiritualität

Theologie und Spiritualität brauchen einander. Zu den Quellen christlicher Spiritualität zählt die Heiligen Schrift, die Botschaft des Evangeliums und die Überlieferung. Christliche Spiritualität lebt aber auch aus der jeweiligen geschichtlichen Gegenwart, als Möglichkeit der Begegnung mit dem lebendigen Gott. Die Zeichen der Zeit hat sie zu lesen. Im Vermittlungsprozess beider Größen liegt die Funktion der Theologie. Misslingt die Verbindung von Theologie und Spiritualität, dann verliert entweder die Theologie ihre geistliche Dimension oder das geistliche Leben seine theologische Substanz. Wenn hingegen die Theologie ihre geistliche Dimension im Blick behält, gibt sie dem geistlichen Leben ein theologisches Fundament.

»Megatrend Spiritualität«: Christliche Spiritualität im Diskurs

Mit Begriffsdefinitionen und theoretischen Grundlagen von Spiritualität im Allgemeinen und von christlicher Spiritualität im Besonderen sollte für die Ringvorlesung ein Ausgangspunkt und für die Untersuchung des »Megatrends Spiritualität« ein Bezugsrahmen geschaffen werden. Wenn, wie es deutlich wurde, christliche Spiritualität die Geschichtlichkeit des Menschen ernst nimmt, ist die Balance im Spannungsfeld von Identität und Relevanz jeder Generation aufgegeben. Das Im-Blick-Behalten dessen, was vom Christusereignis her unaufgebbar zum Christlichen zählt (Identität) ist mit der religiösen Spurensuche in der Gegenwart in Beziehung zu setzen (Relevanz). Die Tatsache, dass jede Spiritualität von der vergangenen lebt, ist mit der Frage zu vernetzen, hinter welchen säkularen Inszenierungen sich die Sehnsucht des Menschen nach Transzendenz (nach Gott) verbirgt.

Noch ist nicht klar, wohin der »Megatrend Spiritualität« führt. Weder gibt es eine Theorie des Phänomens, die konsensuell ist, noch ist schon offenkundig, ob es sich um eine beständige Größe handelt. Geht es um eine (herstellbare) Transzendenzerfahrung (individuell oder kollektiv)? Handelt es sich um »religionsfreundliche Gottlosigkeit«, die mit jesuanischer Nachfolge nicht wirklich kompatibel ist (Johann Baptist Metz) oder melden sich hier echte, authentische, ernsthafte religiös-spirituelle Suchbewegungen?

»Spirituelle Wanderschaft« führte einst die Weisen aus dem Morgenland nach Jerusalem (vgl. Mt 2,1–12). Sie sind Suchende, kommen von außen, sind lange unterwegs, stellen Fragen, deuten unsicher einen Stern. Sie erwarten von denen, die sie treffen, Kompetenz in Sachen Spiritualität.

Die Reise ins Innere: Spiritualität als Heilung

Kurt Remele

»Ich feiere mich selbst und singe mich selbst«, dichtete der US-amerikanische Schriftsteller Walt Whitman in der zweiten Hälfte des 19. Jahrhunderts: »I celebrate myself, and sing myself.«

> Ich feiere mich selbst und singe mich selbst,
> und was ich mir zuermesse, sollst du dir zuermessen,
> denn jedes Atom, das mir gehört, gehört auch dir.
> Ich schlendere dahin und lad meine Seele zu Gast,
> ich neige mich, schlendere behaglich dahin,
> einen Halm des Sommergrases betrachtend. […]
>
> Du sollst nicht länger die Dinge nehmen aus zweiter und
> dritter Hand, nicht mit den Augen der Toten schauen
> und dich nähren von Hirngespinsten in Büchern,
> sollst auch nicht durch meine Augen schauen,
> noch Dinge übernehmen von mir,
> sollst nach allen Seiten hin lauschen und sie filtern
> durch dich selbst.[1]

Die Reise ins Innere: expressiver Individualismus und Bastelbiographie

Authentischer Poet: Walt Whitman

Walt Whitman war einer der bedeutendsten Dichter der US-amerikanischen Literaturgeschichte und ein Wegbereiter moderner, ohne Reim und reguläres Metrum verfasster Lyrik. Es ging ihm sowohl in seinem Leben als auch in seinen Gedichten vor-

---

1 Whitman, Walt: Grashalme, Leipzig 1981, 28–30 (amerikanische Erstausgabe 1881).

rangig darum, »das Selbst zu kultivieren und auszudrücken und es in seiner gewaltigen sozialen und kosmischen Weite zu erforschen«[2].

Neben Ralph Waldo Emerson und Henry David Thoreau zählt Whitman zu den bekanntesten Vertretern eines »expressiven« oder »qualitativen« Individualismus. Dieser hat sich in den Vereinigten Staaten des 19. Jahrhunderts als Gegenreaktion auf den kulturell dominanten »utilitaristischen Individualismus« entwickelt.[3] Während letzterer auf eigene Leistung und harte Arbeit, auf wirtschaftlichen Erfolg und die Durchsetzung des Stärkeren ausgerichtet ist, geht es dem expressiven Individualismus vorrangig um den eigenen inneren Kern und den Ausdruck von Gefühlen, um Kreativität und Authentizität, um Selbstverwirklichung und Selbstdarstellung, aber auch um die »Verschmelzung« mit anderen Menschen, mit der Natur und mit dem Kosmos. Für den expressiven Individualismus ist das Menschenbild des »homo psychologicus« charakteristisch, für den stark materialistisch geprägten utilitaristischen Individualismus dagegen jenes des »homo oeconomicus«. Zahlreichen gebildeten Amerikanerinnen und Amerikanern des ausgehenden 19. Jahrhunderts erschien die kulturell dominante, zielstrebige Orientierung am materiellen Erfolg als zu banal, flach und eindimensional. Mit dem expressiven Lebensmodell propagierten sie den Weg nach innen, betonten die emotionale Seite menschlicher Existenz und wandten sich gegen die Instrumentalisierung des Menschen in Wirtschaft und Gesellschaft.

Der Trend nach innen prägt auch die zeitgenössischen Gesellschaften der Spätmoderne, auf beiden Seiten des Atlantiks. Die Suche nach dem eigenen Ich, nach Berührung mit der eigenen Tiefe ist für zahlreiche heutige Menschen ein zentrales spirituelles Anliegen.[4] Shirley MacLaine, die bekannte Schauspielerin und Esoterik-Bestsellerautorin, stellt fest: »Jeder und jede von uns besitzt im Inneren eine mächtige Kraft, die uns lehrt, wie wir lieben und uns ändern können. […] Die längste Reise beginnt mit dem ersten Schritt. Vermutlich ist die längste Reise die Reise ins Innere.«[5]

Vor allem von der ersten Hälfte der 60er Jahre bis zur Mitte der 70er Jahre des 20. Jahrhunderts hat sich in westlichen Gesellschaften der Moderne und Spätmoderne ein Wertewandel in Richtung einer Zunahme expressiv-individualistischer Werte vollzogen. Der deutsche Wertforscher Helmut Klages[6] spricht von einem Wertwandlungsschub von Pflicht- und Akzeptanzwerten hin zu Selbstentfaltungswerten: Gehorsam und Einordnung, Bescheidenheit und Anpassungsbereitschaft haben eine tendenzielle Wertminderung erfahren, Autonomie und Demokratie, emotionale Bedürfnisse und Postmaterialismus dagegen eine Rangerhöhung. Menschen wurden zunehmend zu Subjekten ihrer Lebensgestaltung, zu »Freiheitskünstlern«[7], zu Existenzbastlerinnen und -bastlern[8]. Normalbiographie wandelte sich zu Wahl- und Bastelbiographie: ein Vorgang, der soziologisch als »Individuali-

2 Bellah, Robert N. u. a.: Habits of the Heart. Middle America Observed, London 1988, 35.
3 Zum »expressiven« und zum »utilitaristischen« Individualismus vgl. Bellah u. a.: Habits, 32–35; Remele, Kurt: Tanz um das goldene Selbst? Therapiegesellschaft, Selbstverwirklichung und Gemeinwohl, Graz 2001, 107–135.
4 Vgl. dazu Zulehner, Paul M.: Megatrend Religion, in: Stimmen der Zeit 221 (2003), 87–96, 90f.
5 MacLaine, Shirley: Going Within. A Guide for Inner Transformation, New York 1990, XIV.
6 Klages, Helmut: Wertedynamik, Zürich 1988, 56–60.
7 Zulehner, Paul u. a.: Vom Untertan zum Freiheitskünstler. Eine Kulturdiagnose anhand der Untersuchungen »Religion im Leben der Österreicher 1970 bis 1990«– »Europäische Wertestudie – Österreichteil 1990«, Wien ²1993.
8 Hitzler, Ronald/Honer, Anne: Bastelexistenz. Über subjektive Konsequenzen der Individualisierung, in: Beck, Ulrich/Beck-Gernsheim, Elisabeth (Hrsg.): Riskante Freiheiten, Frankfurt am Main 1994, 307–315.

sierung«[9] bezeichnet wird und der die Menschen sowohl befugt als auch strukturell auffordert, sich eingehend mit sich selbst auseinander zu setzen.

Die Menschen wurden durch die Individualisierung nach und nach aus den bisherigen Einbindungen und Einbettungen in stabile sozialmoralische Milieus und Lebensformen wie Schicht, Familie, Nachbarschaft und Religionsgemeinschaft freigesetzt. Sie wurden in eine stärker durch Eigenverantwortung und Eigeninitiative geprägte Biographiegestaltung entlassen. Diese individuelle Sinnsuche ist jedoch nicht notwendigerweise ein isoliertes Unternehmen. Es entstehen vielmehr neue lebensstilorientierte Szenen, Milieus und Gruppen. Der oder die Einzelne ist dennoch auf keine unumstrittenen, allgemeinen und klaren Vorgaben verwiesen, sondern »stattdessen auf eine Überfülle heterogener und oft antagonistischer, sozial teils mehr, teils weniger stimmig vor-organisierter Lebensstilpakete, Sinnkonglomerate und Ideologiegehäuse«[10]. Auch wenn die Lebenslage der meisten von uns – zumindest vorerst noch – wohlfahrtsstaatlich abgesichert und nach außen hin stabil erscheint, sind wir gleichwohl permanent vor die Frage gestellt, wie wir die Bausteine unseres eigenen Lebens aus einem Steinbruch kulturell bereitstehender Optionen herausbrechen und wieder »zusammenstückeln«.

Spätmoderne Spiritualitätsbastlerin: Cherie Blair

Cherie Blair ist erfolgreiche Anwältin, Frau des britischen Premierministers und praktizierende Katholikin. Gelegentlich trägt sie einen New Age-Anhänger aus Kristallen um den Hals, der sie vor negativen Kräften und elektromagnetischen Wellen schützen soll: eine esoterische Ausstattungsvariante, die einer englischen Qualitätszeitung vor einigen Jahren immerhin einen halbseitigen Bericht mit entsprechendem Foto wert war.[11]

Frau Blair liegt im Trend. Sie gehört zu jenen »Religionskomponisten«[12] oder »Spiritualitätsbastlerinnen«, die sich ihre religiöse Weltsicht aus unterschiedlichen Traditionen und Sinndeutungsangeboten zusammenstellen. Bereits mehr als ein Drittel der Europäer gehört zu dieser Gruppe spiritueller Heimwerker/innen. Unter Individualisierungsbedingungen unterliegt auch die eigene religiöse Orientierung, die eigene Spiritualität zunehmend dem Trend nach Wahl und Vielfalt, Innenorientierung und Erfahrungsbezogenheit, Selbstgestaltung und Komposition. Man spricht von »Auswahlreligion«, »Cafeteria Religion«, »Patchwork-Religiosität« und »Religions-Bricolage«.[13] Zwar bleibt in historisch christlich geprägten Ländern das

---

9 Aus der Fülle der Werke zum gesellschaftlichen Individualisierungsprozess seien hier nur genannt: Beck, Ulrich: Risikogesellschaft. Auf dem Weg in eine andere Moderne, Frankfurt am Main 1986, 115–248; Prisching, Manfred: Die McGesellschaft. In der Gesellschaft der Individuen, Graz 1998; Friedrichs, Jürgen (Hrsg.): Die Individualisierungs-These, Opladen 1998.
10 Hitzler, Ronald: »Vollkasko-Individualisierung«. Zum Phänomen der Bastelexistenz unter Wohlfahrtsbedingungen, in: Prisching, Manfred (Hrsg.): Ethik im Sozialstaat, Wien 2000, 155–172, 158.
11 Dillner, Louisa: Crystal Gazing, in: The Guardian, 21. Juli 1998, 17.
12 Zulehner, Paul M./Hager, Isa/Polak, Regina: Kehrt die Religion wieder? Religion im Leben der Menschen 1970–2000, Ostfildern 2001, sprechen in ihrer Studie von »Religionskomponist/innen«.
13 Vgl. z. B. Friesl, Christian/Zuba, Reinhard: Die ÖsterreicherInnen und die Religion, in: Denz, Hermann u. a. : Die Konfliktgesellschaft. Wertewandel in Österreich 1990–2000, 99–167, 138–142; Friesl, Christian/Polak, Regina: Teil I: Theoretische Weichenstellungen, in: Polak, Regina (Hrsg.): Megatrend Religion? Neue Religiositäten in Europa, Ostfildern 2002, 25–106, 75–77; Prisching, McGesellschaft, 108–118; Remele, Tanz, 197–203.

Christentum in der Regel jener Sockel, auf dem das eigene Glaubenssystem aufgebaut wird. Aber oft dienen christliche und andere religiöse Traditionen und Sinndeutungsangebote vorzugsweise als Steinbruch und Baumaterial, aus denen sich der einzelne Mensch das Haus seiner bunten, für ihn selbst stimmigen »Do-it-yourself«-Religion in Eigenregie zimmert, und das auch innerhalb der Kirchen: Mehr als ein Viertel aller evangelischen Kirchenmitglieder im ehemaligen Westdeutschland und in Österreich beispielsweise gibt zu, Erfahrungen mit esoterischen Praktiken wie Astrologie, Pendeln und Wünschelrutengehen gemacht zu haben, und in katholisch geprägten Gesellschaften wie Österreich und Frankreich, Italien, Portugal und Spanien ist der Reinkarnationsglaube sogar häufiger anzutreffen als in anderen europäischen Ländern.[14]

Mit dem Religionssoziologen Roland J. Campiche[15] lässt sich der individualisierungsbedingte religiöse Wandel als Verschiebung von *Religion* hin zu *Spiritualität* begreifen. Auch wenn es selbstverständlich Überschneidungen zwischen den beiden Bereichen gibt, wird unter Religion vorrangig jener Glaube verstanden, der sich in einer von Dogmen, Überlieferungen und Regeln geprägten kirchlichen Institution vollzieht; Spiritualität dagegen bezieht sich eher auf die individuelle Lebenserfahrung, die subjektive innere Befindlichkeit. Der an sich schon vieldeutige, unscharfe Begriff der Spiritualität wird als grundsätzlich unabhängig von der christlichen Tradition verstanden: *Individuelle Spiritualität* wird vielmehr zum religionssoziologischen Gegenbegriff von *institutioneller Religion.* Der expressive Individualismus als philosophische Denktradition und der individualisierungsbedingte Imperativ zur eigenen Lebensgestaltung sind auch im Bereich von Religion und Spiritualität miteinander verbunden, ineinander verwoben. »Du sollst nicht länger die Dinge nehmen aus zweiter / und dritter Hand«, heißt es in dem eingangs zitierten Gedicht von Walt Whitman, »nicht mit den Augen der Toten schauen / noch dich nähren von Hirngespinsten in Büchern, / sollst auch nicht durch meine Augen schauen, / noch Dinge übernehmen von mir, / *sollst nach allen Seiten hin lauschen und sie filtern durch dich selbst.*«[16]

Spiritualität als Heilung: Therapiegesellschaft und Gesundheitstrend

Therapeutische Religion und spirituelle Psychotherapie

In der Unübersichtlichkeit zeitgenössischer individualisierter Spiritualität verschwimmen zunehmend die Grenzen zwischen Heil und Heilung, Meditation und Magie, Entspannungsverfahren und Esoterik, Gesundheit und Wellness, Bewe-

14 Vgl. Ruh, Ulrich: Der unverbindliche Glaube. Religiöse Vorstellungen in einer säkularen Gesellschaft, in: Internationale katholische Zeitschrift Communio 24 (1995) 385–393, 388; Wijngaards, John: New Age journeys, in: The Tablet, 29. März/5. April 1997, 451f., 451.
15 Campiche, Roland J.: Die Individualisierung der Religion – Aspekte des religiösen Wandels und Auswirkungen auf die Kirchen der Schweiz, Bern 1995, 1.
16 Whitman, Grashalme, 29ff. (meine Hervorhebung).

gungsübungen und Psychotherapie, Religion und Psychologie. Nach Michael Krüggeler, einem Mitarbeiter des Pastoralsoziologischen Instituts in der Schweiz, unterliegt Religion unter Individualisierungsbedingungen einer Tendenz zur »Psychologisierung religiöser Erfahrung«[17]. Dies äußert sich etwa in der Suche nach Kontakt mit dem eigenen Inneren, dem Interesse an Mystik, der Entdeckung der Meditation als Möglichkeit zur Selbsterfahrung und Selbstheilung. Die Grenzen zwischen bislang weitgehend getrennten kulturellen Sektoren und sozialen Subsystemen wie kirchliche Seelsorge hier, psychologische Beratung dort, werden durchlässig. Die Zuständigkeiten verschwimmen, die Betätigungsfelder gehen fließend ineinander über. So versuchen einerseits kirchliche Bildungseinrichtungen den Bedürfnissen ihrer Klientel durch ein breites Angebot therapeutischer Lebenshilfe und religiös verbrämter Selbsterfahrung gerecht zu werden. Sie bieten bioenergetische Körperarbeit und Neurolinguistisches Programmieren an, sie offerieren Bibliodrama-Veranstaltungen und Einweisungen in die religiöse Dimension der Analytischen Psychologie C. G. Jungs[18]. Katholische Theologen wie Eugen Drewermann und Eugen Biser erinnern an die in Vergessenheit geratene therapeutische Funktion des Christentums, an die christliche Kompetenz, »den Menschen schon im Diesseits zu helfen bis hinein in seine Leiblichkeit, bis hinein in seine Anfälligkeit für Krankheiten«[19]. Andererseits sehen so genannte »transpersonale« und »spirituelle Psychotherapeuten« ihre Aufgabe darin, das spirituelle Vakuum von Menschen mittels New-Age-Therapien zu füllen und sie bei ihrer Suche nach der Bezogenheit auf etwas Größeres, Höheres oder Tieferes anzuleiten. Nicht die Heilung einzelner neurotischer Symptome steht im Mittelpunkt ihres therapeutischen Wirkens, sondern die ganzheitliche Heilung des Klienten durch den esoterisch vermittelten Durchbruch zu einer spirituellen Realität, durch den Kontakt mit einer sinnstiftenden kosmischen Energie oder transzendenten Kraft.

Im Kontext der Therapiegesellschaft ist das Verständnis von Heil und Heilung ebenso vielfältig wie die Erwartungen an psychotherapeutische Dienstleistungen: Psychotherapie wird von vielen nicht mehr vorrangig als Methode zur Heilung mehr oder weniger eindeutig diagnostizierbarer psychischer Störungen und zur Beseitigung des damit verbundenen neurotischen Leidensdrucks betrachtet. Vielmehr wird sie primär als potentes Verfahren begriffen, um die private Orientierungslosigkeit zu reduzieren, partnerschaftliche Beziehungsprobleme zu lösen, Stress abzubauen und, sofern die passenden esoterischen Ingredienzien beigemischt sind, um zu eine Art kosmischer Bewusstseinserweiterung zu gelangen. Während Sigmund Freud[20] es als Heilungserfolg wertete, wenn die krankhaften Symptome einer Patientin verschwanden und sie sich dadurch gegen die normalen Leiden des All-

17 Krüggeler, Michael: Inseln der Seligen: Religiöse Orientierungen in der Schweiz, in: Dubach, Alfred/ Campiche, Roland J. (Hrsg.): Jede/r ein Sonderfall? Religion in der Schweiz. Ergebnisse einer Repräsentativbefragung, Zürich/Basel 1993, 93–132, 119.
18 C. G. Jungs Bedeutung für die Religion hat bereits Elias Canetti am Beispiel der englischen Dichterin Kathleen Raine und ihrer religiösen Entwicklung beschrieben: »Vom väterlichen Methodismus […] war sie zum Katholizismus übergegangen, hatte beim Buddhismus verweilt, vertiefte sich in seine Sekten, kehrte zum Katholizismus zurück und landete schließlich bei Jung. Da fühlte sie sich sichtlich wohl, da war ihr, glaube ich, so zumute, als hätte sie sich aller Religionen auf einmal bemächtigt, müsse keine um der anderen willen aufgeben.« (Canetti, Elias: Party im Blitz. Die englischen Jahre, München/Wien 2003, 75).
19 Eugen Biser im Gespräch mit Hubert Schöne, in: http://www.brnline.de/alpha/forum/vor9811/19981102_i.shtml
20 Freud, Sigmund: Zur Psychotherapie der Hysterie, in: Ders./Breuer, Josef: Studien über Hysterie, Frankfurt am Main 1970, 246.

tags besser zur Wehr setzen konnte, verheißen manche spektakuläre und prestige-trächtige Heilungsangebote des Psychobooms eine ganzheitliche Persönlichkeits-transformation und rasche Hilfe bei fast allen Problemen.

Meditieren und Joggen

Der deutsche Religionspsychologe Bernhard Grom[21] hat darauf aufmerksam gemacht, dass sich Psychoboom und Esoterikkonjunktur seit einiger Zeit in einer Gesundheitswelle fortzusetzen scheinen. Er stellt fest, dass das Interesse an einem Lebensstil, für den das eigene Wohlbefinden im Mittelpunkt steht und an Komple-mentärmedizin noch nie so stark gewesen sei wie heute.

Der Krankheitsbegriff wird gegenwärtig ausgeweitet auf Gefühle des Unwohl-seins oder das Empfinden von Defiziten in den Bereichen Fitness, Wellness und Lebenszufriedenheit. Während Menschen sich in früheren Zeiten dann krank fühl-ten, wenn sie klar erkennbare Symptome einer Störung, also etwa Schmerzen oder Fieber aufwiesen, empfinden sich viele Menschen heute als krank, wenn sie sich in ihrer Lebensqualität irgendwie beeinträchtigt sehen.[22] Der katholische Theologe Hans-Joachim Höhn charakterisiert diesen Trend mit leichter Ironie wie folgt: »Die Gewissheit, dass man o. k. ist, vermittelt der gebräunte, joggende, in Form ge-brachte Körper.«[23]

Gerade am Joggen aber lässt sich recht gut aufzeigen, dass sich die Suche der Menschen nach Persönlichkeitsentwicklung und seelischer Gesundheit einerseits, nach Fitness und körperlicher Gesundheit andererseits, teilweise überlagert: Men-schen joggen, um ihren Körper gesund zu erhalten. Oder sie tun es primär deshalb, um das »Runner's High« zu erleben, einen rauschähnlichen euphorischen Zustand, von dem einige Langstreckenläufer schwärmen. Manche lassen sich zum Joggen motivieren, weil sie dadurch eine Steigerung ihres Selbstbewusstseins, ihrer Krea-tivität und Intelligenz erhoffen, andere wiederum, um ihre Depressionen zu über-winden oder um ihr Gewicht zu reduzieren. Bei vielen werden mehrere der ge-nannten Motive im Spiele sein: Ziele wie seelische Bereicherung und Erleuchtung, Gesundheitsvorsorge und Überwindung von Übergewicht, Beseitigung von seeli schen Tiefs und Heilung von sozialen Ängsten verschmelzen so ineinander.

Unterscheidung der Geister: innere Heilung und äußere Realitäten

Ich stimme mit Paul Michael Zulehner überein, dass den neuen spirituellen Phäno-menen von Seiten einer christlichen und katholischen Theologie grundsätzlich »mit

21 Grom, Bernhard: Gesundheit und Glaubensfaktor. Religiosität als Komplementärmedizin?, in: Stimmen der Zeit 216 (1998) 413–424, 413.
22 Horx-Strathern, Oona u. a.: Was ist Wellness? Anatomie und Zukunftsperspektiven des Wohlfühl-Trends, Kelkheim 2001, 12.
23 Höhn, Hans-Joachim: GegenMythen. Religionsproduktive Tendenzen der Gegenwart, Freiburg im Breisgau ²1994, 124.
24 Zit. nach Polak, Regina: Spiritualität ist »in«, in: Die Furche Nr. 38, 18. September 2003, 11.

wertschätzender Wahrnehmung«[24] zu begegnen sei. Kirchlich sozialisierte und im »Haus voll Glorie« integrierte Gläubige sollten davon Abstand nehmen, wie gut behauste, anständige Wohlstandsbürger auf heimatlose, umherziehende Religionsvagabunden hinab zu schauen. Auch wenn manche Phänomene der New Age- und Esoterikszene, der Gesundheits- und Wellnesskultur berechtigterweise zu ironischen Kommentaren reizen, sollte die Auseinandersetzung mit individualisierter Spiritualität und neuen religiösen Bewegungen durch empathisches Zuhören und durch offenen Dialog bestimmt sein, einen Dialog freilich, in dem kritische Anfragen ihren berechtigten Platz haben.

Ich werde mich im Folgenden auf zwei zentrale Elemente der katholischen Tradition, die mir auch persönlich sehr wichtig sind, konzentrieren und sie in einen Dialog mit den neuen Spiritualitäten einbringen. Die *eine* Tradition lässt sich als Zusammengehörigkeit von Fides und Ratio, von Glauben und Vernunft oder Glauben und Denken bezeichnen, die *andere* als Zusammengehörigkeit von Individualität und Solidarität, von Selbstverwirklichung und gesellschaftlicher Eingebundenheit des Menschen.

Glauben und Denken

Fides und Ratio, Glauben und Vernunft gehören nach katholischem Verständnis zusammen, ergänzen einander.[25] Die hohe Achtung vor menschlicher Rationalität und wissenschaftlicher Forschung, vor denkerischer Anstrengung und ständiger Lernbereitschaft ist beste, wenn auch kirchenamtlich nicht immer genügend beachtete katholische Tradition. Jesus Christus ist gekommen, um unsere Sünden hinweg zu nehmen, nicht aber unser Denkvermögen.[26]

Aus der Sicht vieler zeitgenössischer, spät- oder postmoderner Spiritualitäten dagegen steht sowohl die traditionelle Wissenschaft als auch die katholische Synthese von Fides und Ratio unter dem Verdacht oder Verdikt der Kopflastigkeit, der Erfahrungs- und Emotionsferne, der Abtrennung des Geistes vom Körper, der Seele vom Leib. Auch innerhalb der Kirchen sind viele Gläubige nicht primär an theologischen Argumenten, die intellektuell überzeugen, interessiert, sondern an individuellen und gemeinschaftlichen religiösen Erfahrungen, die emotional gut tun. Patientinnen und Patienten, die die schulmedizinische Symptombehandlung mit millionenschweren Instrumenten als zu technizistisch und persönlichkeitsfern erleben (und dies oft durchaus zu Recht), wenden sich Ganzheitsmedizinern und alternativen Heilerinnen zu. Im psychotherapeutischen Bereich stehen relativ bewährte klassische Verfahren wie Verhaltenstherapie, Psychoanalyse und klientenzentrierte Gesprächstherapie zunehmend in Konkurrenz zu neuen Trends in der New Age-

---

25 Vgl. Valentini, Donato/Seckler, Max: Glauben und Wissen/Denken, in: Kasper, Walter u. a. (Hrsg.): LThK, Bd. 4, Freiburg im Breisgau, ³1995, 693–696; Johannes Paul II.: Enzyklika Fides et ratio Nr. 5: »Die Kirche ihrerseits kann nicht umhin, den Einsatz der Vernunft für das Erreichen von Zielen anzuerkennen, die das menschliche Dasein immer würdiger machen. Denn sie sieht in der Philosophie den Weg, um Grundwahrheiten zu erkennen, welche die Existenz des Menschen betreffen.« (Bonn 1998. Verlautbarungen des Apostolischen Stuhls 135).
26 Vgl. auch die dem US-amerikanischen Astronomen Carl Sagan zugeschriebene Warnung, dass es durchaus eine Tugend sei, angesichts neuer Ideen die Augen offen zu halten, allerdings nicht so weit, dass dabei das Hirn herausfällt.
27 Vgl. Platta, Holdger (Hrsg.): New-Age-Therapien. Pro und Contra, Weinheim/Berlin 1994; Goldner, Colin: Der Wille zum Schicksal. Die Heilslehre des Bert Hellinger, Wien 2003. Psycho-Gurus sind ebenso wie neue religiöse Fundamentalismen

und Esoterik-Szene und den großen Versprechungen ihrer – nicht selten durchaus autoritären – Heilslehrer und Psycho-Gurus[27].

In der Unübersichtlichkeit der Spätmoderne ist es nicht nur schwieriger geworden, präzise zwischen Heil und Heilung, Religion und Therapie zu unterscheiden, sondern es bedarf auch einer größeren Achtsamkeit und denkerischen Anstrengung, Scharlatanerie und Seriosität auseinander zu halten. Theologische Ethik ist herausgefordert, durch eine konstruktiv-kritische Auseinandersetzung mit dem Psychoboom und seinen Heilungs- und Heilsversprechen zu einer Unterscheidung der Geister beizutragen.

Klinische Psychologie und Psychotherapie haben zweifellos viel Positives und Befreiendes gebracht, gerade auch für zahlreiche Gläubige, deren religiöse Sozialisation von einem gottesvergiftenden moralischen Rigorismus geprägt war. Psychotherapie als die »Kunst, der leidenden Seele zu dienen«[28], kann neurotisches Elend lindern, Selbstannahme ermöglichen, Selbsterkenntnis vertiefen. Johannes Messner hat bereits in seiner *Kulturethik*[29] aus dem Jahre 1954 darauf hingewiesen, dass Selbsterkenntnis eine entscheidende Bedingung für geglücktes Menschsein darstelle. Für den psychoanalytisch geschulten englischen Rabbiner Lionel Blue ist das Wissen um uns selbst, um unsere Vorzüge und unseren Schatten, zudem auch theologisch bedeutsam: »Wenn das Reich Gottes in uns ist, dann ist es gefährlich, Gott kennen zu wollen, ohne uns selbst zu kennen.«[30]

Unter den Bedingungen einer Erlebnis- und Konsumgesellschaft werden wir aber heute von Psychotherapeuten und Lebensberaterinnen geradezu fürsorglich belagert. Der Psychoboom mit seinen vielfältigen Angeboten und schillernden Gestalten hat dazu beigetragen, dass der Hunger nach therapeutisch vermitteltem Heil manchmal mit ungesunder Psycho-Nahrung gestillt wird. Reinhard Tausch, der bekannteste Vertreter der klientenzentrierten Gesprächspsychotherapie im deutschen Sprachraum, hat in einem Interview erklärt: »Psychotherapie kann helfen, aber sie kann nutzlos sein, ja bei wenig qualifizierten Psychotherapeuten kann sie schaden. Und ich glaube, das wird bis heute stark übersehen, dass Psychotherapie nützlich sein kann, aber auch schädlich.«[31] Nützliche Psychotherapie beachtet die Talente und Ressourcen des Klienten, sie enthält sich grandioser Versprechungen und autoritärer Anweisungen, sie arbeitet eng mit der Psychiatrie und der Psychopharmakologie zusammen und sie bemüht sich um eine stärkere Integration ethischer und religiöser Fragestellungen. Im Gegensatz zur Ausblendung des Religiösen aus dem therapeutischen Prozess einerseits und zu »einer plump-fundamentalistischen Anpreisung des Glaubens als Wunderdroge«[32] andererseits ist der derzeitige Kenntnisstand über

---

Ausdruck einer Gegenmodernisierung, einer Suche verunsicherter Menschen nach (scheinbar) unhinterfragbaren Wahrheiten.

28 Pieringer, Walter: Psychotherapie und Politik, in: Mantl, Wolfgang (Hrsg.): Politik in Österreich. Die Zweite Republik: Bestand und Wandel, Wien 1992, 243–260, 243.

29 Messner, Johannes: Kulturethik mit Grundlegung durch Prinzipienethik und Persönlichkeitsethik, Innsbruck [2]1954, 281.

30 Blue, Lionel: On the Couch, in: The Tablet, 13. November 1993, 1482.

31 Zit. nach »Therapie ist Politik«. Ein Portrait des Psychologen Carl Rogers. Eine Sendung von Josef Stüer. Deutschlandfunk, Donnerstag, 21. Januar 1988, 21.30–22.00 Uhr (eigene Tonkassettenaufnahme).

32 Frick, Eckhard: Glaube ist keine Wunderdroge. Hilft Spiritualität bei der Bewältigung schwerer Krankheit? in: Herder Korrespondenz 56 (1/2002) 41–46. Vgl. auch die Mahnung der Kongregation für die Glaubenslehre, darauf zu achten, dass bei liturgischen Heilungsgebeten »nicht auf Formen zurückgegriffen wird, die dem Hysterischen, Künstlichen, Theatralischen oder Sensationellen Raum geben«. (Instruktion über die Gebete um Heilung durch Gott, Bonn 2000. Verlautbarungen des Apostolischen Stuhls, 149).

den Beitrag von Religion zur psychischen Heilung mit dem vorsichtigen und differenzierten Urteil von Bernhard Grom wie folgt zu beschreiben: »[Es] mehren sich – obwohl vieles noch ungeklärt ist – die Anzeichen dafür, dass persönliche Religiosität, alles in allem, eher dazu beiträgt, leichteren psychischen Störungen vorzubeugen oder sie günstig zu bewältigen, allerdings nur in begrenztem Ausmaß. [...] Religiosität kann also wahrscheinlich die positiven Einstellungen, die die Therapie statt der früheren negativen aufbaut und einübt, kognitiv bestätigen und verstärken. Sie kann eine Psychotherapie unterstützten, wirkt aber nicht unabhängig von ihr als eigenes sozusagen ›ekklesiogenes‹ Verfahren, das eine Alternative böte.«[33]

Individualität und gesellschaftliche Eingebundenheit

In ihrem Buch »Und wer therapiert die Therapeuten?« weist die bekannte Psychoanalytikerin Eva Jaeggi[34] darauf hin, dass die Scheidungsziffer bei Psychotherapeutinnen und Psychotherapeuten diejenige der Normalbevölkerung eindeutig übersteigt, zumindest in den USA.

Das ist ernüchternd, bedeutet jedoch nicht, dass es grundsätzlich unangebracht ist, wenn Paare in Ehekrisen einen Eheberater oder eine Psychotherapeutin aufsuchen. Psychologische Kenntnisse und therapeutische Erfahrungen können nämlich zum Glücken einer Ehe und zur Heilung von Ehekrisen beitragen. Aber es ist zu wenig bekannt, dass auch das Gegenteil der Fall sein kann. William J. Doherty, Psychologe und Professor an der University of Minnesota, hat die Bestandsbedrohung von Ehen durch Psychotherapie in einem Beitrag aus dem Jahre 1998 wie folgt beschrieben: »Der vom Therapeuten unterstützte Selbstmord der Ehe ist Teil der Standardversion zeitgenössischer Psychotherapie geworden. [...] Ich bin davon überzeugt, dass vielen Ehen durch Therapeut/inn/en, die sich nur am Individuum orientieren, großer und unsichtbarer Schaden zugefügt wird.« Doherty ergänzt: »Viele angesehene Therapeuten feuern zu einer Scheidung an, selbst wenn das Paar noch keine ernsthafte Anstrengung unternommen hat, seine Probleme zu verstehen und die Gesundheit seiner Ehe wieder herzustellen.«[35]

Auch die britische Schriftstellerin Fay Weldon beschuldigt die psychotherapeutische Zunft, an vielen Scheidungen mitschuldig zu sein. »Es gibt selten jemanden«, schrieb Weldon pointiert, »der sich einer [therapeutischen] ›Behandlung‹ unterzieht und ein Jahr später [...] noch in seiner ursprünglichen Beziehung lebt. Es gibt viele einsame, ängstliche, alternde Frauen und auch Männer, die sagen: ›Aber es war mein Therapeut, der mir Mut machte, meinen Ehepartner zu verlassen.‹«[36]

William J. Dohertys Beitrag über Paartherapie ist in einem vom bekannten kommunitaristischen Sozialwissenschaftler Amitai Etzioni herausgegebenen Sammel-

33 Grom, Bernhard: Gottesvergiftung oder Gottestherapie? in: Psychologie heute, Juni 1997, 22–26, 24. Ders.: Religiosität: Neurose oder Therapie? Der Glaube auf dem Prüfstand von Psychologie und Lebensqualitätsforschung, in: Stimmen der Zeit 219 (2001) 30–42, 41.
34 Jaeggi, Eva: Und wer therapiert die Therapeuten? Stuttgart 2001, 147f.
35 Doherty, William J.: How Therapists Threaten Marriage, in: Etzioni, Amitai (Hrsg.): The Essential Communitarian Reader, Lanham, Maryland/Oxford 1998, 157–166, 159.162.
36 Weldon, Fay: Mind at the end of its tether, in: The Guardian (International), 11. Januar 1997, 9. Um Missverständnisse auszuschließen: Selbstverständlich kann es Umstände geben, z. B. Gewalt gegen die Frau, die eine Trennung vom Ehepartner eindringlich nahe legen: vgl. dazu das ausgezeichnete Pastoralschreiben »When I Call for Help« der US-amerikanischen Bischofskonferenz (Washington, D.C. 1992/2002).

band erschienen. Kommunitarier betonen die gesellschaftliche Eingebundenheit des Menschen und damit auch einen zentralen Wert katholischer Sozialethik. Das solidarische oder solidaristische Menschenbild katholischer Sozialethik setzt Individualität und Gemeinschaftsbezogenheit in ein konstruktives Verhältnis. Im Kontext des Psychobooms bedeutet dies u. a. auch, dass die gesellschaftlichen Rahmenbedingungen und übergreifende Strukturen, die die Entstehung individueller Probleme begünstigen, nicht allein oder vorrangig durch auf das Individuum zentrierte Behandlungen der einzelnen Psychen bewältigt werden können. Es genügt nicht, nur die subjektiven Auswirkungen sozialer Problemlagen zu therapieren, sondern es bedarf vorrangig gesellschaftlicher Reformen. So warnte etwa die eben erwähnte britische Schriftstellerin und Therapiekritikerin Fay Weldon zu Recht vor folgendem Szenario: Aus Nachlässigkeit oder aus Angst vor dem Verlust von Wählerstimmen verzichtet eine Regierung darauf, ein Gesetz zu erlassen, dass das Anlegen von Sicherheitsgurten in Schulbussen für verpflichtend erklärt. Aber nachdem ein Unfall passiert ist, stellt diese Regierung für die Eltern der verletzten und getöteten Kinder großzügig psychologische Trauerberater bereit.[37] (Im Jahre 2003 haben britische Forscher zudem in einer wissenschaftlichen Studie nachgewiesen, dass posttraumatische psychische Behandlung insgesamt keinen positiven Effekt hat.[38])

Die neuere Sozialepidemiologie, jene Wissenschaft, die die infrastrukturellen, sozioökonomischen und psychosozialen Determinanten gesundheitlicher Entwicklung erforscht, hat eine Korrelation zwischen sozialer Gleichheit und kollektiver Gesundheit festgestellt. Nach Richard G. Wilkinson[39] von der University of Sussex weisen unter den entwickelten Ländern nicht die reichsten den besten Gesundheitszustand auf, sondern jene, in denen die Einkommensunterschiede zwischen Reich und Arm am geringsten und dadurch die sozialen Bindekräfte am stärksten sind. Hat Wilkinson Recht hat, dann ist die Erhöhung des Spitzensteuersatzes für die Gesundheit der Menschen mindestens ebenso wichtig wie die Verminderung des Zigarettenkonsums, die adäquate staatliche Unterstützung kinderreicher Familien mindestens ebenso wie die Erhöhung der Anzahl von Thermalbädern und Wellnesshotels.

Spiritualität der Achtsamkeit: das Selbst und die Welt

Vernachlässigtes, Schreckliches und Schönes

Ich reflektiere hier nicht bloß als unbeteiligter Beobachter und neutraler Beurteiler über neue spirituelle Entwicklungen, sondern auch als Betroffener, ja in gewisser Weise auch als Teilnehmer an diesem Prozess. Zwischen 1985 und 1990 habe ich im Ruhrgebiet, wo ich viele Jahre lebte und arbeitete, bei einem Pallottinerpater

---

37 Weldon, Fay: The ethics of psychiatric therapies, in: Bulletin of Medical Ethics Nr. 108 (Mai 1995), 13–17.16. Zur Kritik an einer Psychotherapie, die (zu) einseitig auf das Individuum konzentriert ist und die gesellschaftlichen Bedingungen seelischer Schwierigkeiten ausklammert vgl. Smail, David: The Nature of Unhappiness, London 2001.
38 Manchmal hilft Verdrängung, in: Psychologie heute, Dezember 2003, 10.
39 Vgl. Wilkinson, Richard G.: Kranke Gesellschaften. Soziales Gleichgewicht und Gesundheit, Wien/New York 2001. Vgl. auch Stronegger, Willibald-Julius: Gesellschaftliche Grundlagen der Gesundheit und politische Folgerungen, 13 (Manuskript): »Mehr soziale Gerechtigkeit führt […] nach den Ergebnissen der Sozialepidemiologie zu einer besseren Gesundheit der Bevölkerung.«

Zen-Meditiation geübt. Im Kamalashila Institut in der Eifel habe ich bei dem damals im deutschen Sprachraum noch relativ unbekannten buddhistischen Mönch Thich Nhat Hanh an einem Achtsamkeits-Seminar teilgenommen. Ich habe dort u. a. die Kunst des achtsamen Gehens gelernt. Man setzt dabei seine Schritte bewusst und im Einklang mit dem Atem. Es geht darum, lehrte Thich Nhat Hanh, so zu gehen, als ob man den Boden mit seinen Füßen küssen wolle. Dadurch lerne man einen bewussteren Umgang mit der Natur. Für Thich Nhat Hanh ist es ein größeres Wunder, Schritte auf die Erde zu setzen als auf glühenden Kohlen zu gehen. Er empfiehlt auch, Geschirr so achtsam zu spülen, als ob man den neugeborenen Buddha baden würde. [40]

Seit dieser Zeit ist mir die Achtsamkeit oder Aufmerksamkeit als spirituelle Haltung persönlich und beruflich sehr wichtig geworden, auch wenn ich mich weder als disziplinierten Meditierenden bezeichnen kann noch als Kenner des Buddhismus. Achtsamkeit als die konzentrierte Wahrnehmung dessen, was ist und was man tut, dessen, was im Alltag leicht übersehen oder vernachlässigt wird, ist philosophisch, theologisch und therapeutisch auch von zahlreichen Nicht-Buddhisten rezipiert worden: Ich nenne hier beispielsweise Simone Weil[41] und Iris Murdoch[42], die Oxforder Theologin Daphne Hampson[43] und den indischen Jesuiten Anthony de Mello[44], den US-amerikanischen Trappisten Thomas Merton[45], der mit Thich Nhat Hanh befreundet war[46], und seinen Landsmann Jon Kabat-Zinn[47], ein Verhaltensmediziner, der auf der Basis der Achtsamkeitspraxis ein Programm zur Reduktion von Stress und zur Heilung diverser psychischer Probleme ausgearbeitet hat.

Idealtypisch lassen sich meines Erachtens drei Ausprägungen der Achtsamkeit unterscheiden[48]: eine *selbstwahrnehmende Achtsamkeit* als genaues Hinschauen auf das eigene Tun und die eigene Befindlichkeit, eine *selbstvergessene* oder *selbsttranszendierende Achtsamkeit* als hingebungsvolle Vertiefung in eine Aufgabe oder Tätigkeit, und eine *weltwahrnehmende* Achtsamkeit als unvoreingenommener Blick auf die uns umgebenden naturalen und sozialen Realitäten. Sinnoffene, achtsame Weltwahrnehmung beinhaltet, dass wir unseren Blick nicht abwenden, wenn uns etwas nicht gefällt. Der österreichisch-amerikanische Benediktiner David Steindl-Rast – es gibt neben Arnold Schwarzenegger Gott sei Dank noch andere Austroamerikaner – hat dies auf seine poetische Art wie folgt beschrieben: »Wir müssen Dinge ins Auge fassen, die wir nicht gerne sehen. Wir werden vielleicht das Weinen der Welt hören, das Weinen der Unterdrückten. Wir werden vielleicht riechen, dass etwas faul ist im Staate Dänemark. Wenn wir uns zu Tisch setzen, werden wir das Salz der Tränen kosten, das aus der Dritten Welt mit unseren Lebensmitteln importiert wird. Wir

40 Nhat Hanh, Thich: Das Wunder der Achtsamkeit. Einführung in die Meditation, Zürich 1988, 11–13; Ders.: Ich pflanze ein Lächeln. Der Weg der Achtsamkeit, München ²1991, 34–36; Ders.: The Long Road Turns to Joy: Guide to Walking Meditation, Berkeley, California 1996.
41 »Entscheidend auf Seiten des Subjekts ist die Geisteshaltung der ›Aufmerksamkeit‹, eine Art unangestrengt-leere Offenheit für individuelles wie soziales Elend und für das Tun des Guten.« (Ulke, Karl-Dieter: Weil, Simone, in: Kasper, Walter u. a. [Hrsg.]: LThK, Bd. 10, Freiburg im Breisgau 2001, 1025f.).
42 Murdoch, Iris: The Sovereignty of Good, London/New York 1991, 31, 66–70.
43 Hampson, Daphne: After Christianity, London 1996, 260–265.
44 De Mello, Anthony: Awareness, Zondervan: Grand Rapids, Michigan 1990.
45 Merton, Thomas: Conjectures of a Guilty Bystander, Garden City, N. Y. 1966. Zit nach Nouwen, Henri: Thomas Merton. Contemplative Critic, San Francisco ²1981, 75.
46 Merton, Thomas: Gewaltlosigkeit. Eine Alternative, Zürich/Köln 1986, 361–364; King, Robert H.: Thomas Merton and Thich Nhat Hanh. Engaged Spirituality in an Age of Globalization, New York/London 2001.
47 Kabat-Zinn, Jon: Gesund und stressfrei durch Meditation. Das große Buch der Selbstheilung, o.O. 1991.
48 Vgl. Remele, Tanz, 36.

werden [...] zutiefst berührt sein von allem Schönen und von allem Schweren und Schrecklichen, das es in unserer Welt gibt.«[49]

Das Schreckliche und das Schöne: Eine biblisch-christliche »Mystik der offenen Augen«, wie Johann Baptist Metz es nennt, »die uns auf die gesteigerte Wahrnehmung fremden Leids verpflichtet«[50], ist ohne psychische Überforderung nur durchzuhalten, wenn wir unsere Sinne ebenso dem Schönen und dem Guten öffnen. »Zu leiden ist nicht genug«, schreibt Thich Nhat Hanh ganz zu Recht und stellt dann fest: »Das Leben ist [...] voll von Wundern: dem blauen Himmel etwa, dem Sonnenschein, den Augen eines Babys. Wir müssen [...] mit den Wundern des Lebens in Berührung sein. Sie sind in uns und um uns herum, überall, jederzeit: [...] Wo immer wir sind, jederzeit besitzen wir die Fähigkeit, uns am Sonnenschein zu erfreuen [und] an der Anwesenheit anderer Menschen.«[51]

Kathedrale, Steinkreise und Bahnhof

Im Jahre 2003 wollte die BBC von ihren Hörern und Hörerinnen wissen, welcher Ort in Großbritannien für sie persönlich die größte spirituelle Bedeutung habe.[52] Der Marienwallfahrtsort Walsingham wurde in den Antworten am meisten genannt, gefolgt von der »heiligen« Insel Iona an der Westküste Schottlands und den Steinkreisen von Avebury, eine vor etwa 4800 Jahren erbaute Anlage, auf der heute Esoteriker/innen ihre Rituale feiern. Die nächsten Plätze gingen an die Kathedralen von St. Albans und Durham, architektonisch außergewöhnliche Kirchenbauten, deren Ästhetik und Grandiosität in zahlreichen Menschen verständlicherweise spirituelle Gefühle hervorrufen. Bestimmte Kirchen, Moscheen oder Synagogen wurden auch von mehreren der Prominenten[53] genannt, die von der Britischen Rundfunkanstalt über ihren spirituellen Lieblingsort befragt wurden. Der Rabbiner Lionel Blue jedoch bekannte, dass er Euston Station bevorzuge, einen der großen Londoner Bahnhöfe. Manche Menschen würden Gott in der Liturgie erfahren oder in Heiligen Schriften, sagte Blue, er aber sehe Gott vor allem in Menschen, gerade auch dann, wenn diese Menschen ihren alltäglichen Aufgaben nachgehen. Es falle ihm leicht, an einem solchen Ort zu beten, ergänzte der Rabbiner, weil er sich dort eins mit all den Menschen fühle. Und manchmal könne er sich dann einfach daran freuen, selbst ein menschliches Wesen zu sein.

Jüdisch-christlicher Mystik ist eine permanente Abschottung vom Lärm der »bösen Welt« ebenso versagt wie ein Dauerrückzug in das Refugium einer unbezogenen inneren Suche nach Heil und Heilung. Reisen nach innen, auch wenn sie sich bereits zum Massentourismus entwickelt haben, reichen nicht aus, um eine gute und

49 Steindl-Rast, David: Wir sind daheim in dieser Welt. Eine Betrachtung über die Sinne als Wege zum Sinn. Videokassette, 50 Minuten o. J. (Audiovisuelle Medienstelle der Diözese Graz-Seckau). Vgl. auch folgende Aussage in einer Informationsbroschüre von Amnesty International: »Wir schauen hin, wo andere wegschauen.«
50 Metz, Johann Baptist: Die Rede von Gott angesichts der Leidensgeschichte der Welt, in: Stimmen der Zeit 210 (1992) 311–320, 320.
51 Nhat Hanh, Thich: Being Peace, Berkeley, California 1988, 3.
52 Walsingham is the Nation's Favourite Spiritual Place, in:
http://www.bbc.uk/print/pressoffice/pr...003/08_august/10/r4_spiritual_placc.shtml (abgerufen am 25.10.2003).
53 The Nation's Favourite Spiritual Place – Celebrity Nominations, in:
http://www.bbc.co.uk/religion/programmes/sunday/features/spiritual/celebs.shtml (abgerufen am 21.05.2004).

gerechte Gesellschaft zu schaffen, um »das Wohl aller und eines jeden«[54] zu verwirklichen. Nach Josef Weismayer wird aus einer ganzheitlichen Schau des Spiritualitätsbegriffes deutlich, »dass das Mit-Sein mit anderen und das In-der-Welt-Sein wesentlich zum Menschsein gehört« und daher »auch das Leben in der Kraft des Heiligen Geistes eine soziale und welthafte Dimension«[55] hat. In ihrem pastoralen Schreiben *A Place at the Table* vom November 2002 erklärte die katholische Bischofskonferenz der USA: »Unser Glaube ruft uns zum Engagement auf, nicht zum Rückzug. Er ruft uns dazu auf, die Erde zu erneuern, nicht dazu, aus der Welt zu fliehen.«[56] Und im Sozialwort des Ökumenischen Rates der Kirchen in Österreich aus dem Jahre 2003 heißt es: »Die soziale Verantwortung der Kirchen entspringt dem Grund des Glaubens selbst. Weil Gott sich in Jesus Christus durch den Heiligen Geist liebevoll der Welt zuwendet, gehört es zum Wesen christlichen Glaubens, der Welt und den Menschen in ihren konkreten Nöten zugewandt zu sein.«[57]

54 Johannes Paul II.: Sollicitudo rei socialis Nr. 38 (Texte zur katholischen Soziallehre, Bornheim/Kevelaer ⁸1992).
55 Weismayer, Josef: Spiritualität und soziale Verantwortung. Solidarität als Topos christlicher Spiritualität, in: Kimminich, Otto u. a. (Hrsg.): Mit Realismus und Leidenschaft. Ethik im Dienst einer humanen Welt. Valentin Zsifkovits zum 60. Geburtstag, Graz 1993, 117–129, 128.
56 A Place at the Table. A Catholic Recommitment to Overcome Poverty and to Respect the Dignity of All God's Children. A Pastoral Reflection of the U. S. Catholic Bishops, Washington, D. C. 2002, 23.
57 Sozialwort des Ökumenischen Rates der Kirchen in Österreich, Wien 2003, Nr. 6.

Moderne Physik – Quelle echter und falscher Spiritualität[1]

Herbert Pietschmann

Vorbemerkung

Um bei unserem anspruchsvollen Thema nicht an der Oberfläche zu bleiben, müssen wir zuerst festlegen, was wir unter »Physik« und »moderner Physik« verstehen wollen. Wir nennen *moderne* Physik die Physik, die im vorigen Jahrhundert – im Wesentlichen seit 1905 – entstanden ist. 1905 war die spezielle Relativitätstheorie von Albert Einstein publiziert worden. (Aus diesem Grund ist das Jahr 2005 von der UNESCO zum Jahr der Physik erklärt worden, weil das einen so deutlichen Einschnitt bedeutet hat.)

Galilei und die Physik

Physik ist die Grundlage aller Naturwissenschaften, sodass ich manchmal die Begriffe Physik und Naturwissenschaft wechselseitig verwende. Was wir heute als Physik bezeichnen, ist im 17. Jahrhundert entstanden. Aristoteles hat bekanntlich ein umfangreiches Werk mit dem Titel »Physik« geschrieben, aber das ist nicht diejenige Physik, die wir heute so bezeichnen.

In der ersten Hälfte des 17. Jahrhunderts war es vor allem Galilei, der die Methode entwickelt hat, aber auch Descartes und Kepler haben dazu beigetragen. In der zweiten Hälfte des 17. Jahrhunderts waren es Newton und Leibniz, um nur die herausragendsten zu nennen. Auch andere waren dabei, als mit der klassischen Mechanik der erste Schlussstein auf dieses Werk gesetzt worden ist.

Was ist damals geschehen? Ich möchte das anhand zweier wörtlicher Zitate – natürlich in deutscher Übersetzung – darstellen. Galilei sagt: »*Ich bin geneigt zu glauben, die Autorität der Heiligen Schrift habe den Zweck, die Menschen von jenen Wahrheiten zu überzeugen, welche für ihr Seelenheil notwendig sind und die, jede menschliche Urteilskraft*

---

1 Vom Autor redigierte Tonbandabschrift nach freiem Vortrag.

völlig übersteigend, durch keine Wissenschaft noch irgendein anderes Mittel als eben durch Offenbarung des Heiligen Geistes sich Glaubwürdigkeit verschaffen können.«

Er war also in vollkommener Übereinstimmung mit seiner Kirche. Galilei war gläubiger Katholik, befreundet mit den oberen Rängen der Hierarchie. Gewisse Fehlvorstellungen, die sich in der Öffentlichkeit halten und nicht ausmerzen lassen, möchte ich ins rechte Licht rücken. Der »Dialog« von Galileo Galilei[2], dessentwegen er im Jahre 1633 den berühmten Prozess bekommen hat, wurde mit dem vollen Einverständnis der katholischen Kirche im Jahre 1632 veröffentlicht. Das wird meistens anders dargestellt.

Jetzt kommt jedoch Galileis »Aber«: *»Dass aber dieser Gott, der uns mit Sinnen, Verstand und Urteilsvermögen ausgestattet hat, uns deren Anwendung nicht erlauben und uns auf einem anderen Weg jene Kenntnisse beibringen will, die wir doch mittels jener Eigenschaft selbst erlangen können, das bin ich, scheint mir, nicht verpflichtet, zu glauben.«*

Damit ist auch in den Worten Galileis eine Spaltung gefestigt worden, die im Allgemeinen auf seinen Zeitgenossen Descartes zurückgeführt wird: Die Spaltung von Geist und Materie. *Res cogitans* und *res extensa*, in den Worten von Descartes. Galilei spricht vom Heiligen Geist, der für unser Seelenheil notwendig ist und beim Heiligen Geist geht es um *Wahrheit*. Aber wir können uns *Kenntnisse* verschaffen mittels einer Methode, »die ich erfunden habe«, sagt Galilei stolz. Es ist die *nuova scienza*, die neue Wissenschaft. Die schärfsten Gegner kommen meist aus den eigenen Reihen – nicht die Inquisition oder die Päpste, sondern seine Kollegen haben ihn angeklagt.

1616 war Roberto Kardinal Bellarmin, ein Freund Galileis, Großinquisitor in Rom. Er hat von Pater Paolo Antonio Foscarini, einem Mitstreiter Galileis, einen Brief erhalten, in dem dieser ihm auch einige Werke von Galilei geschickt hat. Der Großinquisitor schreibt: *»Ich habe mit Vergnügen den italienischen Brief und die lateinische Schrift gelesen, die Sie mir geschickt haben. Ich danke Ihnen für beide und gestehe, dass sie voll Geist und Gelehrsamkeit sind. Es scheint mir, dass Sie und Galilei klug täten, wenn sie sich begnügten, nicht absolut, sondern hypothetisch zu sprechen, wie es, wie ich immer geglaubt habe, Kopernikus getan hat. Denn wenn man sagt, unter der Voraussetzung, dass die Erde sich bewege und die Sonne still stehe, lassen sich alle Erscheinungen besser erklären als durch die Annahme der exzentrischen Kreise und Epizyklen, so ist das sehr gut gesagt und hat keine Gefahr und das genügt dem Mathematiker. Wenn man aber behaupten will, die Sonne stehe wirklich im Mittelpunkte der Welt und die Erde bewege sich mit der größten Schnelligkeit um die Sonne, so läuft man damit große Gefahr, nicht nur alle Philosophen und scholastischen Theologen zu reizen, sondern auch dem heiligen Glauben zu schaden, indem man die heilige Schrift Lügen straft.«*

Geist und Materie

Das erste war also die Trennung von *Geist und Materie*, wobei es beim Geist um die Wahrheit geht und bei der Beschäftigung mit der Materie, bei der *nuova scienza*, um die Kenntnisse über die Welt. Wir dürfen nicht vergessen, es war die Zeit der

---

2 Galilei, Galileo: Dialog über die beiden hauptsächlichen Weltsysteme, dt. von E. Strauss, Stuttgart 1982.

Kalenderreform! Die Kirche musste sich daher mit den Naturphänomenen, insbesondere der Astronomie, genau befassen, um den neuen Kalender, den wir ja heute noch haben, zu erstellen.

Die Kirche hat daher zweitens unterschieden zwischen *Wahrheit und Hypothese*. Mathematiker durften beliebige Hypothesen machen. (Den Begriff Physiker hat es ja damals noch nicht gegeben. Kepler, ein Zeitgenosse von Galilei und Descartes, hat zum Beispiel als Beruf immer Kalendermacher oder Mathematiker angegeben). Auch Kopernikus ist nicht verurteilt worden. Hypothesen waren erlaubt, weil die Welt so kompliziert geworden war, dass sie ohne Hypothesen nicht mehr vernünftig zu handhaben war. Und nun hat Galilei gesagt – und ich glaube, er hat selber nicht gewusst, welche gewaltige Entwicklung er damit auslösen wird: Ich aber habe eine Methode, um innerhalb der Hypothesen zu unterscheiden, ob sie richtig oder falsch sind und diese Methode ist das *Experiment*.

Das ist das entscheidend Neue. Das ist der Schritt, mit dem Galilei Aristoteles verlassen hat. Er hat jedoch die Logik des Aristoteles vollständig beibehalten, sie ist bis heute unsere Alltags-Logik und die Logik der Physik bis in den Anfang des vorigen Jahrhunderts. Die moderne Physik folgt ihr nicht mehr. Diese Logik verlangt, dass eine allgemein verbindliche Beschreibung sich auf eindeutig definierte Begriffe stützt und widerspruchsfrei ist. Und wenn der Widerspruch vollständig ist, dann gibt es keine dritte Möglichkeit: »Tertium non datur«!

Die Axiome der Logik (nach Aristoteles):
Satz der Identität: Fordert die Eindeutigkeit von Begriffen
Satz vom Widerspruch: Fordert die Widerspruchsfreiheit von Aussagen
Satz vom ausgeschlossenen Dritten: Bei vollständigem Widerspruch ist eine Seite richtig

---

Klaus Heinrich aus Berlin hat ein wunderbares Buch über Religionsphilosophie mit dem Titel »Tertium datur«[3] geschrieben, weil die Aristotelische Logik auch nicht ausreicht, um Glaubensinhalte wahrhaft zu beschreiben. Aber das ist eine persönliche, keine allgemein anerkannte Meinung.

Das Experiment

Das Experiment war also das Neue, das Galilei eingeführt hat, und nun ist Folgendes geschehen: In einer unglaublich rasanten Entwicklung konnten auf einmal nicht nur viele Naturerscheinungen erklärt und vorhergesagt werden, sondern es konnten neue Phänomene entwickelt werden, wie zum Beispiel die Vakuumtechnologie durch Otto von Guericke und Torricelli 50 Jahre später. Und es hat sich auf Grund dieser Anschauungen eine Technik entwickelt, die es uns ermöglich hat, die Welt in einer Weise umzugestalten, ja neu zu gestalten, die vorher völlig undenkbar war.

Ich mache aufmerksam: Das Experiment ist eine *Handlung*! Das war das entscheidend Neue! Vielleicht kann man sogar sagen, Kolumbus war ein Vorläufer,

---

3 Heinrich, Klaus: Tertium datur. Eine religionsphilosophische Einführung in die Logik, Basel 1987.

der ja gesagt hat, die Frage, ob die Erde eine Scheibe oder eine Kugel ist, entscheide er nicht durch Nachdenken oder durch scholastische Diskussionen, sondern durch eine Tat. Er versuchte, ob er wirklich auf dem Seeweg nach Indien komme. (Das war sein Ziel, er hat ja nicht gewusst, dass Amerika dazwischen liegt.) Und in dem Augenblick, wo diese Tat ein Ergebnis gebracht hat, ist eine völlig neue Art der Allgemeinverbindlichkeit entstanden, gegen die die Inquisition machtlos war. Angenommen, es hätte irgendjemand die Scheibenhypothese verteidigen wollen, es hätte überhaupt nichts genutzt, Kolumbus zu verurteilen, zu verbrennen, oder mundtot zu machen, denn durch die Tat wurde ein für alle Mal gezeigt, dass die Erde eine Kugel ist!

Das ist die gewaltige Idee der Naturwissenschaft: Das Kriterium für die Richtigkeit einer Aussage ist niemals das Denken, sondern immer das Experiment, eine Handlung, eine Tat. Das Experiment ist natürlich nicht irgendeine Handlung, sondern eine Handlung, die *reproduzierbar* sein muss, damit sie wirklich Allgemeinverbindlichkeit beanspruchen kann. Und damit man überhaupt weiß, was reproduzierbar ist, müssen die Ergebnisse *quantitativ* angegeben werden. Wenn ein Chemiker zum Beispiel sagt, er habe zwei Substanzen zusammengeschüttet und herausgekommen sei ein wunderschöner roter Niederschlag und ein anderer Chemiker sagt, er habe auch einen roten Niederschlag bekommen, aber schön war er nicht, dann ist das für die Reproduzierbarkeit irrelevant. Man muss zum Beispiel auf einer Farbtafel eine Zahl angeben oder eine Wellenlänge. Und wenn der andere dieselbe Zahl hat, ist es egal, ob er es schön findet oder nicht. Es ist reproduziert worden.

Das Dritte ist die *Analyse*. Das hat eigentlich schon die Kirche vorbereitet durch die Trennung von Wahrheit und Hypothese – und Hypothesen behandeln immer nur einen kleinen Ausschnitt der Welt oder ein vereinfachtes Modell. Die Frage, ob sich die Erde um die Sonne dreht oder umgekehrt, scheint eine globale Frage zu sein. Aber bei der genaueren quantitativen Behandlung hat man dann gesehen, auch das ist in der Wirklichkeit zu kompliziert, wir behandeln daher nur den Fall, dass es nur eine Sonne und einen Planeten gibt, dann kommen wir zu den Keplerschen Gesetzen. Ein anderes Beispiel: Galilei hat gesagt, alle Körper fallen gleich schnell. Das stimmt aber nur, wenn man sich die Luft wegdenkt. Das heißt, man muss die Welt vereinfachen, um zu solchen Ergebnissen zu kommen. Ich nenne das die Analyse.

Die »Axiome« des Experiments

Reproduzierbarkeit: Messergebnisse müssen »intersubjektiv«, d. h. unabhängig vom Experimentator sein.

Quantifikation: Naturwissenschaft führt alle Qualitäten auf Quantitäten zurück. Alles was messbar ist, messen.

Analyse: Die Methode ist nur auf »einfache« (vereinfachte!) Systeme anwendbar.

Die *nuova scienza*, die neue Wissenschaft, die wir heute Naturwissenschaft nennen, hat sich nur auf den materiellen Teil der Wirklichkeit bezogen. Die geistigen Aspekte – das, was Descartes *res cogitans* genannt hat – werden davon nicht betroffen. Daher konnte man die Logik des Aristoteles, die Eindeutigkeit und Widerspruchsfreiheit vom Denken verlangt hat, ergänzen durch ein weiteres Axiom: In

Zukunft wird für alle öffentlichen Erklärungen nur mehr die *Ursache-Wirkung-Be-ziehung* zugelassen. Im geistigen Bereich ist das nicht möglich! Dort gilt nach wie vor das Wollen, die *causa finalis*.

Es ist erstaunlich, wie deutlich man das sagen muss und trotzdem oft auf Un-glauben stößt! Ich bin auch in der Wiener Internationalen Akademie für Ganz-heitsmedizin tätig, und da musste ich einmal vor langer Zeit im Rahmen eines Kongresses eine Diskussion leiten über »Die Heilkraft der Gedanken«[4]. Es waren etwa hundert Ärztinnen und Ärzte anwesend. Wir sind sehr schnell zur Überein-kunft gekommen, es sei für den Heilungsprozess einer Patientin oder eines Patien-ten äußerst wichtig, dass die Ärztin oder der Arzt weiß, ob die Patientin oder der Patient überhaupt gesund werden *will*. Natürlich geht jeder zum Arzt und sagt: »Ich will gesund werden«. Aber ist das wirklich so? Krankheit kann ja auch Flucht sein.

Dann habe ich gefragt, ob irgendjemand eine medizinische Ausbildungsstätte kennt, wo das während des Studiums angesprochen wird. Da hat sich von den hun-dert nur einer gemeldet und hat gesagt: Ja, in Illinois gibt es eine Privatuniversität, da wird es unterrichtet.

Innerhalb der Naturwissenschaft gilt freilich nur das Ursache-Wirkungsprinzip und keine Finalität. Wir haben nun das, was ich den Denkrahmen des Abendlandes nenne, erarbeitet.

Der Denkrahmen des Abendlandes seit dem 17. Jahrhundert

Reproduzierbarkeit	
Quantifikation	Handeln
Analyse	
Eindeutigkeit	
Widerspruchsfreiheit	Denken
Kausale Begründung	

Wenn wir heute, also fast 400 Jahre nach diesen Entwicklungen, an irgendein Pro-blem herangehen, dann konzentrieren wir uns auf das Reproduzierbare, das Quan-tifizierbare, das Zerlegbare, die Eindeutigkeit, Widerspruchsfreiheit und kausale Be-gründung. Alles, was nicht in diesen so genannten Denkrahmen fällt, wird in der Öffentlichkeit nicht zugelassen – und das bezieht sich nicht nur auf die Naturwis-senschaft, das gilt für unsere gesamte Gesellschaft in weitesten Bereichen.

Zum Beispiel die Homöopathie: Mir haben Ordinarien unserer medizinischen Fa-kultät versichert: »Gesund werden die Leute schon. Aber das darf man ja nicht unterrichten, weil es keine kausale Begründung gibt.« Das sind also unsere Scheu-klappen geworden. Alles, was nicht in den Denkrahmen fällt, wird aus der Öffent-lichkeit verdrängt.

---

4 Vgl. Stacher, Alois (Hrsg.): Ganzheitsmedizin – zweiter Wiener Dialog, Wien 1991, 284ff.

Das Einmalige bestimmt nach Immanuel Kant[5] die Würde des Menschen, denn die Würde des Menschen leitet sich aus seiner Unauswechselbarkeit und Einmaligkeit ab.

Alles, was widerspruchsfrei ist, ist tot. Hegel hat gesagt: »Etwas ist lebendig, nur insoferne es den Widerspruch in sich enthält. Und zwar diese Kraft (des Lebendigen) ist es, den Widerspruch in sich zu fassen und auszuhalten.«[6]

Unterscheide ohne zu trennen!

Wir haben mit diesem Denkrahmen unglaublich viel erreicht. Alles das, was uns heute in unserer Welt so viel Spaß macht, haben wir diesem Denkrahmen zu verdanken; dass man fliegen und telefonieren kann und so weiter. Leider gibt es im aristotelischen Denken einen Automatismus, vor dem ich dringendst warnen möchte. Wir haben unterschieden zwischen dem, was in den Denkrahmen fällt, was die Naturwissenschaft behandelt, und dem anderen, das auch die Würde des Menschen und das Lebendige enthält. Und immer wenn wir in unserem Denken einen *Unterschied* feststellen, dann beginnt ein Automatismus abzulaufen. Wir *trennen* nämlich, das Eine und das Andere. Wenn wir trennen, *bewerten* wir und fragen, was denn besser sei. (Natürlich das, was uns Spaß macht.) Wenn wir bewertet haben, dann *grenzen* wir *aus*. Das Schlechtere grenzen wir aus, *verdrängen* es, werten es ab und *vernichten* es.

Das ist meine Analyse unserer Zeit; dadurch kommt in vielen Menschen verständlicherweise ein immer stärkerer Drang nach Spiritualität auf, weil sie ja aus unserem öffentlichen Denken verdrängt, abgewertet und nicht zugelassen wurde.

Ich habe daher für mich selbst eine Maxime gemeißelt, die vielleicht vielfältige Anwendung finden sollte. Sie heißt: *Unterscheide, ohne zu trennen*. Diese Maxime, die mir in meinem Leben sehr viel gebracht hat, ist nicht von mir erfunden worden, sondern sie stammt aus dem wunderbaren Konzil von Toledo aus dem Jahr 675, wo

---

5 Kant, Immanuel: Grundlegung zur Metaphysik der Sitten, 1785.
6 Hegel, Georg F.W.: Phänomenologie des Geistes.

hinsichtlich der Dreifaltigkeit gesagt wurde: »*Dieser Sohn ist nach unserem Glauben als Person von Gott-Vater und dem Heiligen Geist geschieden, doch ohne Trennung.*«

Die Maxime »Unterscheide ohne zu trennen« ist also auch eine Aufforderung an unseren Glauben. Das ist nicht leicht. In manchen kleineren Kirchen wird oft nicht nur unterschieden, sondern auch getrennt. »Der liebe Gott im Himmel, der seinen Sohn auf die Welt geschickt hat«, hören wir ja oft.

Das »Checklist«-Verhalten

Bevor ich zur Kritik komme, müssen wir noch fragen, was der Denkrahmen gebracht hat. Warum handeln wir alle danach? Es gibt ja kaum Ausnahmen! Ein Beispiel möge dies demonstrieren: Wenn wir in der Früh aufwachen und uns nicht gut fühlen, werden wir nicht etwa fragen, was das für uns bedeutet, sondern wir werden getreu dieses Denkansatzes ein Fieberthermometer nehmen und messen. »Alles, was messbar ist, messen, und was nicht messbar ist, messbar machen«, soll Galilei gesagt haben. Und wenn das Fieberthermometer 37,8° C zeigt, dann werden wir sagen: »Ich habe es mir ja gedacht.« Wenn es aber 36,8° C zeigt, werden wir sagen: »Komisch, ich habe gedacht, ich bin krank. In Wirklichkeit bin ich es nicht.« Was wir ganz selbstverständlich im Alltag als *wirklich* bezeichnen, ist das, was wir messen. Alle fallen wir da hinein im täglichen Leben, weil es uns so viel Brauchbares gebracht hat! Es hat uns das ermöglicht, was ich das »Checklistverhalten« nenne!

Was ist eine *Checklist*? Eine Checklist ist eine Liste von genauen Handlungsanweisungen, deren richtige Ausführung zu einem genau vorhersagbaren Ergebnis führt. Und zwar unabhängig davon, wie wir emotional dazu stehen. Ein Flugzeug wird nicht so geflogen, wie wir ein Auto fahren. (Man steigt ein, startet, fährt weg und dann merkt man vielleicht, die Handbremse ist angezogen.) Im Flugwesen wird nach einer Checklist vorgegangen. Jeder Handgriff muss in dieser Checklist abgehakt werden, und das hat uns die unglaubliche Sicherheit des Flugwesens gebracht, die ja ständig größer wird. Aber nicht nur das Flugwesen, im Anwendungsbereich wird alles ständig verlässlicher. Es gibt zum Beispiel bei der NASA in Houston eine Checklist, die wahrscheinlich eine ganze Bibliothek füllt. Das ist eine Liste von Handlungsanweisungen und wenn man diesen folgt, kann man wieder einen Menschen auf den Mond schießen. Das kann man vorhersagen, das funktioniert, wenn man nur alles richtig macht und zwar unabhängig davon, wie wir uns persönlich dazu stellen.

Die technischen Geräte funktionieren, wenn die richtigen Handlungen durchgeführt werden, ganz von selbst, unabhängig von der emotionalen Beteiligung. Ich kann das nicht deutlich genug sagen, weil bis vor 350 oder 400 Jahren kein Mensch auf dieser Welt und bis vor etwas über hundert Jahren kein Mensch außerhalb des Abendlandes gedacht hat, dass es möglich ist, einen Erfolg zu erreichen unabhängig von der emotionalen Beteiligung, Zustimmung oder Ablehnung. Man kann die gesamte Physik für unsinnig halten und ablehnen, aber wenn man in ein Flugzeug einsteigt, wird es trotzdem fliegen.

Das ist die gewaltige Sache, die uns dazu verleitet hat zu glauben, dass das immer und überall geht. Zum Beispiel auch im Bildungswesen. Wenn der Lernerfolg nicht gut genug ist, wird überlegt: Sind es zu viel oder zu wenig Unterrichts-Stunden, sind die Schülerzahlen zu groß oder zu klein, sind die Inhalte zu viel oder zu wenig, kann man die Inhalte ändern. Alles auf der Ebene des Denkrahmens, anstatt sich zu fragen, ob das Lernen überhaupt noch Freude macht. Und wenn wir ganz ehrlich sind: Viele von uns meinen, wenn wir nur in die Kirche gehen und an der Wandlung teilnehmen und unter Umständen noch an der Kommunion, ist es völlig egal, wie wir uns emotional dazu stellen, es wird schon helfen. Wir sind ja alle verführt durch die Erfolge des Denkrahmens.

Moderne Physik als Überwindung des Denkrahmens

Jetzt komme ich erst zum eigentliche Thema, bisher war alles notwendige Vorbereitung! Die Ergebnisse der modernen Physik haben diesen Denkrahmen überwunden, allerdings nur zum Teil. Ich kann das nur kurz andeuten: Wir sind schon mit der Relativitätstheorie, aber insbesondere mit der Quantenmechanik zum Ergebnis gekommen, dass es nicht möglich ist, die Welt aufzufassen als Realität, deren Zustand unabhängig von den Beobachtern existiert, so dass man die Trennung von Geist und Materie oder das Subjekt-Objekt-Problem neu hinterfragen musste. Das ist etwas ganz Aufregendes und die aristotelische Logik, die Entweder-Oder-Logik wurde dadurch aufgeweicht.

Ich will das an einem Beispiel zeigen, dem so genannten Welle-Teilchen-Dualismus. Wir sind draufgekommen, dass es bei den Bausteinen der Materie im Mikrokosmos nicht möglich ist zu sagen, ob sie sich verhalten wie ein Teilchen, das irgendwo seinen Ort hat, oder wie ein ausgedehntes Phänomen, das man dann als Welle bezeichnet, bei dem es Interferenz gibt. Wenn zum Beispiel eine Wasserwelle an eine Holzwand schlägt, dann wird sie dort reflektiert. Wenn wir aus der Holzwand zwei Pfähle entfernen, dann wird durch diese Löcher die Wasserwelle durchgehen und dahinter schöne Interferenzmuster machen. Es wird gerade in Wien gezeigt, dass das nicht nur bei den ganz kleinen Teilchen geht. (Kollege Zeilinger und seine Gruppe arbeiten an diesem Experiment)[7]. Man kennt seit einiger Zeit so genannte Fullerene. Das sind Objekte aus 60 oder 70 Kohlenstoffatomen. Wenn wir die im Elektronenmikroskop anschauen, dann sehen sie wie kleine Fußbälle aus. Wenn wir sie aber durch einen so genannten Doppelspalt – ich habe das oben mit dem Wasser erklärt – durchgehen lassen, dann zeigen sie genauso Interferenz wie eine Wasserwelle, jedes einzelne dieser Teilchen. Manche Leute sagen, sie gehen durch beide Spalten gleichzeitig durch, denn sie müssen ja wissen, ob beide offen sind oder nicht. Nun, das ist eine schlechte Ausdrucksweise. Was tatsächlich das Ergebnis der Quantenmechanik ist, drücke ich gerne so aus[8]: In der Quantenmechanik werden die Eigenschaften eines Objektes durch eine Messung nicht *festgestellt*, sondern erst *hergestellt*. Damit ist die strenge Trennung von Subjekt und Objekt beim Erkenntnisprozess gefallen.

7 Vgl. etwa Arndt, Markus/Nairz, Olaf: Grenzgänger: Welle-Teilchen-Dualismus von C60, in: Plus Lucis Band 3/99, 5f. Oder http://pluslucis.univie.ac.at
8 Vgl. dazu Pietschmann, Herbert: Quantenmechanik verstehen, Berlin 2003. Oder das Lehr-Video »Aufbruch in die Quantenwelt«. lhotsky-film@netway.at

Übrigens waren fünf der bedeutendsten Nobelpreisträger, die den Nobelpreis für ihren Beitrag zur Entwicklung der Quantenmechanik bekommen haben, selbst gegen die Erkenntnisse dieser Wissenschaft. Unter anderem Albert Einstein, der von »spukhaften Erscheinungen« gesprochen hat, wenn ein Körper durch zwei Löcher gleichzeitig geht und Ähnliches. Und er hat gemeint, das müsse sich ändern. Aber heute wissen wir, dass es sich nicht ändern wird. Ich möchte auf die Details (das so genannte Einstein-Podolski-Rosen-Paradoxon) hier nicht eingehen, sondern zum eigentlichen Ergebnis kommen.

Reduktionismus

Wir haben gesagt, dass Naturwissenschaft und ihre Technik erfolgreich sind. Wir können fliegen, wir können telefonieren. Wenn in der U-Bahn fünf Handys gleichzeitig losgehen, jeder redet mit irgendjemand anderem irgendwo, so funktioniert doch alles. Es kommt heute kaum mehr vor, dass ein falsches Handy klingelt. Die Voraussetzung für diesen Erfolg war der Verzicht auf Geist- und Sinnfragen. Carl Friedrich von Weizsäcker hat das so schön im einem Satz gesagt: *»Philosophie stellt diejenigen Fragen, die nicht gestellt zu haben die Erfolgsbedingung des wissenschaftlichen Verfahrens war.«*[9]

Mit anderen Worten: Die Erfolge von Naturwissenschaft und Technik beruhen darauf, dass wir gewisse Fragen nicht stellen. Solche Fragen sind zum Beispiel alle Sinnfragen. Auch Fragen nach dem Wesen. Zum Beispiel: Was ist die Zeit? Der heilige Augustinus hat die endgültige Antwort auf diese Frage gegeben. Er hat gesagt: *»Was ist die Zeit? Wenn mich niemand danach fragt, weiß ich es. Werde ich aber danach gefragt und will ich es dem Frager erklären, dann weiß ich es nicht.«* Und diese endgültige Erkenntnis, die sich nicht nur auf die Zeit, sondern auf viele andere, derartige Begriffe bezieht, hat die Naturwissenschaft ernst genommen, weil sie erkannt hat, wenn wir solche Fragen verbieten, dann wissen wir es ja. Das hat zu zwei entgegengesetzten Fehlreaktionen geführt.

Als erste Reaktion werden die Fragen, die die Naturwissenschaft nicht stellen darf, verdrängt und als unsinnig bezeichnet. Das führt zu Materialismus und Atheismus. Um der Wahrheit auf akademischem Boden willen muss ich gestehen: Die große Mehrheit der Naturwissenschaftler sind Atheisten oder Gleichgültige, die Gott nicht interessiert. Alle anderen sind Ausnahmen. Um das ganz deutlich zu machen, zitiere ich den Nobelpreisträger Stephen Weinberg[10] (ein militanter Atheist). Er hat 1999 bei einer Konferenz der American Association for the Advancement of Science, also einer der großen amerikanischen naturwissenschaftlichen Gesellschaften gesagt:

»Früher war es selbstverständlich, dass die Welt von einer Art Intelligenz entworfen worden ist. Wie sonst könnte man Feuer, Regen, Blitz und Erdbeben erklären? Vor allem die wunderbaren Fähigkeiten der Lebewesen schienen auf einen Schöpfer zu deuten, der besonderes Interesse am Leben hat. Heute verstehen wir fast

9 von Weizsäcker, Carl Friedrich: Deutlichkeit, München 1978, 167.
10 Weinberg, Steven: A Designer Universe? Talk given in April 1999 at the Conference on Cosmic Design of the AAAS. Auslassungen vom Verfasser.

alle diese Dinge mittels physikalischer Kräfte unter unpersönlichen Gesetzen. [...] Zwar bleibt der menschliche Geist außerordentlich schwer zu verstehen, aber genauso verhält es sich mit dem Wetter. Wir können das Wetter nicht vorhersagen, aber wir kennen die Regeln, die den Regen bestimmen, wenn wir auch nicht immer alle Konsequenzen berechnen können. Ich sehe nichts im menschlichen Geist, was anders wäre als das Wetter und die Hoffnung zerstören könnte, ihn auch als Konsequenz unpersönlicher Gesetze zu deuten, die über Milliarden Jahre hinweg funktionieren. [...] Ich muss zugeben, selbst wenn Physiker soweit gekommen sind, wie es nur möglich sein wird, wenn wir eine endgültige Theorie haben werden, werden wir dennoch kein vollständig befriedigendes Weltbild haben, weil die Fragen nach dem ›Warum‹ noch offen bleiben werden. [...] Es scheint also ein irreduzibles Mysterium zu bleiben, das die Naturwissenschaft nicht eliminieren kann. Aber religiöse Theorien der Schöpfung haben das selbe Problem. [...] Mit oder ohne Religion können gute Menschen Gutes und böse Menschen Böses tun, aber es bedarf der Religion, damit gute Menschen Böses tun.«

Er wurde zum Vortrag eingeladen, um für einen konstruktiven Dialog zwischen Naturwissenschaft und Religion beizutragen. Aber seine Schlussworte waren:

»Ich bin sehr für einen Dialog zwischen Naturwissenschaft und Religion, aber nicht für einen konstruktiven Dialog. Eine der größten Errungenschaften der Naturwissenschaft war, intelligenten Menschen zu ermöglichen, wenn nicht antireligiös, zumindest areligiös zu leben. Wir sollten das erreichte Niveau nicht wieder verlassen.«

Es tut mir Leid, dass ich das sagen muss, aber ich glaube, außerhalb der Gemeinschaft der Naturwissenschaftler besteht ein falsches Bild, weil der Dialog meist mit Leuten geführt wird, die keine Atheisten sind; aber die sind nicht typische Vertreter der Naturwissenschaft. Übrigens hätte Wolfgang Pauli, ein Österreicher, auch Nobelpreisträger, auf Weinberg dialektisch geantwortet. Er hätte wahrscheinlich gesagt (wie er das einmal in Bezug auf einen anderen Kollegen gemacht hat): »Ja, ja, es ist schon richtig. Es gibt keinen Gott und Weinberg ist sein Prophet!«

Beim zweiten Versuch werden die Fragen, die die Naturwissenschaft nicht stellen durfte um zum Erfolg zu kommen, trotzdem wieder mit naturwissenschaftlichen oder analogen Methoden behandelt. Das führt sehr schnell in die Esoterik, zu dem, was ich falsche Spiritualität genannt habe.

Naturwissenschaft (und Technik) ist erfolgreich!
Voraussetzung: Verzicht auf Geist und Sinnfragen
(Spiritualität!)
↓

Verdrängen   ⟷   Versuch mit analogen Methoden
Materialismus   Esoterik

Drei Ebenen der Grenzüberschreitung

Es gibt, wie ich meine, drei Ebenen der Grenzüberschreitung.

Lineare Extrapolation, falsche Spiritualität

Da finden wir zum Beispiel Aussagen wie »Alles ist Schwingung«, oder »Alles ist Energie«. Das ist blanker Unsinn, wie meistens Behauptungen, die mit »Alles ist …« beginnen. Es gibt sogar Physikerkollegen, die aus der Quantenmechanik schließen: »Es gibt keine Materie.« Das ist auch eine grenzenlose Übertreibung. Die Materie ist zwar nicht so körnig, wie man sich das vorher vorgestellt hat, aber dass es keine Materie gibt, ist natürlich übertrieben.

Es wird zum Beispiel auch von Tachyonen gesprochen. Dabei handelt es sich entweder um Schwindel oder um Unsinn. Tachyonen sind eine Zeitlang in der Physik untersucht worden und dann hat man festgestellt, dass es sie nicht gibt und damit ist das Kapitel für die Naturwissenschaft erledigt. Lineare Extrapolation ist falsche Spiritualität, auch wenn sie von Nobelpreisträgern der Physik stammt![11]

Vor einigen Jahren hat mich ein Arzt gebeten, ob er mich als Experte in einem Gerichtsverfahren nennen darf. Er hatte nämlich ein Kurpfuscher-Verfahren, weil er Menschen mit Hilfe der Wünschelrute heilen konnte. Nun wollte er mir Krankengeschichten erzählen, um zu beweisen, dass das wirklich funktioniert. Da habe ich gesagt: »Das müssen Sie gar nicht machen, ich glaube Ihnen, aber ich bitte Sie, mich nicht als Gutachter zu nennen, denn wenn sie mich als Experten vor Gericht nennen, muss ich sagen, dass Ihre Theorie Unsinn ist«. Er hat nämlich behauptet, er könne diese Wünschelruten-Ausschläge mittels Neutrinos erklären. Nun sind Neutrinos mein eigenes Forschungsgebiet, seine Theorie war wirklich blanker Unsinn.

Vor kurzem habe ich in einem Vortrag über Geomantie Ähnliches gehört. Geomantie ist eine interessante Sache, zum Beispiel haben bis vor etwa 200 Jahren Menschen genau gewusst, wo man am besten eine Kirche baut. Das hängt nicht nur von der Stadtplanung ab, sondern durchaus auch von anderen Phänomenen. Aber in diesem Vortrag über Geomantie hat man das wieder mit Neutrinos erklärt. Das ist einfach Unfug und Unsinn, das kann ich nicht oft genug sagen.

Auch das so genannte EPR-Paradoxon wird so interpretiert, dass es Fernwirkungen gibt. Da wird dann alles Mögliche damit erklärt und sehr schnell kommt man dann zur Behauptung, wenn die Physiker das können, kann es der liebe Gott auch.

Gottesbeweis aus der Physik

Zweitens gibt es den Versuch eines Gottesbeweises aus der Physik. Bei der Entwicklung des Universums gibt es so unglaublich viele Zufälle, die für die Entstehung des Lebens notwendig waren, dass es fast nicht mehr vernünftig erscheint, an Zufälle zu glauben. Zum Beispiel die Tatsache, dass das Neutron schwerer ist als das

---

11 Vgl. etwa Josephson, Brian D.: String Theory, Universal Mind, and the Paranormal, in: Proceedings of the 2nd European Samueli Symposium, Freiburg, Oct. 2003.

Proton. Das sind zwei an sich vergleichbare Teilchen, aber das neutrale Neutron ist etwas schwerer als das geladene Proton. Wäre das Geladene schwerer, dann gäbe es kein Universum in unserem Sinn, es gäbe keinen stabilen Wasserstoff.

Bei der Entwicklung des Universums nach heutiger Vorstellung sind beim so genannten Urknall nur die Elemente Wasserstoff und Helium entstanden, alle anderen Elemente mussten dann in der ersten Generation von Sternen sozusagen »gekocht« werden. Unter anderem auch der Kohlenstoff, der für das Leben notwendig ist. Und das funktioniert nur, wenn der Kohlenstoff eine ganz bestimmte, definierte Eigenschaft hat. Wenn die um 5 % anders ist, wäre es nie dazu gekommen, dass es Kohlenstoff im Universum gibt, und daher auch kein Leben. Und es gibt Kollegen – und das ist durchaus ernst zu nehmen – die meinen, das sei ein Gottesbeweis, da nicht alles Zufall sein kann.

Die Unabgeschlossenheit der Physik

Persönlich erscheint mir die dritte Form der Grenzüberschreitung am ehesten zu wahrer Spiritualität zu führen. Es ist die Einsicht, dass ein bloß materielles Weltbild nicht abgeschlossen werden kann. Die Naturgesetze beziehen sich zwar ausschließlich auf Materie, sind selbst aber nicht materiell zu verstehen, ja, wir wissen nicht einmal, wieso sie so verlässlich sind! Der Weg zu den Naturgesetzen ist einem Akt der Kreativität zu vergleichen, der nicht logisch verstanden werden kann. Der Nobelpreisträger Wolfgang Pauli sagt: »Theorien kommen zustande durch ein vom empirischen Material inspiriertes Verstehen«[12] und Albert Einstein schreibt: »Der Forscher muss der Natur jene allgemeinen Prinzipien gleichsam ablauschen, indem er […] gewisse allgemeinen Züge erschaut, die sich scharf formulieren lassen.«[13]

Persönliche Bemerkungen

Ich möchte zum Schluss meine persönliche Meinung dazu sagen, weil ich glaube, man darf über so ernste Themen nicht nur abstrakt sprechen.[14] Ich meine, dass alle diese Versuche, einen Gottesbeweis aus dem Universum zu führen, eine falsche Vorstellung von unserem Schöpfer sind. Ich nenne das die immer wieder gestellte *Philippus-Frage*[15]. Philippus war einer der Jünger Christi und hat Jesus gegen Ende seines Wirkens gefragt[16]: »*Herr, zeige uns den Vater! Das genügt uns.*« (Joh 14,8) Sozusagen ein klein wenig Gewissheit! Und Jesus sagt darauf: »*So lange schon bin ich bei euch, und du kennst mich noch nicht, Philippus? Wer mich gesehen hat, hat den Vater gesehen.*« (Joh 14,9)

---

12 Pauli, Wolfgang: Physik und Erkenntnistheorie, Braunschweig 1984, 95.
13 Einstein, Albert: Mein Weltbild, Amsterdam 1934, 110f. (Hervorhebung vom Verfasser).
14 Vgl. dazu Pietschmann, Herbert: Gott wollte Menschen – die Genesis ist jeden Tag, Wien 1999.
15 Pietschmann, Herbert: Die Wahrheit liegt nicht in der Mitte, Stuttgart 1990, 94ff.
16 Alle Bibelzitate nach der Übersetzung von Rösch.

Das ist, wie ich meine, der Hauptirrtum, wenn wir glauben, wir können aus der Naturwissenschaft in irgendeiner Form Spiritualität entwickeln. Wenn es Einzelnen gelingt, ist das wunderbar, aber grundsätzlich geht das nicht. Denn es geht ja nicht darum – bei dem, was ich unter Spiritualität verstehe – irgendwo ein bisschen sicherer zu sein, dass es doch nicht reiner Zufall ist und es daher einen Schöpfer gibt. Das ist, wie ich meine, eine gröbliche Missachtung des Begriffs des Schöpfers oder des Gottesbegriffs. Das ist auch ein Vorwurf an meine Kirche – nicht nur die Naturwissenschaft und die Gesellschaft, auch die Kirche beschäftigt sich meines Erachtens nach viel zu viel mit irgendwelchen Regeln oder formalen Dingen, die absolut nichts mit dem wahren Glauben zu tun haben, und das, was ich unter Verkündigung verstehe, wird dabei nicht nur zu wenig beachtet, sondern es fällt überhaupt unter den Tisch. Unter Verkündigung verstehe ich die zentrale Aussage dieses Jesus von Nazareth: »Wer mich gesehen hat, hat den Vater gesehen.«

Das erwähnte Konzil von Toledo hat dies im Glaubensbekenntnis im Jahre 685 eindringlich und endgültig formuliert. Es heißt dort nämlich: *Wir glauben, dass im Sohne Gottes zwei Naturen sind: die göttliche und die menschliche, welche die eine Person Christi so in sich vereinte, dass nie mehr die Gottheit von der Menschheit oder die Menschheit von der Gottheit getrennt werden kann. Deswegen ist Christus in der Einheit einer Person sowohl vollkommener Gott als auch vollkommener Mensch.* Das muss man sich wirklich genau überlegen. Dass *nie mehr* die Gottheit von der Menschheit oder die Menschheit von der Gottheit getrennt werden kann. Wichtig ist beides, Menschheit von der Gottheit, Gottheit von der Menschheit.

Als Naturwissenschafter darf ich auch eine der Aussagen von Meister Eckart vorlesen, die am 27. März 1329 von Papst Johannes XXII. als Häresie bezeichnet wurde. Meister Eckart sagt: *Alles, was Gottvater seinem eingeborenen Sohne in der menschlichen Natur gegeben hat, das hat er alles auch mir gegeben. Hievon nehme ich nichts aus, weder die Einigung noch die Heiligkeit, sondern er hat mir alles ebenso gegeben wie ihm.* Wichtig ist dabei dieser Zusatz, *in der menschlichen Natur.* Das ist daher keine Blasphemie, denn er stellt sich nicht auf dieselbe Stufe wie Jesus, denn Jesus hat ja auch die göttliche Natur.

Für mich heißt Christ sein nicht nur zu glauben, dass Jesus die Einheit von Gott und Mensch vollzogen hat, sondern auch zu glauben, dass in jedem und jeder, in der oder dem Nächsten, dass in ihr oder in ihm die Einheit von Gott und Mensch angelegt ist. Wie weit Mitmenschen in ihrem Leben im Stande sind, diese Einheit durchscheinen zu lassen oder zu verwirklichen, weiß ich nicht. Es liegt aber auch nicht an mir, das zu richten, sondern meine Aufgabe ist es, in jedem anderen Menschen Gott zu begegnen in dieser Einheit, das heißt für mich Christ sein. Im ersten Johannesbrief lesen wir: »*Denn wer seinen Bruder nicht liebt, den er vor Augen hat, der kann auch den unsichtbaren Gott nicht lieben. Wir haben also das Gebot von ihm: Wer Gott liebt, soll auch seinen Bruder lieben.*« (1 Joh 4,20–21). Das ist ein ungeheurer Anspruch, und es tut mir leid, dass diese gewaltige Erkenntnis auch in den Kirchen untergeht.

Ein möglicher Grund ist vielleicht die Auseinandersetzung mit dem Islam, die heutzutage immer stärker wird und daher gewisse Hemmungen spürbar werden lässt. Denn hier gibt es einen ganz eindeutigen und klaren Unterschied zum Islam. Aber: »Unterscheide ohne zu Trennen!« Wenn ich unterscheiden kann, ohne zu trennen, dann darf und muss ich diese Unterschiede durchaus betonen.

Im Koran heißt es in der Sure 5, Vers 73 bis 75: »Ungläubig sind diejenigen, die sagen, Gott ist der Dritte von Dreien, wo es doch keinen Gott gibt außer einem einzigen Gott. Wenn sie mit dem, was sie sagen, nicht aufhören, so wird diejenigen von ihnen, die ungläubig sind, eine schmerzhafte Pein treffen. Christus, der Sohn Marias, ist nichts anderes als ein Gesandter.« Da wird also ganz klar gesagt, die Einheit von Gott und Mensch ist nicht im Islam enthalten. Sie ist aber, wie ich meine, das goldene Herzstück des Christentums schlechthin.

Vom Spaß zur Freude

Nun komme ich zum Schluss und möchte daran erinnern, dass das Evangelium die *Frohbotschaft* ist, die uns befreit und glücklich macht und nicht irgendwelche schweren Dinge auferlegt, die uns unglücklich machen. Jesus sagt – nachdem er sein Gebot der Liebe wiederholt – *»Das habe ich zu euch gesagt, auf dass meine Freude in euch sei und eure Freude vollkommen werde«* (Joh 15,11).

Wir leben, wie wir immer wieder hören, in einer Spaßgesellschaft. Es wäre Aufgabe einer echten Spiritualität vom *Spaß* zur *Freude* zu schreiten. Wobei der Unterschied wichtig ist: Freude macht froh! Spaß vertreibt die Zeit!

Wer aber am Spaß hängt und damit die Zeit vertreibt, der muss notwendigerweise seine Endlichkeit verdrängen. Und das tun wir ja auch in unserer Gesellschaft. Denn wer seine Endlichkeit mitdenkt, hat keine Zeit zu vertreiben.

Damit hier kein Irrtum entsteht, darf ich die dialektische Methode aus meinem neuesten Buch[17] heranziehen: Der Spaß ist der Schatten der Freude, der nur die Zeit vertreibt. Freude kann auch Spaß machen – aber ohne Zeitvertreib, sie ist in dialektischer Weise mit dem Ernst zu vermählen. Denn das Leben ist durchaus auch ernst zu nehmen. Die Frohbotschaft macht Freude, aber sie ist ernst. Und der Schatten des Ernstes ist die Trostlosigkeit. Wenn wir nur ernst sind, können wir trostlos oder depressiv werden. Ich ordne die 4 Begriffe an ein H (für »Harmonie«, die jeweiligen Schatten unterhalb ihrer zugehörigen Zielbegriffe):

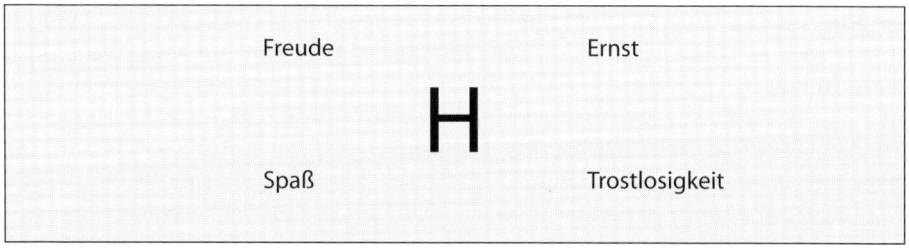

Und was sich in einer solchen dialektischen Situation – ich habe das an vielen Beispielen in meinem Buch ausgeführt – immer einstellt, ist das, was ich die »HX-Verwirrung« nenne. Nämlich statt zur Harmonie von Freude und Ernst zu kommen,

17 Pietschmann, Herbert: Eris & Eirene, Wien 2002.

indem wir vom Spaß zur Freude und von der Trostlosigkeit zum Ernst fortschreiten, wanken wir hin und her. Wir fürchten die Trostlosigkeit und statt der Freude bekommen wir den Spaß. Und wir fürchten den bloßen Spaß, den Zeitvertreib, und statt des Ernstes bekommen wir die Trostlosigkeit.

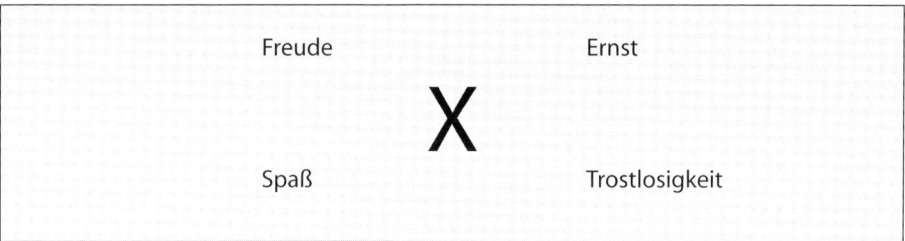

Dieser Zustand ist nur dadurch zu überwinden, indem wir uns verdeutlichen: Der Feind der Freude ist nicht die Trostlosigkeit, sondern der Spaß. Und der Feind des Ernstes ist nicht der Spaß, sondern die Trostlosigkeit. Wenn wir uns das verdeutlichen, können wir Freude und Ernst zusammenbringen. Zunächst individuell, aber vielleicht auch einmal gesellschaftlich im christlichen Abendland – durchaus im Unterschied zum Islam, wir dürfen ihn deswegen aber nicht abwerten! Dann werden wir einsehen, dass uns die Frohbotschaft eine Mitteilung macht, die gewaltiger nicht sein könnte. Wir müssen nicht in den Resonanzzuständen des Kohlenstoffes nachschauen, ob es einen Schöpfer gibt oder nicht, sondern wir können ihm oder ihr alltäglich und zu jeder Zeit in unseren Mitmenschen begegnen.

Mystik und Politik

Ein Versuch in weiblicher Spiritualität

Hanna-Barbara Gerl-Falkovitz

Die notwendigen Vorbemerkungen

Es ist schon schwierig genug, das wolkige Wort Spiritualität einzugrenzen, obwohl dies gleich in einer Arbeitsdefinition geschehen soll. Nun aber auch noch »weibliche Spiritualität«, also die Potenzierung des Rätsels. Wer heute zum Thema »Weiblichkeit« schreibt, wagt sich in den Drachenwald – die Drachen sind gängige Dekonstruktionen, Abreißen von Masken, hinter denen sich das Gesuchte unvermutet verflüchtigt. Wer würde ungeschützt heute noch behaupten, dass es *das* Weibliche gebe, am Ende gar *die* Frau, was sich unschwer auf *das Wesen* der Frau weiterschreiben ließe? Wer solche Allgemeinheiten ablehnt, kann aber noch weiter in den Widerstand gegen das bisher Selbstverständliche getrieben werden. Dieselbe Frage lässt sich in *anderer* Betonung aussprechen: Gibt es überhaupt die *Frau* – und nicht vielmehr nur fließende Übergänge in einem binären System, das die Wörter Mann und Frau logisch benötigt, aber trifft das Zeichensystem damit die Wirklichkeit? So hat der »Geschlechterdiskurs« seit rund 10 Jahren[1] die *fließende Identität* auf der Grundlage möglicher Selbstwahl des Geschlechtes zum Passwort des neuen Ich gemacht. Daher scheint Frau zunächst ein Konstrukt, eine soziale Jacke, die unter der Hand zur Zwangsjacke werden kann. Wer hingegen – sprachkritisch – den Schleier des Isis lüftet, entdeckt dahinter bekanntlich das Nichts. Das Nichts des Unterschieds nämlich, wie Freud die Ballade von Schiller[2] weiterschrieb. Nichts wäre es also mit der Frau, und selbst wenn es sie »natural gesehen« gäbe, würden die »naturalen« Unterschiede zwischen Mann und Frau nachrangig, sofern schon die biologischen Unterschiede zwischen Mensch und Affe nur noch geringe zwei Prozentanteile betragen.

In diesem Feld verschwimmender Differenzen hat sich das Thema »weibliche Spiritualität« zu behaupten, zum einen durch theoretische Aussagen von mystisch inspirierten Frauen, zum anderen durch ihr gelebtes Leben, und zwar, ob bewusst oder unbewusst, *als Frau*. Eingegrenzt wird solche Uferlosigkeit hier durch die Hinordnung von Mystik auf Politik.

---

1 Butler, Judith: Gender Trouble; dt.: Das Unbehagen der Geschlechter, Frankfurt, 1992.
2 Schiller, Friedrich: Das verschleierte Bild zu Sais.

Also ein erstes methodisches Fazit: Mit dem Stichwort »weiblich« wird keine *biologische* Frage losgetreten, sondern eine kulturelle: Der Gang durch die Geschichte zeigt gelebte, geglückte, missglückte Viten von Frauen, einzeln oder gesamtkulturell betrachtet. Daraus gattungshafte Rückschlüsse auf das »Wesen weiblicher Spiritualität« abzuleiten, ist vergangener Stil. Allerdings werden geschichtliche Übereinstimmungen erkennbar: Aus Einzelprofilen entstehen übergreifende Signaturen. Sie sind selbstverständlich zeitabhängig, aber: Der hier gewählte ideelle Hintergrund, der christliche Anstoß oder der Anstoß Christi, treibt die Frauen an, zeitbedingte Grenzen der Anlage, des sozialen Milieus, des Selbstverständnisses »aufzuheben«. Solche Grenzen werden in Maßen verändert und verändert rückgebunden an die Ursprungsgestalt der Inspiration, an Christus selber.[3] In dieser Nähe zum göttlichen Ursprung, wie »Mystik« hier arbeitstechnisch definiert werden soll, treten milieubedingte Konzepte weiblichen Handelns in den Raum neuer Lösungen. Unter dem Anspruch des Evangeliums bleibt nichts, was es war: nur Natur. »Klassische«, naturhaft durchgängige Elemente des Frauseins werden so verändert: von der Mutterschaft und den ehelichen Pflichten angefangen (siehe die Mystikerin und Herzogin Hedwig von Schlesien, die ihren gefallenen Sohn nicht öffentlich betrauerte noch ihren Mann auf dem Sterbebett aufsuchte, weil der Herr solchen Abstand von ihr verlangte[4]) bis zu modernen Berufsbildern. Das 20. Jahrhundert zeigt nie dagewesene Versuche, die Nachfolge Christi mit politischer Arbeit an der Welt und an ihren Strukturen zu verbinden: Mystikerinnen betreten den Boden demokratischer Politik im Blick auf soziale Nöte (wie Hildegard Burjan[5]) oder arbeiten im wissenschaftlich-theoretischen Bereich (wie Edith Stein in ihrer frühen, kaum rezipierten Arbeit »Eine Untersuchung über den Staat«[6], welche allerdings noch agnostisch konzipiert ist).

Frausein ist in dem Erfahrungsfeld, das *Geschichte* heißt, weder einfach »naturalisiert« noch ideologisch überhöht noch »dekonstruiert« zu sehen. Die hier exemplarisch gewählten Frauen bewegen sich durchaus im Spannungsfeld solcher heutiger Anfragen, sie sind aber *zuerst* von ihrem Selbstverständnis und der sie bedrängenden politischen Aufgabe her zu deuten, also von ihrer eigenen Wahrnehmung als Frau, auch im empfundenen Überstieg ihrer geschlechtsspezifischen Kräfte, in der ihnen Angst einflößenden, aber auch entbindenden Dynamik einer mystischen Forderung. Erst in einem *zweiten* Schritt soll nach weiteren Aspekten der Beschreibung, *metahistorisch*, gesucht werden.

Spiritualität im Spannungsfeld von Mystik und Politik

Spiritualität – als Arbeitsdefinition – heißt wörtlich Geistigkeit, genauerhin: Geistbegabtheit. In den letzten Jahren hat der Begriff große Verbreitung gefunden und so

3 Für den außerchristlichen Raum gäbe es analoge Beispiele zumindest im biblischen Judentum. Wieweit die Religionsgeschichte weitere Beispiele für die Fragestellung bietet, müsste gesondert untersucht werden.
4 Vgl. Gerl-Falkovitz, Hanna-Barbara: Im Spannungsfeld von Europa und Christentum. Hedwig von Schlesien, in: Dies.: Freundinnen. Christliche Frauen aus zwei Jahrtausenden, München [3] 2003.
5 Vgl. Schödl, Ingeborg: Zwischen Politik und Kirche – Hildegard Burjan, Wien 2000.
6 Erstausgabe 1925 in Husserls Jahrbuch für Philosophie und phänomenologische Forschung; Neuerscheinung in ESGA 7, Freiburg im Breisgau 2005.

die früher verwendeten Begriffe Frömmigkeit, Erbauung, Gebetsleben, auch Aszetik umfassend ersetzt. Dadurch hat sich eine Unschärfe eingestellt, doch lässt sich Spiritualität gerade deswegen als übergreifende Größe auch auf die nichtchristlichen Religionen anwenden, nämlich als einheitliche Grundform religiöser Praxis begreifen und gewissermaßen »ökumenisch« verstehen. Spiritualität ist gleichsam »Grundwasser« der verschiedenen Religionen, als menschliche Haltung der Anbetung und Anerkennung des »Heiligen«. Hier liegt eine offenkundige Gefahr: Dieses Heilige kann in der Esoterik auch Dingcharakter oder den Charakter der Immanenz (des »Weltinnenraums«) annehmen und damit ins Greifbare, Handhabbare (nicht zuletzt Käufliche) oder in selbst-stimulierte körperlich-seelische Prozesse – bis zur Wellness – einrücken.

Caterina Benincasa von Siena (1347–1380)

Doch ist neben der unvermeidlich modischen und überdehnten Nuance des Begriffs Spiritualität auch ein Sachbezug wahrzunehmen, der exemplarisch an einer Frau des 14. Jahrhunderts überprüft werden soll: an Caterina Benincasa von Siena (1347–1380). In ihr, als einem Brennpunkt im Drama des 14. Jahrhunderts, in dessen Faszination und Wildheit gleichermaßen, stecken Anziehung *und* Befremdung. Caterina gehört dem endenden Spätmittelalter an; ihre Art zu leben und mit Gott umzugehen, ist heute auf bestürzende Weise fern: ihre heftigen, den ganzen Leib fordernden Visionen, ihre Theologie des Blutes, ihre Sinnlichkeit auch im Geistigen. Auf der anderen Seite stehen Charme und Charisma unmittelbarer Anziehung, seltener ungebrochener Identität auch als Frau, eine ursprüngliche Theologie nicht aus Studium, sondern aus Eingebung. Oft lässt sich diese Einheit von Mystik und Politik, von Inspiration und Leib, von Gottes- und Weltliebe nur schwer unter heutigen Kriterien beurteilen.

Caterinas geistige Kontur

Die dreiunddreißig Lebensjahre der Färberstochter fallen bereits auf den flüchtigen Blick hin durch das Abweichen von aller, auch der religiösen Norm auf. Es beginnt mit einer undeutlichen Berufung – der Vision Christi des siebenjährigen Mädchens und später einer »Mantelwahl« im Traum; undeutlich bleibt, *was* eigentlich ihre Aufgabe sein könnte, da sie sich nicht einem »normalen« Ordensleben anschließt. Stattdessen wählt sie mit siebzehn Jahren die Lebensform älterer, frommer Witwen, die zwar Gelübde ablegen, aber doch selbständig »in der Welt« bleiben. Diese Institution ist also keineswegs für Caterina gedacht, ist sogar eher ein Kompromiss zwischen Kloster und relativer Freiheit; das Mädchen nutzt auch gerade diese Unabhängigkeit für die freie Bewegung, für das Eingreifen ins Leben.[7]

Die Illiterata kann nicht lesen und schreiben, hilft sich mit Diktieren meist mehrerer Briefe auf einmal. Aber sie besitzt das Charisma des durchdringenden Blickes bis auf den Grund der Seele. Vielen, die sie um Rat angingen, enthüllte sie erst die

---

[7] Diese »nicht-institutionalisierte« Aktivität überträgt sie auf die sich ihr anschließenden Gefährten, Frauen wie Männer, Adelige wie Bürger – eine Mischung außerhalb der gesellschaftlichen Regeln. Die »famiglia« beginnt ohne Auftrag und ohne Verankerung in einer Ordensregel, Caterina nachzuahmen. Drückt sich in diesen *Caterinati* die Ur-Idee eines heutigen Säkularordens aus? Eine Art charismatischer Laienbewegung?

eigentliche, oft unbewusste Wurzel ihrer Verwirrungen. Hier kommt der Wissenstypus durch, der nicht Schul- und Bücherstudium vorweist, sondern Lebenskenntnis meint, durch den Rückgang auf die Untiefen der menschlichen Seele und die abgründigen Tiefen Gottes. Mit welcher Souveränität konnte sie – anders als zwei Generationen später Jeanne d'Arc – vor den Schultheologen der Inquisition bestehen!

Zu der Gabe der Hellsicht kommt das Charisma des tiefen Trostes einer »*dolcissima mamma*«, wie das Volk sie rasch nannte. Und – dem Trost verwandt – das Charisma der Bekehrung: alt-verfeindete Familien öffneten sich unter ihrem Zuspruch; ein zum Tod verurteilter junger Adeliger gab bei Caterinas Gefängnisbesuch alle Verstocktheit auf und ging fast freudig mit ihr zum Sieneser Richtplatz, wo sie ihn küsste, sein Haupt hielt und es in ihren Kleidern auffing – sie wollte das Blut nicht auswaschen, weil sie das Blut Jesu darin roch.

Aufgrund der antipäpstlichen Liga von Florenz 1374 beginnt Caterinas politische Aktivität, in deren Kontext sie die – unsichtbar bleibende – Stigmatisation erhält. Die Befriedung Italiens, der (geplante) Kreuzzug und die Rückkehr des Papstes aus Avignon werden drei miteinander vernetzte Ziele. Diese politischen Ziele sind ausschließlich religiös motiviert; die Färberstochter wird dazu mystisch legitimiert. Ein Großteil ihrer diktierten Korrespondenz sind »politische Briefe«[8]. In einigen herben Adressen an Gregor XI. stellt sie ihm die Macht vor, die er mit seiner Stellung erhielt – wolle er sie nicht wahrnehmen, so müsse er sie zurückgeben. Als sie in Avignon endlich vor ihn trat, wandte sich der Papst an Caterina und fragte: »Wie willst du nach ein paar Tagen schon die Zustände am Hofe beurteilen?« Da richtete sie sich unversehens hoch auf und erwiderte mit fester Stimme: »Ich bekenne furchtlos, da es um die Ehre des allmächtigen Gottes geht, dass die Sünden des päpstlichen Hofes bis nach Siena stinken.«[9] Raimund von Capua wand sich vor Verlegenheit beim Übersetzen.

Caterinas erste Vision war Christus in den weißen päpstlichen Gewändern gewesen; von daher stammt ihr Maßstab und ihre Unerbittlichkeit gegenüber dem Stellvertreter. »Ich wünschte in Ihnen einen Fruchtbaum zu sehen, voll von süßen und reifen Früchten, gepflanzt auf dem fruchtbaren Boden der Selbsterkenntnis. […] Wer in sich selbst vernarrt ist und sich nicht mehr um Gottes willen und in Gott liebt, kann nur noch das Böse tun. Denn das Gute in ihm ist erstorben. Er ist wie eine Frau mit Totgeburten. […] Ich sage Ihnen im Auftrag des Gekreuzigten: drei Dinge vor allem müssen Sie mit Ihrer Gewalt vollbringen. Zunächst sollen Sie im Garten der Heiligen Kirche, dessen Hüter Sie sind, die stinkenden Blumen ausrotten, die voll Schmutz und Gier und von Stolz aufgebläht sind. […] Aber bedenken Sie, dass Sie das schwerlich vollbringen können, wenn Sie nicht die zwei anderen Bedingungen vorher erfüllen: Ihre Rückkehr und die Entrollung der Kreuzzugsfahne. Ich sage Ihnen, kommen Sie, kommen Sie, warten Sie nicht auf die Zeit! Denn die Zeit wartet nicht auf Sie. […] Enttäuschen Sie mich nicht, sonst müsste ich bei dem

8 Von Siena, Caterina: Politische Briefe. Übers. u. eingel. v. Ferdinand Strobel, Einsiedeln 1944, 108. Die vollständige italienische Ausgabe lautet: S. Caterina da Siena, *Epistolario. Introduzione e note a cura di D. Umberto Meattini*, Roma ³1979. Auswahlausgabe (aus dem »*Libro*« und dem »*Epistolario*«): von Siena, Caterina: Gotteserfahrung und Weg in die Welt, hrsg., eingel. u. übers. v. Louise Gnädinger, Olten/Freiburg 1980. Adressaten des *Epistolario* sind Päpste, Kardinäle, Bischöfe, der hohe und niedere Klerus, Könige und Königinnen, Herzöge, Condottieri, Damen der hohen Aristokratie, Mantellatinnen-Mitschwestern, Familienangehörige, Handwerker, Künstler, Ärzte und Juristen, Scholaren und Leute aus dem Volk.
9 Raimund von Capua, in: Pleister, Werner: Caterina von Siena, in: Exempla Historica Band 25: Humanismus, Renaissance und Reformation, Frankfurt 1983, 32.

Gekreuzigten Berufung einlegen, dem einzigen, der noch bleibt; auf Erden haben Sie ja niemanden über sich.«[10]

Caterina hält alles Irreguläre ihres Lebensstiles und einzigartigen Auftrages kraft der Überzeugung durch, unmittelbar von Gott ergriffen zu sein. Dies ist die von ihr ausstrahlende Stärke. Ihre drängenden, ja vorwurfsvollen Adressen nach Avignon entspringen dem Willen Gottes, mit dem sie eins ist und mit dem der Papst gleichermaßen eins zu werden habe. Bestätigt wird Caterina durch ihre mystische Vermählung und die nur ihr offenbare Stigmatisation. Sie wirkt nur aus diesem Bezug nach Oben. Innen und Oben sind bei ihr in einem unendlichen, stärkenden Zwiegespräch. Das macht sie furchtlos, dabei liebenswürdig und klar. Die Beweggründe, in kirchliche und weltliche Politik einzugreifen, sind ausschließlich religiöser Natur; naiv, aber wegen ihrer Naivität im Chor der Diplomatie so ungewöhnlich, erhebt sie ihre Stimme. Freilich zermürbt sie am Ende ihres Lebens in Rom 1380, mit den dreiunddreißig Jahren des Vollalters Christi, die Vergeblichkeit ihres Tuns: das in der Vorhalle von St. Peter in einer Vision auf ihre Schultern fallende Kirchenschiff tötet sie. Ihr schweres Sterben hat den Charakter eines Martyriums, jenes Blutopfers, von dem sie in ihrem letzten Brief gesprochen hatte: »Ich schrie: Ewiger Gott, nimm das Opfer meines Lebens für den mystischen Leib der Heiligen Kirche. Ich habe nichts anderes zu geben, als was Du selbst mir gegeben hast. Nimm mein Herz und drücke es auf das Antlitz dieser Braut. Da wandte Gott das Auge seiner Gnade, riss mein Herz heraus und presste es der Heiligen Kirche ein.«[11]

Der spirituelle »Ort« Caterinas

Als Caterina einmal Zweifel an ihrer Durchsetzungskraft kamen, rief sie aus: »Herr, wie könnte ich so handeln, wie Du mir gesagt hast, […] denn mein Geschlecht ist für mich ein Hindernis, das du wohl kennst.« Da habe der Herr geantwortet: »Mit der Gnade meines Geistes beschenke ich, wen ich will; es gibt nicht Mann oder Frau, nicht Gemeine oder Adlige, denn alle sind vor mir gleich.«[12]

Dieses Zitat ist nur vordergründig modisch. Vielmehr führt es mit Genauigkeit an den »spirituellen Ort«, an den Caterina gehört. Es ist der »Brunnenraum«, das eigentlich Mütterliche an der Kirche, in dem alle Kinder, Schaf und Herde sind – noch vor aller hierarchischen Stufung, die die Hirten sondert. Es ist der Raum der unbedingten Gleichheit, nicht der eingeklagten, sondern der den Kindern zustehenden Gleichheit kraft der Geburt aus Geist und Wasser durch dieselbe Mutter.[13] Caterina hat aus der Dignität dieser fundamentalen Kindschaft heraus die Hierarchie ermahnt, unbeschadet aller sonstigen Aufgaben und Ordnungen des kirchlichen Organismus. Dies ist nicht Anmaßung, es ist Einsicht in die erste und letzte Bestimmung der Kirche: allen geöffnet zu sein, als eine Verwalterin des Blutes, das allen zugedacht ist. Die Stände in ihr, Laien oder Klerus, sind Berufungsunterschiede, nicht Gnadenunterschiede, denn die Hauptaufgabe bleibt dieselbe: sich der Gnade, dem Blutstrom auszusetzen.

Diese Mystikerin lebt aus der nicht selbstbewussten, sondern selbstvergessenen Kindschaft. Caterina entspringt dem Ort, wo die Kirche einfach und im tiefsten

---

10 Strobel, Ferdinand (Hrsg.): Caterina von Siena, Politische Briefe, Einsiedeln 1944, 43ff.
11 Ebd., 198ff. (Brief an Raimund von Capua).
12 Zitiert nach Howard, R. W.: Should Women Be Priests?, Oxford 1949, 20.
13 Zum »gynäkologischen« Verständnis der Taufe vgl. Gerl-Falkovitz, Hanna-Barbara: Die bekannte Unbekannte. Frauen-Bilder in der Kultur- und Geistesgeschichte, Mainz ²1989, Kap. III.

Sinne Mutter ist, wo alle ihre weiblichen Symbole wurzeln: Schiff, Arche, Haus, Baum – wo vor aller Differenz das Gehören zum Einen, Gemeinsamen gelebt wird. Sendung also aus nichts anderem als der Taufe heraus, *vor* allem ordo und ihn begründend. Dies ist auch der Ort, an dem einer für den anderen stehen kann: Stellvertretung aller Wiedergeborenen füreinander – da der Herr »die Frucht des Blutes« gleichmäßig allen zudachte.[14]

Ein Zweites: Caterina bildet eine *Theologie* des Blutes aus, das dichteste Sinnbild der Nähe und des Verströmens Gottes. Blut hat verschiedene Eigenschaften, die sich zu dem einen Wirkstoff der Gnade verbinden: Es nährt, es reinigt im Waschen, es berauscht. Und etwas gänzlich Caterina Eigentümliches: Blut wärmt, es erhellt, ja es ist selbst Feuer und Licht. Die Kirche wird ihr zur »Braut auf dem Bett von Blut und Feuer«. Caterina vereint damit – nicht angelesen, sondern empfunden – die schwere Stofflichkeit des Blutes mit dem geistigsten Element: Blut wird auf Flamme durchsichtig. Oder auch: Das Leiden wird auf die Verklärung durchsichtig. Caterina kennt keine Leibfeindlichkeit, im Gegenteil: Erlösung beginnt in Fleisch und Blut, genau wie Jesus in Fleisch und Blut gemartert wurde. Und die Kirche ißt und trinkt in ihren Feiern diesen bis aufs Blut geöffneten Leib. Sie selbst ist Leib, der in jedem seiner Glieder ergriffen, gefordert, in der Erlösung ausgepresst wird, bis er der göttlichen Liebe ein offenes Haus bietet. Und Blut ist – nochmals – der Wirkstoff, der alle gleichermaßen erreicht, alle eins sein lässt, alle im selben Rhythmus durchpulst.

Von Caterinas Sinnlichkeit war schon die Rede. Hier kann man das Gesagte noch tiefer fassen: dass bei ihr Sinnlichkeit unmittelbar das Unsinnlichste ausdrückt, dass die Natur auch sofort Gnade meint. Ob das Caterinas weibliche Spiritualität ist? In der Kulturgeschichte stehen Frauen für die Nähe zum Unmittelbaren, zur Intuition, zur religiösen Wahrnehmung über die Sinne, besonders auch über die Synästhesie, also die Verschmelzung der sonst fünffach gesonderten Sinneserkenntnisse. Eine solche »versinnlichte Transzendenz«, besonders übrigens in einer feinen Duftempfindung bei geistigen Vorgängen, hat vielfach die Schriften von Frauen der mystischen Tradition durchzogen und ist für Caterina typisch[15].

Ein Drittes: Zu ihrer Spiritualität gehört ihr starkes Selbstbewusstsein, oder genauer: Sendungsbewusstsein. Als ihr Auftrag immer deutlicher wurde, wurde sie selbst mit dem Auftrag identisch – mit der Reform der Kirche, kreisend um die Kreuzzugsidee und die Befriedung eines selbstmörderischen Italien, aber endgültig zielend auf die Rückführung des Papstes aus Avignon. Hier geht sie aufs Ganze, und das heißt, sie greift zunächst sich selbst an. »Die entsetzliche Kasteiung und Erniedrigung, mit denen sie sich geißelte, die bis zur Zerstörung des Körpers führende Sucht, zu entbehren und zu leiden, abtötenden Ekel gewissermaßen sich einzuverleiben, sind nur zu verstehen als Antwort an die Zeit, als Versuch, der Last ihrer Laster ein Gewicht entgegenzuwerfen. »Von neuem opfere dein Leben!« Das war der Auftrag der ewigen Liebe an sie. Und: »Sogar wenn der Papst der verkörperte Teufel wäre, darf ich nicht das Haupt gegen ihn erheben«, das war ihr Glaube.«[16]

---

14 Vor allem in dem »Buch von Gottes Vorsehung« gibt Caterina eine Kontur der Kirche und ihres Hauptes, die um diese Mitte der Hingabe, der Stellvertretung, des Austausches, der Ergänzung kreist.

15 Tuchman, Barbara: Der ferne Spiegel. Das dramatische 14. Jahrhundert, München ⁵1985, 101 und 99.

16 Schneider, Reinhold: Pfeiler im Strom, Wiesbaden 1958, 200.

Skrupel oder Anfechtungen sind bei diesem Auftrag an ihr nicht sichtbar, auch nicht Skrupel über sich selbst, obwohl sie das durchdringende Empfinden ihrer Sündhaftigkeit – im Licht des Sündelosen – immer betont. »Du, der Arzt, warst von meiner Krankheit nicht abgestoßen. Du, die ewige Reinheit, hast meine vielen Leiden nicht verachtet. Du, der Grenzenlose, hast darüber hinweggesehen, dass ich begrenzt bin.«[17] Zugleich sucht sie das Selbstbewusstsein anderer zu stärken, sie mit dem Auftrag Gottes ebenso identisch werden zu lassen. An den gefürchteten Barnabo Visconti, Herzog von Mailand, diktiert sie: »Ich fordere Sie auf, nichts mehr gegen den Papst zu unternehmen. Mischen Sie sich nicht weiter in seine Angelegenheiten, sondern regieren Sie Ihren Staat in Frieden und Gerechtigkeit. […] Keine Herrschaft, die wir in dieser Welt besitzen, gibt uns das Recht, uns als Herrscher zu betrachten.«[18] Oder an den englischen Condottiere John Hawkwood (Giovanni Aguto), der seine blutigen Dienste dem Meistbietenden verkaufte: »Wäre es wirklich eine so große Tat, wenn Sie bei sich Einkehr halten und überlegen würden, wie viel Mühe und Strapazen Sie im Dienst und im Sold des Teufels auf sich genommen haben? Meine Seele wünscht, Sie möchten umkehren zum Sold und zum Kreuze Christi, Sie und alle Ihre Söldner und Genossen, und so zur Kompanie Christi werden, die gegen die ungläubigen Hunde im Heiligen Lande zieht.« Diese kühne Sprache kann heute im Halse stecken bleiben: Die »ungläubigen Hunde« stehen unabgeschwächt als Gegner fest. Neben diesem zeitbedingten Blick gehört zur »ganzen« Caterina aber auch folgende großempfundene Vision: »Während das Feuer des heiligen Verlangens in mir zunahm, gewahrte ich schauend das christliche Volk und das ungläubige in die Seite des gekreuzigten Jesus eingehen, und ich trat aus Sehnsucht und Liebenswunsch mitten unter sie und mit ihnen in Christus, den liebsten Jesus ein. […] Dann gab er mir das Kreuz auf die Schultern und den Ölzweig in die Hand, wie wenn er wollte – und so sagte er auch –, dass ich sie dem einen und dem anderen Volk reiche.«[19]

Caterinas Identität ist ihre Identität mit dem Willen Gottes; dies bringt sie in die Öffentlichkeit. »Gott will es, und ich will es«, so leitet sie mehrfach ihre Briefe ein. »Politik und Mystik« muss hier gelesen werden als »Politik aus Mystik«. Die Gefahr dabei ist die Unmittelbarkeit der Begründung, die Ableitung politischen Handelns aus individuellen Gewissheiten, die Übertragung unbedingter Forderungen in das durchaus bedingte Leben. In Caterinas Fall wird diese Gefahr des Fanatismus »gebändigt« durch ihre *caritas*, mit der sie zunächst ausschließlich unpolitisch begann, und durch die wirkliche Selbstaufgabe ihres Willens, letztlich durch die innere, martyriumshafte Annahme ihres (kirchen)politischen Scheiterns noch während ihrer Lebenszeit.[20] Dennoch wirkte ihre Unbedingtheit, besiegelt durch die spürbare Selbstrücknahme ihrer Person auf Christus, in den unbeschreiblichen Wirren der Zeit wie ein reinigender Blitz. Er zwang die vordergründigen Interessen der Macht unter das Maß des Evangeliums. Caterina, und mit ihr das Evangelium, zerbrachen am Maßlosen, für den Augenblick; aber langfristig war der unbedingte Maßstab bedingten Handelns am Horizont der Christenheit wieder sichtbar und damit wirksam geworden.

---

17 Gebet, in: Sergio, Lisa (Hrsg.): Sei du mit mir. Frauengebete. Frankfurt 1985, 24.
18 Käppeli, T. M. (Hrsg.): Briefe der heiligen Caterina von Siena, Oldenburg 1931, 183.
19 Von Siena, Caterina: Gotteserfahrung und Weg in die Welt, Brief 219, 157.
20 Der Papst war zwar 1478 zurückgekehrt, aber nicht ohne das Blutbad von Cesena durch seine französischen Söldner, und mit seinem unmittelbaren Nachfolger begann das bis 1417 währende Schisma.

Simone Weil (1909–1943)

Simone Weil starb am 24. August 1943 im englischen Sanatorium Ashford/Kent an Entkräftung, weil sie es ablehnte, trotz ihrer Schwäche mehr zu essen, als ein normaler Franzose während der Kriegszeit auf Lebensmittelkarten bekam. Welche »Spiritualität« verbirgt sich hinter einer solchen unüblichen, erschütternden Entscheidung?

Simone Weil zeigte eine Leidenschaft für alles Geistige, eine Sehnsucht für das Heilige, die bis zur Heftigkeit ging und ihr kurzes, 34jähriges Leben aufrieb. In einem Arzthaushalt in Paris am 3. Februar 1909 geboren, trotz jüdischer Abstammung völlig glaubenslos erzogen, stürzt sie sich in die (vor allem griechische und deutsche) Philosophie, erschöpft sich in einem Selbstexperiment am Fließband von Renault (1935) in der Fabrikarbeit, wirft die marxistische Denkwelt rasch ab, geht 1940 in die französische Résistance und siedelt nach Marseille um, trifft dort auf den Dominikanerpater Jean-Marie Perrin, dem sie ihre »Schreibhefte« (*Cahiers*) übergibt, außerdem den katholischen Schriftsteller Gustave Thibon, auf dessen Landgut in Ardèche sie als Landarbeiterin beginnt. Im Frühjahr 1942 verlässt sie Marseille über Oran und Casablanca, um in New York Zuflucht zu suchen, fährt aber schon im November desselben Jahres nach London zurück, kann allerdings von dort nicht nach Frankreich übersetzen. Als Tuberkulosefall wird sie am 15. April 1943 in ein Hospital eingewiesen, ohne in den Briefen an ihre Eltern ihre Krankheit auch nur zu erwähnen. Als sie stirbt, scheint sie immer noch »an der Schwelle der Kirche« zu stehen, wie sie es P. Perrin gegenüber begründet hatte: um die Trauer der Ungetauften, den Schmerz des Ausgeschlossenseins zu teilen. Seit wenigen Jahren wissen wir, dass sie sich – auf die ungewöhnlichste Art – doch taufen ließ. Ihre jüdische Freundin Simone Pétrement gab zu Protokoll, die Kranke habe einen Priester, der sie bei einem Besuch taufen wollte, »hinausgeworfen«, unmittelbar danach aber den Wasserhahn im Zimmer aufgedreht, den Kopf darunter gehalten und der überraschten Freundin die Taufformel vorgesprochen, die diese nachsprechen musste… Auffällig ist jedenfalls, dass die Tote in Ashford auf dem für Katholiken vorbehaltenen Teil des »Neuen Friedhofs« beerdigt wurde.

Politik in der Versuchung des »Großen Tieres«

Welche Verbindung von Mystik und Politik lässt sich an Simone Weil zeigen? Noch bevor sie sich am Christentum orientiert, erhält sie ihre tiefste philosophische Prägung durch Platon, vermittelt durch ihren verehrten Lehrer Alain (= Émile Chartier). Platons Ideenlehre eröffnet ihr die Unterscheidung des Vorläufigen und Irdischen vom Gültigen und Ewigen, der menschlichen Satzung von der göttlichen Ordnung, dem Guten, dem Gerechten. Später wird Weil ohne Schwierigkeit Platon auf Christus hin lesen, seine Entwürfe im Evangelium bewahrheitet finden.

Dieser Grunddualismus wird politisch umgesetzt. Ziel des Übernatürlichen (*surnaturel*) ist das Natürliche, nicht umgekehrt. »Der Gegenstand meiner Suche ist nicht das Übernatürliche, sondern diese Welt. Das Übernatürliche ist das Licht.«[21] Der Politik sind daher Ethik und Spiritualität wiederzugeben, vor allem in Form einer bestimmten *Gerechtigkeit* und einem erneuerten Verständnis von *Gemeinschaft* im Unterschied zu Liberalismus und Totalitarismus (»Tyrannei«).

---

21 Weil, Simone: Cahiers. Aufzeichnungen, übers. v. Christine Edl und Wolfgang Matz, Bd. 2, München/Wien 1970, 49.

Die Gefahr des Politischen liegt nach Weil in der Vergötzung des Staates, auf den sie ohne Abschwächung das Bild Platons[22] (und der Apokalypse?) vom *Großen Tier* anwendet. Antike Protagonisten des Großen Tieres sind für sie Rom und Israel; dahinter tauchen die akuten Bedrohungen durch den Nationalismus Frankreichs und Deutschlands auf. »Rom: das atheistische, materialistische Große Tier, das nur sich selbst anbetet. Israel: das religiöse Große Tier. Keines von beiden ist liebenswert. Das Große Tier ist immer abstoßend.«[23] Der Staat wird in doppelter Hinsicht Tier, wenn er sich nicht mehr der übernatürlichen Liebe öffnet, sondern sich erstens auf eine bestimmte *Nation* abschottet: »Aber eine Nation als solche kann nicht ein Gegenstand der übernatürlichen Liebe sein. Sie hat keine Seele. Sie ist ein Großes Tier.«[24] Aber auch der liberale Staat schottet sich zweitens ab, indem er das *Gesetz* verbindlich macht, ohne dessen transzendente Begründung zu wollen, ohne sein Gesetz im übernatürlichen Licht zu prüfen, nämlich am Guten schlechthin und nicht einfach am sozialen Ruhigstellen seiner Bürger. »Die soziale Tugend ist der Gehorsam gegen das Große Tier, das dem Guten gleichgesetzt wird. Ein Pharisäer ist ein Mensch, der tugendhaft ist aus Gehorsam gegen das Große Tier.«[25] Der Staat setzt sich damit selbst als Endzweck, dem – aufgrund des Schutzes seiner Bürger – Unterwerfung und Anbetung gebühren: als *Götze*. Der Einzelne überlässt sich willenlos dieser Vorgabe, vernebelt durch die Propaganda und durch das Parteiendenken bzw. durch die Trennung von Volk und professionellen Politikern/Gesetzgebern. Auch das Gesetz wird damit zu einem Mittel der Massenpropaganda, statt die übernatürliche, vorpolitische Gerechtigkeit zum Maß der Politik zu machen. Ein solcher Staat besitzt keine Spiritualität, keine *Gnade*; er degradiert seine Bürger zur Masse von Schutzbefohlenen und entpersonalisiert sie; sie werden Pharisäer des Eigennutzes, der mit dem Eigennutz seiner Herrschenden kollaboriert. Dieser Eigennutz kann, ja muss durchaus als *Ordnung* organisiert werden, auch als Ordnung im Dienste eines Größeren, der die eigene Identität übernimmt: »Der Mensch weiht sich immer einer *Ordnung*. Nur dass – außer im Falle übernatürlicher Erleuchtung – im Mittelpunkt dieser Ordnung entweder er selbst oder ein anderes Einzelwesen steht (das eine Abstraktion sein kann), in welches er sein Ich hineinverlegt hat. (Napoleon für seine Soldaten, die Wissenschaft, die Kunst usw.)«[26] Insofern sind für Weil die Partei oder ähnliche Größen Versuchungen der Selbstabgabe: Ordnung um den Preis der Unterordnung. Diese Freiwilligkeit widerspricht einer anderen Anlage des Menschen: dem Denken. »Es gibt kein kollektives Denken.«[27] Dennoch wird das Kollektiv zum Schutzmantel des Einzelnen.

Weil arbeitet aufgrund ihrer unbedingten, sich mystisch vertiefenden Weltanalyse einerseits an einer unmittelbaren politischen Option. Ihre revolutionären Bemühungen ad hoc sind beeindruckend und ohne Zweifel gespeist von einer metaphysischen Idee der Gerechtigkeit: so bei der versuchten Neustrukturierung der Fabrikarbeit und der Aktivierung der Arbeiterinnen selbst[28], während ihrer kurzen marxistischen Phase als *vierge rouge*, beim versuchten Kampf auf der Seite der

---

22 Platon, Politeia: VI. Buch, 493 B–C.
23 Weil, Simone: Schwerkraft und Gnade, übers. v. Friedhelm Kemp, München 1989, 268.
24 Ebd., 271.
25 Ebd., 272.
26 Ebd., 137.
27 Ebd., 261.
28 Weil, Simone: Fabriktagebuch und andere Schriften zum Industriesystem, Frankfurt 1972.

spanischen »Unabhängigen« 1936, der durch einen Unfall jäh beendet wurde, bei ihrer (erfolglosen) Tätigkeit im französischen Widerstand ab 1941; nicht zu vergessen die Theorie: nämlich ihre frühen journalistischen Warnungen 1933 vor dem »Hitlerismus«. Dennoch zeigt schon ihr eigentlich durchgängiges Scheitern bei diesen Vorhaben, dass ihre realpolitische Seite ein konterkarierendes Moment der Utopie an sich trägt. Tiefer eindringend sind ihre philosophischen Analysen, die den Charakter einer religiösen Metaphysik[29] aufweisen und die in der Tat durch sie ergreifende mystische Erfahrungen gestützt werden.

Mystik als Erfahrung des Dualismus von Natur und Übernatur

Simone Weil war in ihrem selbstverständlichen Atheismus erschüttert worden durch mehrere Begegnungen mit einer Macht, für die sie zunächst keinen Namen hatte. Diese Macht übersinnlich zu nennen, trifft nur ungenau, denn immer wurde sie im Sinnlichen wirksam – zweimal beim Hören eines Gesanges: 1935 in Portugal vernimmt sie das schwermütige Lied von Fischersfrauen am Strand und ist von da an überzeugt, nur der christliche Glaube, niemals der Marxismus, könne den »Sklaven« erlauben zu überleben. Ein zweites Mal erlebt sie 1938 beim Hören des Gregorianischen Chorals in der Benediktinerabtei Solesmes trotz »sinnraubender« Kopfschmerzen eine Art Ekstase. Dazwischen liegt eine Erfahrung in der Franziskus-Kirche in Assisi im Mai 1937: »Eine Macht, die größer war als ich selbst, zwang mich auf die Knie.« Im Frühjahr 1938 hat sie eine erste Christusbegegnung, als sie – wiederum unter Kopfschmerzen – das Gedicht *Love* von George Herbert rezitiert. Aus der Zeit in Marseille stammt ein geheimnisvoller *Prolog*, in welchem sie für unbestimmte Zeit »von Ihm« in eine Dachkammer mitgenommen wird: »Manchmal schwieg er, nahm aus einem Wandschrank ein Brot, und wir teilten es miteinander. Dieses Brot hatte wahrhaft den Geschmack des Brotes. Ich habe diesen Geschmack nie wiedergefunden. Er schenkte mir und schenkte sich Wein ein, der den Geschmack der Sonne und der Erde hatte, auf der diese Stadt erbaut war.« Ohne diese Aussagen in eine unmittelbare biographische Mitteilung pressen zu wollen, ist doch der Schluss zeichenhaft für Simone Weil: »Ich habe niemals versucht, es [das Haus] wiederzufinden. Ich begriff, dass er mich aus Versehen aufgesucht hatte. Meine Stelle ist nicht in jener Dachkammer. Sie ist irgendwo, in dem Kerker eines Gefängnisses, in einem jener bürgerlichen Salons voll Nippes und rotem Plüsch, in dem Wartesaal eines Bahnhofs. […] Ich weiß wohl, dass er mich nicht liebt. Wie könnte er mich lieben. Und doch, ganz innen ist etwas, ein Punkt meiner selbst, der es nicht lassen kann, mit Furcht und Zittern zu denken, dass er mich vielleicht, trotz allem, liebt.«

Dieser schwer auszudeutende *Prolog* (am Ende eines Lebens!) könnte so gelesen werden, dass die erzwungene Lösung aus der mystischen (?) Einheit und die Rückkehr in die kleinbürgerliche Welt unabdingbar ist, genauer noch: sogar einen Befehl aus der übernatürlichen Welt darstellt. Erst dann kann eine Art Umschlag erfolgen, kann das Licht wirklich einbrechen. Simone Weils Denken bleibt grundsätzlich in einer unauflöslichen Spannung: *Gott* steht in seiner Seligkeit auf der einen Seite – die *Schöpfung* in ihrer Fixierung in Zeit und Raum steht auf der anderen Seite. Dabei ist Christus am Kreuz der Gegenpol zu Gott selbst, die eigentliche Fixierung der Schöpfung, am tiefsten und letzten ihrer Naturgesetzlichkeit unterworfen. Daher ist der

---

29 Vgl. Vetö, Miklos: The Religious Metaphysics of Simone Weil, Albany 1994.

Gekreuzigte augenfälligster Ausdruck der Schöpfung. Das Kreuz ist ihr schon eingeschrieben: wie Platon das Chi (X) schon dem Himmelsgewölbe eingezeichnet sah, so ist der Schöpfung das alles durchwirkende, zwingende Naturgesetz eingebrannt, das bis in die Seele hineinreicht (nur an deren oberste Spitze nicht rührt, wo die Liebe einsetzt). Jedes Geschöpf, ob lebendig oder tot, steht unter dem Gesetz des Notwendigen, ist damit unter Zwang, unfrei.

Dieser Notwendigkeit gehorcht das Universum im Wachstum und Zerstörtwerden. Der Mensch kann sich der Notwendigkeit verweigern: dann wird er gezwungen, trotzdem ihr zu folgen. Er kann ihr aber auch freiwillig gehorchen – wie der Hund, der dem Zug der Kette von selbst folgt. Freiwillig das tun, was man tun muss, das ist für Simone Weil die eigentlich menschliche Haltung. Vollständige Unterwerfung unter die (Natur-)Notwendigkeit: Damit folgt man Christus nach, in der Nachahmung des Kreuzes. Zustimmung zum Geschehenden macht den Unterschied von Stein und Mensch aus: Der Stein ist notwendig, wie er ist; der Mensch stimmt dem Notwendigen frei – wie Christus – zu.

In der menschlichen Annahme der Schwerkraft wird der notwendige Fall ein freier Fall. Unten aufgeschlagen, am Boden der Entbehrung und der Abwesenheit Gottes, erscheint schlagartig seine Liebe, seine Anwesenheit. In der Tiefe seiner Selbstverbergung wird seine Gegenwart deutlich. Plötzlicher, atemloser Umschlag bei Simone Weil: Vom Nichts springt man in Alles zurück, übergangslos, nur durch das Ankommen am äußersten Extrem, dort wo der Fuß des Kreuzes steht und wo Christus hängt.

Politik aus dem Übernatürlichen

Politisch heißt das: Staat ist erst dann gerechtfertigt, wenn er in Verbindung zur Ewigkeit steht. Moralität und Humanität wurzeln in der Spiritualität der Gemeinschaft, die sich dem beschriebenen Dualismus der Wirklichkeit stellt. Gnade ist die Einfallsstelle von Freiheit; sie bearbeitet die Notwendigkeit dieses irdischen Daseins; es kann sich nicht selbst befreien, es sei denn durch götzenhaften Ersatz von Freiheit. Politisch konkretisiert heißt das: Gesetze haben sich zu öffnen für das *vorstaatliche* Recht, für die Wahrheit der Gerechtigkeit (durchaus im platonischen Sinn[30]).

Das geschieht zum einen über eine Konversion der *Einzelnen*: nämlich zu Gewissen, zu partei- und interessefreiem Denken, vor allem am Gradmesser der Nächstenliebe. Dessen Voraussetzung wiederum ist die Aufmerksamkeit (*attention libre*): die volle, ichfreie Konzentration auf den anderen, auf seine leiblichen Nöte ebenso wie auf seine spirituellen Ansprüche, mit einem Wort: auf sein Leiden. Gewissen schult sich also an der Aufmerksamkeit für die Leiden des anderen.[31] Bei solcher Konzentration wird der Widerspruch zwischen Gesetz und Gerechtigkeit immer erneut fühlbar; Weil hat dazu mehrfach auf das Beispiel der *Antigone* zurückgegriffen.

Zum zweiten ist aus dieser individuellen Konversion zum Ewigen heraus das aktive politische Verändern nötig, sogar verpflichtend. Übernatürliche Gerechtigkeit muss soziale Gerechtigkeit werden. Das Gesetz wird geschichtliche Wirksamkeit übernatürlicher Verpflichtung; nur von daher erhält es seine moralische Kraft. Im einzelnen kommt Weil zu den Vorschlägen: nur wenige und dauerhafte Gesetze zu erlassen; sie verständlich zu formulieren, um die je eigene Einsicht und Zustimmung

---

30 Vgl. Platon: Politeia.
31 Hier lässt sich eine Brücke von Weil zu Emmanuel Lévinas schlagen.

zu ermöglichen (Klarheit als ein Moment der *attention*); die Notwendigkeit dieser Gesetze immer erneut den Menschen aus der Transzendenz zu begründen; sie gedanklich und gefühlsmäßig zu verinnerlichen – ohne Propaganda, ohne Zwang. Aus diesem Grund verwarf sie den Marxismus, da die Revolution nur das Verhältnis zwischen Ausbeutern und Ausgebeuteten umdrehe, noch dazu zwanghaft, aber kein übergeordnetes Regulativ eines neuen, befreiten, gleichwertigen Verhältnisses im absoluten Guten kenne. Im Gegenteil: Ein solches Regulativ wird atheistisch ausgeschaltet.

Zur Durchsicht der Gesetze hin auf die übernatürliche Gerechtigkeit und das Gute bedarf es nach Weil weniger der Politiker als der Richter. Sie werden bei ihr zum eigentlichen Berufsstand der erforderlichen Aufmerksamkeit. Gerade auch für den Verbrecher ist der Richter die Einleitung eines neuen Verstehens: der eigenen verbrecherischen Entfremdung von dem Guten, die durch Strafe und Einsicht geläutert werden muss. Insofern wird der ideale Staat bei Weil ein Richterstaat mit einem gewählten Präsidenten; in den Händen der Richter sind Legislative, Exekutive und Jurisdiktion vereinigt. Zur Kontrolle dieser Macht ist eine sorgfältige Auswahl, verbunden mit einer tiefen spirituellen Schulung der Richter, notwendig.

Wieweit Simone Weil hier einem Anarchoidealismus anhängt und wieweit sie die komplexe Eigensteuerung politischer Systeme unterschätzt, ist schon andernorts beleuchtet worden.[32] Dennoch bleibt der Grundgedanke nachdenkenswert: die offensichtliche Selbstvergötzung einer nur dem Relativen verpflichteten, moralisch selbstdefinierten Staatlichkeit. »Es gibt zweierlei Gutes, gleichen Namens und doch grundsätzlich verschiedener Art: das Gute, welches das Gegenteil des Bösen ist, und das Gute, welches das Absolute ist. Das Absolute hat kein Gegenteil. Das Relative ist nicht das Gegenteil des Absoluten; es ist von dem Absoluten abgeleitet und steht zu ihm in einem nicht umkehrbaren Verhältnis. Was wir wollen, ist das absolute Gute. Was wir erreichen können, ist das dem Bösen zugeordnete Gute. Wir neigen ihm aus Irrtum zu wie der Prinz, der sich anschickt, die Magd statt der Herrin zu lieben. [...] Das Soziale unter der Aufschrift des Göttlichen: berauschende Mischung, die jede Willkür in sich schließt. Der verkappte Teufel.«[33]

Weibliche Spiritualität? Nachfrage auf der Metaebene

Caterina von Siena

Die »Frau im Mittelalter« erfreut sich – im Zuge der Rekonstruktion weiblicher Lebenswelten – seit einigen Jahren großer Aufmerksamkeit der interdisziplinären Forschung. Auch die Analphabetin und im heimatlichen Dialekt sprechende Färberstochter Caterina Benincasa trifft auf ein großes Forschungsinteresse – sie scheint eine Art Brennpunkt vorangegangener, großräumiger Entwicklungen zu bilden. Tatsächlich gehört sie an hervorragender Stelle zur Frauenliteratur und -bewegung des

32 Allen, Diogenes/Springsted, Eric O.: Spirit, Nature and Community. Issues in the Thought of Simone Weil, Albany 1994. Bell, Richard, H.: Simone Weil. The Way of Justice as Compassion, Lanham 1998.
33 Weil, Simone: Schwerkraft und Gnade, a.a.O., 265f.

13./14. Jahrhunderts, wo sich Frauen, in der Regel ohne formale Bildungsvoraussetzungen, nachhaltige und anerkannte Zugänge zu Schrift und Kulturtradition bahnten. In diesem Sinne stellte Caterina bisher ein Thema der (Spät-) Mittelalterforschung und natürlich der Theologiegeschichte vor; und in der Tat erscheint vieles an ihr auf bestürzende Weise »mittelalterlich«, besonders was ihren visionären Charakter, ihre Nähe zum »Blut« angeht.

Diese Zuordnung verdeckt aber einige nicht ausreichend beleuchtete Phänomene geistesgeschichtlicher Art, die sich erst aus einem anderen Bezugsrahmen erhellen. Das Trecento ist, wie heute allgemein anerkannt wird, nicht allein als Endphase des Mittelalters zu lesen, sondern als Beginn der europäischen Moderne. Insbesondere in den Städten, namentlich in Florenz, aber auch in Siena, werden eine neue Kunst und ein neues Denken vorbereitet. Caterina ist auch Zeitgenossin von Petrarca, Boccaccio, Salutati; ihr Großvater ist der Dichter Puccio Piacenti. Ihre Verschränkung in den geistigen Aufbruch der Epochenschwelle ist kaum aufgearbeitet. Das muss bei genauem Zusehen verwundern. Denn nicht minder als in das Spätmittelalter ist Caterinas Sprache und Denken in den Nominalismus und Frühhumanismus des Trecento verflochten. Zweifellos verkörpert sie zunächst eine dem Mittelalter entstammende unterschwellige, nie abgerissene Paralleltradition zur Schultheologie. Es ist jene riskante Tradition, die sich auf ein übernatürliches Belehrtwerden beruft und die verständlicherweise besonders von Frauen, aber nicht nur von ihnen zur Geltung gebracht wurde. Aber: Im folgenden Jahrhundert, dem schon neuzeitlichen Quattrocento, wird sich der endgültige Übergang von der Mönchs- zur Laienkultur durchsetzen. Die Gestalt des *idiota*, des Nichtklerikers und nicht scholastisch Gelehrten, stellt sich herausfordernd dar: Ein Menschenalter nach Caterina wird Nikolaus von Kues (1401–1464) das neue »unwissende Wissen« entwerfen, d. h. aber den neuen Typus des Laien, der im Keim die Züge des kommenden neuzeitlichen Denkens trägt. Auch Caterina ist »ungelehrter Mund« und *idiota* im cusanischen Sinn. Die Illitterata kann nicht lesen und schreiben, hilft sich mit Diktieren meist mehrerer Briefe auf einmal. Und doch beansprucht sie »Wissenschaft« – eines neuen Inhalts, der nicht in den überkommenen mittelalterlichen Denkformen aufgeht. Das neue »Welt- und Selbstverhältnis«, die »Sinnlichkeit« als Merkmal einer wachsenden Individualisierung, überhaupt die Ich-Erfahrung und die Betonung der Notwendigkeit des politischen Handelns sind als initiale Züge der Neuzeit gerade an Caterina – in der ihr eigentümlichen Subjektivität – beobachtbar.

Zugleich ist die Frage nach einer möglichen weiblichen Erfahrungswelt zu stellen. Hier steht Caterina in der großen Tradition von Frauenmystik (von Mechthild von Magdeburg bis Marguerite Porete), mithin also in einer typologisch und thematisch spezifisch weiblichen Literaturtradition. Aber: Erneut ist an Caterina ein »Darüber hinaus« zu finden. Ihre Erfahrungen der *humanitas* und *spiritualitas* versteht sie selbst als allgemein gültig, nicht als – im heutigen Sinn – rollenspezifisch. Statt einer vertrauten Ontologie der Geschlechterzuordnung zu folgen, worin der Mann mit Geist, die Frau mit Leib und *concupiscentia* parallelisiert wurde, fragt Caterina nach geschichtlich-exemplarischer Verwirklichung des jeweiligen *Auftrags*, mithin nach Gelingen und Misslingen von Selbstsein im geschichtlichen Anspruch. Dies stützt sie durch eine Gotteserfahrung, welche die eigenschöpferische Entfaltung der Vorgaben, die offenen Potenzen der Individualität gerade in der Zeit politischen und geistigen Umbruchs herausfordert. Das Denkschema von

Männlichkeit und Weiblichkeit ist für diese Form menschlicher Selbstdeutung nicht erforderlich – wie Caterina durch ihren eigenen Lebensstil auch deutlich die Grenzen der Geschlechterzuordnung sprengt und einem biblisch inspirierten Erfassen des Geschichtlich-Personalen Bahn bricht.

Damit wird schon für die beginnende Neuzeit die immer wiederkehrende Frage beleuchtet, ob sich letzten Endes männliches von weiblichem Denken und Erfahren unterscheide, oder noch empfindlicher gefragt, ob es denn wirklich zwei unterschiedliche und wie weit unterschiedliche Erfahrungswelten gebe. In Caterinas spirituellem Ansatz, der natürlich nicht die gesamte Frage abdeckt, ist das Anderssein der Frau gegenüber ihrem Eigensein erstaunlich »modern« zurückgetreten. Mit dieser Selbstdeutung ist freilich die Deutung des Phänomens Caterina noch nicht abgeschlossen. Daran schließt sich die Frage an, wie weit es Sinn hat, in Wahrung des geschichtlichen Abstandes das nach wie vor gleichgebliebene, offenbar theoretisch sperrige Problem anhand von Caterinas Lösungen weiterzudenken: das unterschiedliche und doch wieder gleiche (wie und worin gleiche?) Menschsein der Geschlechter weder nur anthropologisch, noch nur sozial, sondern religiös, unter dem Aspekt der Erlösung Christi weiterzudenken.

Simone Weil

Das Unglück und die Schönheit zählen zu Weils Schlüsselwörtern. Beide liebt sie als jene Verwundungen, die zu Gott ziehen: das eine in der Trauer, das andere im Entzücken. Beide öffnen die sonst undurchdringliche Wand, die Ich heißt. Zumeist schirmt das Ich die Wirklichkeit draußen ab, vor der Tür der Selbstliebe, und lässt nur herein, was ihm behagt. Damit versäumt es aber das Leben. Und so muss es mit wehtuender Gewalt kommen (auch die Schönheit schmerzt), um überhaupt durchzudringen. Geschieht das aber, dann treffen das Unglück und die Schönheit, diese beiden Speerspitzen des Lebens, im Ich eine Stelle, die ihm selbst zuvor unbekannt blieb: die Stelle des Schweigens, der reinen Gegenwart, dort, wo die Seele selbst wartet. Dort ist die Stelle fragloser Freude an Gott, unverlierbarer Berührung mit ihm. Und so sollten das Unglück und die Schönheit geliebt werden, beide, weil sie die äußere wie die innere Wand mit ihrer jeweiligen Wucht niederlegen und das Tiefverwandte öffnen: des Menschen und Gottes wortlose Begegnung.

Dennoch enthält die Lektüre der Autodidaktin Simone Weil (die sich ganz allein an das Christentum herantastete), genau gesehen, eine Leerstelle. Das Christentum kennt zwei Verwirklichungen des logos: das menschgewordene Wort und das weltgewordene Wort. Simone Weil lässt das erste außer Acht und kennt nur das zweite, seltener betrachtete. Daher ist ihr Christus in seiner konkreten, einzigartigen, geschichtlichen Gestalt fremd, als Jesus von Nazareth unwichtig. Aber sie liest Christus in den Zeugnissen der alten Philosophien: In den heiligen Texten Indiens, Chinas, Griechenlands ist er ihr unübersehbar. Es ist gleichsam Christus als Struktur des Seienden, und hier nur der gekreuzigte Christus. Die Menschlichkeit Jesu, die sich zwischen Fleischwerdung und Auferstehung (nicht nur Kreuzigung) ausspannt, das Freudige an ihm, gerät kaum in den Blick, wird nicht als Struktur empfunden. Deswegen ist aber auch der weltgewordene logos nur einseitig in seinem weltgewordenen Leiden erfasst, nicht in seiner weltgewordenen Freude. Gott trifft sich mit dem

Menschen in der Hölle (des Daseins), wie sie sagt. Warum nicht in der Freude? Oder, wie die Kirche vermittelt, in den Sakramenten? Ihnen war Simone Weil, bis auf ihre Taufe am Ende, ferngeblieben, um in der »Trauer der Heiden« auszuharren.

Dennoch: Was anregend, vielleicht gültig bleibt bei Simone Weil, ist das kosmische Leiden und das Kosmos gewordene Leiden Christi. Dies ist jedenfalls mit äußerstem Zeugnis vorgetragen. Und es ist ihm mit äußerster Bereitwilligkeit der Nachahmung zugestimmt.

Weils »Mystik« ist Kritik der Selbstherrlichkeit des Natürlichen. Immer ist es aufzubrechen oder bereits gebrochen, in der Regel unfreiwillig, durch Verwundung. Geschlecht, ob männlich oder weiblich, spielt vor dieser existentiellen Kategorie keine Rolle. Weil ist nicht nur persönlich an ihrer Weiblichkeit uninteressiert; sie lehnt bekanntlich in der Auseinandersetzung mit Simone de Beauvoir überhaupt die Fragestellung des Feminismus als vordergründig gegenüber der Abgründigkeit des existentiellen Verwundetseins ab. Politische Änderungen von Ungerechtigkeit und Benachteiligung, auch als Frau, sind in dieser Hinsicht selbstverständlich Aufgabe des Handelns. Dennoch greift auch hier Weils Grundüberzeugung: Die eigentliche Verletzung des Menschen kann überhaupt nicht in den Kategorien des politischen Daseins und der gesellschaftlichen Gerechtigkeit bearbeitet werden. Sie kann nur im Übernatürlichen »geheilt« werden.

Weibliche Spiritualität? Es ist schwer, Caterina von Siena und Simone Weil ohne Zwang auf einen Nenner zu bringen. Wenn man es dennoch versucht, alle Einwände im Moment auszuschalten, ließe sich möglicherweise festhalten:

Die Nähe zum Ursprung überwindet das Geschlecht. Sie überwindet die Bedingtheiten des Politischen, die Vernetzung des Faktischen – um den Preis des eigenen bedingten Ich.

Sicherheit über alles?
Not und Notwendigkeit von Glaubensbegründungen

Bertram Stubenrauch

Spiritualität als Megatrend – ohne Zweifel ist inzwischen auch innerhalb traditioneller Glaubensgemeinschaften der Ruf nach mehr und tieferer spiritueller Erfahrung unüberhörbar geworden. Weder die überkommenen Liturgien noch die Lehr-
grundsätze des Christentums scheinen sich momentan als Quellen geistlichen
Lebens behaupten zu können. Sie wurden im Zuge neuer spiritueller Suchbewegungen sogar zum eigentlichen Widerpart alles Geistlichen erklärt: Hier verinner-
lichtes und dogmenfreies Erleben, dort nur dürre Sätze und bürokratische Rubrizis-
tik. Oder auch: Hier Gewissheit, ja Sicherheit auf Grund unmittelbaren, persönlichen
Betroffenseins, dort aber unglaubwürdiges, abstraktes Gedankenspiel und religiöse
Bevormundung auf der Basis unpersönlicher, weil überindividueller Vorgaben.

Ich weiß, diese Darstellung ist schematisch, und die Wirklichkeit präsentiert sich
weit vielschichtiger, als Schemata dies zu zeigen vermögen. Und doch führt, so
meine ich, gerade der letztgenannte Antagonismus in die Mitte meines Themas ein:
Ist die authentische religiöse Empfindung gleichzusetzen mit schierer, persönlicher
Evidenz? Wenn nicht, lässt sie sich dennoch als authentisch und gewiss qualifizie-
ren? Und schließlich: Wie weit kann die rationale Glaubensbegründung helfen, mit
dem Phänomen neuer spiritueller Sehnsüchte adäquat umzugehen?

Religiöses Erlebnis und Glaubensnüchternheit

Dass Religion für viele unserer Zeitgenossen zu einer höchst subjektiven, gefühls-
betonten Angelegenheit geworden ist, unterstreicht der Sektenkenner Georg Schmid
mit eindringlichen Worten: »Die zeitgenössische Religiosität gibt sich grundsätzlich
theoriefern und erlebnisnah. Gott ist, wie er dem Menschen begegnet. Gott ist nicht,
wie der Mensch sich Gott denkt. Der Mensch der Gegenwart – sei er nun Kir-
chenchrist, Fundamentalist, Esoteriker oder anonym religiös – kann sich in jedem
Fall nicht bloß dem vorgestellten Gott zuwenden […] In der eigenen Intuition erlebt
der neue Esoteriker, was letztlich zählt. Sogar die Meister der neuen Sekten rufen ins

eigene Erleben. Natürlich kann und wird der Jünger im besten Fall nur erleben, was der Meister zuvor erlebte und erschaute. Meistens wird er weit hinter dem Erleben des Meisters zurückbleiben. Trotzdem gilt sogar für den sektenhaft Frommen: Gott ist Gott vor allem in meinem Erleben. Jede religiöse Lehre gibt sich heute als Aufforderung zu eigenem Erleben. Jede religiöse Autorität appelliert an unseren inneren Meister. Jede äußere Wahrheit will die innere Wahrheit in uns befreien.«[1]

Die Liturgie und das Dogma der amtlichen, verfassten Kirchen scheinen, wie gesagt, für solche Bedürfnisse nicht mehr zu taugen. Aber – haben sie jemals dafür getaugt? War es nicht schon immer so, dass christlicher Glaube zwar Gewissheit, nicht aber Sicherheit und schon gar nicht Sicherheit auf Grund von purem Erleben versprochen hat? Die Hinkehr zum Gott der Bibel muss, nach ältester apostolischer Überlieferung (vgl. 1 Petr 3,15), über Gründe verfügen, damit ihre Verheißungen einleuchtend und tragfähig werden für ein wirklich geistliches Leben. Und genauso bleibt der Hoffnung auf diesen Gott die Aufgabe gestellt, solche Gründe zu nennen und denkerisch plausibel zu machen. Aber das bedeutet keineswegs, dass fundierte religiöse Einsichten unhinterfragbar und auf der Verstandes- oder Gefühlsebene für das Individuum unmittelbar evident sein müssten. Vielmehr: Glaubwürdig wird eine aus biblischem Geist erwachsene Spiritualität gerade dann (und nur dann), wenn sie auf die Ungesichertheit der menschlichen Existenz verweist und auf diese Weise der vernunftbegabten Kreatur zu ihrer größten Herausforderung und Chance verhilft. Oder etwas anders gewendet: Nur im Wagnis und in der am Wagnis erprobten Entschiedenheit kann religiöser Glaube gedeihen und sich als zuverlässige spirituelle Quelle erweisen.

Sollen wir uns also, was seinerzeit irische Wandermönche taten, gleichsam in eine Barke setzen und aufs offene Meer hinaustreiben lassen? Darum geht es nicht. Worum es geht ist: Spirituelles Leben, das Gründe nennt für seine Tragfähigkeit, braucht gleichwohl die vertrauensvolle Existenzentscheidung Tag für Tag, wobei es auf die religiöse Empfindung an sich überhaupt nicht ankommt. Der Heilige Franz von Sales, der als geistlicher Begleiter auch ein großartiger Theologe war, hat immer wieder davor gewarnt, das Gefühl von Gottes Abwesenheit mit dessen tatsächlicher Abwesenheit zu verwechseln. Sein Monitum gilt auch umgekehrt: Man darf das Gefühl vermeintlicher Gotteserfahrungen nicht unbedingt und nicht in jedem Fall für eine wirkliche Begegnung mit dem Heiligen halten. Und dem religiösen Intellekt sei dieselbe Mahnung ins Stammbuch geschrieben: Gott zu denken ist eine bleibende und unverzichtbare spirituelle Aufgabe. Aber dieses Unterfangen reicht niemals so weit, dass Gott begrifflich auf den Punkt gebracht wäre und im selben Augenblick abdanken müsste. Darauf haben spirituell erfahrene Theologen wie Gregor von Nyssa oder Augustinus ebenso unermüdlich hingewiesen wie die Anwälte der so genannten ‚Negativen Theologie‘ aller Jahrhunderte. Und selbst solche Denker, die zu Beginn des zwanzigsten Jahrhunderts theologisch-religiöse Aussagen unter einen generellen Sinnlosigkeitsverdacht stellten, konnten diesbezüglich Gutes bewirken.

Doch noch einmal zurück zu meiner These: Ich habe gesagt, wirklich spirituelle Qualität sei nur dann zu gewinnen, wenn die Sehnsucht nach Sicherheiten aufgegeben wird. Denn das entschiedene (und mithin gut bedachte) Wagnis führt insofern

---

1 Schmid, Georg: Im Dschungel der neuen Religiosität. Esoterik, östliche Mystik, Sekten, Islam, Fundamentalismus, Volkskirchen, Stuttgart 1992, 152.

in die Tiefen echter Spiritualität hinein, als es erstens das Denken in konkretes Leben überführt und dadurch zweitens vor dem trügerischen Verlangen bewahrt, glaubende Existenz müsse unter allen Umständen unanfechtbar sein.

Sicherheit durch Fremdvertrauen?

Es ist eine schlichte Tatsache, dass in Zeiten grundstürzender Veränderungen und zunehmender Unübersichtlichkeit viele Menschen nach durchaus unverrückbaren Daten für ihr religiöses Leben suchen. Diese müssen über alle Kritik erhaben sein und in ihrer Botschaft völlig eindeutig bleiben. Meistens geht mit dieser Haltung ein gewisser Irrationalismus einher; man fühlt eben, um noch einmal an die Analysen von Georg Schmid zu erinnern, »theoriefern und erlebnisnah«. Woher also Sicherheit, woher die Gründe, die vermeintlich Sicherheit schenken, wenn dem Denken misstraut wird?

Paradoxerweise heften sich Männer und Frauen, die in religiösen Fragen nach schierer Evidenz (und damit nach vermeintlicher Sicherheit) verlangen, durchaus unkritisch an ganz bestimmte Idole – in der Regel an charismatisch empfundene Sympathieträger, aber auch an sakralisierte Institutionen, deren Verlautbarungen unantastbar erscheinen. Obwohl der Begriff historisch belastet ist, darf man mit Wolfgang Beinert von einem Führerprinzip sprechen, das hier waltet[2]: Sicherheit in den Stürmen der Zeit, so suggeriert dieses Prinzip, verleiht die Autorität einer umjubelten Leitfigur (oder einer geheiligten Behörde), sofern sie nur selbstbewusst genug auftritt und sich entsprechend äußert. Persönliches Erleben und unverstellte Evidenz werden in diesen Fällen weniger hinsichtlich der Sache gesucht, denn in der Aura einer quasi-göttlichen Lichtgestalt, und es vollzieht sich ein vielsagender Tausch: Eigene Kompetenz geht ganz auf das Idol über – doch zu dem Zweck, dass durch ein solcherart gewonnenes, möglichst unbehelligtes Sicherheitsgefühl der Selbstwert steigt. Dabei bleibt das persönliche Erleben ganz am vergötterten Gegenüber orientiert; man badet sich gleichsam in der Gloriole des Meisters oder der sakralisierten Institution, ohne tiefer wissen zu wollen, wie es mit deren Aussagen und Praktiken näherhin bestellt sei. Dazu tritt ein soziales Phänomen: Um die mit Hilfe des Führerprinzips erlangte Sicherheit nicht zu gefährden, findet ein Rückzug in den engen Kreis Gleichgesinnter statt, der begleitet wird durch mehr oder weniger rigide Abwehrmechanismen. Ins Auge fällt die hartnäckige Weigerung, den eigenen Wahrheitsanspruch im Blick auf das Ganze von Welt und Geschichte und damit vor dem Forum möglicher anderer Positionen transparent zu halten. Das eigene Weltbild bleibt in sich geschlossen und führt, durchaus erwünscht, zur gesellschaftlichen Isolierung. Vor allem darf es keine dialogische Kommunikation mehr geben: Die Wertschätzung anderer würde das erlangte Sicherheitsgefühl empfindlich stören[3].

---

2 Beinert, Wolfgang: Der »katholische« Fundamentalismus und die Freiheitsbotschaft der Kirche, in: Ders. (Hrsg.): »Katholischer« Fundamentalismus. Häretische Gruppen in der Kirche?, Regensburg 1991, 68.
3 Vgl. Beinert, Wolfgang: Die spirituelle Suchbewegung unserer Zeit. Hintergründe und Gründe moderner religiöser Bewegungen, in: Beckers, Hermann-Josef/Kohle, Helmut (Hrsg.): Kulte, Sekten, Religionen. Von Astrologie bis Zeugen Jehovas, Augsburg 1994, 21.

Zwei kleine Beispiele mögen das Gesagte illustrieren: Bhagwan Shree Rajneesh ließ sich zu Lebzeiten von seinen zahlreichen Jüngern und Jüngerinnen als unfehlbarer, spiritueller Lehrer preisen, der für endgültige, innere Ruhe sorgen könne; er wisse die Antwort auf alle Fragen, wozu er spirituell ermächtigt sei, und »wer die Macht hat, der hat recht«[4]. Damit vergleichbar: Anlässlich schismatischer Bischofsweihen durch Marcel Lefebvre pries ein Anhänger der Bewegung den rebellierenden Hierarchen als sicheren Hort der Zuflucht, da »Gott selbst (ihn als) seinen Engel gesandt« und die Getreuen aus der Hand ihrer »Feinde sowie allen Erwartungen der Gottlosen entrissen hat«[5].

Selbstverständlich ist das Führerprinzip da zu kritisieren, wo es auftritt und die beschriebenen Symptome und Tendenzen zeigt. Das kann in neuen, religiösen Bewegungen der Fall sein, aber auch im Raum der etablierten Kirchen. Indes schließt die notwendige Kritik nicht aus, dass *Elemente* eines begründeten Fremdvertrauens auch für eine genuin christliche Spiritualität von Belang sind. Hier gilt es genau zu unterscheiden: Ein bestimmtes Maß an Nicht-Evidenz (wenn man so sagen darf) kennzeichnet die dogmatisch verantwortete Glaubensbegründung sehr wohl. Doch diese widerstreitet dem intransigenten Verlangen nach persönlichem Erleben ebenso wie der Versuchung zur kritiklosen Hingabe an religiöse Idole jedweder Färbung.

Was damit gesagt sein soll, sei mit einigen Gedanken aus dem theologischen Opus des Aquinaten erläutert: Glaubende, so konstatiert Thomas, haben es nicht nur, wie etwa die Wissenden, mit einem Sachverhalt zu tun, sondern immer auch mit einem Jemand. Entsprechend bezieht sich der Glaube selbst auf ein personales Gegenüber, das den Glaubensinhalt verbürgt und auf das sich, wer glauben will, verlassen soll: *Ad fidem autem pertinet aliquid et alicui credere*[6] – man glaubt immer etwas und jemandem. Vielleicht könnte man auch etwas freier übersetzen: Man glaubt etwas, *weil* man jemandem glaubt. Dem entspricht die Maxime, dass der Glaube den Menschen sozusagen zum göttlichen Herzensvertrauten macht, sobald er die dafür notwendige Zustimmung gibt – *fides, quae hominem divinae cognitioni coniungit per assensum*[7]. Daraus leitet Thomas, wie Josef Pieper formuliert hat, die These ab: »Glauben heißt: teilhaben an der Erkenntnis eines Wissenden«[8].

Hier werden also zwei entscheidende Feststellungen gemacht. Zunächst: Glaube bedeutet das Vertrauen in ein Gegenüber, das mehr Einsicht hat, als man selbst. Und dann: Glaube zielt zugleich auf einen Sachverhalt, der sich, eben weil man vertraut, nicht bis ins Letzte überprüfen lässt. Aber aus welchem Grund unterstreicht Thomas – im Unterschied zur modischen Sehnsucht nach persönlicher, religiöser Einsicht (die sich dann doch sehr schnell in blinde Unterwerfung verkehrt) – das Vertrauen auf einen anderen? Und warum ist sein Appell, aufgrund eines Bürgen zu glauben, etwas anderes als das eben skizzierte Führerprinzip?

Die entscheidende Antwort auf die erste Frage scheint simpel: Christen und Christinnen schenken ihr Vertrauen niemand anderem als Gott selbst – dem Gott, der durch seinen Logos als Mensch erschienen ist, damit offenbar werde, was niemand je gesehen hat (vgl. Joh 1,18). Für Thomas tritt mit der entschiedenen, durchaus rational und auf ein bestimmtes Vorwissen gegründeten Anerkennung des Unvordenkbaren

4 Beckers/Kohle, Suchbewegung, 212.
5 Beinert, Fundamentalismus und Freiheitsbotschaft (Dokumentation), 99.
6 STh II–II, 129, 6.
7 De veritate 14,8.
8 Pieper, Josef: Über den Glauben. Ein philosophischer Traktat, München 1962, 49.

und Unbegreiflichen die Ehrfurcht des Menschen vor dem heiligen Geheimnis und damit tiefste kreatürliche Würde zutage. Aber das Problem, mit dem wir es heute zu tun haben, ist mit dieser Auskunft allein noch nicht entschärft. Viele behaupten ja, über ihr Idol Gott selbst zu gehorchen. Doch in Wahrheit verweigern sie, was für Gott, wenn er auf den Menschen hofft, das Kostbarste ist: die freie und doch bestimmte Entschiedenheit des wagenden Vertrauens; die Übernahme von Verantwortung im Blick auf das, wofür man etwas wagt; der tatkräftige Einsatz angesichts einer Überfülle von Alternativen, die dem gefassten Entschluss Profil geben.

Also kein Führerprinzip im Rahmen genuiner Gläubigkeit, und doch: die Hoffnung auf einen anderen. Von daher muss kirchlicher Gehorsam, wie Louis Bouyer es ausgedrückt hat, immer ein »erleuchteter« Gehorsam sein, ein vom Geist getragener, also pneumatischer Gehorsam, ein Sohnes- und Tochtergehorsam, der wesentlich auf Anteilhabe und Geschwisterlichkeit beruht[9]. Entscheidend aber ist: Christen und Christinnen, die sich glaubend ihrem Herrn übereignet haben und ihm nachfolgen, sind im Pneuma gehalten und auch dazu befähigt, die sektiererischen Schutzmechanismen, von denen vorhin die Rede war, konsequent zu meiden. Das heißt: Ihr Wahrheitsanspruch bleibt grundsätzlich mit dem Ganzen von Welt und Geschichte konfrontiert. Damit wird er im wahrsten Sinn des Wortes relativiert, nämlich bezogen auf das Andere, das Alternative, das Widerständige auch, das keineswegs nur Geistlosigkeit bedeutet. Die Flucht in das geschlossene Weltbild bleibt Christusgläubigen verwehrt; sie verstehen den Bürgen ihres Glaubens auch in dem Maß besser, in dem sie ihn mit den Augen Andersdenker wahrnehmen. Und dass es nicht angeht, die dialogische Kommunikation mit ihnen zu verweigern, kann spätestens seit den Appellen des Zweiten Vatikanischen Konzils keine Frage mehr sein.

Freilich, echter Dialog ist schwer. Denn er zwingt zur Empathie; er weicht vorschnelle Plausibilitäten auf und fordert auf diese Weise intellektuell wie existentiell heraus. Aber mit alledem sind Kriterien genannt, die eine religiöse Entscheidung als pneumatische, wirklich spirituelle Glaubenshingabe ausweisen. Nur die *erprobte* Entschiedenheit ist letzte Entschiedenheit, nämlich Entschiedenheit in bestandener Anfechtung mit offenen Augen angesichts der ganzen Schöpfungswirklichkeit und ihrer abgründigen Fragen. Und die schwerste Erprobung für Gottgläubige ist die, dass sie – vielleicht sogar aus guten Gründen – damit rechnen müssen, ihr Vertrauen könnte ins Leere laufen. Fundamentalistische Spiritualitäten weisen diese denkerische Möglichkeit weit von sich; ihr Führerprinzip hat für den radikalsten aller Einwände – dass möglicherweise kein Gott existiert – nicht das geringste Gehör. Der Glaube aber stellt sich ihm.

Sicherheit durch Selbstvertrauen?

Not und Notwendigkeit von Glaubensbegründungen – ich möchte diesbezüglich noch ein zweites Themenfeld ansprechen. Und zwar gibt es in Strängen der gegenwärtigen katholischen Fundamentaltheologie Bestrebungen, den Gottesglauben

---

9 Bouyer, Louis: Das Handwerk des Theologen. Gespräche mit Georges Daix (Theologia Romanica 11), Einsiedeln 1980, 110.

über den Weg subjektphilosophischen Denkens in einer letztgültigen Weise zu begründen. Inwieweit kann ein solches Unternehmen zielführend sein? Trägt es zur Korrektur falscher spiritueller Erwartungen bei? Oder krankt es selbst an den Gravamina, die bei vielen spirituellen Optionen der Gegenwart so beklagenswert sind?

Ich konzentriere mich auf den Versuch von Klaus Müller, der, neben Theologen wie Hansjürgen Verweyen und Thomas Pröpper[10], diesbezüglich klare Argumente vorgelegt hat. Zunächst der Grundgedanke: Jeder Mensch erfährt und weiß sich selbst – unbestreitbar – als Ich. Ich, das kann nur ich selbst sagen. Als Ich bin ich unvertretbar. Das bedeutet:»Kraft meiner Unvertretbarkeit stehe ich allem gegenüber, was es überhaupt gibt, ordne ich alles, was es gibt, aus meiner Ich-Perspektive. Das ist die eine Seite meiner Ich-Erfahrung.«[11] Die andere Seite: Obwohl das Ich seiner Einzigartigkeit unmittelbar und deshalb ohne Fehl gewahr wird, weiß es zugleich, dass es nicht allein steht, ja, überhaupt nicht allein stehen kann: Die Welt und das andere Ich drängen heran. Jedes einmalige Ich ist immer auch eines unter vielen. Aus der Ich-Perspektive formuliert: Im Blick auf den Kosmos mit seinen unendlichen Formen, Strukturen, Gedanken, Schicksalen bin ich so gut wie nichts. »Ich bin völlig marginal, eine Randerscheinung.«[12] Wäre ich nicht, ginge alles weiter wie gewohnt – und doch fehlte etwas Unersetzbares, eben: *meine* Sicht der Dinge, *meine* Einmaligkeit. *Ich* würde fehlen, und die Welt wäre um etwas Wesentliches ärmer. Aus dieser eigentümlichen, unentrinnbaren Doppelung des selbstbewussten Lebens wird gefolgert: Der Mensch ist, so er Ich sagen kann, in den Antagonismus von Alles und Nichts hineinverfügt und damit in eine ihn kennzeichnende Unruhe versetzt. Insofern tritt ein drittes Moment am selbstbewussten Leben zutage, eben das Verfügt-Sein. Und erneut kommt Unruhe auf. Denn ich bin auf der einen Seite als Ich etwas Absolutes, das sich selbst darstellt und selbst besitzt. Trotzdem bleibe ich, andererseits, verfügt. Ich bin, so paradox es auch klingt, Absolutes, das bedingt ist. Gerade dies aber, absolut und gleichzeitig bedingt zu sein, verweist den Menschen auf Religion, auf Spiritualität, auf Gott. Kein Ich-bewusstes Wesen vermag den beschriebenen Antagonismus zu erklären – es sei denn, das Ich verstünde sich gewissermaßen als kreatürliche Erscheinung Gottes selbst. Diese Annahme liegt denkerisch insofern nicht ferne, als der Grund des selbstbewussten Lebens erstens niemals ein äußerer, gegenständlicher sein kann; ich erfahre mich ja unfehlbar, nämlich unvermittelt als Ich. Zweitens aber weiß ich genau, dass Selbstbewusstsein nicht »aus sich ist, was es ist«, da es »den ihm unverfüglichen Grund« als ein »ihm ureigenes Wesensmoment« in sich trägt[13].

Von daher kann man sagen: Das Ich findet unmittelbar an sich selbst den Leitfaden für den Gottesgedanken und die ihm entsprechende, transzendente Wirklichkeit. Denn Gott ist als »Innengrund«[14] des selbstbewussten Lebens zu denken gemäß der Einsicht Augustins: *Deus interior intimo meo* – Gott ist mir innerlicher, als ich selbst es je sein kann. Im Ereignis des Auftretens von Selbstbewusstein an sich (was ja etwas Absolutes, Unableitbares ist) wird gleichwohl die innere Verfügtheit des

10 Vgl. Müller, Klaus: Wieviel Vernunft braucht der Glaube? Erwägungen zur Begründungsproblematik, in: Ders. (Hrsg.): Fundamentaltheologie. Fluchtlinien und gegenwärtige Herausforderungen, Regensburg 1998, 77–100, hier 94–100.
11 Müller, Klaus: Gottes Dasein denken. Eine philosophische Gotteslehre für heute, Regensburg 2001, 161.
12 Ebd. 162.
13 Ebd. 170.
14 Müller, Wieviel Vernunft braucht der Glaube, 99.

bewussten Lebens offenbar. So lässt sich auf diskursivem Weg die »Verwandtschaft« von Gott und Mensch erweisen; es geht eine Brücke vom Ich-bewussten Leben zum göttlichen Leben. Denn die Wirklichkeit »Ich« ist kraft der besagten inneren Verfügtheit, wovon das Ich unmöglich abzusehen vermag, nur denkbar, wenn auch die Wirklichkeit »Gott« in mindestens derselben Weise als real anerkannt bleibt.

Meines Erachtens können Ansätze wie der beschriebene angesichts neuer spiritueller Sehnsüchte eine große Hilfe sein. Denn sie tragen dem menschlichen Ich-Erlebnis in einer Weise Rechnung, dass der *nahe* Gott ansichtig wird. Religion ist demnach nichts, was dem Menschen äußerlich bliebe. Es betrifft sein Innerstes, wenn er Gott sucht und Gott denkt; er wäre anders selbst undenkbar. Die Reise nach innen hält also für jedes Individuum große Verheißungen parat. Sie kann freilich auch fehlgehen. Das ist zum Beispiel dann der Fall, wenn das Ich-Erlebnis in religiöse Selbstüberschätzung umschlägt, was insofern möglich ist, als die Verfügtheit des bedingt Absoluten, also die paradoxe Situation des selbstbewussten Lebens als beschreibbares Faktum vieldeutig bleibt. Demgegenüber muss in aller Deutlichkeit gesagt werden: Die Analyse selbstbewussten Lebens führt nicht mit letzter Stringenz zum Gottesgedanken. Noch die scharfsinnigste Sichtung des Bauprinzips »selbstbewusster Mensch« vermag nicht mehr zu leisten, als an eine Grenze zu führen. Und dort angelangt, kommt niemand umhin, sowohl eine intellektuelle wie existenzielle Entscheidung zu treffen. Ist die geistbegabte Kreatur, in der sich Endliches mit Unendlichem trifft, wirklich von *Gott* durchherrscht oder aber – schlechterdings – ein absurdes Wesen? Keine argumentative Brücke führt über diesen Graben hinweg[15]. Nur das entschiedene Wagnis überwindet ihn.

Aber auch vermeintlich spirituelle Erfahrungen, die mit viel Sentiment verbunden sind, können dies nicht leisten. Hier lauert eine uralte Versuchung. Denn auch die behutsame Annäherung des menschlichem Ich-Erlebnisses an das Phänomen des Göttlichen droht nur allzu leicht in eine Art Gnosis umzuschlagen. Dann hieße es: Erkenntnis statt Glaube – reine Erfahrung statt Entscheidung und Wagnis. Es ist das große Problem spiritueller und mystischer Einheitserlebnisse, das sich hier zu Wort meldet. Ist am Ende der Mensch doch selbst »der Gott«? Oder umgekehrt: Ist Gott »der Mensch«?

Es gibt die Tendenz, im Namen des Spirituellen das Menschliche zu vergöttlichen oder das Göttliche zu vermenschlichen – was wiederum auf den Mensch-Gott hinausliefe. Der Weg vom Einheitserlebnis zur Behauptung planer Identität ist kurz. Aber schon Martin Buber hat im Blick auf die biblische Tradition vor solchen Neigungen ausdrücklich gewarnt. Er hatte daran erinnert, dass es im Blick auf den Gott Israels unzulässig sei, »Instinkte mystisch zu vergotten, statt sie im Glauben zu heiligen«[16]. Hier sehe ich angesichts neuer spiritueller Sehnsüchte die größte Gefahr: dass eine Vergottung des Ich zelebriert wird, die den unendlichen Abstand zwischen Schöpfer und Geschöpf verharmlost. Wer Gott und Mensch aufgrund vermeintlicher Identitätserfahrungen in eins setzt, mustert die Komponenten Wagnis und

---

15 Müller räumt diesen Umstand ein, ist aber der Meinung, »dass sich im Kontext einer philosophischen Selbstbeschreibung die Akzeptanz eines Absurden angesichts einer möglichen nicht-absurden Alternative wenig überzeugend ausnimmt«; Gottes Dasein denken, 164.
16 Buber, Martin: Gottesfinsternis. Zit. nach Sudbrack, Josef: Neue Religiosität – Herausforderung für die Christen, Mainz 1987, 144. Es war übrigens der »späte« Buber, der sich entsprechend geäußert hat.

Entscheidung als Hauptstimulanzien des geistlichen Lebens aus. Die Rede von Offenbarung und Glaube klingt dann hohl und überflüssig.

In jedem Fall ist kirchlich gebundenen Christen und Christinnen die geistliche Suchbewegung der Gegenwart zur Begleitung und Korrektur aufgegeben. Dabei sind Philosophien hilfreich, die den Menschen nachgerade auf seine wesenhafte Ungesichertheit verweisen, die Entscheidung und Wagnis allererst provoziert. In diesem Sinn sei dem 1940 verstorbenen Denker Peter Wust das abschließende Wort erteilt. Er schrieb in seinem Buch »Ungewissheit und Wagnis« von 1936: »So mag es sich denn auch erklären, warum gerade die Menschen, die auf dem Weg der inneren Vollendung am weitesten vorangeschritten sind, am wenigsten sich ihres inneren Zustandes bewusst sind und sich am meisten vor ihrer subjektiven Unbeständigkeit fürchten. Je näher sie dem ersehnten Ziel kommen, um so dichter wird für sie der Schleier, hinter dem sich ihr persönliches Endschicksal verbirgt. Gerade an diesen Menschen können wir die tiefe Weisheit am meisten erfahren, die den Gesetzlichkeiten des mystischen Weges zugrunde liegt. Es ist jene Weisheit des Lebens, die uns in Oliver Cromwells Wort entgegentritt: ›Niemand steigt so hoch als derjenige, der nicht weiß, wohin er geht‹«[17].

---

17 Wust, Peter: Ungewissheit und Wagnis, München/Kempten ⁴1946, 251.

Humanität und Heiligkeit
Spiritualität und Ethik als »Zeichen der Zeit« und Anfrage an die christlichen Kirchen

Ingeborg Gerda Gabriel

Spiritualität und Ethik als Zeittrends

Die fortschreitende Säkularisierung moderner Gesellschaften galt bis vor nicht allzu langer Zeit sowohl in der Religionssoziologie[1] als auch in der öffentlichen Meinung als unhinterfragtes Faktum. Demnach führt der (natur)wissenschaftliche und technische Fortschritt notwendigerweise zu einer Abnahme religiöser Einstellungen und einer gesellschaftlichen Marginalisierung der Kirchen als institutionalisierter Religionsgemeinschaften. Diese These war empirisch nachweisbar – die Zahl der Gläubigen nahm ab. Die Säkularisierungsthese war aber zugleich – und dies ist nicht weniger wichtig – eine fundamentale Annahme der geschichtswirksamen Philosophien des soziologischen Positivismus (A. Comte) und des Marxismus. Sie prognostizierten den Niedergang der Religion (und d. h. des Christentums) als notwendige Folge des Geschichtsfortschritts und prägten das öffentliche und private Bewusstsein des 19. und 20. Jahrhunderts nachhaltig: Dass Religion überholt, die Kirchen die Nachhut der Geschichte und die Christen und Christinnen folglich eine aussterbende Spezies seien, war eine gängige Meinung.

Gegen Ende der 60er Jahren zeichnete sich eine erste Trendwende ab. P. L. Berger, ein Autor mit hoher Zeitgeistsensibilität und darüber hinaus einem echten Interesse an Religion und Theologie, widersprach in seinem Buch »Auf den Spuren der Engel« der Säkularisierungsthese zwar noch nicht. Er setzte jedoch hinter den Titel des ersten Kapitels: Das Ende der Transzendenz? bereits ein Fragezeichen. Zugleich stellte er damals fest: »Eine Wiederentdeckung der Transzendenz als Massenphänomen steht nicht in den Sternen.«[2] Seither hat sich das Interesse an religiösen/spirituellen Themen stark intensiviert. Die Säkularisierungsthese ist faktisch widerlegt.

---

1 Wie tief diese Sicht die Religionssoziologie bis heute prägt, zeigen die Beiträge des renommierten Blackwell Companion: Fenn, Richard K. (ed.): The Blackwell Companion to Sociology of Religion, Blackwell Publishing, Oxford 2001. Zur Säkularisierungsthese vgl. u. a. Berger, Peter L.: Sehnsucht nach Sinn: Glauben in einer Zeit der Leichtgläubigkeit, Gütersloh 1999; Blumenberg, Hans: Die Legitimität der Neuzeit, Frankfurt 1996; Gogarten, Friedrich: Verhängnis und Hoffnung der Neuzeit: die Säkularisierung als theologisches Problem, München 1966; Lübbe, Hermann: Säkularisierung: Geschichte eines ideenpolitischen Begriffs, Freiburg 1965.
2 Berger, Peter L.: Auf den Spuren der Engel. Die moderne Gesellschaft und die Wiederentdeckung der Transzendenz, Frankfurt 1981 (Original: 1969), 36.

Fortschritte in Wissenschaft, Technik und gesellschaftlicher Organisation führen offensichtlich *nicht notwendig* zum Bedeutungsverlust von Religion. Dies zeigt die Renaissance von religiösen Gruppen, Bewegungen und Spiritualitäten, ebenso wie die wachsende Länge der Regale mit Esoterika in vielen Buchhandlungen. Die innerweltlichen Ideologien und atheistischen Heilslehren, der wissenschaftliche Fortschritt und der steigende Lebensstandard haben offenbar jenes Vakuum nicht zu füllen vermögen, das der Bedeutungsverlust des Christentums hinterließ. Es gibt – so scheint es – tatsächlich eine »unstillbare Sehnsucht des menschlichen Geistes nach Transzendenz und religiösem Sinn«[3]. Neben leiblichen Bedürfnissen hat der Mensch auch »Bedürfnisse der Seele« (S. Weil).[4] Fragen nach dem geistigen Sinn des Lebens, die bisher Theologen vorbehalten waren, haben heute auch außerhalb des christlichen Binnenraums wieder Konjunktur.

Der »Megatrend Religion« kann – dies sei nur erwähnt – jedoch auch andere Formen annehmen. So entspricht dem Trend hin zu einer entinstitutionalisierten, individualisierten Spiritualität in Europa ein Trend zu gruppenorientierten, auch institutionalisierten religiösen Bewegungen außerhalb Europas. Dies gilt für christliche Gruppen in den Vereinigten Staaten und in Lateinamerika ebenso wie für islamistische und hinduistische Bewegungen. Trotz ihrer anderen Erscheinungsform (und der meist fundamentalistischen Ansätze[5]) drückt sich in ihnen gleichfalls ein Bedürfnis nach geistiger (und hier auch sozialer) Verankerung, Orientierung und personaler bzw. kultureller Identität aus.

All diese Phänomene und Entwicklungen führen dazu, dass Religion und Spiritualität wieder stärker ins Bewusstsein treten. Sie stellen aus diesem Grund für viele Christen ein hoffnungsvolles »Zeichen der Zeit« dar. Die (oft unterschwellige) Marginalisierung des Christentums in unserer Gesellschaft scheint überwunden, und Diskurse über religiöse Fragen sind wieder von Interesse. Dies könnte tatsächlich frischen Wind auch für die Theologie bringen.

Und dennoch wäre es naiv, wollte man diese Trendwende christlicherseits allzu bereitwillig willkommen heißen. Denn die boomenden spirituellen Strömungen, Gruppen und Angebote sind nicht nur post-säkular, sie sind ebenso post-christlich. Sie orientieren sich im Allgemeinen an östlichen oder (imaginären) vorchristlichen Spiritualitäten (wie z. B. jener der Kelten) – und setzen sich in ihrem Selbstverständnis radikal von den christlichen Traditionen ab. Dies gilt selbst dort, wo sich in ihnen vom Christentum inspirierte Inhalte – vielfach in säkularem Gewand – entdecken lassen.

Dabei ist es wichtig, vorweg zu betonen, dass jene Menschen, die sich neuen Spiritualitäten zuwenden, im Allgemeinen post-säkulare, post-christliche, aber auch christliche Elemente zu einer für sie stimmigen Weltanschauung kombinieren.

---

3 Vgl. Pontifical Council for Culture and Pontifical Council for Interreligious Dialogue (ed.): Jesus Christ. The Bearer of the Water of Life. A Christian reflection on the «New Age«, 2003. Dieses Dokument nennt die neuen Spiritualitäten, die hier unter dem Begriff New Age zusammengefasst werden, eines der wichtigsten Zeichen der Zeit im letzten Viertel des 20. Jahrhunderts. www.vatican.va/roman_curia/pontifical_councils/interelg/documents (13.11.2003).
4 Weil, Simone: L'enracinement, Editions Gallimard, 1949.
5 Die umfassende Studie der Amerikanischen Akademie der Wissenschaften definiert Fundamentalismus als »militante, mobilisierende, defensive Reaktion gegen die Moderne« in religiöser Form: Almond, G. A./Sivan, E./Appleby, R. S.: Fundamentalism: Genus and Species: Marty, M. E./Appleby, R. S. (ed.): Fundamentalisms Comprehended. The Fundamentalism Project, Vol. 5., Chicago 1995, 409, vgl. auch die Einführung von Kienzler, Klaus: Der religiöse Fundamentalismus, München [3]2001.

Ebenso ist ihr moralisches Verhalten von Werten aus unterschiedlichen Quellen geprägt.[6] Doch was bedeutet der Begriff Spiritualität in diesem Zusammenhang überhaupt? Ist er für den christlichen Raum noch einigermaßen definierbar,[7] so wird er darüber hinaus äußerst diffus. Die große Zahl und unterschiedliche Ausrichtung moderner Spiritualitäten machen es schwierig, ein klares Begriffsprofil zu gewinnen. Dazu kommt der rasche Wandel in der Spiritualitätsszene, der dazu führt, dass was heute *in*, morgen schon *out* sein kann. Dennoch möchte ich jene drei Charakteristika benennen, die für moderne Spiritualitäten zentral erscheinen:

1) *Erfahrungsorientiertheit:* Der Zugang zur Wahrheit soll über die je eigene Erfahrung gewonnen werden. Ein derartig erfahrungsorientierter Zugang entspricht dem gesellschaftlich dominanten naturwissenschaftlichen Denken. Verlässliches Wissen wird experimentell erworben. Die spirituelle Erfahrung garantiert die Authentizität der eigenen religiösen Überzeugung. Die Kehrseite bildet ein prinzipielles Misstrauen gegenüber tradierten religiösen Inhalten und kirchlichen Institutionen. Der Patron der modernen Spiritualitätssucher ist der Apostel Thomas, für den das Sehen die Voraussetzung des Glaubens darstellt. Das Beispiel zeigt, dass ein erfahrungsorientierter Zugang dem Christentum keineswegs fremd ist. Auch neuzeitliche christliche Spiritualitätstraditionen, vor allem die ignatianische Spiritualität des Exerzitienbuches und die karmelitanische Mystik, geben der religiösen Erfahrung breiten Raum. Sie wissen sich jedoch von ihrem Selbstverständnis her dem Glauben der Kirche, also dem christlichen Deutungs- und Symbolsystem verpflichtet. Dies nicht nur, weil die Kirche als Gemeinschaft der Glaubenden für den christlichen Glauben konstitutiv ist. Es kommt darin auch die prinzipielle Einsicht zum Ausdruck, dass religiöse Erfahrungen keine *facta bruta* darstellen. Jede Erfahrung, auch die spirituelle, steht vielmehr in einem (vor)gegebenen Denkhorizont und wird vom Erfahrenden entsprechend interpretiert.[8] Um ein Beispiel zu nennen: Jemand, der an die Reinkarnation glaubt, wird gewisse Erfahrungen anders deuten als jemand, der dies nicht tut.

2) *Orientierung am Individuum:* Der Einzelne mit seinen geistigen Bedürfnissen steht im Zentrum moderner Spiritualitäten.[9] Er soll sein spirituelles Potential anhand von Therapien und Meditationstechniken entfalten. Die Ziele reichen dabei von der Förderung des eigenen Wohlbefindens (Wellnesstrends) bis hin zur tiefen Suche nach Transzendenz und geistiger Erleuchtung. Diese Bandbreite der Intentionen verbietet es eigentlich, sie in einem Atemzug zu nennen. Der gemeinsame Nenner ist jedoch ein Streben nach physischer und psychischer Ganzheitlichkeit, nach der Entdeckung der eigenen Innenwelt und nach einer Lebensführung, die den menschlichen Bedürfnissen besser entspricht. Sie stellen somit auch ein kompensatorisches Korrektiv zu einer Lebenswelt dar, in der der einzelne als Person in einer Vielzahl von sozialen Rollen und Erwartungen unterzugehen droht, sowie einen Protest gegen tendenziell selbstentfremdende Lebensformen.

---

6 Berger, P. L. hat richtigerweise vom Zwang zum Eklektizismus in pluralen Gesellschaften gesprochen: Berger, Peter L.: Der Zwang zur Häresie. Religion in der pluralistischen Gesellschaft, Frankfurt 1980.
7 Vgl. den Beitrag von Benke, Christoph: Was ist (christliche) Spiritualität?, s. o. 29ff.
8 Dies ist eine wesentliche Einsicht der hermeneutischen Philosophie.
9 Dieser Trend zur religiösen Individualisierung gilt für alle religiösen Traditionen und Milieus, vgl. Gabriel, Karl: Christentum im Umbruch zur »Post«-Moderne: Kochanek, H. SVD (Hrsg.): Religion und Glaube in der Postmoderne, Nettetal 1996, 39–60.

3) *A-Personalität und Fehlen einer Ethik:* Die Suche nach personaler Authentizität und Entfaltung steht in einer eigenartigen Spannung zur A-personalität moderner Spiritualitäten. Das Ziel – wenn man von eher banalen Wellnesstrends absieht – sind Alleinheit und Erleuchtung, vielfach auch magische und rituelle Praktiken. Die Frage nach dem Anderen und der ethischen Verantwortung in Gesellschaft und Politik wird – soweit ich sehe – nicht explizit thematisiert.[10] Dies bedeutet nicht, dass Gruppenbindungen nicht eine hohe Bedeutung zukommen kann. Noch weniger heißt es, dass die Anhänger weniger moralisch wären als andere Menschen.

Ein zweiter Zeittrend ist ein seit einigen Jahrzehnten wachsendes Interesse an Ethik. Dieser Ethiktrend ist weniger ausgeprägt als jener hin zu Spirituellem. Die Regale mit Esoterika in den Buchhandlungen sind eindeutig länger als jene mit ethischer Literatur. Eine steigende Zahl von Ethikkommissionen und Ethiklehrstühlen und die vielen ethischen Debatten und Tagungen zeigen jedoch, dass es sich um mehr als ein Randphänomen handelt.

Dies überrascht, da bis ins letzte Viertel des 20. Jahrhunderts – die Entwicklung verläuft zeitgleich mit dem wachsenden Interesse für Spiritualität – eine allgemeine Ethikskepsis vorhanden war. Ethische Fragen, wie jene nach gut und böse, gerecht und ungerecht, schienen von den »Meistern des Verdachts« (P. Ricoeur) – vor allem Nietzsche, Marx und Freud – endgültig als repressiv entlarvt. Die weit verbreitete Metaethik hielt ihrerseits intersubjektive Antworten auf derartige Fragen für sinnlos. Dieser einst vorherrschende ethische Skeptizismus ist heute weitgehend überwunden. Es wächst vielmehr die Einsicht, dass unsere Gesellschaften auf moralische Regeln sowohl im privaten als auch im öffentlichen Bereich angewiesen sind. So nannten bei einer Umfrage beim World Economic Forum in Davos im Jahr 2000, das unter dem Thema »Prioritäten für das 21. Jahrhundert« stand, die Befragten das Ende der traditionellen Ethik an zweiter Stelle nach den Klimaveränderungen als gravierendstes Zukunftsproblem.

Dabei lassen sich eine gesamtgesellschaftliche (politische) Makro-, eine Meso- und eine Mikroebene unterscheiden:

Auf der *Makroebene* geht es darum, gesellschaftlich und politisch akzeptierte Lösungen zu finden. Dazu bedarf es in unseren weltanschaulich pluralen und zunehmend multikulturellen Gesellschaften kontinuierlicher, öffentlicher Diskurse. Ethische Fragen müssen erörtert, und ein demokratischer Konsens muss hinsichtlich ihrer Beantwortung erzielt werden. Dies gilt für Fragen wie Generationengerechtigkeit (Stichwort Pensionen), der rechten Gestaltung europäischer und internationaler Institutionen (Stichwort: Globalisierung, Europäische Verfassung). Des Weiteren bedarf es Normen, wann das Leben beginnt und wann es endet, bzw. wer es beenden darf (Euthanasie) u. Ä. Es soll Gesetze geben, durch die Fortschritte in der Gentechnologie geregelt werden. Dabei geht es immer um Gerechtigkeitsfragen, denen somit – vielfach ohne dass sie als solche erkannt werden – ein wesentlicher Stellenwert in unseren Gesellschaften zukommt.

Auf der *Mesoebene* geht es darum, dass von Unternehmen und zivilgesellschaftlichen Institutionen zunehmend erwartet wird, ihr Verhalten an ethischen Maßstäben

---

10 Die gegenwärtigen Spiritualitätstrends weisen damit Ähnlichkeiten mit der antiken Gnosis auf, die sich nach Hans Jonas von der griechischen Philosophie darin unterscheidet, dass ethische Fragen ausgeblendet werden. Jonas, Hans: Gnosis. Die Botschaft des fremden Gottes, Frankfurt ²2000, bes. 316–342.

zu orientieren (Stichwort: Corporate Social Responsibility).[11] Darin kommt ein zunehmendes Bewusstsein für die Bedeutung ethischer Werte sowohl bei den Konsumenten als auch in der Öffentlichkeit insgesamt zum Ausdruck.

Auf der individuellen *Mikroebene* gibt es heute einen Trend zur Wiederbelebung der Ethik als Kunst der Lebensführung. Hier geht es nicht primär um Gerechtigkeitsfragen, sondern um das eigene gute Leben, das durch gutes Handeln erreicht werden soll. Vorbilder dafür lassen sich in der antiken Ethik (vor allem der spätantiken Stoa) finden, die Ethik primär als praktische Hilfe zur Lebensführung und -bewältigung verstanden. Die faszinierende Gestalt des Sokrates spielt dabei eine wichtige Rolle.[12]

Das Interesse für Ethik, oft etwas übertrieben als Ethikboom bezeichnet, ist – dies zeigen die Beispiele deutlich – freilich zugleich Ausdruck einer tiefen Krise der Ethik, oder besser gesagt: der tradierten Normen und Werte. Dies gilt theoretisch ebenso wie praktisch.

Zum einen führen zunehmende Kulturkontakte in einer globalisierten Welt dazu, dass verschiedene kulturelle Normen- und Wertsysteme aufeinander treffen. Einzelne und ganze Gesellschaften sind dadurch herausgefordert, ihre tradierten und meist unhinterfragt praktizierten Normen zu reflektieren und neu zu bestimmen: Was ist nun wirklich richtig, falsch, zulässig bzw. unzulässig? Gelingt dieser permanente ethische Reflexionsprozess nicht, dann führt dies zu moralischem Relativismus. Jeder handelt dann nach dem Motto: Ich bestimme, was gut ist – und zwar für mich. Doch eine derartige Maxime kann offenkundig sehr inhumane, ja menschenverachtende Praktiken hervorbringen. Ohne allgemein anerkannte ethische Normen und Werte erodiert jedoch die Qualität des Zusammenlebens.[13] Angesichts der Infragestellung durch andere kulturelle Normen und den damit verbundenen Verlust der Selbstverständlichkeit müssen moralische Überzeugungen durch rationale Argumentation abgestützt und ethische Begriffe geklärt werden. Der »Ethikboom« stellt sich aus dieser Perspektive als eine Folge der Globalisierung dar.

Zum anderen gilt es angesichts immer risikoreicherer technischer Erfindungen die Frage zu beantworten: Sollen wir alles tun, was technisch machbar ist? Wo liegen die Grenzen des technisch Erlaubten? Welche Techniken sollen gestattet und staatlich gefördert werden? Der rasante technische Fortschritt stellt demnach einen zweiten Grund für den »Ethikboom« dar. Dieser soll – dies ist allgemeiner Konsens – gesellschafts-, menschen- und umweltverträglichen Regeln unterworfen werden. Doch befinden wir uns hier nicht längst in der Rolle des Goetheschen Zauberlehrlings, der nicht weiß, wie er die Geister, die er rief, wieder loswerden soll? Anders gesagt: Wir brauchen zwar eine Ethik, aber wissen nicht, wie wir sie schaffen können. Denn – so der jüdisch-deutsche Philosoph H. Jonas – das technisch-naturwissenschaftliche Denken hat die Grundlagen, die für eine derartige Ethik notwendig wären, selbst

---

11 Vgl. dazu Wieland, Josef (Hrsg.): Corporate citizenship. Gesellschaftliches Engagement – Unternehmerischer Nutzen, Marburg 2002.
12 Vgl. dazu Krämer, Hans: Integrative Ethik, Frankfurt 1995; Hadot, Pierre: Philosophie als Lebensform. Antike und moderne Exerzitien der Weisheit, Frankfurt 2002 (Original: 1981).
13 Der Zerfall der Moral und die Auflösung der ethischen Begriffe stellt die eigentliche Ursprungssituation der Ethik dar. Die erodierenden religiösen Plausibilitäten führten im Griechenland des 5. vorchristlichen Jahrhunderts zu einem moralischen Relativismus, der die Fundamente der Gesellschaft aushöhlte. Die sokratisch-platonische Ethik verstand sich als Antwort auf diesen gesellschaftlichen Notstand.

unterminiert.[14] »Nun zittern wir in der Nacktheit eines Nihilismus, in der größte Macht sich mit größter Leere paart, größtes Können mit geringstem Wissen davon, wozu.«[15] Die freie Entscheidung zur technischen Selbstbeschränkung und konsumbeschränkenden Askese erweist sich – im Großen wie im Kleinen – angesichts der »lauten Ansprüche der Begehrlichkeit und der Furcht« als schwierig. »Es ist die Frage« – so Jonas weiter – »ob wir ohne die Wiederherstellung der Kategorie des Heiligen, die am gründlichsten durch die wissenschaftliche Aufklärung zerstört wurde, eine Ethik haben können, die die extremen Kräfte zügeln kann, die wir heute besitzen und dauernd hinzuerwerben und auszuüben beinahe gezwungen sind.«[16]

Humanität und Heiligkeit: die christliche Verbindung von Spiritualität und Ethik

Die Spiritualität der Klassiker des 20. Jahrhunderts wie Madeleine Delbrêl, Réné Voillaume und Jacques Loew, um nur einige Namen zu nennen, ist vor allem durch die Herausforderung des Marxismus bestimmt. Ähnliches gilt für große christliche Intellektuelle wie Jacques Maritain.[17] Bei allem weiterhin Bedenkenswerten und Zeitlosen in ihren Schriften tragen diese daher auch einen Zeitindex. Denn die Auseinandersetzung mit dem atheistischen marxistischen Humanismus gehört in dieser Form der Vergangenheit an. Das Jahr 1989 stellt für Europa eine Epochenscheide dar, deren intellektuelle, aber auch spirituelle Dimensionen es noch zu bewältigen gilt.

Die zeitgleichen Trends hin zur Spiritualität und Ethik könnten als »Zeichen der Zeit« hier durchaus richtungweisend sein. Es gilt eine neue »Grammatik des Humanen« zu entwerfen, die die religiöse Dimension mit einschließt. Die folgenden Überlegungen verstehen sich als ein erster Impuls dazu. Dies führt zu Fragen wie: Was ist das Verhältnis von Spiritualität und Ethik im Christentum? Was kann daher ein kritischer Maßstab für nicht-christliche Spiritualitäten sein? Und: welche Folgerungen ergeben sich daraus für die Kirchen heute?

Die Heiligkeit des Anderen als Abbild der Heiligkeit Gottes

Der Begriff Heiligkeit ist in sich sperrig. Ich verwende ihn dennoch, um einem Dualismus von geistig und leiblich von allem Anfang an entgegenzuwirken. Dieser schwingt im Wort Spiritualität unvermeidlich mit und kann – einmal eingeführt – nur mehr schwer überwunden werden.

---

14 Jonas, Hans: Das Prinzip Verantwortung. Versuch einer Ethik für die technologische Zivilisation, Frankfurt 1984, 57: »[…] eben dieselbe Bewegung, die uns in den Besitz jener Kräfte gesetzt hat, deren Gebrauch jetzt durch Normen geregelt werden muss – die Bewegung des modernen Wissens in Gestalt der Naturwissenschaft – hat durch eine zwangsläufige Komplementarität die Grundlagen fortgespült, von denen Normen abgeleitet werden könnten, und hat die bloße Idee von Norm als solcher zerstört.«
15 Ebd.
16 Ebd.
17 Vgl. z. B. Maritain, Jacques: Die Zukunft der Christenheit, Einsiedeln 1938 (Original: Humanisme integrale), 25.

Mir geht es im Folgenden darum, die doppelte und christlich unhintergehbare Beziehung zwischen Gott und Mensch einerseits und – eben darum – der Menschen untereinander und dem von ihnen geforderten Sollen aufzuzeigen. Dies möchte ich anhand des Begriffs der Heiligkeit als theologischem *und* moralischem Begriff tun, wobei die beiden Ebenen im Christentum untrennbar miteinander verbunden sind. Dies zeigt klar der biblisch-theologische Befund.[18]

Im Alten Testament wird »heilig« als Adjektiv zuerst – wie auch in anderen Religionen – für kultische Gegenstände, heilige Orte und Zeiten gebraucht. Bereits bei den Propheten findet jedoch eine Zentrierung auf Jahwe statt. Er ist der Heilige schlechthin. Die großartige Berufungsvision des Jesaja, in der sich das bis heute für die christliche Liturgie zentrale Trishagion (»Heilig, heilig, heilig«) findet, ist dafür ein prägnantes Beispiel (Jes 6,3).

Die Einsicht, dass der Mensch als Bild und Gleichnis Gottes an dieser Heiligkeit Gottes partizipiert, findet sich erstmals in der priesterschriftlichen Schöpfungserzählung. Der Mensch ist *säläm* (Statue) Gottes (Gen 1,27). Er setzt Gott präsent, wie die Königsstatue auf den Plätzen altorientalischer Städte den Herrscher präsent setzte.[19] Die Heiligkeit des Menschen als Ebenbild Gottes ist dabei jener des Kosmos, aber auch des Kultes grundsätzlich übergeordnet. Dies ist die revolutionäre Sicht der prophetischen Kultkritik. Gottesdienst, Opfer, Fasten und Gebet sind wertlos, ja sie werden zum Ärgernis, wenn ihnen keine Gerechtigkeitspraxis entspricht. »Wenn ihr auch noch soviel betet, ich höre es nicht […] Lernt, Gutes zu tun! Sorgt für das Recht! Helft den Unterdrückten! Verschafft den Witwen und Waisen ihr Recht!« (Jes 1, 15b.17).

Dieser für die ganze Bibel zentrale Gedanke, der sich an vielen anderen Texten illustrieren ließe, wird im Neuen Testament fortgeführt und radikalisiert. So begründet Jesus die Relativierung des Sabbatgebotes in Mk 2,27 damit, dass der Sabbat für den Menschen und nicht der Mensch für den Sabbat da ist. Die Heiligkeit menschlichen Lebens übertrifft auch hier alle kultischen und religiösen Gebote. Dies ist das eigentliche Skandalon, aber auch die Frohbotschaft des Evangeliums. Der Evangelist beschließt die Perikope folgerichtig mit dem Tötungsbeschluss der Pharisäer gegen Jesus, da diese die revolutionären Folgen einer derartigen Relativierung des Gesetzes durchaus erkannten.

Von der Protologie der Schöpfungserzählung lässt sich der Bogen zur Eschatologie der Gerichtsrede von Mt 25,31–45 spannen. Die Realpräsenz Gottes im Menschen verdichtet sich hier zur Gegenwart Christi im Bedürftigsten und Geringsten. Die menschenwürdige Behandlung der Kranken, Gefangenen, Obdachlosen, Hungrigen und Dürstenden wird in die Gottesbeziehung selbst hineingenommen und ist damit oberstes Kriterium christlicher Ethik. Die Trennung zwischen heilig und profan wird so endgültig relativiert.

Die Heiligkeit Gottes verlangt ein Handeln, das der Heiligkeit des Nächsten gerecht wird. »Wer unbarmherzig ist gegen Witwen, Waisen, Gastarbeiter, gegen die

---

18 Vgl. dazu im Einzelnen Barton, Stephen C. (ed.): Holiness past and present, London 2003, bes. die Beiträge des zweiten Teils: Holiness and Scripture, 93–216.
19 Westermann, Claus: Genesis. 1. Teilband, Genesis 1–11 (Biblischer Kommentar Altes Testament), Neunkirchen 1974, 209ff. Diese Idee der Repräsentation Gottes durch den Menschen ist kein christliches Proprium. Auch andere Religionen wie der Hinduismus gehen davon aus, dass der Mensch Ort des Heiligen ist. Doch im Gegensatz zu pantheistischen Vorstellungen bleibt in der jüdisch-christlichen Tradition die Differenz zwischen Gott und seiner Schöpfung, einschließlich des Menschen, bestehen.

Unterdrückten und Ausgebeuteten, dessen Religion ist nicht besser als Atheismus. Er ist gottlos und kennt den heiligen Gott nicht.«[20] Und im Deutschen Sozialwort von 1997 heißt es: »Das Eintreten für Solidarität und Gerechtigkeit (gehören) unabdingbar zur Bezeugung des Evangeliums und im Gottesdienst soll nicht nur der Choral, sondern auch der Schrei der Armen einen Platz haben, [...] ›Mystik‹, also Gottesbegegnung, und ›Politik‹, also der Dienst an der Gesellschaft, (sind) für Christen nicht zu trennen.«[21] Eine christliche Spiritualität ohne eine integrierte Ethik stellt demnach ein Unding dar. Dies ist besonders angesichts der Trennung, die sich durch die Aufsplitterung der Fachdisziplinen eingebürgert hat, wichtig zu betonen. Die Heiligen aller Zeiten haben diese Einheit von Humanität und Heiligkeit am intensivsten begriffen und auch gelebt.

In den europäischen Ethiktraditionen findet sich dieses Erbe in säkularisierter Form wieder. Wie Charles Taylor in seiner Studie zur Genese der neuzeitlichen Identität dargelegt hat, bildet die Sensibilität für das Leid, das eigene und das der anderen, die Grundlage und das Letztkriterium der Ethik in der Moderne. »Unter den als moralisch anerkannten Forderungen betreffen die vielleicht dringendsten und überzeugendsten die Achtung vor dem Leben, der Integrität und dem Wohlergehen – ja, dem Gedeihen – der anderen.«[22] Diese Achtung aber gründet im »Anspruch menschlichen Leids«.[23] Dies gilt – von Infragestellungen in der Tradition Nietzsches abgesehen – auch für die ethischen Entwürfe der Gegenwart, so unterschiedlich sie sonst auch sein mögen. Es liegt der Diskursethik von Jürgen Habermas ebenso zugrunde[24] wie der Gerechtigkeitsethik von John Rawls, der skeptischen Ethik von Richard Rorty[25] und der kommunitaristischen von Michael Walzer.[26]

Politisch findet diese Pflicht zur Achtung der Würde des Anderen in den Menschenrechten ihren Ausdruck und hat von daher globale Bedeutung gewonnen.

Es bedarf keiner weiteren Erwähnung, dass in der Praxis – ob christlich oder nicht-christlich – dieses radikale Gebot der Achtung vor dem Nächsten oft gröblich verletzt und mit Füßen getreten wurde und wird. Aber dies mindert nicht seinen ethischen Anspruch: Dieser ist für das Judentum, das Christentum und die moderne säkulare Ethik – wie verschieden sie sonst sein mögen – zentral. Das ethische Kriterium der Verpflichtung gegenüber dem Anderen sollte daher auch einen Maßstab für die Beurteilung der neuen Spiritualitäten bilden.

20 Häring, Bernhard: Frei in Christus. Moraltheologie für die Praxis des christlichen Lebens, Band 3, Freiburg 1981, 305.
21 Wort des Rates der Evangelischen Kirche in Deutschland und der Deutschen Bischofskonferenz zur wirtschaftlichen und sozialen Lage in Deutschland (Hrsg.): Für eine Zukunft in Solidarität und Gerechtigkeit, Bonn 1997, Nr. 46, 23f.
22 Taylor, Charles: Quellen des Selbst. Die Entstehung der neuzeitlichen Identität, Frankfurt 1994, 17.
23 Taylor, Quellen, 24.
24 Vgl. z. B. Habermas, Jürgen: Die Einheit der Vernunft in der Vielfalt ihrer Stimmen, in: Nachmetaphysisches Denken, Frankfurt 1992, 153.186. An anderer Stelle schreibt er: »Moralische Institutionen sagen uns, wie wir uns gemeinsam verhalten sollen, *um durch Schonung und Rücksichtnahme der extremen Verletzbarkeit von Personen entgegenzuwirken.*« (Hervorhebung von mir). Ders.: Erläuterungen zur Diskursethik, in: Erläuterungen zur Diskursethik, Frankfurt 1991, 119.223.
25 Vgl. z. B. Rorty, Richard: Kontingenz, Ironie und Solidarität, Frankfurt ⁴1997, 320.
26 Walzer, Michael: Lokale Kritik – Globale Standards: zwei Formen moralischer Auseinandersetzung, Berlin 1996, 24 formuliert dasselbe Kriterium: »Jede Moral, [...] deren praktizierende Anhänger nicht auf das Leid und die Unterdrückung anderer Menschen reagieren, [...] wäre eine unzureichende Moral.«

Die Ermächtigung zur Freiheit als Grundlage von Spiritualität und Ethik

Christliche Ethik und Spiritualität haben sich in der Neuzeit entlang verschiedener Bahnen entwickelt und dabei weitgehend getrennt.[27] Angesichts der beschriebenen Zeittrends und ihrer Bedeutsamkeit für die Zukunft stellt sich die Frage, wie diese theologischen Disziplinen sich einander wieder annähern könnten, um dem im Christentum grundgelegten Anspruch der Verbindung von Gottes- und Nächstenliebe und auch den Bedürfnissen der Menschen heute besser gerecht zu werden.

Dabei ist eine Kernfrage, wieweit es gelingt, Modelle für eine Lebensführung anzubieten, in denen individuelle Erfahrung, persönliche Authentizität und ethische Verantwortung zusammen gebracht werden. Dies ist ein anspruchsvolles Programm, für das die folgenden Punkte nicht mehr als erste Überlegungen darstellen.

Eine auf Ganzheitlichkeit zielende christliche Spiritualität sollte Wegmarken für den einen Weg »vom Untertan zum Freiheitskünstler«[28] angeben können. Es geht dabei nicht um die Lebensform eines Bohemiens oder Freiheitsjongleurs. Das Ziel müsste vielmehr eine für den einzelnen befriedigende und erfüllende Lebens*kunst* sein. Sie sollte ihn zugleich befähigen, sich gegen Entfremdungs- und Vereinnahmungstendenzen moderner Gesellschaften zur Wehr zu setzen.

Voriges Jahr erschien ein Buch mit dem Titel: Ist der Glaube Feind der Freiheit?[29] Tatsächlich wird christlicher Glaube vielfach mit Freiheitsbeschränkung assoziiert. Dies, obwohl Freiheit und Befreiung Kernbegriffe der jüdisch-christlichen Traditionen darstellen. In den zeitgenössischen Spiritualitäten spielen die Suche nach personaler Freiheit, nach Authentizität und Selbstverwirklichung gleichfalls eine wesentliche Rolle. Es gälte daher, die Realisationsbedingungen dieser Freiheit neu durchzubuchstabieren. Wie kann der einzelne angesichts vielfältiger gesellschaftlicher Zwänge zu einem Handeln in Freiheit ermächtigt werden? Wie kann also parallel zur äußeren Freiheit eine innere Freiheitskultur geschaffen werden?

Theologisch sind dafür drei Punkte von Bedeutung.

- *Der monotheistische Glaube an den einen Gott als Grund von Freiheit*

Die Schöpfung durch den einen Gott bedeutet zuerst und vor allem eine Befreiung von der Welt der Götter und Gewalten. Diese Entdivinisierung der Welt ist nicht nur religiös, sondern auch moralisch bedeutsam. Der Monotheismus ist nicht Feind der Freiheit, sondern ein Grund ihrer Ermöglichung. Eine von Geister, Kobolden, Göttern und Dämonen bevölkerte Welt mag in der Fiktion zwar kurzweilig sein, in der Realität ist sie es nicht. Dies sei gegen gewisse neopagane Revivalbewegungen gesagt. Denn statt mit *einem* Gott haben es die Anhänger dieser Religionen nun mit einer Vielzahl von göttlichen Wesenheiten zu tun, die – oftmals widersprechende – Ansprüche an sie stellen. Die Entzauberung der Welt – dies haben der Soziologe Max Weber[30] und der Theologe Friedrich Gogarten[31] gezeigt – ermöglicht nicht nur deren

---

27 Bei Thomas von Aquin in der Secunda Pars der Summa theologica bildet die Trias Theologie/Spiritualität – Ethik – Psychologie noch eine selbstverständliche Einheit.
28 Zulehner, Paul M.: Vom Untertan zum Freiheitskünstler. Eine Kulturdiagnose anhand der Untersuchungen »Religion im Leben der Österreicher 1970 bis 1990« – »Europäische Wertestudie – Österreichteil 1990«, Freiburg 1991.
29 Söding, Thomas (Hrsg.): Ist der Glaube Feind der Freiheit? Die neue Debatte um den Monotheismus, Freiburg 2003.
30 Für Weber ist eine »*rationale*, das heißt von Magie sowohl wie von allen Formen irrationaler Heilssuche freie *religiöse Ethik des innerweltlichen Handelns* [...]« das Charakteristikum der Ethik des Judentums (und – so wäre hinzuzufügen – des Christentums). Weber, Max: Aufsätze zur Religionssoziologie, Band III, Tübingen ⁸1988, 6.
31 Gogarten, Friedrich: Verhängnis und Hoffnung der Neuzeit. Die Säkularisierung als theologisches Problem, Gütersloh 1987.

rationale Erfassung, sondern bildet auch die Grundlage für freies Handeln und damit Weltgestaltung.

● *Die Exoduserzählungen als Grund von politischer Selbstbestimmung*

Die Exoduserzählungen stellen das Grunddatum der Geschichte Israels dar. In ihnen offenbart sich Jahwe als Herr der Geschichte, der auf der Seite der Unterdrückten und Rechtlosen steht. Es ist M. Weber, der mit genialer Intuition die Implikationen dieses Glaubens aufgezeigt hat: »Und Jahwe?« – so schreibt er – »er blieb immer ein Gott der Erlösung und Verheißung. Aber das Wichtige war, sowohl Erlösung als Verheißung betrafen aktuelle politische, nicht innerliche Dinge. Die Erlösung von der Knechtschaft der Ägypter, nicht von einer brüchigen, sinnlosen Welt […].«[32] Der amerikanische Sozialphilosoph Michael Walzer hat in seinem Buch *Exodus und Revolution*[33] gezeigt, dass die Exoduserzählungen in der Geschichte immer wieder politische Befreiungsaktionen und -philosophien, von der amerikanischen Unabhängigkeitsbewegung über den Widerstand gegen die Apartheid bis zu den Basisbewegungen in Lateinamerika inspiriert und motiviert haben. Zum christlichen ebenso wie zum jüdischen Glauben gehört gemeinschaftliche und politische Weltgestaltung. Eine spiritualisierende Weltfremdheit, die z. B. auch in einer einseitigen Jenseitsorientierung ihren Ausdruck findet, widerspricht diesem Glauben zutiefst.

● *Die Freiheit in Christus als Ermächtigung zur inneren Freiheitskultur*

Im Neuen Testament erfährt dieser Befreiungsgedanke eine Wende hin zum Individuum: Erlösung wird nun – komplementär zum alttestamentlichen Exodus – begriffen als die Befreiung aus den negativen Verstrickungen der eigenen und kollektiven Vergangenheit, also der Sünde. Diese innere Befreiung soll zu einem Leben in Freiheit, also einer inneren Freiheitskultur, befähigen: »Zur Freiheit hat uns Christus befreit« (Gal 5,1). Dieser Ausruf des Paulus im Galaterbrief eröffnet den Raum für eine eigenverantwortliche Lebensführung, die den Christen und Christinnen nun zugemutet wird. Diese für den christlichen Glauben konstitutive Freiheitserfahrung bildet somit die Grundlage christlicher Ethik, die von daher nicht primär Normethik ist, noch weniger eine Gebotsmoral, sondern eine Ethik des guten Lebens.

In einer Zeit, in der vorgegebene Konventionen sich auflösen, weitet sich die Frage: Was soll ich tun?, zur umfassenderen Frage: Was für ein Mensch will ich überhaupt sein? Wie will ich mein Leben als Ganzes gestalten? Und was braucht es dazu, dass dieses Unternehmen gelingen kann? Doch auf derartige Fragen gibt es in modernen pluralen Gesellschaften keine für alle verbindlichen Antworten. In eben diesem Sinne stellte der Religionssoziologe Thomas Luckmann fest: »Die Eigenständigkeit der Lebensführung ist eines der Hauptprobleme der Gegenwart.«[34] Dem christlichen Glauben geht es um das Heil des Menschen. Wenn dieses Heil nicht in einem rein jenseitigen, also spiritualisierenden Sinn verstanden wird, dann ist es eine wichtige Aufgabe der Kirchen heute, Anhaltspunkte für eine derartige Lebensführung und entsprechende Lebenseinstellungen zu geben. Dies gilt zuerst für den binnenkirchlichen Bereich, ist aber auch darüber hinaus von Relevanz. Die Kritik vieler spirituell Suchender, dass christliche Moral (und auch Spiritualität) nicht befreiend, sondern legalistisch sind und falsch verstandenen Gehorsams- und

32 Weber, Max: Gesammelte Aufsätze zur Religionssoziologie, Tübingen 1988, 136.
33 Walzer, Michael: Exodus und Revolution, Frankfurt 1995.
34 Luckmann, Thomas: Die unsichtbare Religion, Frankfurt 1991 (Original 1967), 45.

Demutsvorstellungen entspringen, ist dabei ernst zu nehmen. Dieses freiheitsfeindliche Erbe – das seinen Grund in einer langen Geschichte des Widerstands gegen die moderne Freiheitskultur hat – mag zwar weitgehend überwunden sein. Doch wieweit ist es durch eine bewusste Erziehung zur Freiheit und Befähigung zur Übernahme von Verantwortung ersetzt worden? Dies sollte auch neue Akzente für die christliche Spiritualitätspraxis bringen. Es müsste klar werden, dass Frömmigkeit ohne Achtung vor der Würde, ja Heiligkeit des Nächsten keine Frömmigkeit ist.

Christliche Ethik und Spiritualität sollten gemeinsam Wegmarkierungen für eine verantwortliche christliche Lebensführung bieten und dazu praktisch anleiten – im ursprünglichen Sinne des Wortes Askese (Übung). Dazu einige erste Überlegungen.[35]

P. Tillich hat in seinem 1952 veröffentlichten theologischen Bestseller *Der Mut zu sein*[36] den *Mut* als die für unsere Zeit wichtigste Lebenshaltung bezeichnet. Es geht dabei um Mut im existentiellen Sinn, d. h. den Mut zu einer verantworteten authentischen Lebensführung, aber auch um Mut als Lebenshaltung. Letztere bedeutet – so die traditionelle Definition – die Entschlossenheit, Schwierigkeiten und auch Verwundungen um eines wichtigen Ziels willen auf sich zu nehmen.[37] Beides gehört eigentlich zusammen. Denn jedes nicht konformistische an Konventionen angepasste Leben bedarf der Bereitschaft zum persönlichen Engagement, das immer auch mit Opfern verbunden ist. Dies gilt für Zivilcourage im politischen, aber auch kirchlichen Bereich. Es verlangt Mut, das eigene Leben auf selbst gesetzte Ziele hin zu wagen. Das dafür notwendige Vertrauen in die eigenen Fähigkeiten und die Risikobereitschaft dafür aufzubringen, mag für manche Menschen aufgrund ihrer Biographie leichter sein als für andere. Doch jeder Einsatz für gute Ziele gibt nicht nur dem Leben Sinn, er stärkt auch den Mut, darin weiterzumachen. Zivilcourage und Lebensmut stellen zugleich eine Voraussetzung für den Mut zum Glauben dar.

Ein zweites Element jeder Lebenskunst ist es, das richtige *Maß* zu finden, das der Konstitution und Möglichkeit des einzelnen jeweils entspricht. Dies setzt die Fähigkeit zur Selbstbegrenzung voraus, ohne die ein Persönlichkeitswachstum nicht möglich ist. Zu viel ist in den meisten Bereichen ebenso lebensschädlich wie zu wenig. Dies gilt für den Konsum ebenso wie für die Arbeit und das Vergnügen. Diese Festlegung von Grenzen ist angesichts einer Zeitmentalität, die Grenzüberschreitungen als Wert sieht (höher–weiter–schneller), schwierig. Maßlosigkeit führt jedoch unweigerlich zur (Selbst)Ausbeutung. Zu einem menschwürdigen und humanen Lebensstil gehört daher die Bereitschaft, das eigene Maß zu finden und zu wahren. Es könnte lohnend sein, die Traktate von Askese, Verzicht und Selbstbeschränkung daraufhin zu befragen, wie es angesichts einer programmatischen Maßlosigkeit und systemischer Zwänge in unseren Gesellschaften für den Einzelnen möglich ist, das rechte Maß für sich selbst in den einzelnen Lebensbereichen zu finden.

Dies bildet zugleich eine Vorbedingung für *Gerechtigkeit und Solidarität,* deren Gegenteil das Mehr-haben-Wollen darstellt. Diesen Hang zur Habsucht nennt der Kolosserbrief einen Götzendienst (Kol 1,15). Nicht nur im Christentum, in allen Religionen ist Gier ein Ur-Laster, das den gesellschaftlichen Frieden untergräbt und

---

35 Ich gehe dabei von der klassischen Tugendethik aus.
36 Tillich, Paul: The courage to be, Yale University Press, ²2000.
37 Vgl. dazu die immer noch lesenswerte Aufbereitung des Traktats über die Tapferkeit von Thomas von Aquin. Pieper, Josef: Vom Sinn der Tapferkeit, München 1963.

den einzelnen unfrei macht. Es sollte nachdenklich machen, dass eben dieses Laster heute zur akzeptierten Richtschnur des Handelns wird. Der Sozialpsychologe Horst Richter hat in einem Forschungsprojekt 1968 und 1975 und nochmals 1989 bis 1994 die Selbstwahrnehmung der Westdeutschen untersucht. Dabei zeigte sich, dass sie sich – und dies trifft wohl auch für andere europäische Länder zu – selbst 20 Jahre später als egoistischer und stärker ichbezogen einstuften.[38] Nutzenmaximierung als Lebensmaxime ist jedoch nicht nur streitfördernd und solidaritätsmindernd, sie ist überdies unbefriedigend. Der Sozialphilosoph Ottfried Höffe hat von einem »hedonistischen Paradoxon« gesprochen: Wir können Glück durch persönlichen Einsatz für ein Ziel, eine Sache oder andere Menschen erreichen, nicht aber dadurch, dass wir es direkt anstreben[39]. Eine verantwortliche Lebensführung wird dann auch zum Einsatz für gerechte soziale und ökologische Strukturen führen, wo immer dies dem Einzelnen möglich ist. Dass dies angesichts einer abnehmenden Sensibilität für soziale Gerechtigkeit und Solidarität und einer Ego-Mentalität dringend notwendig ist, muss nicht weiter ausgeführt werden.

Das gegenwärtige Interesse an Spiritualität und Ethik sind genuine Zeichen der Zeit. Dies bedeutet, es handelt sich nicht nur um empirisch nachweisbare soziale Phänomene, sondern sie haben auch eine humane und geistige Innendimension. In ihnen drückt sich das Streben nach einem guten, richtig gelebten Leben aus, nach integraler Humanität für alle. Die Aufgabe der »Christen der Kirche« und der »Kirche des Amtes« (Karl Rahner) in dieser Situation ist es, dem Grundgebot der Gottes- und Nächstenliebe und damit ihrem ureigensten Auftrag gemäß diese beiden Zeittrends miteinander in Verbindung zu bringen. Sie müssen dazu entschieden jeder Versuchung widerstehen, Spiritualität und Ethik gegeneinander zu setzen oder eines dem anderen nachzuordnen. Lassen Sie mich an den Schluss meiner Überlegungen ein Zitat von P. Teilhard de Chardin stellen: »Die Religion« – so schreibt er – »kann ein Opium werden [...] Ihre wirkliche Funktion ist es jedoch, die Fortschritte des Lebens zu tragen und anzustacheln.«[40] Dazu aber braucht es beides: Spiritualität und Ethik.

---

38 Richter, Horst Eberhard: Lernziel Solidarität zur Jahrtausendwende. Festrede zur Eröffnung des Internationalen Brucknerfestes 1998, Linz 1999, 5.
39 Höffe, Ottfried: Zur Theorie des Glücks im klassischen Utilitarismus: Ders.: Ethik und Politik. Grundmodelle und -probleme der praktischen Philosophie, Frankfurt 1979, 120–159, 133.
40 de Chardin, P. Teilhard: Die menschliche Energie (Band VI der Werke), Olten 1966, 58.

Die Bedeutung der Spiritualität für den bioethischen Dialog

Religiöse Erfahrung, Glaubenserfahrung und sittliche Erfahrungen in ihrer Unterschiedenheit und Wechselwirkung

Günter Virt

Die gewählte Thematik greift nicht nur eine aktuell dringliche Dimension des bioethischen Dialoges auf, da dieser Zusammenhang meist wenig reflektiert wird. Er dürfte aber vermutlich eine größere Rolle spielen, als meistens ausdrücklich bedacht. Das Thema dieses Beitrages hat auch eine enge Beziehung zu Leben, Werk und Engagement von Kardinal Franz König, dem Mann der Spiritualität und der Wissenschaft. Der theologische Ethiker ist unmittelbar nicht zuständig für die Frage, ob der Megatrend Spiritualität empirisch tatsächlich feststellbar ist und wenn ja, in welcher Hinsicht. Dieser Essay kann auch keine Lösung in den offenen Fragen des Spiritualitätsbegriffes und des Religionsbegriffes beitragen. Allerdings werden in diesen empirischen Fragen und auch in den Definitionsfragen indirekt normative Probleme berührt, die meist nur wenig ausführlich bedacht werden und die theologische Ethik berühren.

Unbestritten dürfte sein, dass von der Krise der Institutionen auch die institutionalisierten Kirchen betroffen sind und Menschen, wenn sie in diesen Institutionen leben, in ihnen selbst mehr Raum für ursprüngliche Erfahrung und Interpretationshilfen für diese einfordern. Hinzu kommt, dass in einer unüberschaubar globalen Welt die Sehnsucht nach Überschaubarkeit durch Religion wächst. Da Religionen und vor allem der Glaube sich nicht einfach daraufhin funktionalisieren lassen, suchen viele Menschen in selbstgebastelten Nischen Selbstvergewisserung inmitten der Unüberschaubarkeit. Hinzu kommt weiterhin, dass selbst innerhalb der Kirchen der universale Wahrheitsanspruch mit den geschichtlichen Brechungen dieses unbedingten Anspruches des Glaubens in Balance zu halten ist. Der Pluralismus an kulturell unterschiedlich geprägten Erfahrungsweisen will berücksichtigt werden. Literarische Monotheismuskritik ist »in«. Peter Sloterdijk ironisierte die für die monotheistischen Religionen grundlegende Unterscheidung zwischen dem einen wahren Gott und den falschen Göttern als etwas, das schon die übernächste Generation als »halbarchaische Konfliktfolklore« belächeln werde.[1] Das Lob des

---

1 Sloterdijk, Peter: Tau von den Bermudas. Über einige Regime der Einbildungskraft, Frankfurt 2001, 11–24, zitiert und verarbeitet in: Müller, Klaus: Genauer hinschauen. Das Christentum, der Westen und die Wahrheit, in: Herder Korrespondenz 58 (2004) 235–240.

Polytheismus von Odo Marquard ist bereits 25 Jahre alt.[2] Unbedingte und universale Wahrheiten, die auf ebenso umfassend gültigen Erfahrungen beruhen, haben es in unserer Gesellschaft nicht leicht. Die »Gotteskrise«, wie Johann Baptist Metz ein Zeichen der Zeit diagnostiziert, wird durch einen schwammigen Religionsbegriff nicht behoben, sondern eher vernebelt.

Einen Pluralismus an spirituellen Traditionen gibt es aber durchaus auch in den großen Kirchen. Durch vielfältige Begegnungen und Austausch kommen darüber hinaus die Spiritualitäten der großen Religionen nicht nur in den Blick, sondern entfalten auch motivierende Kräfte. Gibt es darüber hinaus vielleicht nicht nur die selbstgebastelten »esoterischen Spiritualitäten«, sondern sogar so etwas wie »agnostische Spiritualität«? Bei einer bioethischen Debatte über die Bedeutung des Glaubens beim Sterben des Menschen wurde ich ausdrücklich mit einem prominenten »Atheisten« zu einer Diskussion in die Ärztegesellschaft geladen. Der Diskussionsleiter war fast enttäuscht, als er feststellen musste, dass der so genannte Atheist und der Theologe sich gut auf einer »spirituellen« Basis miteinander verstehen konnten. Ich habe versucht, die agnostische Erfahrung der Unsicherheit und des Zweifels, mit Hilfe des berechtigten Anliegens einer negativen Theologie zu interpretieren, worauf der so genannte »atheistische« Gesprächspartner meinte, so wie ich theologisch versuchte, Glaube, Hoffnung und Liebe in ihrer Bedeutung für das Bestehen des Sterbens ins Gespräch zu bringen, wünsche auch er sich, als gläubiger Mensch zu sterben. Auch Kardinal König meinte nach seinem erfüllten und dialogreichen Leben, dass er einem wirklichen Atheisten nicht begegnet sei.

Die Abwesenheit Gottes selbst kann zum Wort religiöser Erfahrung werden – zumindest der Suche nach Gott.[3] Aber liegt diese durchaus auch in agnostischer Form spirituell auftretende Frage nach Gott der Offenbarung voraus, oder wird sie in einer Geschichte, in der die Offenbarung bereits ergangen ist, nicht von dieser erst provoziert? Wäre die Offenbarung überhaupt verständlich, wenn sie nicht an eine bereits in der Schöpfungsordnung angelegte religiöse Suche des Menschen anknüpfen könnte? Verkündet nicht der Apostel Paulus, wenn er Jesus Christus den »Heiden« verkündet, wie die Apostelgeschichte immer wieder sagt, den »Theoseibes«? Könnte es sein, dass bei allen Unterschieden zwischen den Gottsuchern in Kleinasien in biblischen Zeiten und vielen Agnostikern unserer Tage nicht nur Unterschiede, sondern auch Ähnlichkeiten bestehen? Offenbar konnten die ersten Missionare mit Paulus an einem Pluralismus spiritueller Erfahrungen anknüpfen und das Apostelkonzil (Apg 15) hat normativ für einen Pluralismus auch auf Christus bezogener Spiritualitäten entschieden. Kardinal König ist immer entschieden für den legitimen Pluralismus an Spiritualitäten in der Kirche eingetreten.

Diese vielfältigen Formen von Spiritualität bedürfen aber einer Kriteriologie, die authentische von nichtauthentischen Spiritualitäten unterscheiden hilft, vorgängig der Wahrheitsfrage. Erst dann kann in logischer Reihenfolge die Unterscheidung des Christlichen im modernen Spiritualitätenkosmos angegangen werden.

Als unhintergehbarer Zugang bietet sich der Begriff der Erfahrung an. Die Erfahrung ist zugleich auch die Brücke zu einer ethischen Handlungstheorie. Wenn nämlich die Erfahrungsbasis des Menschen verkürzt oder zerstört wird, wird das Han-

---

2 Marquard, Odo: Abschied vom Prinzipiellen, Stuttgart 1981, 91–116, vgl. Müller, Genauer hinschauen.
3 Vergleich Kuschel, Karl Josef: »Wir wissen ja nicht was gilt«. Paul Celan, Nelly Sachs und das Reden von Gott, in: Haug, Walter/Mieth, Dietmar (Hrsg.): Religiöse Erfahrung. Historische Modelle in christlicher Tradition, München 1992, 453–469.

deln des Menschen selbst zerstörerisch. Folgende Gedankenschritte legen sich für die Bewältigung des gestellten Themas nahe.

- Die Analyse menschlicher Erfahrung im Hinblick auf religiöse Erfahrung als Grundlage und Kriterium für authentische Spiritualität.
- Wesentliche Momente der christlichen Erfahrung, die diese von allgemein religiösen Erfahrungen unterscheidet.
- Die sittliche Erfahrung in ihrer Unterschiedenheit und Beziehung zur religiösen Erfahrung.
- Die Wechselwirkung zwischen der religiösen Erfahrung, der christlichen Glaubenserfahrung und der sittlichen Erfahrung.

Religiöse Erfahrung als Spiritualität

Wer nach Kriterien authentisch religiöser Erfahrung fragt, muss sich komplexen und zum Teil widersprüchlichen Erfahrungskonzepten stellen. Das Bildwort vom Durchfahren und so Er-reisen der Wirklichkeit steht für sehr komplexe Weisen der Entstehung menschlicher Einsichten und Befindlichkeiten, in der aber bestimmte Elemente immer wiederkehren: Anschauung, Beobachtung, Erlebnis, Einsicht, Verstehen, Deuten, Mitteilen usw.[4] Im derzeit dominant alltäglichen Sprachgebrauch wird unter Erfahrung zunächst meist die *Empirie* im Sinne der positiven Wissenschaften, vor allem der Natur- und Sozialwissenschaften verstanden. Selbst die Psychologie wird weithin dominiert von experimentell angeordneten Versuchen und Wahrnehmungen, die in Statistiken und Tabellen fassbar zu machen sind. Was außerhalb dieses Horizontes liegt, wird als unwissenschaftlich, als nicht »evidence based« angesehen, wie in der modernen, naturwissenschaftlich geprägten Medizin. Es ist verständlich, dass ein so reduzierter und heillos unterbestimmter menschlicher Erfahrungsbegriff zu Gegenreaktionen führt. Oft sind es gerade mit Technik, Naturwissenschaft und Computer beschäftigte Menschen, die sich nach der verlorenen Dimension der nicht planbaren, alle Enge in die Weite der *Transzendenz* führenden *Erlebnisse* sehnen. Das Wort Ganzheitlichkeit findet sich häufig in der Kritik einer einseitig naturwissenschaftlich konzipierten Medizin: Ein berechtigtes Anliegen, wenn die Berücksichtigung der psychosomatischen Dimension der Medizin damit eingefordert wird; ein theologisch fragwürdiger Begriff, wenn damit in der Heilung ein immanentes Heil angepeilt wird und Heil und Heilung verwechselt werden. Gerade technisch dominierte Menschen – und wer ist das in unserer Gesellschaft nicht – suchen nach spirituellen Erlebnissen im Sinne existenzieller Wellnessbäder zum Ausgleich. Esoterische Gurus, Schulen und Literatur nützen ihre Chancen auf diesem gewinnträchtigen Markt.

Wenn man unter religiöser Erfahrung aber jene versteht, die das Ganze und die Tiefe der menschlichen Existenz erfasst, dann greift auch diese Dimension in mehrfacher Weise zu kurz: Religiöse Erfahrung kann nicht ohne das existenzielle Wagnis

---

4 Zu den folgenden Überlegungen vgl. Mieth, Dietmar: Annäherung an Erfahrung – Modelle religiöser Erfahrung im Christentum, in: Haug, Walter/Mieth, Dietmar (Hrsg.): Religiöse Erfahrung, München 1992, 1–16.

des Einsatzes der Person gemacht werden. Dies gilt es später noch genauer zu verdeutlichen. Religiöse Erfahrung ist darüber hinaus keine Privatangelegenheit individueller psychischer Befindlichkeit, sondern umfasst in bestimmter Weise immer auch die gesellschaftliche und kulturelle Dimension, die wir Menschen miteinander teilen. Religiöse Erfahrung kann man zwar nicht weitergeben, indem man objektiv etwas mitteilt, aber sie kann weitergegeben werden, indem man das Leben miteinander teilt. »Komm und sieh«, sagt Jesus.

Eine voll menschliche Erfahrung ist also weder mit der Empirie noch mit dem unmittelbaren Erlebnis gegeben, sondern erst, wenn das Mitsein mit anderen Menschen mit umfasst wird und ein Mensch sich selbst wagend auch gesellschaftlich ins Spiel bringt (Bonaventura spricht von der *cognitio experimentalis* und moderne Autoren von der experientiellen Dimension der Erfahrung). Erst dann ist eine Erfahrung ganz menschlich und dies gilt umso mehr für die religiöse Erfahrung, die aber zusätzliche Spannungsmomente aufweist:

D. Mieth führt sechs solcher Widersprüche und deren Vermittlung auf:[5]

- *Erfahrung als Prozess oder als Ereignis:* Auch Erfahrungen in unmittelbarer Begegnung und intuitivem Erfassen im Sinne eines punktuellen Ereignisses erweisen sich als integrativ und prägend erst dem Maß, als man auf eine Kette von tragenden Einzelerfahrungen in ihrer Kontinuität stößt. Dies gilt auch und gerade für so genannte überraschende Bekehrungserlebnisse.
- *Mittelbarkeit oder Unmittelbarkeit:* Auch mystische Erfahrungen von Entrückung sind immer in allen menschlichen Dimensionen vermittelte Erfahrungen, denn der Mensch, der solche Erfahrungen macht, geht mit seiner Leiblichkeit, seiner Psyche, seiner Geschichte und seinen sozialen und gesellschaftlichen Beziehungen in diese Erfahrung ein und wird darin zu einem erfahrenen Menschen.
- *Einzigartigkeit oder Wiederholbarkeit:* Die Intensivität einer Einzelerfahrung in ihrer Prägekraft spielt für religiöse Erfahrungen eine besondere Rolle. Als authentisch wird diese Erfahrung erst gelten können, wenn sie das Ganze und auch die Tiefe der menschlichen Existenz auf Zukunft hin nachhaltig erfasst.
- *Widerfahrnis oder strukturelle Entsprechung:* In einer tragenden, religiösen Erfahrung muss etwas sein, was sich auch geltend machen kann gegen den Erfahrungsträger und wenn nötig gegen die ganze Welt. Als herausragendes Beispiel eines Moraltheologen könnte Friedrich von Spee gelten, der gegen den gesellschaftlich und kirchlich lehramtlich verordneten Hexenwahn seiner Zeit den abgründigen Unsinn und die Bosheit dieses Hexenwahns erfahren hat. Ein weiteres hochaktuelles Beispiel könnte Bartholomae de las Casas sein, der – entgegen dem allgemeinen Gold- und Gewinnrausch der Conquistadoren – bei der Vorbereitung einer Pfingstpredigt der abgründigen Bosheit dieses größten Völkermordes aller Zeiten inne wurde, in dem unsere christlichen Vorfahren zwischen 70 und 80 Millionen einheimische Menschen auf die grässlichste Weise umgebracht haben. Doch dieser negative Aspekt reicht nicht aus. Die Entsprechung zwischen den verschiedenen Ordnungsdimensionen des Lebens (nach Pascal des Leibes, des Geistes und des Herzens) ist unübersehbar. Versteht man das Sein in seiner Analogie, dann kann der integrierende Charakter religiöser Widerfahrnis-Erfahrungen verstanden werden, ohne die Differenz einzuebnen.

---

5 Mieth, Annäherung an Erfahrung, 3–6.

- *Geschichte und praktische Vermittlung:* Erfahrungen widerfahren dem Einzelnen immer in einem geschichtsträchtigen, bevorzugten Augenblick (*kairos*) und wirken fort in der Geschichte oder eben auch nicht – je nach Interessenslage. In diese Kontinuität der Geschichte gehen praktische Absichten ein. Auch hier deutet sich wiederum eine Brücke zwischen religiöser und sittlicher Erfahrung an. Erfahrungen tragen weiter, solange sie noch nicht abgeschlossen sind, sondern in Bewegung, das heißt offen bleiben. Eine abgeschlossenen Erfahrung, die sich im Bewahren von Konventionen, unveränderlichen, konkreten Normen und für dogmatisch gehaltenen Formulierungen endgültig ausdrückt, zwingt die Erfahrung ihres Schwindens geradezu herbei.
- *Erfahrung und Engagement:* Authentische Erfahrung zeigt sich in der Bereitschaft zu verbindlichem Engagement. Eine Erfahrung, die sich nicht in Bereitschaft übersetzt, verliert ihre Kraft.

Der Begriff Spiritualität ist heute in aller Munde. Er wird verwendet, wo man ihn gerade gar nicht vermuten würde, wie zum Beispiel in der Charta der Grundrechte der Europäischen Union von Nizza, sowie in Dokumenten der Weltgesundheitsorganisation. In der bekannten Beschreibung der Palliativmedizin heißt es, dass diese die Linderung physischer, psychischer, sozialer und auch *spiritueller* Leiden umfasst. Doch Spiritualität in welchem Sinn? Hinter Begriffen stehen Erfahrungen, aber auch mit Begriffen macht man seine Erfahrungen. Der Begriff »Frömmigkeit« wurde im Laufe der Geschichte zunehmend auf den einzelnen, auf das Gemüt und die Intimität verengt und war so nicht mehr geeignet, die Höhe, Breite und Tiefe religiöser Erfahrung in allen Dimensionen auszusprechen und anzusprechen. Der andere Begriff Religiosität meint heute oft das diffuse Transzendenzbedürfnis eines Menschen, wenn es ihm in seiner Immanenz zu fad wird. Beide Verengungen bedeuten einen Bruch mit der Spiritualität, wie sie in der Geschichte der christlichen Glaubenserfahrung angesprochen wird.

Christliche Glaubenserfahrung als Spiritualität

Authentische Glaubenserfahrung gibt es zweifellos in allen großen Religionen. Alle Hochreligionen kennen ihre Mystiker und die Mystiker der verschiedenen Religionen verstehen einander. Eine kritisch unterscheidende Auseinandersetzung nach den eben ausgeführten Kriterien, tut also in allen Religionen Not, die sich zum Teil gegen billige Übernahme in wenig authentischer Esoterik zur Wehr setzen, aber auch gegen einfache kontextentzogene Übernahme einzelner spiritueller Wege in anderen Religionen.

Ebenso nötig ist es, die spezifisch christliche Glaubenserfahrung, wie sie sich in verschiedenen spirituellen Stilen einerseits in der Geschichte zeigt, andererseits in gegenwärtigen Bewegungen abzeichnet, von allgemein religiöser Erfahrung zu unterscheiden.

Für christliche Glaubenserfahrung ist das Moment der Begegnung mit dem lebendigen und in seiner Lebendigkeit dreifaltigen Gott konstitutiv. Wie jede Gotteserfahrung, auch in anderen großen Religionen, ist diese Erfahrung eine vermittelte.

Die Erfahrung Gottes, nicht nur in den allgemeinen Schöpfungsstrukturen, sondern darüber hinaus in einer besonderen Geschichte, ist stets eine in besonderer Weise durch Menschen und menschliche Gemeinschaftsformen vermittelte, die sich in Begegnungen und nicht anders abspielt. Der Glaube an Jesus von Nazareth als den Messias, in dem Gott sich restlos, ohne pädagogische oder andere Vorbehalte, selbst unwiderruflich in Liebe an diese Menschheit mitteilt, ist die Erfahrung einer Begegnung, weitergegeben in vielen Begegnungen mit Menschen, die in dieser tradierenden Weitergabe leben. Begegnungserfahrungen werden nicht einfach objektiv mitgeteilt, sondern indem Menschen miteinander leben und so lebendig ihre Erfahrungen austauschen und weitergeben.

Für christliche Glaubenserfahrung ist konstitutiv aber auch die Interpretation des miteinander Erfahrenen als Wirkung des Geistes Gottes selbst, der der Geist der Beziehung zwischen Jesus und seinem Vater ist. Gerade die Apostelgeschichte, das Dokument, das uns in die Entstehungsgeschichte der Glaubensgemeinschaft der Kirche einführt, drückt dies auf vielfältige Weise aus (zum Beispiel in der Formulierung: »Wir und der Heilige Geist«, Apg 5,32). Der Glaube wird weitergegeben auf dem Rücken persönlicher Beziehungen, in denen Menschen sich füreinander engagieren und sogar viel riskieren.

Christliche Glaubenserfahrung besteht seit ihren Gründungsurkunden nicht in einer Suche nach innerweltlicher Sicherheit und Geborgenheit oder in einer geplanten Reduktion moderner, unsichermachender Unübersichtlichkeit. In 1 Thess 5,3 heißt es geradezu: »Während die Menschen sagen: Friede und Sicherheit, kommt plötzlich Verderben über sie, wie die Wehen über eine schwangere Frau und es gibt kein Entrinnen. Ihr aber lebt nicht im Finsteren, so dass euch der Tag nicht wie ein Dieb überraschen kann […], darum wollen wir nicht schlafen wie die anderen, sondern wach und nüchtern sein.« Diese Grundstruktur biblischer Erfahrung reicht weit zurück in den Auszug Abrahams aus Ur und der Flucht kleiner Israelitengruppen aus Ägypten. Spirituelles Leben aus dieser Grunderfahrung lebt nicht von religiösen Empfindungsqualitäten, sondern zentral von vertrauensvoller Existenzentscheidung im Alltag. Gemeinsam in all den vielen christlichen Spiritualitäten findet sich das Moment des Lebensrisikos und Einsatzes für andere. Die großen Lehrer des geistlichen Lebens warnen immer davor, das Gefühl von Gottes Abwesenheit mit seiner tatsächlichen Abwesenheit zu verwechseln. Auch der Umkehrschluss gilt, dass ein besonderes religiöses Wonnegefühl noch kein unfehlbares Zeichen für eine wirklich authentische Gotteserfahrung darstellt. Der heilige Ignatius rät, Lebensentschlüsse, die aus einer solchen Evidenzerfahrung gewonnen werden, selbst noch einmal zur Prüfung einem in der Unterscheidung der Geister erfahrenen Menschen zu unterbreiten.

So wenig eine rein theoretische, intellektuelle Begründung für eine christliche Glaubenserfahrung ausreicht, so sehr fordern die ältesten apostolischen Überlieferungen, die Gründe für unsere Hoffnung zu bedenken und auch mitzuteilen: »Seid stets bereit, jedem Rede und Antwort zu stehen, der nach der Hoffnung fragt, die euch erfüllt.« (1 Petr 3,15)

- Christliche Glaubenserfahrung ist also nicht nur eine Erfahrung des verbindlichen Lebenswagnisses und -risikos, die sich auch Rechenschaft über die Gründe gibt. Am Ursprung jeder Religion steht religiöse Erfahrung und die Gegenwart ist gekennzeichnet dadurch, dass Menschen vermehrt nach dieser

Erfahrung Ausschau halten. Aber wie? Offenbar auf sehr vielfältige Weise und vielleicht mit einem neuen Schub. Religion wird Teil und nimmt teil an einer Erlebnisgesellschaft.[6] Was heißt das für christliche Glaubenserfahrung? Was die christliche Glaubenserfahrung von allen anderen unterscheidet ist zweifellos eine Erfahrung, die Menschen mit Jesus von Nazareth in einer Weise machen, dass sie ihm, wie ursprünglich Petrus, als den Messias glauben (Mt 16,16 par.). Religiöse Erfahrung bezieht sich auf die Begegnung mit der Lebenspraxis eines Menschen, der besondere religiöse Erfahrungen gemacht hat, oder heutzutage auch vorgibt, besondere Erfahrungen dieser Art gemacht zu haben, wenn man damit Geschäfte machen kann. Christliche Erfahrung bedeutet Begegnung mit der fundamentalen Lebenspraxis Jesu.[7] Diese Fundamentalpraxis Jesu ist aus der Geschichte nicht mehr fortzudenken und wird auch in Zukunft richtungsweisend für die Gestaltung menschlicher Praxis bleiben, Gründe für das Handeln von Menschen bieten und Orientierung für die Lebensbewältigung in einer immer unübersichtlicher werdenden Gesellschaft. »In der Lebenspraxis Jesu zeigt sich – um nur einige Aspekte für unser Thema aufzugreifen – eine hohe Sensibilität für die meist übersehenen kleinen Anfänge (das Reich Gottes gleicht einem Senfkorn, aus dem ein großer Baum wird). Wir sehen bei Jesus die Sensibilität für die Kinder, die in der Welt der erwachsenen Männer seiner Zeit keinerlei Bedeutung haben. Wir sehen Jesu vorrangige Zuwendung zu den Armen und auch zu den Sündern, die von den pharisäischen und schriftgelehrten Tugendbolden ebenso marginalisiert wurden, wie viele Kranke, denen man ihre Krankheit als Strafe Gottes interpretierte und damit den Ausschluss aus der Gesellschaft rechtfertigte.«[8]

- Religiös erfahrene Menschen stecken mit ihren Erfahrungen andere Menschen an. Andere Menschen folgen solchen erfahrenen Menschen nach. Aber bereits Sokrates hat die enorme Gefahr dieser Nachfolge gesehen und seinen Schülern verboten, ihn nachzuahmen. Individualisierte Rollen, Interessen, Vorlieben, Einseitigkeiten würden notgedrungener Maßen dem, der einem religiös erfahrenen Menschen nachfolgt, verfremden. Wieso kann Nachfolge Christi nun zum Stichwort christlicher Spiritualität werden? Menschen und auch Christen sind heute sehr kritisch gegenüber allen Formen kritikloser Nachfolge von Führergestalten, auch religiöser Führergestalten. Gibt es hier Unterschiede zur Nachfolge Christi? Nachfolge Christi kann nie und nimmer einfache Nachahmung bedeuten und kritikloses Kopieren eines Vorbildes, wie das oft in unkritischer Hagiographie von großen Heiligen geschehen ist.

- Christus hingegen vermag deshalb Nachfolge zu verlangen, weil seine Darstellung der absoluten Hingabe des uneingeschränkten Liebesdienstes an anderen, die einzige Form ethischer Gestalt ist, die keine individualisierbare Rolle mehr vorstellt, die den Einzelnen überfremden könnte. Deshalb kann nur Christus Nachfolge fordern. Sein Leben an Jesus Christus binden – im Sinne der Nachfolge – bedeutet, in Jesus von Nazareth eine neue menschliche Qualität erkennen und sich für sie entscheiden. Diese neue Qualität ist nicht nur faktisch im

6 Vgl. Schulze, Gerhard: Die Erlebnisgesellschaft, Frankfurt a. Main 2000. Becks, Hartmut: Der Gottesdienst in der Erlebnisgesellschaft, Waltrop 1999.
7 Vgl. Sedmak, Clemens: Theologie in nachtheologischer Zeit, Mainz 2003.
8 Virt, Günter: Theologie als Dimension bioethischer Politikberatung, in: Salzburger Theologische Zeitschrift 7 (2003) 193.

Vergleich mit anderen Großen der Weltgeschichte unüberboten, sondern darüber hinaus unüberbietbar – unüberbietbar, weil sie mehr ist, als eine neue, bloß menschliche Qualität. Die eigene Identität und Würde ist in der Botschaft Jesu so sehr göttlich garantiert, dass wir sie nicht mehr krampfhaft festhalten müssen, um ein Selbstwertgefühl in leistungszentrierter Selbstverwirklichung aufzubauen. Wer sein Leben krampfhaft festhält, wird es verlieren, wer es aber hingibt, wird es gewinnen. Das ist das Grundparadox der neuen menschlichen Qualität, die an Jesus Christus erfahren wird. Die neue menschliche Qualität Jesu Christi bedeutet Bestimmung des eigenen Lebens als Dasein für andere als Grundlage und Verbindung aller Ausformungen christlicher Spiritualität.

Aus dieser ursprünglichen Gottesbeziehung Jesu Christi (»Ich und der Vater sind eins«, Joh 10,30 und inhaltlich durchgängig im Neuen Testament) können einzelne Menschen, einzelne Menschengruppen – zum Beispiel in den Orden – und auch einzelne Epochen der Kirchengeschichte jeweils nur in geschichtlicher Brechung ausschnitthaft Nachfolge in kreativer Eigenverantwortung verwirklichen. Genau diese Brechungen aber sind die Grundlage für die vielfältigen, unterschiedlichen, christlichen Spiritualitäten, die aber doch auf die gleiche Wurzel zurückgehen und grundsätzlich offen sind für das Ganze der religiösen Erfahrung Jesu.

Je tiefer verwurzelt ein Mensch in dieser christlichen Glaubenserfahrung spiritueller Form ist, desto offener und dialogbereiter wird ein spirituell erfahrener Mensch auch gegenüber anderen, authentischen, religiösen Erfahrungen sein, diese aber auch umso kritischer von nichtauthentischen oder verkürzten religiösen Erfahrungen unterscheiden können. Für beides ist Kardinal König ein überzeugendes, persönliches Beispiel.

Wie verhält sich nun authentische, religiöse Erfahrung im Allgemeinen und spezifisch christliche Erfahrung im Besonderen zur sittlichen Erfahrung?

Religiöse versus sittliche Erfahrung

Zunächst fällt die unterscheidende Tatsache ins Auge, dass Menschen, die sich für »religiös unbegabt« halten oder meinen, gar keine religiösen Erfahrungen zu haben, durchaus ethisch hochstehende Menschen sein können. Auch in der Theorie der Moral haben Menschen, die sich ausdrücklich selbst so beschreiben, hervorragende und prägende ethische Bücher geschrieben.

Ein fundamentaler Unterschied zwischen religiöser und sittlicher Erfahrung ergibt sich zumindest im christlichen Kontext auch daher, dass religiöse Erfahrung primär Gnadenerfahrung und erst sekundär Sollenserfahrung meint. Allerdings sind Gnadenerfahrung und Sollenserfahrung auch untrennbar miteinander verwoben. Auf die Zusage der Nähe der Gottesherrschaft folgt unmittelbar der Ruf nach Umkehr (Mk 1,15). Auf die Verkündigung des Glaubens folgt in den Paulusbriefen im zweiten Teil die Paränese im Sinn moralischer Sollensaussagen auf den Fuß.

Der innere Zusammenhang von Glaubenserfahrung und sittlicher Erfahrung ergibt sich formal aus dem Charakter der unbedingten Verbindlichkeit und inhaltlich aus der Einsicht, dass in jedem sittlichen Urteil Sachaspekte und Sinnaspekte miteinander vermittelt sind. Beide Erfahrungsweisen, die des heiligen und die des sittlichen Anspruchs, gehören wurzelhaft zur Wirklichkeit des Menschen, wenn auch in unterschiedlicher und bisweilen sogar in Spannung zueinander stehender Entfaltung.

Diesem Zusammenhang trägt das Zweite Vatikanische Konzil in der Kirchenkonstitution *Lumen Gentium* Nr. 16 Rechnung, wenn das Lehramt ausdrücklich anerkennt, dass, »wer das Evangelium Christi und seine Kirche ohne Schuld nicht kennt, Gott aber aus ehrlichem Herzen sucht, seinen im Anruf des Gewissens erkannten Willen unter dem Einfluss der Gnade, in der Tat zu erfüllen trachtet, das ewige Heil erlangen kann«. In seinem Kommentar vermerkt Alois Grillmeier: »Im eigenen Gewissen vernehmen sie (die, die Gott nicht ausdrücklich kennen, ihn aber suchen) Gottes Stimme und können seinen Willen unter dem Einfluss seiner heilenden, helfenden, inneren Gnade erfüllen. Der Gott, den sie damit erfassen, ist objektiv nicht nur der Gott der Schöpfung, sondern der eine Gott von Schöpfung und Heil. Dieser Gott des Heils ist auch für die unwissenden, aber ehrlich Suchenden schon präsent und tätig […]. Jedenfalls wird die sittliche Einstellung eines solchen Atheisten als *Präparatio Evangelica* genannt.«[9] Das Konzil geht also von der inneren Verschränkung der religiösen und sittlichen Erfahrung aus – auch in einem Menschen, der explizit Gott nicht kennt – ohne diesen Zusammenhang näher auszuführen. Diese Verschränkung setzt aber voraus, dass in der sittlichen Erfahrung und in der gnadenhaften Erfahrung, die in der Voraussetzung gründet, dass Gottes universaler Heilswille (1 Tim 2,4) sich in Christus zeigt, der alle Menschen erlöst, gleichermaßen der universale Charakter dieser Erfahrung sich zeigt.

Die spezifische Erfahrung, mit der ethische Theorie sich befasst, ist die Wiederspiegelung einer ursprünglichen Tiefenerfahrung, die jeden Menschen vor die Forderung stellt, das Gute zu tun und das Böse zu meiden, so sehr sich der Mensch in der kategorialen Bestimmung, was nun für ihn das konkret Gute sei, auch täuschen kann. Diese Erfahrung ist in ihrer Unbedingtheit universal. In der christlichen Tradition zeigt sich diese auch in dem in sich differenzierten Begriff des Gewissens. In dem vermutlich durch einen Abschreibfehler entstandenen Begriff der Synteresis, befassten sich seit dem Mittelalter alle Theologen mit dem Verhältnis dieser in diesem Begriff angesprochenen Urerfahrung des Guten (Urgewissen), mit der Erfahrung der konkreten sittlichen Urteilsbildung und Entscheidung (Funktionsgewissen oder Conscientia). Dieses Urwissen um Gut und Böse ist offen für verschiedene Interpretationen und diese Interpretationen hängen dann durchaus auch für einen säkularen Bereich erfahrbaren Form von Spiritualität zusammen.

In der konkreten Gewissenserfahrung bei der Suche nach dem sittlich Richtigen in der konkreten Daseinssituation zeigt sich noch einmal eine doppelte spezifische Rationalität der Wirklichkeit. Jedes sittliche Urteil und jede sittliche Norm setzt nicht nur einen Sachgehalt voraus, auf den sich die sittliche Entscheidung bezieht, sondern ebenso auch einen Sinngehalt der Wirklichkeit. Die ethische Reflexion hängt damit zusammen, dass die Realität im Hinblick auf ihre uneingelösten Möglichkeiten als sinnvoll erfahren wird, obwohl diese Erfahrung als Sollenserfahrung zur Realität in Kontrast steht. In jeder Sinnerfahrung, wie sie unausweichlich in jede

---

9 Grillmeier, Alois: Kommentar zur dogmatischen Konstitution über die Kirche, in: LThK, Ergänzungsband 1, Freiburg (1966), 206f.

sittliche Urteilsfindung eingeht, steckt ein Stück Urvertrauen oder hoffende Antizipation einer umfassenderen, zukommenden und erwartbaren Wirklichkeit. Eine solche Hoffnung unterscheidet sich von der Prognose, die die Gegenwart extrapoliert, während Hoffnung mit Unvorhersehbarem rechnet, welches im Urvertrauen nicht als Objekt der Verzweiflung adaptiert wird. Dass es aber auch Objekt der Verzweiflung sein könnte, gibt dem Faszinierenden der Hoffnung auch das Erschütternde.[10]

Diese Grundstruktur sittlicher Erfahrung findet ihren Niederschlag auch im Recht. Das Deutsche Bundesverfassungsgericht beschreibt die Gewissensentscheidung als ein real erfahrbares seelisches Phänomen, dessen Forderungen, Mahnungen und Warnungen für den Menschen unmittelbar evidente Gebote unbedingten Sollens darstellen. Als Gewissensentscheidung, die in allen Menschenrechtskonventionen und zuletzt in der EU-Verfassung ausdrücklich geschützt wird, gilt »jede ernste sittliche, das heißt an den Kategorien von Gut und Böse orientierte, Entscheidung [...], die der Einzelne in einer bestimmten Lage als für sich bindend und unbedingt verpflichtend innerlich erfährt, so dass er gegen sie nicht ohne ernste Not handeln könnte.« Eine solch ernsthafte unbedingte Gewissensbindung aber berührt sich mit der spirituellen Dimension menschlicher Existenz.

In ethischen Diskursen bleibt die Frage der Letztbegründung aber meist offen. Im Vordergrund steht die pragmatische Verständigung und das weitmögliche Vorantreiben eines Konsenses im ethischen Diskurs. Der Weg zur Überwindung der Binnenmoralen kann nicht über Letztbegründungen geführt werden. Für einen gläubigen Menschen mag der Rekurs auf den Willen Gottes als naheliegende Formulierung für eine Letztbegründung seines sittlichen Handelns und Suchens plausibel erscheinen. Hier aber gilt es, genau zu unterscheiden. Eine Letztbegründung ist der Rekurs auf den Willen Gottes nicht in dem Sinn, dass eine solche Berufung die Mühe vernunftgemäßer Begründung und eines gesellschaftlich ethischen Dialoges ersetzen könnte. Sehr wohl aber ist die Suche nach dem persönlichen Willen Gottes für einen gläubigen Menschen die Begründung für sein sittliches Engagement – das, was den Menschen in seinem Leben eigentlich bewegt und in diesem Sinne motiviert.

Deswegen lassen sich durchaus auch andere Formulierungszugänge mehr philosophischer Art für eine Letztbegründung von Ethik denken, etwa von den transzendentalen Bedingungen der Möglichkeit der Verbindung von Freiheit und Solidarität. In diesem Sinne kann auch in der Philosophie Gott philosophisch als Idee einer solidarischen Freiheit gedacht werden. Wiederum zielt auch ein solcher Gedanke nicht auf eine Ersetzung des rational ethischen Diskurses, sondern vielmehr auf das Fundament der Begründung sittlicher Suche. Diese und weitere, hier nicht auszuführende Gedanken einer Letztbegründung von Ethik dürfen nicht als Verlängerung des konkreten Begründungsbedarfes oder gar als deren Ersatz erscheinen. Sie stellen vielmehr eine eigene Überlegung dar. Helmut Peukert schlägt vor, den Grund und den Sinn von Ethik zu verstehen von einem Grund zur Hoffnung. Dieser Grund liegt im Vertrauen auf die personale Intensität und universale Extensität der Liebe Gottes zu den Menschen, die sich jedes beschädigten und zerstörten

---

10 Vgl. Mieth, Dietmar: Die Begründung sittlicher Urteile, in: Ders.: Moral und Erfahrung II, Freiburg/Schweiz 1998, 31.

Lebens wirksam erinnert und vor allem auch die kleinen Anfänge des Lebens mit besonderer Liebe umgibt.[11]

In den heute so heftig geführten bioethischen Diskursen, in denen es um gravierende Weichenstellung für die Lebenswelt von morgen geht, wird dieser Diskurs auch von politischen Instanzen in so genannten nationalen und internationalen Ethikkomitees delegiert.[12] In diesen institutionalisierten bioethischen Debatten geht es um eine Verständigung auf pragmatischer Ebene, die selbst noch einmal ethisch, politisch und theologisch zu hinterfragen wäre.[13] Es hängt sehr viel von der Gruppendynamik in diesen Ethikkommissionen ab, in denen oft auch Theologen Mitglieder sind. Die französische nationale Ethikkommission CCNE sieht in ihrer Zusammensetzung ausdrücklich Mitglieder der »spirituellen Familien« und Gruppen vor. Damit sind wir zum letzten Gedankenschritt gelangt.

Die Wechselwirkung zwischen ethischer Begründung und spiritueller Motivation

Unterschiedliche Persönlichkeiten mit unterschiedlichen Motivationen, Spiritualitäten und Interessen kennzeichnen die Gruppendynamik dieser Ethikkommissionen. Hinter den konkreten Denkformen stehen oft auch existentielle und religiöse Befindlichkeiten. So zeigt sich etwa in letzter Zeit vielfach der Unterschied zwischen katholischer und reformierter Denkform und Spiritualität. Während die katholische Tradition von der Kontinuität des Naturverständnisses ausgeht und den hermeneutischen Zirkel an dem Punkt betritt, wo das Sein den sittlichen Anspruch an den Menschen stellt (*agere sequitur esse*), steigt eine reformierte Tradition eher bei der Kategorie der Zuschreibung ein. Die Wirklichkeit sei nicht einfach zu beschreiben, sondern sei das, was ihr von Gott zugeschrieben wird – dem Sünder Rechtfertigung, dem Menschen Gottebenbildlichkeit usw. Dieser unterschiedliche Einstieg führt auch zu unterschiedlichen Bewertungen, etwa in der Frage nach dem anthropologischen, moralischen und rechtlichen Status des menschlichen Embryos. Katholische Moraltheologie geht von einer Wirklichkeit aus, die kontinuierlich interpretiert und das Naturverständnis kontinuierlich entfaltet. So werden auch die kleinen, ersten Anfänge des Menschenlebens in ihrer intrinsischen Schutzwürdigkeit gesehen, während eine protestantischen Annäherung mit der Kategorie der Zuschreibung

11 Vgl. Peukert, Helmut: Wissenschaftstheorie und Handlungstheorie. Fundamentale Theologie, Frankfurt 1975.

12 In der Europäischen Union haben alle 25 derzeitigen Mitgliedsstaaten nationale Ethikkomitees. Über die Aktivitäten dieser Ethikkomitees informiert die European Group on Ethics der Europäischen Kommission in einem regelmäßigen Newsletter: Ethically speaking. Diese European Group on Ethics hat als unabhängige Gruppe von derzeit 12 Mitgliedern, die Europäische Kommission in den wichtigen ethischen Entscheidungen über den Einsatz und die Anwendung neuer Technologien zu beraten. Auch der Europarat hat in CdBI ein ethisches Leitungsgremium.

13 Virt, Günter: Von der (gesellschafts-) ethischen Relevanz des christlichen Glaubens. Indirekte Theologie am Beispiel der Bioethik; in: Baumgartner, Isidor/Friesl, Christian/Máté–Tóth, Andras: Den Himmel offen halten. Ein Plädoyer für Kirchenentwicklung in Europa, FS Paul M. Zulehner, Innsbruck 2000, 39–48.

Virt, Günter: Theologische Ethik – in der Politikberatung gefragt?, in: Holderegger, Adrian/Wils, Jean-Pierre (Hrsg.): Interdisziplinäre Ethik: Grundlagen, Methoden, Bereiche. FS Dietmar Mieth, Studien zur theologischen Ethik 89, Freiburg/ Schweiz 2001, 445–458.

von außen her, nicht von der intrinsischen Würde, sondern von der Beziehungskategorie her denkt.

Ein rein rationaler ethischer Diskurs, so unverzichtbar und entscheidend er ist, greift ohne ausdrückliche Berücksichtigung der Wechselwirkung zu den hintergründigen Denkformen, Befindlichkeitsformen und Spiritualitäten zu kurz. Unterschiedliche Spiritualitäten motivieren in unterschiedlicher Weise. Diese unterschiedliche Motivationskraft von Spiritualitäten wirkt sich auch gesellschaftlich in dem kritischen Potential, in der stimulierenden Kraft und in der Integrationsfähigkeit dieser Spiritualität aus.[14]

Jeder auch noch so naturwissenschaftlich orientierte Forscher ist ein Mensch mit einer bestimmten Geistigkeit. In solchen Geistigkeiten lassen sich unter Umständen auch Einseitigkeiten und Reduktionismen finden. So notwendig und wichtig ein Ethos der Sachlichkeit und auch der Nützlichkeit ist, so sehr können Interessen und Gewohnheiten Wirklichkeitsdimensionen ausblenden. Wenn ein Forscher viele Jahre hindurch menschliche Embryonen im Mikroskop beobachtet, kann die vordergründig empiristisch verkürzte Wahrnehmungsweise zu einer existentiellen Abstumpfung führen. Auch Alltagsintuitionen haben mit Spiritualität zu tun. Am anderen Ende des Spektrums finden sich viele Wissenschaftler, die gerade in der Spitzenforschung immer wieder neue Erkenntnistore aufstoßen, aber dann erkennen, dass sie vor neuen verschlossenen Türen stehen. Eine solche Erfahrung kann durchaus zum Sinn für das je größere Geheimnis, das sich in der Schöpfung zeigt, führen – und damit zu einer Spiritualität der Ehrfurcht.[15]

Eine christliche Motivation und Spiritualität führt zudem auch zu einer hohen Sensibilität für die ganz kleinen Anfänge des Menschenlebens, das sich bis in die Sprache hinein auswirkt. So sprechen die einen vom Beginn des Menschenlebens als einem embryonalen Menschen, währenddessen die anderen von einem menschlichen Embryo sprechen. Beide Redeweisen enthalten durchaus bereits Zugangsperspektiven und Sensibilitäten. Wer vom menschlichen Embryo spricht, hat zunächst die allgemeine Kategorie Embryo, die Tier und Mensch übergreift, im Auge, in der die menschliche Qualität zumindest am Beginn zurücktritt. Ähnliches zeigt sich in der Sprechweise und im Umgang mit Menschen mit Behinderungen. Landläufig wird in unserer Gesellschaft von »Behinderten« gesprochen, was wiederum einen Ausgang von einer allgemeinen Kategorie bedeutet, die zu wenig sensibel auf den Einzelnen und seine Situation eingeht. Eine gut begründete, spirituell sensiblere Redeweise spricht von Menschen mit Behinderungen, nimmt also zuerst den Menschen in den Blick und dann die unterschiedlichen Situationen seines Menschseins. Zudem kommt in dieser Weise auch das Solidarische mehr zum Tragen und das Bewusstsein, dass jeder Mensch in einer bestimmten Weise mit Behinderungen und Begrenzungen lebt und jederzeit jeden eine schicksalhafte Behinderung treffen kann. Der gläubige Mensch wird in seiner Spiritualität verstehen, dass wir in jedem Augenblick und in jeder Situation in Gottes Hand sind und auch jede Begrenzung und Behinderung ihre Bedeutung haben kann.

---

14 Vgl. Auer, Alfons: Autonome Moral und christlicher Glaube, Düsseldorf 1971.
15 Vgl. Marschütz, Gerhard: Die verlorene Ehrfurcht, Würzburg 1992.

Das Thema, dem dieser Band zu Ehren Kardinal Königs gewidmet ist, wurde in diesem Essay aus theologisch-ethischer Perspektive behandelt. Dabei wurde versucht, den Begriff Spiritualität mit dem Begriff der Erfahrung im Sinne von Erfahrungsstilen zu verbinden. Solche Erfahrungsstile betreffen die verschiedenen Formen religiöser Erfahrung und stellen uns nicht nur vor die Aufgabe, diese Stile zu beschreiben, sondern auch Kriterien für die Unterscheidung authentischer Erfahrung zu suchen und diese zur Unterscheidung des Christlichen weiterzuführen. Solche Erfahrungsstile betreffen auch die verschiedenen Formen sittlicher Erfahrung und der darauf aufbauenden ethischen Reflexion. Unterschiedliche Denk- und Befindlichkeitsformen treffen im gesellschaftlichen Dialog – und somit auch in dem in Ethikkommissionen institutionalisierten Diskurs – aufeinander. Besonders sensibel sind die Wechselwirkungen zwischen religiösen Erfahrungsstilen (Spiritualitäten) und sittlichen Erfahrungsstilen, die implizit ja auch mit Spiritualität zu tun haben. Für die Zukunft gilt es, diese Wechselwirkung weiter und differenzierter zu beachten und zu bedenken, vor allem auch dahingehend, wie sie sich bis in den gesellschaftlich eingebürgerten Sprachgebrauch hinein auswirken.

Vom Preis der Gottesaffirmation

Johann Reikerstorfer

Religion kehrt wieder. Und die Rede von der widerspruchsvollen »Dialektik« eines planen Säkularisierungsprozesses sucht, diesem Befund auch Rechnung zu tragen.[1] Doch wie zeigt sich »Religion« *in* ihrer Wiederkehr, nachdem es – wie es scheint – kein verbindliches Modell der »Transzendenzerfahrung« mehr gibt, das alle religiös relevanten Erfahrungen in einem Symbol- und Ritualkomplex plausibel zu integrieren vermag? Handelt es sich bei diesen neuen Formen und Gestalten der religiös-spirituellen Angebotszene um »Kompensationsphänomene« für Modernisierungsschäden, um Ausbrüche aus den systemischen Zwängen einer unübersichtlicher und komplexer gewordenen Lebenswelt?[2] Meldet sich in dieser »Rückkehr« der Protest gegen die wachsende Anonymität und Vergleichgültigung der Antlitze in den abstrakten Systemen der Ökonomie, der Technik und ihrer Kultur- und Kommunikationsindustrie, also Formen des Widerstands gegen die neuen Bedrohungen menschlicher Identität – vielleicht wie ein leiser Aufschrei des Menschen, der die Bedrohung spürt und nach Rettung sucht? Ist es die Angst des Menschen, seinen Namen zu verlieren oder einem Schicksal geopfert zu werden, vielleicht die tiefer sitzende Angst in allen Ängsten, die Angst vor einer alles vergleichgültigenden Zeit, – tödlicher noch als der Tod?[3]

Dennoch bleibt zu fragen, ob die diffusen und breit gestreuten Tendenzen einer »Respiritualisierung« wirklich jene Kräfte zu mobilisieren imstande sind, die dem drohenden Schwund des Menschen widerstehen können. Vermag ein solcher »Trend« im Sog moderner Individualisierungen jene tragfähige Solidarität zu stiften wie einst die großen religiösen Menschheitsvisionen, die in unseren »posttraditionalen« Gesellschaften unaufhaltsam ihre Kraft einbüßen? Und doch kann sich die Identität des Menschen nie ohne die Anderen bilden. Denn *ihre* Hoffnungen, *ihre* Kämpfe und Leiden erweitern den Gesichtskreis für eine »teure« Transzendenz, die sich der Enge selbstreferentieller Gottes- und Menschenvorstellungen entwindet.

---

1 Vgl. Interview mit Johann Baptist Metz in: KNA (Bonn) vom 8.6.2004.
2 Vgl. den Bericht über das gemeinsam mit Karl Gabriel veranstaltete Seminar beim Europäischen Forum Alpbach 1999: Gabriel, Karl/Reikerstorfer, Johann: Spiritualität. Zusammenfassung des Seminars, in: Die zerrissene Gesellschaft. Europäisches Forum Alpbach 1999 (hrsg. von H. Pfusterschmid-Hardtenstein) Wien 2000, 102–108.
3 Vgl. dazu die treffenden Analysen in: Metz, Johann Baptist: Zeit ohne Finale? Zum Hintergrund der Debatte über »Resurrektion oder Reinkarnation«, in: Concilium 29 (1993) H.5, 458–462 und »Ohne Finale ins Nichts. Die Herrschaft der endlosen Zeit und die Angst«, in: FAZ vom 13. Juli 1991.

Oder zielt die unter dem Namen »Spiritualität« beschworene Kultur des Lebens und der Lebensbejahung am Ende bloß auf eine Kultur des Überlebens? Verrät der rein affirmative Ton des Lebens vielleicht jene kultivierte Art des Vergessens, der eine Spiritualität nicht gerade heute zu widerstehen hätte? Gilt nicht auch von einer frei herumschwebenden und nur schwer identifizierbaren »Spiritualität« das von Schelling auf die Philosophie gemünzte Wort: »Jede Philosophie, die nicht im Negativen ihre Grundlage behält, und ohne dasselbe, also unmittelbar das Positive (...) erreichen will, stirbt zuletzt an (unvermeidlicher) geistiger Auszehrung«[4]?

Der deutsche Fußballer Jens Jeremies mag den Sänger Udo Jürgens. Nicht alles von ihm. So etwas wie »Aber bitte mit Sahne« eher nicht. Schon Substantielleres. Dann fällt ihm die Melodie und hernach auch der Text ein[5]:

> *»Wer nie verliert, hat den Sieg nicht verdient.*
> *Wer alles will, muss viel von sich geben.*
> *Wer nichts riskiert, hat sein Glück nur gelieh'n.*
> *Wer sich nicht einsetzt, gewinnt nicht das Leben.*
> *Ich weiß noch gut, wie die Verzweiflung schmeckt,*
> *wenn selbst die Wut sich vor dem Schmerz versteckt.«*

Spätestens seit dem 11. September 2001 hat auch die westliche Welt mit Schrecken die Verletzbarkeit von fremden Kulturen und Religionen und das Problematische einer kontextfreien Verallgemeinerung europäischer Kulturwerte und Humanitätsideale erfahren. Das »säkulare Projekt« Europa ist angefragt, ob es eine religiös–weltanschaulich plural strukturierte Öffentlichkeit anzuerkennen und ein produktives Miteinander zu inspirieren vermag. Ein antipluralistisches Konzept von Säkularisierung, das Religion aus weltanschaulichen Gründen von vornherein aus der Öffentlichkeit verbannt und strikt privatisiert, erscheint mittlerweile »weltgeschichtlich« überholt zu sein. Postsäkulare Gesellschaften müssen mit der Präsenz religiöser Gemeinschaften in einer fortwährend sich säkularisierenden Umgebung rechnen.[6]

Aber wie soll es ein pluralitätsfähiges Anerkennungsethos geben ohne geschichtliches Eingedenken in der Ausweitung auf die Passionsgeschichten auch der Anderen? Nur in ihm wäre auch heute noch – oder wieder und erst recht – von Unterdrückung und Befreiung zu reden und gegen die neuen Formen der Ungerechtigkeit, gegen Ausgrenzung, gegen Verelendung und zerstörerische Armut zu protestieren. Wenn sich das Christentum in den Zeiten der Globalisierung aus seinem *kultischen* Gedächtnis erneuerte und überzeugend ein solidarisches Leidensgedächtnis im Widerstand gegen die weltweiten Bedrohung des Menschen kultivierte, könnte es sich als ein produktiver Stachel in der Begegnung mit anderen Kulturen und Religionen erweisen.[7] Ein solches Ethos wäre nicht nur für die innerchristliche Ökumene, sondern auch für einen »Ökumenismus« der Weltreligionen in gemeinsam geübter Weltverantwortung von Bedeutung. Denn in der »tiefen Diesseitigkeit«, in

---

4 Schelling, Friedrich Wilhelm Joseph: Sämtliche Werke, hrsg. von K. F. A. Schelling, Stuttgart 1856–61, X 176.
5 Zitiert aus einem Interview in: SZ vom 12./13. Juni 2004.
6 Habermas, Jürgen: Glauben und Wissen. Friedenspreisrede 2001, in: Ders.: Zeitdiagnosen. Zwölf Essays 1980–2001, Franfurt am Main 2003, 251f.
7 So die These von Johann Baptist Metz, in: Ders.: Vorschlag für ein Weltprogramm des Christentums im Zeitalter der Globalisierung, in: Virt, Günter (Hrsg.): Facetten einer Dynamik aus ethischer und theologischer Perspektive, Freiburg/Schweiz–Freiburg/Br.–Wien 2000, 130–141.

dcr Jesu Tod und Auferstehung gegenwärtig ist[8], geschieht in der Verantwortung für andere die kommunikative Unterbrechung unserer allemal projektionsverdächtigen Gottesbilder.

Theologische Orientierungen

Für eine solche Spiritualität des »Eingedenkens«[9] sollen zunächst einige theologische Perspektiven formuliert werden:

Erstens: Das Christentum ist von der Überzeugung getragen, dass »Gott«, der unser Bruder sein wollte, also in der Offenheit einer menschlichen Begegnung uns selbst begegnen möchte, immer vor die Antlitze der Anderen drängt, weil sich im Verhältnis zu den Anderen das Gottesverhältnis konkret entscheidet. Der Glaube braucht die Anderen, um erfahren und sagen zu können, wer Gott ist. Denn in ihrer Anerkennung bleibt das unverfügbare Geheimnis Gottes selbst welthaft gegenwärtig. Umgekehrt vollzieht sich das sündige Nein gegen Gott leiblich-konkret in der Verweigerung dieser Anerkennung. Schließlich geht es in den eschatologischen Bildern vom »Reich Gottes« um eine universale Verheißung, die den Einzelnen übersteigt und zutiefst mit anderen verbindet. Es sind sozusagen kontextuelle Veranschaulichungen des Bundeswillens Gottes selbst in der vollendeten Gemeinschaft der Menschheit. Gerade eine Religion der Einheit von Gottes- und Nächstenliebe wird die Hinwendung zu den Anderen nicht bloß als eine moralische Konsequenz des Glaubens, vielmehr als Bedingung der Gottbegegnung selbst erachten müssen.

Zweitens: Diese Einheit von Gottes- und Nächstenliebe konnte die Theologie bislang in einem interpersonalen Begegnungs-Paradigma interpretieren, das auch als Folie des Gottesverständnisses fungierte. Heute jedoch drängt sich diese Einheit geradezu in ihrer »politischen« Form auf. Denn die Anderen als Vermittlung zu Gott sind nicht nur die unmittelbar begegnenden Anderen, sondern die weltweit *bedrohten*, die strukturell benachteiligten und marginalisierten Anderen. Deshalb muss die Liebe in diesen Verhältnissen eine widerständigere Form annehmen, weil sie nur in der Verantwortung auch für gesellschaftliche Strukturen weltbezogen bleibt. Sie kann nicht undialektisch affirmieren, wenn sie sich in Gegenhorizonten als Negation der Negation behaupten und wirksam zur Erscheinung bringen soll. Ein Christentum, das im Gekreuzigten die definitive Selbstzuwendung Gottes erkennt, also in diesem »Abstieg« seine Transzendenz ergreift, darf sich nicht über die Lebensschicksale anderer erheben und davon unberührt seine Identität in einer politisch folgenlosen Innerlichkeit zu retten suchen. Wie in sich selbst verliebt müsste wohl ein Glaube sein, der im Blick auf die Welt keine herausfordernden Irritationen – auch nicht für sein Gottesgedächtnis selbst zulässt?

---

8 Bonhoeffer, Dietrich: Widerstand und Ergebung, Briefe und Aufzeichnungen aus der Haft, Neuausgabe München 1970, 401. Dazu jetzt auch: Capozza, Nicoletta: Im Namen der Treue zur Erde. Versuch eines Vergleichs zwischen Bonhoeffers und Nietzsches Denken, Münster 2002.
9 Vgl. dazu den in Anm. 2 erwähnten Beitrag. Die von Walter Benjamin stammende Kategorie soll hier in ihrer Rezeption durch Johann Baptist Metz aufgenommen und in unseren Argumentationszusammenhang eingebracht werden.

Drittens: Der in den Anderen begegnende Gott bleibt immer auch der verhüllte, der dunkle und überraschungsvolle Gott. Seine Menschwerdung hat ihn nicht »heller«, nicht durchschaubarer, nicht für uns sinnvoller und erträglicher gemacht. Sein Nahekommen in »Knechtsgestalt« schärft selbst die subversive Aufmerksamkeit für die gebrochenen Lebensgeschichten, die enttäuschten und zunichte gemachten Hoffnungen, denen kein billiger Trost zu genügen vermag. So werden die Leidensgeschichten in dieser Erinnerung einem alles vergleichgültigenden Schicksal entwunden und – im Licht der Offenbarung – zu einem Leiden »an« Gott selbst, dem im Schmerz der Transzendenz der *Unnahbare* nahe geht. Diese schmerzliche Nähe, die der »Sohn« bis hinein in den »Verlassenheitsschrei« erfuhr, hat er unserer Geschichte unwiderruflich als Gottesspur eingeschrieben.

Schöpfungstheologisch gesprochen: Der Bund ist innerer Grund der Schöpfung und hat doch in ihr eine echte Geschichte seiner Selbstverwirklichung. Es ist mit anderen Worten das Recht der »Natur« in der Gnade, die Anerkennung der Würde des Geschöpflichen und in ihr die vermittelte Gestalt des »Bundes« selber. Vor allem die Anerkennung der menschlichen Würde *in* ihrer Verletztheit, also in dieser negativen Erfahrung des *mysterium passionis*, zerbricht eine ontologische oder identitätsphilosophische Interpretation der Transparenz der Schöpfung und macht Schöpfung nur im *Aus-Stand* auf Gott selbst hin denkbar. Gott ist nicht zeitlos, ist kein Jenseits zur Zeit, sondern der nahe Ausständige, die Präsenz des Noch-nicht, der *Kommende* im gekommenen Gott.

Auf Grund dieser Verzeitlichung können Gottesgedächtnis und menschliches Leidensgedächtnis nicht mehr voneinander abgetrennt und hypostasierend fixiert werden, um sie erst nachträglich in eine Verbindung bringen zu wollen. Wie die Geschichte des sich an der Leidensfrage entzündenden Atheismus zeigt, muss ein solcher Versuch an dem Dilemma von Allmacht und Güte Gottes scheitern. Versperrt sind auch die Wege in die gnostische Verinnerlichung Gottes wie in eine weltflüchtige Jenseitserwartung. Biblisch bleibt der Gottesname unauslöschlich eingeschrieben in die Passionsgeschichte der Menschheit. Er kann nicht »außerhalb« oder »oberhalb« derselben angesiedelt werden, vielmehr ist sie der Preis der Gottesaffirmation selber. Allein in dieser Dialektik kann die menschliche Würde im Leid respektiert und Gott als der einzige Gott der Wirklichkeit eschatologisch behauptet werden. Sie wäre schließlich der Widerpart gegen den »Posthumanismus« einer mythischen »Seinsgeschichte«, die sich in ihrer Menschenleere zugleich auch als gottlos entlarvt.

Die sich heute von überall her aufdrängende Frage, warum das Böse, warum das sinnlose, das desintegrierende und zerstörerische Leid vor allem Unschuldiger, – diese Warum-Frage lässt sich in ihrer Wucht und Dramatik nicht mehr in ein wie auch immer sinnvolles »Wozu« umbiegen. Nur *als* Gottesfrage vermag sie diesen geschichtlichen Irritationen ohne Verschleierungen oder Verdunkelungen standzuhalten. Was wäre die Alternative? Nur ein mitleidloses Vergessen, das sich seinen dehumanisierenden Konsequenzen nicht entziehen könnte.

In dieser Gebrochenheit ist das Gottesgedächtnis kommunikativer als der metaphysisch verschlüsselte Gott einer geschichtslosen Heilsdoktrin. Anders gesagt: Die Erinnerung an die Auferstehung ist nicht der allemal ideologieverdächtige Wunsch nach einem »Jenseits« der Geschichte, sondern der Beginn einer anderen Geschichte inmitten unserer Geschichte, einer Gegen-Geschichte, in der die Nähe Gottes in der

Berührbarkeit für die verschleierten und verdrängten Passionsgeschichten der Menschheit zur Erscheinung kommt.[10] In dieser »Torheit« bleibt Gott auch geschichtlich der Name für eine ungeheuerliche Hoffnung »wider alle Hoffnung«. Nur wer den im Leid nistenden Nihilismus schmeckt, kann Gott im Widerstand als ein befreiendes Hoffnungswort erfahren.

Damit ist auch gesagt, dass Gott, der im Kreuz alle Sinngebungen der Geschichte (auch die der religiösen Phantasie) sprengte und alle Versuche, die Welt auf ein gelingendes Ende hin zu durchschauen, zunichte machte, das Eingedenken der vielen Kreuze unserer Weltgeschichte erzwingt, um als dieser Gott verheißungsvoller Unterbrechung geschichtlich nahe zu bleiben. In dieser jesuanischen Gottesspur bekommt das Christentum den Anruf Gottes aus unserer zeitlichen Welt in einer neuen geschichtlichen Dringlichkeit zu hören. Es kommt nicht an der Frage vorbei, ob es sich in der Bedrohtheit des Menschen heute in einer neuen Zukunftsfähigkeit entdecken kann und will. Denn das Leidensgedächtnis wäre jene Gestalt der Hoffnung »pro aliis«, die die Welt der Anderen in sich einlässt und sich mit ihren geschichtlichen Erfahrungen verbindet. Nur diese Orientierung bewahrt das Christentum vor dem Anschein einer um sich kreisenden Klage- oder Opferreligion, die Gewalt gegen andere evoziert.[11]

Die Christologie muss sich fragen, ob sie nicht mit ihrer Begrifflichkeit einer *Prinzipialisierung* der Heilstat Gottes Vorschub leistete, die diese Zeitlichkeit eher verdeckt und um ihre Wirksamkeit bringt. Wäre Jesus Christus wie eine Art »Problemlösung« die Antwort auf die Theodizeefrage, dann würde man Christus aus der Geschichte lösen und dieser ihre zeitliche Dynamik auf Gott selbst hin nehmen. Christliche Hoffnung ist nur dann mehr als bloße Utopie und nur dann auch von ihr bestimmt zu unterscheiden, wenn ihr der Weltblick der Theodizeefrage nicht erspart bleibt und sie sich an der »Glut« dieser Frage immer neu entzündet. Beginnt hier nicht überhaupt erst Religion in einem substantiellen Sinn sichtbar zu werden?

Mit welchem Blick muss man unserer Welt eigentlich begegnen, um rein affirmativ, ungebrochen und ohne dialektische Phantasie von Gott reden zu wollen? Der rein affirmativ Gottgläubige verkennt, dass Gott nur als der Umstrittene und Umkämpfte, der vom Untergang allemal Bedrohte – also in menschlicher Verzweiflungssituation – als Trost und Ermutigung, als glaubwürdiger und auch anbetungswürdiger Gott erfahrbar wird. Wer nie die Verzweiflung geschmeckt, wer nie vor dem Abgrund letzter Vergeblichkeit und Sinnlosigkeit stand, dem kann auch niemals Halt und Rettung nahe sein. Deshalb gehört die durch nichts zu beruhigende – auch religiös nicht zu beschwichtigende – Negativität zur *memoria Dei*. Sie allein garantiert im »unpassenden Gott« (Johann Baptist Metz) eine universale Menschheitsverheißung, die ihren Grund und ihr Maß in Gott selbst hat.

Was wäre eigentlich die Alternative zu dieser negativen Theologie? Eine Theologie etwa, die nichts mehr vermisst, die das »Glück der Unmittelbarkeit« (S. Kierkegaard) kultiviert und die transzendierende Kraft leidvoller Unterbrechungen aus sich verdrängt? Ihr würde nicht nur der Mensch, sondern mit ihm auch Gott

---

10 Zu diesem Gedanken einer Offenbarung »im Widerspruch« vgl. Appel, Kurt: Entsprechung im Wider-Spruch. Eine Auseinandersetzung mit dem Offenbarungsbegriff der politischen Theologie des jungen Hegel, Münster 2003.
11 Insofern ist z. B. Mel Gibsons Jesus-Film (»The Passion of the Christ«) mit seiner Fokussierung der Leidensgeschichten in dem einen Horrorszenario des Leidens Jesu gerade eine Perversion des christlichen Umgangs mit dem Leid in der Welt: vgl. dazu: Manemann, Jürgen: Seufzer der Kreatur. Ohne Christentum wäre Europa leer, in SZ vom 3.5.2004.

abhanden kommen, weil – wie wir zu zeigen versuchten – nur das Leiden an Gott auch die Würde des Menschen gegen die »objektive« Vergesslichkeit einer über alles hinweg gehenden und alles einebnenden Zeit garantiert. Eine solche Theologie wäre mit ihren Kommentaren verheißungslos und überflüssig. Deshalb hängt die Zukunft Gottes und des Menschen am Kern dieser inneren Dialektik der Gottesaffirmation. Dieses geschichtliche Gottes- und Menschengedächtnis ist in der Spannung zwischen Erinnern und Vergessen vorgängiger als der »Begriff« und bleibt deshalb auch die Basis für eine theologische Rede von Gott und dem Menschen.

Der zweite Mut

Was der biblische Verheißungsglaube als *Geschichtsbewusstsein* einmal auf den Weg brachte, verliert heute im Hang zu Psychologie, zu Ästhetik und auch religiöser Verklärung, wie es scheint, den Ernst und die Tiefe seiner Provokation. Darin geschieht die Verdrängung jener Anderen, die auch hoffnungsvoller den Gesichtskreis der kleinen und verkleinerten Perspektiven eigener Selbstfindungpraktiken erweitern könnten. Geschichte aber in ihrer sperrigen Nichtidentität vorkommen zu lassen, ihr Raum zu geben, verlangt einen *zweiten* Mut, nachdem Gott bislang zu undialektisch-affirmativ gesucht und tradiert wurde und deshalb so leicht als Überhöhung, als weltflüchtiger Trost einer trostlosen Welt entlarvt werden konnte.

Dieser Mut zur Nichtidentität will sich gegen erschlichene Harmonisierungen auch einer religiösen Phantasie gerade den »Schmerz der Negativität« (Hegel) in Gott nicht ersparen.[12] Er ist dieses Ja in der widerständigen Form des Eingedenkens, das sich vor allem die Frage nach einer Gerechtigkeit für die ungerecht und unschuldig Leidenden nicht nehmen lässt. Oder, um an Kierkegaard zu erinnern: »Das unmittelbare Verhältnis zu Gott ist geradezu Heidentum: erst wenn der Bruch vollzogen ist, kann von einem wahren Gottesverhältnis die Rede sein.«[13]

Warum wirkt unsere Gottesrede heute weithin so leer, so verbraucht und trostlos? Hat dies vielleicht darin seinen Grund, dass wir unseren Weltblick zu wenig durch die Anderen unterbrechen lassen und wir uns selbst verheißungslos in Gott hinein spiegeln? – Weil wir uns so schnell aus den Gefahrenzonen der Geschichte zurückziehen und dem Anblick der Anderen auszuweichen suchen, werden wir auch taub und unempfänglich für den Trost der großen, der allen zugedachten und gehörenden Hoffnung. Denn Gott hält, trägt und tröstet nur, wenn man an ihm – als dem Gott auch der Anderen – zu leiden vermag.

Bekanntlich ringt heute vor allem die neue Politische Theologie um die Wahrheitsfähigkeit der biblischen *memoria passionis* im gegenwärtigen Vernunftdisput.[14] Dieses Eingedenken verlangt und fundiert eine Vernunft mit »Leidensapriori«, die eine unveräußerliche Inpflichtnahme im Vernunftbegriff selbst anerkennt und somit

---

12 Vgl. die Aufsätze in: Reikerstorfer, Johann (Hrsg.): Vom Wagnis der Nichtidentität. Johann Baptist Metz zu Ehren, Münster 1998.
13 Kierkegaard, Sören: Die Leidenschaft des Religiösen. Eine Auswahl aus Schriften und Tagebüchern, Stuttgart 1968, 19.
14 Dazu: Metz, Johann, Baptist: Athen versus Jerusalem? Was das Christentum dem europäischen Geist schuldig geblieben ist, in: Orientierung 60 (15.3.1996) 9–25.

nicht nur zum Organ einer universalisierungsfähigen Gottesrede, sondern auch für eine Verständigung zwischen Kulturen und Religionen werden könnte.[15] Dieses Eingedenken ist nicht sentimental gemeint, sondern politisch als ein tätiges, ein produktiv veränderndes Eingedenken in kritisch-befreiender Absicht. Der Glaube entzündet sich an der *Compassion*, ist Gottesleidenschaft als Mitleidenschaft und in dieser Version der Einheit von Gottes- und Nächstenliebe ein Stachel für die Schärfung des »humanen Gewissens« in einer vom Schwund des Menschen bedrohten Welt. Deshalb müssen wir uns fragen, ob der moralische wie auch politische Kompetenzverlust des Christentums nicht in einer geradezu pagan anmutenden Affirmationsfreudigkeit begründet liegt, die kein Leid an Gott heran lässt, kein Leiden an Gott selbst kennt und damit auch jede eschatologische Unruhe aus sich verdrängt.

Von der »Nähe« Gottes im »Vermissen«

Liegt in dieser »Sorge um Gott« nicht eine ungestillte Sehnsucht? Kündigt sich in ihr vielleicht Gott selbst geschichtlich auf eine neue Weise an, so dass man sie gar nicht recht verstanden hätte, wenn man sie bloß als Sehnsucht nach Gott beschreiben wollte? Alles liegt daran, Gott im Modus der Sehnsucht selbst als sein Nahen in der Verantwortung für die Anderen zu begreifen und ein immer wieder strapaziertes Frage-Antwort-Schema als inadäquates Deutungsmuster zurück zu weisen. »Nähe« bedeutet »die Unvergleichlichkeit des Unumfaßbaren, das uns berührt, aber nicht aufhebt, sie ist Sehnsucht, d. h. genau ein Gedanke, der unendlich mehr denkt, als er denkt«[16].

Diese Sehnsucht richtet sich nicht auf einen anderswoher bekannten oder vertrauten Gott, sie zielt gerade auf den unnahbaren Gott, der in der Sorge um ihn zugleich auch neugierig auf ihn selbst macht. Nur ein Gott, mit dem alles steht oder fällt, – nur ein solcher Gott kann auch in der Freiheit des Zweckfreien um seiner selbst willen bejaht und dankbar gefeiert werden.

Warum können wir es nicht hinnehmen, dass anderen Unrecht geschieht, ohne uns selbst zu verlieren? Gibt es ein Band der Solidarität, das uns in seiner Verletztheit oder Verletzbarkeit anrührt und in unserer Identität betrifft? Woran entzündet sich der Mut des Aufstands gegen den Triumph eines Schicksals, das unterschiedslos alles in sich verschlingt? Warum gilt uns die Zeit, die alles verschlingt, tödlicher als der Tod? Warum sind uns oft die Toten näher, obwohl sie niemandem mehr nützen? Hören wir in dieser Erinnerung vielleicht einen leisen Protest gegen die todbringenden Verhältnisse, die wir selbst produzieren, weil die »Sprache des Marktes« überallhin, in alle »Poren« eindringt und die zwischenmenschlichen Beziehungen in das Korsett »der selbstbezogenen Orientierung an je eigenen

15 Metz, Johann, Baptist: Im Eingedenken fremden Leids. Zu einer Basiskategorie christlicher Gottesrede, in: Metz, Johann, Baptist/Reikerstorfer, Johann/Werbick, Jürgen: Gottesrede, 2. aktualisierte Auflage, Münster 2001, 3–20, sowie Ders.: Memoria passionis. Zu einer Grundkategorie interkultureller und interreligiöser Begegnung, in: Müller, Hans-Peter: Das Evangelium und die Weltreligionen, Stuttgart 1997, 109–118.
16 Lévinas, Emmanuel: Menschwerdung Gottes?, in: Ders.: Zwischen uns. Versuche über das Denken an die Anderen, München/Wien 1995, 79.

Präferenzen« presst?[17]Lässt sie in der Unterbrechung der verdinglichten Warenwelt mit ihrer höhnischen und entwürdigenden Gewalt des Tausches das »Band« einer tiefer greifenden Menschlichkeit und in ihm auch noch etwas von der zweckfreien Liebe Gottes erahnen?

Eine von diesem Vermissen gespeiste Spiritualität relativiert nicht das christliche Verheißungspotential, stellt es auch nicht erneut zur Disposition, sie erneuert vielmehr jenen praktischen Kontext, in dem allein die Ungeheuerlichkeit einer Hoffnung »wider alle Hoffnung« zu sprechen beginnt und tradierbar wird. Wie viel Christusmystik braucht man, wie viel Kraft echter Partizipation, um auch im Alltag Zerbrechenden, Leidenden und zukunftslos gewordenen Opfern unserer Öffentlichkeit Aufmerksamkeit zu schenken?

Wer Gott in Anderen und für Andere vermisst, kann sich nicht mit einer »verkleinerten Transzendenz« (Niklas Luhmann) begnügen. Er ist unterwegs zur »je größeren« Transzendenz einer unabgegoltenen Zukunft der Welt, – ohne absichernden Vorgriff und ohne Verwechslung Gottes mit seinem Begriff. In dieser negativen, aber so gerade kommunikativen Form bleiben Gott und Welt zeitlich aufeinander bezogen. Und nur in einer solchen Atmosphäre könnten dann auch so verbrauchte und verdächtigte Worte wie Liebe und Versöhnung einen substantiellen Sinn bekommen bzw. zurückgewinnen.

Eine solche Spiritualität kann sich mit ihrem Gespür für die Verletzbarkeit des Menschen kommunikativ mit den Lebensgeschichten der Menschen und Kulturen verbinden und so eine akzeptable Basis für Verständigungen stiften, die auch für das interkulturelle und interreligiöse Gespräch von entscheidender Bedeutung wäre.

Entgrenzte Gebetssprache

Man macht Gott nicht göttlicher, wenn man ihn »reiner«, unbedrohter, zeitlos-allgemeiner ersinnt. Nur der immer auch missbrauchte, der strittige und negierbare Gott kann in einem echten Sinn auch anbetungswürdig sein. Entwerten wir nicht auch das Gebet, indem wir es von den Zustimmungskrisen isolieren, die der Einzelne gerade in seiner Lebenswelt erlebt und die er ja nicht außerhalb seines Betens lassen, sondern gerade in seine Gottesaffirmation einbringen soll?[18]

Die großen alttestamentlichen Gebetstraditionen der Psalmen und auch des prophetischen Betens leiden nicht an der Figur der Überaffirmation. Auch das Lob Gottes entzündet sich an den abgründigen Erfahrungen der Krise und des Scheiterns – also im »Horizont der Gefahr«. Die reine Affirmation wäre ohnehin nicht der Ausdruck großen Zutrauens, sondern viel eher Zeichen des Kleinmuts und der Unfähigkeit, Zweifel, Ängste und Bedrohungen in das Ringen um Gott selbst zu nehmen.

Diese Sprache der Gebete eignet sich nicht zur Kompensation und Angstbeschwichtigung. Und sie ist auch niemals die Sprache würdeloser Ergebung. Viel eher

17 Habermas, Zeitdiagnosen, 257.
18 Vgl. zu diesem Abschnitt auch Reikerstorfer, Johann: Über die »Klage« in der Christologie, in: Klage. Jahrbuch für biblische Theologie, Bd.16 (2001), hrsg. von Ebner, Martin u. a.: Neunkirchen-Vlyn 2001, 269–287.

die eines Aufstands, in dem der Beter sein Selbst auf Gott selbst hin in der »tiefen Diesseitigkeit« des profanen Lebens zugeeignet erhält – einen »Namen«, ein »Gesicht«, eine »Würde«. Gibt es deshalb vielleicht mehr Gebetssprache unter den Menschen, als man gewöhnlich anzuerkennen bereit ist?[19] Was geht eigentlich vor, wenn Menschen sich das Schicksal anderer nahe gehen lassen und daran selbst leiden, wenn sie sich nicht abfinden wollen mit den schrecklichen Leidenszenarien unserer Welt, obgleich der Protest oft nur in einen ohnmächtigen »Seufzer« mündet und erstickt? Liegt darin nicht jene »Achtung« der Anderen, in der sich Gott »über Gott hinaus«, also der »unpassende« Gott, in einer seltsamen Berührung *im* Leben *zurückmeldet*? Und zwar in dieser rebellischen Sprache der Gebete, in denen er der Gerufene bleibt und sich menschheitlich-universal mit den Lebensgeschichten der Menschen verbindet. Dies fügt sich freilich nicht mehr in das vertraute Klischee, dass nur Glaubende beten können. Karl Rahner soll einmal gesagt haben: Ich bete, nicht weil ich glaube, sondern ich glaube, weil ich bete.

Sind es Ankündigungen einer neuen Gotteserfahrung im praktizierten Bilderverbot? Im Zerbrechen fixierender Bilder als Ausdruck des Respekts vor den leiddurchkreuzten Lebensgeschichten der Anderen, die uns auch im Schmerz die *verheißungsvolle* Nähe ahnen lassen – leise, gewiss, und unaufdringlich? »Du sollst dir kein Gottesbild machen und keine Darstellung von irgend etwas am Himmel droben, auf der Erde unten oder im Wasser unter der Erde.« (Ex 20,4)

---

19 Vgl. dazu das einschlägige Interview mit Johann Baptist Metz: »Sis mihi Deus!«, in: Das Prisma. Beiträge zu Pastoral, Katechese & Theologie, hrsg. von Hagemann, Wilfried: 15. Jg. (2003) H. 2 20–28.

Spiritualität als Thema des interreligiösen Dialogs

Johann Figl

Interreligiöser Dialog in Theorie und Praxis – ein Beispiel

Vor einigen Jahren habe ich an einem interreligiösen Dialogseminar zum Thema »Leere« (im Sinne von »Nichts«) und »Fülle« in den buddhistischen, hinduistischen und christlichen Traditionen in Sarnath in Indien teilgenommen. Dieser Ort hat für den Buddhismus eine grundlegende Bedeutung, da es der Platz ist, an dem Buddha seine erste Predigt gehalten und das »Rad der Lehre« in Bewegung gesetzt hat. Diese einwöchige Begegnung von etwa dreißig Personen, Wissenschaftlern, gelehrten Swamis und Rinpoches aus den genannten drei Religionen, diente aber nicht bloß der theoretischen Auseinandersetzung über diese beiden Grundbegriffe »Leerheit und Fülle«, sondern die Vorträge und Diskussionen waren eingebettet in einen Tagesrhythmus, in dem es eine Kombination der wissenschaftlichen Veranstaltungen mit Meditation und Gebet gab, der interreligiöse Dialog also nicht nur Thema der Gespräche war, sondern auch in der Praxis realisiert wurde. Ein Blick in das Programm zeigt, dass etwa drei Stunden – zusätzlich zu den Vorträgen und Gesprächen – der Meditation gewidmet waren, beginnend mit der einstündigen Morgenmeditation zwischen sechs und sieben Uhr, gefolgt von einer längeren Rezitation in Tibetisch, Sanskrit, Griechisch oder Pali vor dem Frühstück, zu Mittag war ein halbstündiges Gebet, das aus einer dieser Traditionen stammte, vor dem Abendessen war eine Stunde Meditation und nochmals am Abend zwischen halb zehn und zehn Uhr. Dieser Tagesablauf zeigt, dass interreligiöser Dialog nicht nur etwas ist, über das man schreiben und sprechen kann, sondern etwas, das man mitleben und praktizieren soll; es war zugleich ein Zusammenleben im Gästehaus der Tibetischen Hochschule in Sarnath. Das besondere Gewicht dieses Treffens im Dezember 1999 war auch darin begründet, dass der Dalai Lama an der Schlusssession teilgenommen hat. Es war für ihn zudem ein Ort persönlicher Erinnerung, denn zu diesem Zeitpunkt waren es genau vierzig Jahre seit seiner Flucht aus Tibet nach Indien. Damals ist er in Sarnath von einem Hindu, einem Jaina-Mönch und einem katholischen Priester begrüßt worden – in sich schon ein interreligiöser Akt, wie der katholische Priester, der damals den jungen Mönch willkommen geheißen hat, Raimon Panikkar; in der Schlusssession sagte; er hatte auch die wissenschaftliche Leitung der genannten Tagung inne[1].

---

1 Bettina, Bäumer: Report, in: Bulletin of the Abhishiktananda Society, Nr. 21, Dezember 2000, 8.

Von der Art der Durchführung und von der Themenstellung dieser Tagung her habe ich viel gelernt, denn die beiden Leitbegriffe »Fülle und Nichts« sind zentrale spirituelle Erfahrungen. »Leere« und »Fülle« sind keine Gegensätze, sondern die Leerheit erweist sich als diese »Fülle«. Es ist also keine nihilistische Sicht, sondern eine Rede vom eigentlich Unaussprechlichen. Mit diesem »Nichts« ist im buddhistischen Kontext *śūnya*, die Leerheit gemeint, für den hinduistischen Kontext steht *Pūrna*, die Fülle; dieses Wort ist etymologisch verwandt mit dem griechischen Ausdruck *plerôma*, den wir an zentralen Stellen des Neuen Testaments antreffen.

Es zeigen sich hier zwei Grundaspekte des spirituellen Erlebens, zwei unterschiedliche Ausdrucksweisen für die letzte Realität. Aber sie sind nicht einfachhin aufgeteilt auf verschiedene Religionen, sondern in jeder Religion ist beides vorhanden. Ich spreche hier von den Weltreligionen und da trifft das gewiss auch für das Judentum und den Islam zu. Dennoch aber muss gesagt werden, dass jede Religion ihre sehr spezifische Erfahrung der letzten Wirklichkeit hat und es nicht möglich ist, die Rede über das *Nichts* im Buddhismus ohne weiteres auf das Christentum zu übertragen und umgekehrt, oder die »Fülle« im Hinduismus christlich zu verstehen bzw. *vice versa*. Es ist frappierend, einerseits die Nähe in manchen Begriffen und Erfahrungen zu sehen, andererseits aber werden bei intensiverer Beschäftigung auch die Unterschiede klar.

In den Gesprächen dort hat sich gezeigt, dass es weniger zutreffend ist, von der *Gleichheit und Verschiedenheit* der spirituellen Erfahrung in den Religionen zu sprechen, sondern dass ein anderes Begriffspaar eher weiterführt, nämlich *Konvergenz und Divergenz*. Es ist zum Teil ein Annähern und zum Teil ein Auseinandergehen, es ist ein dynamischer Prozess, der besser erfasst, was im interreligiösen Dialog erfahren wird, als die substantialistischen Begriffe »Identität« und »Verschiedenheit« es tun. Denn es kann durchaus Annäherung geben, unabhängig davon, ob die Verschiedenheit oder Gleichheit überwiegt. Bei einzelnen Aspekten des Vergleichs sollte daher möglichst das *Ganze einer Religion* im Auge behalten werden. Denn »jede Tradition hat ihre eigene innere Harmonie und Balance, welche wir respektieren sollten«[2]. Einzelne Teile zu kombinieren ist problematisch; es wäre eine willkürliche und selektive Umgangsweise im Hinblick auf die Spiritualität anderer Traditionen. Oder wie es der Dalai Lama dort mit einem tibetischen Sprichwort gesagt hat: Wir sollen nicht versuchen das Horn eines Yak auf den Kopf eines Schafs aufzusetzen[3].

Es ist also notwendig, einen Mittelweg bei der Suche nach neuen Meditationswegen zu finden, der einerseits der Spiritualität anderer Religionen und andererseits der Integrität des eigenen Glaubens gerecht wird. Einige Überlegungen, die einen solchen Weg zeigen können, von dem ich glaube, dass er angemessen ist im Hinblick auf den Respekt vor den anderen und verantwortet werden kann in Treue zu der eigenen Tradition, sollen nun ausgeführt werden. Bei meinen Überlegungen will ich aber nicht von den Religionen generell sprechen, sondern konkret auf das *Verhältnis Christentum und Buddhismus* eingehen.

---

2 Vgl. Vigne, Jacques: How does a bridge between fullness and emptiness look like? Reflections after the Sarnath Seminar on śūnya, purna and plerôma, in: Bulletin (vgl. Anm. 1) a. a. O. 12.
3 Vgl. Dupuche, John R.: Silence and Music: Impressions of the Inter-religious Retreat Seminar on Śūnya-Pūrna-Plerôma, Sarnath, December 1999, in: Bulletin (vgl. Anm. 1), 11.

Spiritualität im christlich-buddhistischen Dialog

Im christlich-buddhistischen Dialog der letzten dreißig bis vierzig Jahren sind viele Sachthemen angesprochen worden, die man mit Michael von Brück um die drei Themenkreise Buddha – Dharma – Sangha anordnen kann, d. h. erstens auf den Vergleich zwischen historischem Buddha und historischem Jesus eingehen, zweitens die Lehre, den Dharma, und das Evangelium vom liebenden Gott vergleichen, und drittens Sangha (Gemeinde) und Kirche in Beziehung setzen[4]. In allen diesen Bereichen kommen auch die spirituellen Aspekte zur Sprache. Doch die Spiritualität im engeren Sinn, nämlich als meditative Erfahrung der letzten Wirklichkeit, war – besonders im Buddhismus der deutschsprachigen Länder – in den letzten Jahrzehnten zu einem *eigenen*, selbstständigen Thema geworden; sie war nun zum primären *Motiv* der Zuwendung zum Buddhismus geworden. Zuvor – seitdem es westliche Buddhismus-Konvertiten gibt, seit den 80er Jahren des 19. Jahrhunderts, war durchaus ein anderes Motiv ausschlaggebend, nämlich die rationale Struktur dieser östlichen Religion, Buddhismus als die »*Religion der Vernunft*« (Georg Grimm) – im bewussten Gegensatz zum Christentum als *irrationaler Glaubensreligion*. Doch seit den 60er Jahren des 20. Jahrhunderts gab es regelrechte *Meditationsbewegungen*, die sich um Lehrer und Lehrerinnen der drei Hauptrichtungen des Buddhismus bildeten[5]. Seit diesen Jahren standen auch im Dialog zwischen christlichen Theologen und buddhistischen Gelehrten Fragen der Meditation im Mittelpunkt: Die Problemfelder waren z. B. Mystik und Zen, Gott und absolutes Nichts, Jesus Christus (besonders die Kreuzesthematik), die Lehre von der Kenosis (die Entleerung)[6], also Themen, die auch beim Dialog-Seminar in Sarnath zentral waren. Es gab Gespräche auf verschiedenen Ebenen, wie beispielsweise Begegnung und gegenseitige Einladungen von christlichen und buddhistischen Mönchen bzw. Nonnen[7].

Was ist das bisherige Ergebnis solcher Gespräche im Hinblick auf die Spiritualität? Konkreter ist die Frage so zu formulieren: Was kann der Christ vom Buddhismus lernen, und was kann der Buddhist vom Christentum lernen? Noch grundlegender gefragt: Ist es – angesichts der gravierenden Differenzen in zentralen Aussagen – wie z. B. buddhistische Wiedergeburtslehre und Nirvāna einerseits und christliches Gottesverständnis und Jenseitsglauben andererseits – überhaupt möglich, etwas von der jeweils anderen Religion zu rezipieren?

Diese Fragen wurden hinsichtlich der Zen-Meditation relativ klar beantwortet, und daran kann man Grundlegendes für die generelle Möglichkeit lernen, ursprünglich buddhistische Meditationsformen im Christentum zu rezipieren. Aus christlicher Sicht lautet eine weit verbreitete Antwort so, wie sie Hugo Enomiya-Lassalle, ein sehr bedeutender Übermittler der Zen-Praxis im christlichen Raum, in seinem Buch »Zen-Buddhismus und christliche Spiritualität« gibt: »Zen als Meditation ist nicht ›Religion‹ in dem Sinne, wie etwa das Christentum Religion ist oder wie es auch die verschiedenen buddhistischen Richtungen […] sind. […] Zazen als solches ist

---

4 von Brück, Michael: Buddhismus und Christentum: Geschichte, Konfrontation, Dialog, München 2000, Teil B, 289ff.
5 Vgl. Figl, Johann: Buddhismus in Europa als Anfrage an das Christentum, in: Riße, Günter (Hrsg.): Wege der Theologie. An der Schwelle zum dritten Jahrtausend, FS Hans Waldenfels, Paderborn 1996, 685–693; Ders.: Begegnung mit dem Buddhismus im Westen, in: Religionen unterwegs 1 (1995), Heft 1 (Teil 1) 15–19 und Heft 2 (Teil 2) 16–19.
6 Vgl. von Brück, Buddhismus und Christentum, 221.
7 Vgl. von Brück, Buddhismus und Christentum, 528ff.

anders. Für manchen, der Zazen nicht aus Erfahrung kennt, ist das vielleicht schwer zu verstehen. Er könnte in der Tat fragen: Kann man die Meditation von ihrer Religion trennen? Ich bleibe aber dabei: Im Zen liegt der Fall anders. Zazen hat grundsätzlich keine Gedanken. Daher steht es auch nicht im Widerspruch zum Christentum. Streng genommen sollte man daher auch nicht von ›christlichem Zen‹ sprechen. Aus demselben Grund gibt es ja auch kein ›buddhistisches Zen‹. Ich erinnere noch einmal an jenen Zen-Meister, der das einmal in einem Vergleich mit dem Tee zum Ausdruck gebracht hat. Eine Tasse Tee schmeckt, so sagte er, für einen Buddhisten genauso wie für einen Christen; da ist kein Unterschied.«[8] Dieser Sicht eines christlichen Theologen haben manche Buddhisten mit ähnlicher Argumentation zugestimmt: Der Zen-Meister Yāmada Kōun betrachtet »Zen nicht primär als eine institutionelle Religion, sondern als menschliche spirituelle Praxis. Wer sich ihr unterziehe, komme zur tiefen Erfahrung der nicht-dualistischen Einheit von Subjekt und Objekt und werde darum ein ›besserer Christ‹, wenn er Christ sei, oder ein ›besserer Buddhist‹, wenn er Buddhist sei«[9]. *Zen* kann daher – wie M. von Brück eine Tendenz der zen-buddhistisch-christlichen Kolloquien zusammenfasst – »*als Grundlage in allen Religionen*« verstanden werden; es gibt Zen-Meister – wie Shibayama Zenkai, die sagen, dass es ›in der reinen Erfahrung […] keine Differenzen zwischen den Religionen geben (könne)‹«[10].

Als Religionswissenschaftler muss man freilich sagen, dass auch durch spirituelle Erfahrungen die Differenzen zwischen den Religionen nicht weggewischt werden, denn es ist eine historische Tatsache, dass die Zen-Meditation einen unverwechselbaren *spezifisch buddhistischen Charakter* hat. Aber es muss auch die *andere* Dimension gesehen werden: nämlich ihre *generellen anthropologischen Aspekte* und ihre *allgemein-menschliche Bedeutung*, die sie über den ursprünglich buddhistischen Kontext hinausgehend hat, wie z. B. Körperhaltung, Erfahrung der Nichtdualität, seelische Ruhe und Befreiung. Wenn das so ist, dann kann zusammenfassend festgehalten werden: In meditativen Praktiken der Weltreligionen lassen sich *zwei Dimensionen* unterscheiden, einerseits der *religionsspezifische Kontext* und andererseits der *allgemein-anthropologische Charakter*; diese beiden Aspekte gehören zwar historisch zusammen, aber dennoch können solche Methoden in einem anderen religiösen und kulturellen Kontext fruchtbar integriert werden. Das gilt ebenso für die Meditationswege monotheistischer Religionen, wie z. B. für die »Geistlichen Übungen« des Ignatius von Loyola. Peter Kolvenbach, Generaloberer der Gesellschaft Jesu, sagt folgendes über diese »Spirituellen Exerzitien« (wie der spanische Originaltitel eigentlich zu übersetzen wäre): »Die Erfahrung lehrt, dass nichtkatholische Christen sie mit Nutzen machen können, und dass sie auch so angepasst werden können, dass sie Nichtchristen helfen.«[11] Der Nichtchrist muss nicht konvertieren, um aus einer klar durchdachten Anleitung zur richtigen Wahl und wohlüberlegten Entscheidung, die das Ziel der 30tägigen Exerzitien ist, Nutzen ziehen zu können. In entsprechender Adaption können sie auch außerhalb des Christentums eine wertvolle geistliche Methodik sein.

Die spirituelle Begegnung zwischen verschiedenen Religionen kann also nicht dadurch abgeblockt werden, dass man auf den unleugbaren Tatbestand hinweist,

---

8 Enomiya-Lassalle, Hugo M.: Zen und christliche Mystik, Freiburg i. Br. ³1986, 97ff.
9 von Brück, Buddhismus und Christentum, 529, der sich hier auf unveröffentlichte Akten der Dritten Internationalen Buddhistisch-Christlichen Konferenz in Berkeley 1987 bezieht (vgl. a. a. O. 743, Anm. 232).
10 von Brück, Buddhismus und Christentum, 175.
11 Knauer, Peter (Übers.): Geistliche Übungen, Ignatius von Loyola, Würzburg 1998, 24.

jede Meditationsform habe ihren jeweiligen spezifischen religionsgeschichtlichen Ursprungskontext. Die katholische Kirche ermutigt vielmehr, hier offen zu sein. Entscheidende Anstöße dafür sind durch die »Erklärung über die nichtchristlichen Religionen« *Nostra Aetate* (1965) und andere Aussagen des Zweiten Vatikanischen Konzils gegeben worden: Die Kirche anerkennt, dass »Wahrheit und Gnade« auch in anderen Religionen zu finden sind (Missionsdekret *Ad Gentes* 9) und nichts abzulehnen sei, »was in diesen Religionen wahr und heilig ist« (*Nostra Aetate* 2). Zudem sollten – was für unser Thema besonders wichtig ist – die religiösen Orden in den Missionsländern prüfen, »wie die Traditionen des asketischen und beschaulichen Lebens [anderer Religionen, J. F.] in ein christliches Ordensleben aufgenommen werden können« (*Ad Gentes* 18).

Nach Bejahung der *grundsätzlichen* Möglichkeit der Rezeption im Bereich der Spiritualität, ist die vorhin genannte Frage aufzunehmen, was nun der Christ vom Buddhisten – und umgekehrt – *konkret* lernen könne? Ich gehe vom Christen aus:

Zurecht wird hingewiesen, dass das Christentum eine reiche mystische Tradition hat. Aber was ist dennoch das Fehlende gegenüber den Meditationsformen des Ostens, insbesondere jenen des Buddhismus? Ich glaube, dass es das Fehlen einer *Methodik* ist, des methodischen Weges, der insbesondere die Haltung des Körpers und die Dimension des Leiblichen, besonders des Atmens, miteinbezieht. Es gab wohl gewisse leiborientierte Ansätze in der ostkirchlichen monastischen Tradition, die an indische Meditationspraktiken erinnern, und es gibt methodische *Anleitungen* zur Spiritualität, eine der bedeutendsten ist wohl jene des Ignatius von Loyola in den »Geistlichen Übungen«. Aber all dies scheint nicht auszureichen, um die Defizite angesichts der östlichen Religionen aufzuwiegen. Enomiya-Lassalle, selbst Jesuit, schrieb schon vor zwei Jahrzehnten in dem erwähnten Buch »Zen und christliche Spiritualität« den Satz: »Wo die Exerzitien [nämlich die des Ignatius von Loyola, J. F.] aufhören, fängt das Zazen an.«[12] Ich glaube zwar nicht, dass dies eine zutreffende Verhältnisbestimmung ist. Dennoch stimmt es, dass im Christentum manches im spirituellen Bereich fehlt, was die östlichen Meditationswege in jahrhundertelanger Erfahrung praktizieren.

Außer *Körperhaltung* und *Atemtechniken* ist zusätzlich die Bedeutung des *spirituellen Lehrmeisters* zu nennen. Weitere Merkmale hängen mit dessen Wichtigkeit zusammen: Die östlichen Religionen betonen viel stärker das kontemplative und mystische Zentrum ihrer Religion als es (bisher jedenfalls) die monotheistischen tun, und sie lehren »das Nicht-Anhaften an Dogmen und religiösen Bildern«[13]; die Differenzen der Richtungen treten daher nicht – wie im Christentum – als klare dogmatische Abgrenzungen hervor. So ist es heute durchaus möglich, dass verschiedene buddhistische Richtungen gemeinsam meditieren und Kultzeremonien vollziehen.

Doch auch die Buddhisten können von den Christen etwas lernen, wie als Bilanz der bisherigen Dialoggespräche herausgestellt wurde: Michael von Brück nennt zuerst »das Feiern erlöster Freude in menschlicher Gesellschaft«[14], Buddhisten waren z. B. tief beeindruckt von der Gemeinschaft der Mönche und Laien beim Gesang des

---

12 Vgl. 150.
13 Vgl. zu diesen Merkmalen von Brück, Buddhismus und Christentum, 545.
14 von Brück, Buddhismus und Christentum, 545.

Chorals im Kloster Montserrat. Ein weiteres wichtiges Merkmal ist meiner Einsicht nach die Wertschätzung, der Dienst am anderen, die soziale Dimension[15]. Arbeit, karitatives Tun, die soziale und politische Dimension der religiösen Haltung ist nicht etwas von der Spiritualität Getrenntes, das zusätzlich hinzukommen kann oder auch nicht, sondern sie ist eine elementare Ausdrucksgestalt christlicher Spiritualität. Auch der Buddhismus könnte somit zur Erweiterung seiner Spiritualität entscheidende Anregungen aus der christlichen Tradition übernehmen.

Wir haben Motive genannt, die im Dialog von Christentum und Buddhismus zu einem wechselseitigen Lernprozess und zu einem vertieften Verständnis der jeweils eigenen spirituellen Tradition führen könnten. Doch es gibt darüber hinaus Themen, die in *beiden Religionen* kaum entfaltet waren, die aber dennoch für eine heutige Spiritualität sehr wichtig sind – und hier meldet sich der »stumme« Gesprächspartner, das Selbstverständnis des gegenwärtigen Menschen, die säkulare Welt, zu Wort. Die Meditationsformen der klassischen Religionen waren eigentlich für *religiöse Spezialisten* gedacht; sie waren vielfach mit einer *spezifischen asketischen* Praxis verbunden. Die moderne Situation verlangt hier anderes, nämlich eine weltlich orientierte Frömmigkeit, die vom Leben, dem normalen Alltagsleben der Menschen, ausgeht – so etwas wie eine Laienspiritualität, die allen speziellen Spiritualitäten vorgeordnet ist. Das Christentum ist auf der Suche danach, aber man kann nicht sagen, dass sich hier ein überzeugender Typ schon durchgesetzt habe. Ähnliches gilt für den Buddhismus: Eine solche Spiritualität, die den Bedingungen der Moderne gerecht wird, gilt es auszuarbeiten, gilt es zu gewinnen. Dabei kann und soll an die großen klassischen Traditionen angeschlossen werden. Aber es soll nicht verschwiegen werden, dass im Hinblick auf den Menschen, der in einer säkularen Kultur lebt, auch Neues erforderlich ist.

Eine Spiritualität heute hat nicht nur religionsimmanente Quellen, sondern auch Wurzeln in einer säkular verstandenen Welt. Der interreligiöse Dialog über die Spiritualität ist daher auszuweiten zu einem *Dialog mit einem säkularen Selbstverständnis*. Zugleich führt dies zu einer weitergehenden Analyse, bei der die leitende Frage ist, ob nicht auch in der sich säkular verstandenen Mentalität Dimensionen sind, die zu Recht als *religiös* interpretiert werden können, wenn auch nicht im Sinne einer institutionalisierten Religion. Diese Religiosität *vor* den Religionen scheint für die Gewinnung einer Spiritualität *in* den Religionen sehr wichtig zu sein.

Ich möchte im letzten Abschnitt meiner Ausführungen in Anknüpfung an die Resultate des buddhistisch-christlichen Dialogs kurz drei Punkte nennen, die meines Erachtens für eine Spiritualität vor dem Hintergrund der Säkularität maßgebend sind. Gerade in der Begegnung mit dem Buddhismus, der eine *nichttheistische* Religion ist und Gott im christlichen Sinn nicht anerkennt, kommt dem *Atheismus* der Moderne vielleicht (auch) eine spirituelle Bedeutung zu.

---

15 von Brück, Buddhismus und Christentum, 537.

Perspektiven einer Spiritualität im Horizont der Säkularität

Die säkulare Welt repräsentieren in einem radikalen Sinn atheistische Religionskritiker wie Friedrich Nietzsche u. a. Aber seine Verkündigung des »Todes Gottes« scheint angesichts der neureligiösen Suche selbst schon tot zu sein – doch dies täuscht. Der Atheismus, die Gottesferne, die »Gotteskrise« (Johann Baptist Metz) bestimmt auch die Art der Spiritualität heute mit. Die von der Religionskritik heraufgeführte geistige Welt ist mentalitätsmäßig präsent; der »Tod Gottes« ist nicht tot, aber er scheint zu einem *inneren Erfahrungsmoment* modernen Selbstverständnisses geworden zu sein; so sehr, dass es gar nicht mehr notwendig ist, das Sterben Gottes *ausdrücklich* zu nennen; es ist gewissermaßen »vergessen« worden.

Es wäre lohnend, Nietzsches Diagnose der Religion nach dem »Tod Gottes« noch näher darzulegen. Ich möchte das beispielsweise an der Explikation der säkularen Existenz von einem Autor aufzeigen, der *über* Nietzsche geschrieben hat, das Buch »Und Nietzsche weinte«[16]: Es ist der amerikanische Psychoanalytiker *Irvin Yalom.* Seine Werke zeigen, dass die schonungslosen Analysen religionskritischer Denker die Mentalität des Menschen auch unserer Zeit nicht unberührt gelassen haben. Er nennt vier existenzielle Grundtatsachen, die in der Psychotherapie für den heutigen Menschen »besonders relevant [sind]: die Unausweichlichkeit des Todes für jeden von uns und für die, die wir lieben; die Freiheit, unser Leben nach unserem Willen zu gestalten; unsere letztendliche Isolation und schließlich das Fehlen eines erkennbaren Lebenssinns«[17].

Ich glaube, diesen Tatsachen muss sich eine Spiritualität von Anfang an stellen, auch wenn sie zu einer anderen, zu einer religiösen Auslegung des menschlichen Daseins kommt. Doch auch Yaloms Perspektive ist keinesfalls eine solche der Verzweiflung, sondern im Gegenteil: »So grausam diese Grundtatsachen auch sein mögen, sie bergen den Keim von Weisheit und Erfüllung«, schreibt er, und er möchte in seinem Buch zeigen, »dass die Menschen ihr Leben verändern und sich weiterentwickeln können, wenn sie sich diesen existenziellen Wahrheiten stellen und sich deren Kraft zunutze machen«[18].

In ähnlicher Weise muss sich auch heutige Spiritualität der »Gottesfinsternis« (Martin Buber) stellen, dem »Nichts«, wenn sie zur Erfahrung der »Fülle« gelangen will.

Es ist gewissermaßen das Bewusstwerden der Leerheit, der dunklen Nacht, wie sie die Mystiker erlebt haben, der Entfremdung der Seele, der Gottferne, wie sie Mechthild von Magdeburg frei gewählt hat; es ist die Nacht des »Nichts«, die Johannes vom Kreuz erfährt, und die zu Nietzsches Botschaft vom »Tod Gottes« eine innere Nähe hat.

Nur auf einen Punkt der Analyse säkularen Selbstverständnisses will ich näher eingehen: auf den Gedanken der individuellen Freiheit, die uns zu Gestaltern des eigenen Lebens macht. Sie bedeutet »Urheber seines eigenen Lebensplans«[19] zu sein; sie erfordert die Besinnung auf das Ich.

---

16 Yalom, Irvin D.: Und Nietzsche weinte, München 1994.
17 Yalom, Irvin D.: Die Liebe und ihr Henker und andere Geschichten aus der Psychotherapie, München ³1999, 11.
18 Yalom, Geschichten aus der Psychotherapie, 16.
19 Vgl. ebd.

Es ist tatsächlich ein *erster Schritt,* am *Beginn eines spirituellen Weges,* sich über sein *Dasein* in der gegenwärtigen Welt in positiver wie in negativer Hinsicht klar zu werden. Dazu gehören so zentrale Fragen wie jene nach der Autonomie und Verantwortung des Ich. Wenn manche östliche Weisheitslehrer meinen, man müsse das »Ich« als Illusion erkennen, um die absolute Wirklichkeit zu erfahren, so ist das für den westlichen Menschen wohl nicht der richtige Ausgangspunkt. Für ihn kommt es darauf an, zuerst das Ich zu gewinnen, weil die Menschen vielfach noch nicht ihr Eigenes gefunden haben; gerade die so genannte Ich-Verhaftetheit, der Egoismus, verdeckt den Mangel an Ich-Identität, zeigt eher ein Außengelenktsein als innere Autonomie an. Wer sein Ich gewonnen hat, hat auch die Kraft, sich für andere einzusetzen, es zu »verlieren«, wie der vertraute biblisch-christliche Appell lautet. Wenn der Mensch sich in dieser vorurteilsfreien und vorbehaltlosen Weise der eigenen Fragestellung aussetzt, wird er auch die Infragestellung von anderen zulassen und er wird die Frage zulassen, ob nicht vielleicht das Ich, das er meint, gefunden zu haben und das er ist, problematisiert werden soll, und die eigentliche Gewissensfrage, die dann vernommen wird – mit Nietzsche formuliert – lautet, dass es darauf ankommt, *der* Mensch zu *werden,* der man ist – und diesen gibt es nur einmal. Insofern kann niemand anderer und auch die Orientierung an niemandem anderen diese Suche abnehmen. Es ist ein Prozess, ein Unterwegssein, eine Suche nach dem, als der man gemeint ist. Religiöse Texte wollen mit anderen Worten auf dasselbe Anliegen hinweisen, gerade die jüdisch-christliche Tradition, die die Einmaligkeit des einzelnen Individuums so sehr betont. Dies illustriert die bekannte Geschichte Martin Bubers über den galizischen Wunderrabbi Meir, die in der jüdischen, chassidischen Mystik beheimatet ist: nicht Moses oder ein anderer soll man werden, sondern in unserer Erzählung eben: der Rabbi Meir, denn die entscheidende Frage, die es im Jenseits zu beantworten gilt, wird lauten, warum man nicht der geworden ist, der man ist. Man hat das Diesseits, um derjenige zu werden, der man ist. Diesem Frageduktus folgend wird man sich der begrenzten Lebenszeit bewusst; die Einmaligkeit dieses Lebens – ein essentieller christlicher Gedanke – tritt untrüglich hervor: es kann nicht verschoben werden, es kann nicht auf später aufgehoben werden, weil wir über die Zukunft nicht verfügen. Angesichts dieser Unausweichlichkeit wird sich auch die Frage nach dem Sinn einzelner Erfahrungen und auch des Lebensweges im Ganzen einstellen. Das Leben, wenn es gelebt wird, muss *jetzt* gelebt werden[20] – das ist in säkulare Sprache übersetzt, die mystische Auffassung von dem unersetzlichen Wert des Augenblicks, des Nun.

Es mögen in dieser Selbstbesinnung auf die säkulare Gegebenheit des Daseins schon die Fragen des Religiösen als Bezug zu einer transzendenten Wirklichkeit auftauchen. Aber diese sind erst dann existenziell verwurzelt, wenn der Mensch in sich selbst die Wurzel findet, die ihn selbstständig sein lässt. Ich glaube dieses Moment der Selbstbesinnung ist eine wichtige Etappe vor jeder Meditation im engeren religiösen Sinn. Die Vergewisserung, die die religiöse Tiefe unter den heutigen Bedingungen des Daseins findet, ist Element moderner Spiritualität.

Und sie ist tragfähige Basis für den *zweiten Schritt,* der die Dimension des Religiösen im engeren traditionellen Sinn meint. Auch das Erstere ist religiös in einem weiten, allgemeinen anthropologischen Sinn; dieser ist offen für den nächsten Schritt,

---

20 Vgl. Yalom, Liebe, 158.

muss aber nicht zu einer expliziten Religiosität führen. Es gibt auch Antworten, die sich keiner spezifischen religiösen Tradition anschließen. In diesem Punkt geht es darum, der inneren Wirklichkeit, von der her man den Sinn seines Lebens versteht und auf die hin man seinen eigenen Lebensweg bezogen weiß, konkreten religiösen Ausdruck zu verleihen, d. h. genauerhin ihre implizite Präsenz zu einer expliziten zu machen, ihr vorsprachliches und wortloses Dasein auf der Ebene der Worte zu vergegenwärtigen, auf der Ebene der Glaubensinhalte zu erspüren. Dies ist der Bereich, wo das Wort der Schrift und die Überlieferung ihren Platz haben: Wo sich der auf sich selbst bezogene Mensch auf eine andere Wirklichkeit hin öffnet, ein Hörender wird, offen für eine Dimension, über die er nicht verfügt, die ihm aber im Wort begegnet. Hier ist der Ort für die Meditation im engeren Sinn: Mittelalterliche Mystik hat – ausgehend von der *lectio* (der Lesung der Schrift), als weitere Stufen die *meditatio*, dann die *oratio*, das *Gebet* und schließlich die *contemplatio* (Betrachtung bzw. Schau) unterschieden. Die Konzentration auf die Inhalte der eigenen Religion geschieht darüber hinaus in Symbolen, in zeichenhafter Weise im Kult, wobei jeweils eine Zentrierung des Geistes angezielt ist. Die in sich selbst gefundene, aber gefährdete Identität wird vertieft in der eigenen Religion erfahren. Die Religion relativiert nicht die Autonomie des einzelnen Menschen, sondern stärkt und stützt sie. Deren Inhalte können – wenn der vorhin beschriebene erste Schritt gelungen ist – in neuer Weise erfahren werden: anstelle eines verzerrten und vergifteten Gottesbildes (zu dessen Verabschiedung die Religionskritik viel beigetragen hat) tritt ein Gott hervor, »dessen Stimme sagt: Du bist willkommen auf der Welt und ein wertvoller Mensch, auch wenn viele Umstände dich darüber von früh auf in tiefste Zweifel gestürzt haben. Das ist« – wie *Tilmann Moser* in seinem Buch »Von der Gottesvergiftung zu einem erträglichen Gott« sagt – »sogar mehr als ein erträglicher Gott«[21]. Und tatsächlich – darum geht es in der Religion: Sie führt zur Erfahrung der Dankbarkeit und Freude, der *Fülle und Überfülle*, die in christlicher und buddhistischer Meditation in beeindruckenden Worten beschrieben wird. So heißt es im Prolog des Johannes-Evangeliums: »Aus seiner Fülle (*plerôma*) haben wir alle empfangen Gnade über Gnade« (Joh 1,16; vgl. Kol 1,19; Eph 31,4) – das hier verwendete griechische Wort für Gnade meint zugleich Dank, Anerkennung, und andere positive Daseinserfahrungen.

Ich komme nun zum *dritten Aspekt*, der wie der erste durch die Moderne neu akzentuiert wird: der Gedanke der *Aktion*. Zum Dasein des Menschen gehört die Gestaltung des Lebens, gehört Aktivität. Es meint das konkrete Wirken, das tägliche Tun. Es ist das Dahinfließen, die Dynamik des Lebens, das, was Hildegard von Bingen die Grünheit, die *viriditas* genannt hat, Quell eines heilen, natürlichen Lebens. Es ist das Geist gewirkte und vom Geist durchwirkte Tun. Es ist der Weg zur neuen Schöpfung, die partiell, d. h. in Ansätzen vom Menschen in Angriff genommen werden soll. Gerade die christliche Religion hat mit dem Gedanken der Nächstenliebe, der Weltverantwortung und der damit verbundenen sozialen Implikationen eine spezifische Akzentuierung ihrer Spiritualität. Dieses sich Überschreiten auf eine neu zu gestaltende Welt hin ist etwas Eigentümliches und Charakteristisches dieser Religion. Es ist das, was in der Benediktusregel in dem Wort zum Ausdruck kommt, dass Gebet *und* Arbeit, Kontemplation *und* Aktion verbunden sind. Der große Strom

---

21 Moser, Tilman: Von der Gottesvergiftung zu einem erträglichen Gott. Psychoanalytische Überlegungen zur Religion, Stuttgart 2003, 40.

der spirituellen Traditionen des Christentums war deshalb kulturbezogen, kultur-
begründend und kulturprägend.

Es sind also *drei Schritte*, die eine Spiritualität heute beachten sollte: der *erste* ist
die Besinnung auf das Dasein und dessen Bedingungen und begrenzte Möglichkeiten. Es ist gewissermaßen die Schöpfungsdimension, die jeden Menschen betrifft: jeder Mensch soll seine Situation klar in einer permanent sich verändernden Welt-
wirklichkeit klar sehen, indem er sich dem Schweigen aussetzt. Die *zweite* Ebene ist
die Konzentration auf die Mitte des Religiösen, die für den Christen Christus in seinem Wort und in seiner Präsenz ist, für den Buddhisten Buddhas Erleuchtungsweg;
in beiden Religionen ist es eine Erfahrung der »Leere« als Fülle. Und die *dritte* Dimension ist eine geistgewirkte, die – christlich verstanden – auf eine neue Schöpfung
hinzielt. Weil im Absoluten das »Nichts« als die Fülle erfahren werden kann, kann
auch der Mensch in seiner unleugbaren, durch Leiden und Tod geprägten Nichtig-
keit die Fülle erlangen: um das Nichts und die Fülle, um Leerheit und Erfüllung geht
es in einer Spiritualität des Lebens.

Das Volk, das Fest, die Liebe
Alttestamentliche Spiritualität

Georg Braulik OSB

Eine Kurzformel alttestamentlicher Spiritualität

Eine jüdische Legende erzählt, dass Gott vor dem Bundesschluss am Sinai zunächst allen Völkern die Tora angeboten habe. Eine von mehreren Fassungen lautet wie folgt:

> *Als sich der Heilige, gelobt sei Er, offenbarte, um Israel die Tora zu geben, da offenbarte er sie nicht nur Israel allein, sondern bot sie auch allen anderen Völkern an. Er ging zuerst zu den Söhnen Esaus und fragte sie: Wollt ihr die Tora annehmen? Da sprachen sie: Was steht denn darin geschrieben? Gott antwortete: Du sollst nicht morden! (Exodus 20,13). Die Söhne Esaus aber sprachen: Herr der Welt, es war doch das ganze Wesen unseres Ahnherrn, wie es heißt (Genesis 27,22): Die Hände sind Esaus Hände und (Genesis 27,40): Von deinem Schwerte wirst du dich nähren. Wir können die Tora nicht in Empfang nehmen.*
>
> *Gott ging dann zu den Ammonitern und Moabitern und fragte sie: Wollt ihr die Tora in Empfang nehmen? Da sprachen sie: Was steht denn darin geschrieben. Gott antwortete: Du sollst nicht ehebrechen! (Exodus 20,14). Die Ammoniter und Moabiter aber sprachen: Herr der Welt, unser ganzes Wesen liegt doch darin, dass wir der Unzucht entstammen, wie es heißt (Genesis 19,36): Also wurden beide Töchter Lots schwanger von ihrem Vater. Wir können die Tora nicht in Empfang nehmen.*
>
> *Gott ging dann zu den Ismaelitern und fragte sie: Wollt ihr die Tora in Empfang nehmen? Da sprachen sie: Was steht denn darin geschrieben? Gott antwortete: Du sollst nicht stehlen! (Exodus 20,15). Die Ismaeliter aber sprachen: Herr der Welt, es war doch das ganze Wesen unseres Ahnherrn, dass er ein Räuber war, wie es heißt (Genesis 16,12): Er wird ein wilder Mensch sein; seine Hand wider jedermann und jedermanns Hand gegen ihn. Wir können die Tora nicht in Empfang nehmen.*
>
> *Und so ging Gott von Nation zu Nation und bot ihnen die Tora an. Aber keine wollte die Tora haben. Erst am Ende kam er zu den Israeliten. Ohne zu fragen, was denn in der Tora geschrieben steht, antworteten die Israeliten sofort: Alles, was der Herr gesagt hat, wollen wir tun und verstehen lernen (Exodus 24,7).*[1]

Ich habe Ihnen diese Geschichte zitiert, weil mir die Antwort, die Israel in Exodus 24,7 gibt, wie eine Kurzformel »alttestamentlicher Spiritualität« erscheint. Es geht

---

[1] Nach Sifre zum Deuteronomium, Pisqa 343; übersetzt in: Petuchowski, Jakob J.: Es lehrten unsere Meister. Rabbinische Geschichten, Freiburg 1992, 84f.

um ein Tun, noch ehe der Inhalt der Tora bekannt ist und verstanden wird, wörtlich: noch ehe er »gehört« wurde. Obwohl Israel gegenüber seinen Nachbarvölkern nicht als sittlich besser dargestellt wird, unterscheidet es sich doch in *einer* Hinsicht wesentlich von ihnen: es traut seinem Gott. Was er anbietet, kann nur gut sein. Man kann sich fraglos darauf einlassen. Solches Tun ist deshalb, theologisch gesehen, keine Werkgerechtigkeit, sondern ein Zeugnis des vorausgegangenen Glaubens (vgl. Jakobus 2,14–26). Zwar geht es Gott um alle Völker. Aber er kann seine Tora, das heißt seine Sozialordnung, nur dort verwirklichen, er kann mit seiner neuen Gesellschaft nur dort beginnen, wo Menschen bereit sind, seinen Willen zu tun. Wenn man unter »Spiritualität« vor aller begrifflichen Differenzierung die »gelebte Grundhaltung der Hingabe des Menschen an Gott und seine Sache«[2] versteht, könnte man in der Tat bei diesem paradoxen *Primat des Recht-Tuns vor dem Hören der Tora* von »alttestamentlicher Spiritualität« sprechen.

Ich sage bewusst »alttestamentliche« und nicht »jüdische Spiritualität«[3], obwohl sich das Judentum wie die Kirche mit Ex 24,7 auf die hebräische Bibel als seine Heilige Schrift beruft. Denn als »Altes Testament« sind diese Bücher nur der erste Teil der zwei-einen christlichen Bibel. Obwohl wir an den Gott Israels und den Juden Jesus von Nazaret als seinen Messias glauben, obwohl ausschließlich das Alte Testament die Bibel der judenchristlichen Urgemeinde von Jerusalem war und deshalb auch normativ bleibt – es ist für uns Heilige Schrift nur im Rahmen des christlichen Kanons und betrifft uns nur in diesem Zusammenhang. Deshalb spricht der Untertitel meines Vortrags also von »alttestamentlicher Spiritualität«. Er ist allerdings nur eine stichwortartige Etikette. Sie genügt zwar im Rahmen der Ringvorlesung. Um Missverständnissen vorzubeugen, müsste ich aber eigentlich genauer formulieren: »*Elemente christlicher Spiritualität aus dem Alten Testament*«. Diese Verdeutlichung erscheint auch deshalb angebracht, weil sich der Begriff »Spiritualität« seiner Herkunft wie seinem Inhalt nach ursprünglich auf die christliche Existenz bezieht. Der Empfang des Heiligen Geistes ist das Grundexistential christlichen kirchlichen Lebens (vgl. Röm 5,5; 8,16.23; 1 Kor 12,4–11; Gal 5,22 usw.). Dementsprechend meint christliche Spiritualität vor allem ein »Leben im Geist«, das aller theologischen Reflexion schon vorausgeht. Ein ähnlich umfassender Bezug des Gottesgeistes auf das alltägliche Leben von ganz Israel, Männer und Frauen, ist dem Alten Testament noch fremd.[4] Zwar sind im Alten

---

2 Schütz, Christian: Spiritualität. Christliche Spiritualität, in: Ders. (Hrsg.): Praktisches Lexikon der Spiritualität, Freiburg 1992, 1170–1180, 1170. Vgl. Greshake, Gisbert: Gottes Willen tun. Gehorsam und geistliche Unterscheidung, Freiburg [2]1987.

3 Heschel, Abraham Joshua: Der Mensch fragt nach Gott. Untersuchungen zum Gebet und zur Symbolik, Neukirchen-Vluyn 1982, 75, hat die Verbindung von Gebotsbefolgung, Erkennen und Leben mit Gott aus jüdischer Sicht wie folgt formuliert: »Unsere Gotteserkenntnis ist nicht das triumphale Ergebnis unseres Ansturms auf die Rätsel des Universums, auch nicht ein Geschenk, das wir als Gegengabe für ein sacrificium intellectus erhalten. Unser Verstehen kommt durch die Mizwa (das fromme Tun) zustande. Indem wir als Juden leben, erlangen wir unseren Glauben als Juden. Wir glauben nicht an Taten, wir glauben durch Taten.« Das Verhältnis von Glauben und Tun im Judentum verdeutlicht Emmanuel Lévinas durch die folgende Geschichte: »Hannah Arendt hat nicht lange vor ihrem Tod in einer Radiosendung in Paris berichtet, dass sie als junges Mädchen dem Rabbiner in der Religionsstunde gesagt habe: ›Wissen Sie, ich glaube nicht.‹ Darauf habe der Rabbiner geantwortet: ›Aber wer fragt sie danach?‹ Die Antwort ist sehr interessant. Was bei uns wichtig ist, ist nicht das Glauben, sondern das Tun. Tun heißt natürlich, sich moralisch benehmen, aber auch das Ritual tun. Als ob das zwei verschiedene Sachen wären! Was heißt eigentlich glauben? Womit wird geglaubt? Wird geglaubt mit Worten oder mit Ideen oder mit Überzeugungen? Womit wird geglaubt? Wie die Psalmen sagen: mit dem ganzen Leibe! Der Rabbiner wollte sagen: Natürlich ist das Tun das Wichtigste. Das Tun ist ein Akt des Glaubens. Das ist meine Konklusion.« (Judentum und Christentum nach Franz Rosenzweig. Ein Gespräch zwischen Emmanuel Lévinas, Klaus Hemmerle, Hans Hermann Henrix, Bernhard Casper, Heinz-Jürgen Görtz und Herman J. Heering, in: Hemmerle, Klaus: Gemeinschaft als Bild Gottes. Beiträge zur Ekklesiologie. (Ausgewählte Schriften 5), Freiburg 1996, 326–340, 329.

4 Vgl. dazu Lohfink, Norbert: Wo sind die Propheten heute?, in: Stimmen der Zeit 206 (1988) 183–192.

Testament speziell die Propheten vom Geist geleitet. Doch wird nach Joel 3 (vgl. auch Num 11,29) erst für das »Ende der Zeit« (was nicht heißt: Ende der Geschichte) erhofft, dass der Geist über alle Menschen in Israel kommt. Nach Apostelgeschichte 2 ist das dann am Pfingsttag in der Jerusalemer Urgemeinde Wirklichkeit geworden. Das Alte Testament kennt auch keinen analogen Begriff zu »Spiritualität«, sondern höchstens Kurzformeln wie die eben erwähnte vom »Tun und Hören« der Tora, also einer Lebens- und Glaubenspraxis aufgrund der so genannten fünf Bücher Moses.

Aber sind wir als *Christen und Christinnen* denn überhaupt noch auf das Tun und Hören *der Tora verpflichtet*? Ist das nicht – meinetwegen »kanonische« – Vorgeschichte, aber doch »Verheißung« vor der Erfüllung oder präziser: »Gesetz« gegenüber dem »Evangelium«? Solche Bestimmungen des Verhältnisses von Altem und Neuem Testament mit einer überholten Verbindlichkeit des Alten gehören leider bis heute noch zu den gängigen theologischen Klischees. Das Neue Testament sieht das jedoch anders. Christ, Christin wird man dadurch, dass man in den Glauben an Jesus als den Christus, den Messias Gottes, eintritt. Damit wird man Glied der Kirche. Das heißt, man wird Glied des einen Gottesvolkes, das mit dem Glauben Abrahams, mit dem Exodus aus Ägypten und mit der Gabe der Tora am Sinai begonnen und durch die Botschaft von Tod und Auferstehung Jesu seine endzeitliche Form erhalten hat. Wie immer man auch versucht, die neutestamentliche Botschaft als Mitte der Schrift im Gegensatz zum Alten Testament zu profilieren, wir wissen heute, dass eine solche Verhältnisbestimmung schon deshalb falsch ist, weil sie unhistorisch ist. Sie widerspricht der Intention der neutestamentlichen Autoren. Für sie bedeutet die Tora, also die »Weisung« Israels (wie Martin Buber übersetzt), »vor allem ›Ein-Weisung‹ in die Grundgeschichte Gottes mit seinem Volk«. Sie ist der erste Brennpunkt unserer christlichen Bibel, auf den sich das Evangelium als ihr zweiter Brennpunkt untrennbar bezieht.[5] Auf unsere Kurzformel alttestamentlicher Spiritualität angewendet, könnte man zum Beispiel die ihr sachlich entsprechende Glücklichpreisung Jesu anführen: »Selig, die das Wort Gottes hören und es bewahren/befolgen« (Lk 11,28; vgl. 8,21). Hier geht es um ein glaubendes Hören, das als Erinnern des Gotteswortes, als »Bewahren«, sein Tun impliziert. Übrigens wird auch nach Paulus die Tora, das »heilige, gerechte und gute Gesetz« (Röm 7,12), durch den Glauben an Jesus Christus nicht außer Kraft gesetzt, sondern aufgerichtet (Röm 3,31).[6]

---

5 Das hat zuletzt Wucherpfennig, Ansgar: Tora und Evangelium. Beobachtungen zum Johannesevangelium, in: Stimmen der Zeit 128 (2003) 486–494, hier auch das Zitat 493, überzeugend nachgewiesen. Er hat diese Hermeneutik an einigen neuen Beobachtungen zum Johannesprolog festgemacht, die verbieten, das Evangelium von der Tora als seinem Bezugspunkt zu trennen: »Der Prolog [des Johannes-Evangeliums] erzählt also die Geschichte des Lebens Jesu als neugeschriebene Tora. Er gibt damit dem Leser einen Schlüssel für das Verständnis des Evangeliums mit. In der Tora hat Mose am Sinai das Wort Gottes empfangen. In den folgenden biographischen Erzählungen berichtet er, wie sich in Jesus Christus das Wort Gottes als fleischlich greifbarer Mensch neu offenbart. Johannes setzt also im Prolog an entscheidender Stelle seines Evangeliums voraus: Die Mitte der Schrift bleibt die Tora. Sie ist aber in Jesus Christus auf einmalige Weise erneuert.« (490). Das gilt zunächst für das Alte Testament als die Bibel der Urchristenheit. Später umfasst der christliche Gesamtkanon Altes und Neues Testament. Seine Einheit hat deshalb nicht mehr einen Mittelpunkt, um den sich die anderen Teile der Schrift in konzentrischen Kreisen anordnen, sondern zwei Konzentrationspunkte – Tora und Evangelium.
6 Zur christlichen Rezeption des Gesellschaftsentwurfs der Tora vgl. die ausgezeichnete Zusammenfassung von Lohfink, Gerhard: Braucht Gott die Kirche? Zur Theologie des Volkes Gottes, Freiburg ⁵2002, besonders 98–115. Ferner auch von evangelischer Seite Crüsemann, Frank: Maßstab: Tora. Israels Weisung für christliche Ethik, Gütersloh 2003; Schottroff, Luise: »Wir richten die Tora auf« (Röm 3,31 und 1 Kor 5,1–13). Freiheit und Recht bei Paulus, in: Hardmeier, Christof/ Kessler, Rainer/Ruwe, Andreas (Hrsg.): Freiheit und Recht. FS Frank Crüsemann zum 65. Geburtstag, Gütersloh 2003, 429–450.

Strukturkongruente Erfahrungen als Voraussetzung

Die Tora als Grundgeschichte auch der Kirche des Neuen Testaments bleibt allerdings so lange toter Buchstabe, als ihre Gemeinden nicht trotz der Einmaligkeit des historischen Geschehens auch heute die gleichen Erfahrungen wie einst Israel machen können. Um die Tora annehmen, tun und verstehen zu können, bedarf es »*strukturkongruenter Glaubenserfahrungen*«. Man kann sie nur im Volk Gottes machen. Letztlich kann uns nur die Praxis der Kirche die alten Texte in unserer eigenen Geschichte erschließen. Ich möchte Ihnen ihre Gemeindeerfahrungen als hermeneutischen Schlüssel zur Schrift mit einem physikalischen Phänomen erklären. »Wenn man durch bestimmte klare Quarze ein Licht sendet, kommt es hell auf der anderen Seite an. Legt man aber zwei Quarze aufeinander, so wird es völlig schwarz, bis man den oberen Quarz genau auf die Richtung der unteren Gitterstruktur gedreht hat, dann wird es wieder hell. Wie durch eine Art Schloss können nur gleichartige Lichtstrahlen passieren.«[7] So ähnlich geht es auch uns, wenn wir versuchen, die Tora Israels, das Zeugnis des Glaubens und der Jahwe-Erfahrung der alttestamentlichen »Kirche Gottes«[8], zu verstehen. Die historischen und literaturwissenschaftlichen Erkenntnisse der Exegese sind dabei schon vorausgesetzt. Aber existentiell erschließen sich die Texte der Schrift erst dann, wenn ihre Strukturen wie beim richtig gelegten Quarz mit den Gemeindestrukturen und einer christlichen Lebenspraxis konvergieren. Erst wenn Menschen sich darauf einlassen – also die »Tora tun wollen« – und dann die Bibel in strukturkongruenter Kirchenerfahrung reflektieren, legt sie sich in ihrer eigenen Heilsgeschichte selbst aus. Nochmals anders gesagt: »Die Jüngergemeinde als der Ort, der Raum der durch Jesus zur Erfüllung gebrachten Tora, der Gemeinschaftsordnung des Gottesvolkes, ist der Lernort, der Erfahrungsraum, der Geschichtsdeutung mittels der erfahrenen Geschichte erst kongenial bzw. strukturkongruent, das heißt aber der Wirklichkeit und erfahrenen Wahrheit entsprechend, ermöglicht. Die *regula proxima*, die unmittelbare Regel biblischer Hermeneutik ist die *gegenwärtige* Glaubenserfahrung des Gottesvolks, die kirchliche Glaubenserfahrung, welche die Darstellung der Geschichte formte und formt.«[9]

Mit dieser erfahrungsbezogenen biblischen Hermeneutik kommen wir auch einem *Phänomen moderner Spiritualitätssehnsucht* entgegen. Denn ihre »Spiritualität« bezieht sich, wie uns die Religionssoziologen sagen, »meist auf die emotionale Betonung der individuellen Erfahrung«, genauer: *einer Transzendenzerfahrung.*[10] Vielleicht sollte man statt von »Erfahrung« zurückhaltender von einem »Erlebnis« sprechen, weil eine echte Erfahrung über Wahrnehmung und Erleben hinaus zur Erkenntnis gelangt,[11] die den Menschen in Pflicht nimmt. Solche Inpflichtnahme

---

7 Pesch, Rudolf: Über das Wunder der Jungfrauengeburt. Ein Schlüssel zum Verstehen (Urfelder Reihe 5), Bad Tölz 2002, 29.

8 Mit diesem Ausdruck bezeichnet die Dogmatische Konstitution über die Kirche »Lumen Gentium« Nr. 9 im Anschluss an Dtn 23,1ff das »Israel dem Fleische nach«.

9 Pesch: Jungfrauengeburt, 157. Von evangelischer Seite schreibt L. Schottroff im Blick auf die bei Paulus (etwa 1 Kor 5) sichtbar werdende Toraerfüllung: »Toraerfüllung ist auf eine Gemeinschaft der Heiligen angewiesen, die nach dem Recht für heute und morgen sucht.« (Freiheit und Recht bei Paulus, 448).

10 So Hubert Knoblauch am Symposium »Megatrend Spiritualität: Respiritualisierung – eine kritische, interdisziplinäre Reflexion« am 12. September 2003.

11 Vgl. Haeffner, Gerd: Erfahrung – Lebenserfahrung – religiöse Erfahrung. Versuch einer Begriffsklärung, in: Theologie und Philosophie 78 (2003), 161–192, hier 163–167.

widerspricht aber einer modernen »synkretistischen Beliebigkeit« und »privatisierten Religion«[12], die ihre Begründung im Einzelnen selbst hat.[13] Dazu kommt, »dass theoretisches Wissen und moralische Erkenntnis rapide zugenommen, die Fähigkeit jedoch, entsprechend zu handeln, dramatisch abgenommen haben.«[14] Doch wie dem auch sei, Kirche und Theologie könnten die heute spirituell Suchenden durch eine »Mystagogie«, eine Einführung in die Erfahrung ihres eigenen »Mysteriums«, ihrer Heilsgeschichte, in Weggemeinschaften unterstützen. Vielleicht aber müssen unsere Gemeinden, müssen wir als Christinnen und Christen dafür erst unsere geistliche Grundkompetenz wiedergewinnen.[15]

Als Orientierungshilfe dazu möchte ich im Folgenden *drei elementare Perspektiven des Alten Testaments* skizzieren. Mit ihnen greife ich *zugleich drei Bereiche zeitgenössischer »Spiritualitätssuche«* auf und konfrontiere sie mit der Tora Israels. Es geht bei ihnen – mit Paul M. Zulehner formuliert[16] – um die gegenwärtige »Suche nach Verwebung und Vernetzung«, um die »Suche nach umfassender Heilung« und um die »Suche nach einer Ethik umfassender Liebe«. Die Antwort auf sie ist in den drei Stichworten des Haupttitels angedeutet: »das Volk, das Fest, die Liebe«. Jede dieser elementaren Perspektiven expliziert auf ihre Weise das Tun der Tora. Dass ich die fünf Bücher Moses und nicht, wie christliche Spiritualität vielleicht erwarten lässt, die Propheten wähle, hängt mit der Kurzformel »Tun und Hören« und ihrer Explikation in der Tora zusammen. Außerdem bilden sie den »Kanon im Kanon« des Alten Testaments, dem die geschichtlichen und die prophetischen Bücher und die übrigen Schriften als unterschiedlich gearteter Kommentar dieser Basisgeschichte des Volkes Israel zugeordnet sind.[17] Diese Funktion behält der Pentateuch nach der Verbindung mit dem Neuen Testament. Zweifellos aber wäre es reizvoll und legitim, unser Thema zum Beispiel auch vom Psalter als der »Meditation der Tora« her anzugehen, dessen Proömium das Glück des Einzelnen preist, der seine Lust an der Tora, der Weisung Jahwes, hat (Psalm 1,2).[18]

---

12 Knoblauch, Hubert, in: Symposium »Megatrend Spiritualität«.
13 Das hat vor kurzem der Soziologe Hans Jonas in einem Gespräch mit Ulrich Ruh betont: »Warum Gläubige glauben«. Ein Gespräch mit dem Soziologen Hans Jonas, in: Herder Korrespondenz 57 (2003) 447–452, 451: »Wer den Versuch unternimmt, Erfahrungen der Selbsttranszendenz quasi suchtartig zu wiederholen und zu steigern, gerät letztlich in eine Sackgasse. Es besteht dabei die Gefahr, dass sich wirkliche Selbsttranszendenz gar nicht ereignet, sondern der betreffende Mensch bei sich selber bleibt und das eigentlich auch will. Das wäre nur dem Steigerung der Erlebnisintensität unter Verweigerung einer Dezentrierung, auch auf Kosten von Tradition und Werteorientierung. Die entscheidende Grenze verläuft zwischen dem Versuch, Erfahrungen von Selbsttranszendenz in die eigene Regie zu nehmen und einem Verständnis solcher Erfahrungen als einem nicht intendierten Widerfahrnis, als einer Begegnung, an die ich notwendigerweise Deutungen anschließen muss, die dann ihr sich wiederum Verpflichtungscharakter haben.«
14 Peters, Timo Rainer: Asketische und anamnetische Existenz, in: Ders./Pröpper, Thomas/Steinkamp, Hermann: Erinnern und Erkennen. Denkanstöße aus der Theologie Johann Baptist Metz, Düsseldorf 1993, 150–158, 155.
15 Dabei erinnert Hempelmann, Reinhard: Einführung, in: Ders. u. a. (Hrsg.): Panorama der neuen Religiosität. Sinnsuche und Heilsversprechen zu Beginn des 21. Jahrhunderts, Gütersloh 2001, 12–20, hier 20, zu Recht an das Unterscheidend-Christliche, weil man heute der religiösen Vielfalt nur aus der Mitte des eigenen Glaubens begegnen kann. »Das mit Recht beklagte Erfahrungsdefizit in theologischer Ausbildung und kirchlicher Praxis kann nicht so bewältigt werden, dass sich das individuelle und gemeinschaftliche christliche Leben kopflos unbestimmten religiösen Erfahrungen ausliefert, deren weltanschaulich-religiöse Implikationen vergleichgültigt werden.«
16 Vgl. dazu Zulehner, Paul M.: Megatrend Religion, in StZ 128/Bd. 221 (2003) 87–91. Vgl. dazu auch: Polak, Regina/Zulehner, Paul M.: Theologisch verantwortete Respiritualisierung, s. u. 207–212.
17 Lohfink, Norbert: Der Tod am Grenzfluss. Moses unvollendeter Auftrag und die Konturen der Bibel, in: Ders.: Im Schatten deiner Flügel. Große Bibeltexte neu erschlossen, Freiburg ²2000, 11–28, 20–22.
18 Der Psalter, dieses vom Neuen Testament am häufigsten zitierte alttestamentliche Buch, ist innerhalb des Gesamtkanons gewissermaßen das Meditationsgedächtnis der Kirche, das ihre Identität in Erinnerung hält. Bischof Athanasius von Alexandrien hat in seinem berühmten Brief an Marcellinus den Psalter als »himmlische politeia«, als Gesellschaftsentwurf Gottes bezeichnet. Die Psalmen konstituieren also, vor allem in ihrer liturgischen Inszenierung, wie die Tora eine Gegenwelt zur herrschenden Öffentlichkeit und fundieren Gemeinde. Vgl. dazu Braulik, Georg: Rezeptionsästhetik, kanonische Intertextualität und unsere Meditation des Psalters, in: Heiliger Dienst 57 (2003) 38–56.51–54.

Denn zu Recht hat Emanuel Lévinas den Psalter »das Buch unverfälschter Spiritualität« genannt.[19]

»Das Volk« – Gesellschaft Gottes in Geschichte

In unserer westlichen Welt erleben wir in dieser Zeit der Atomisierung der Gesellschaft, die immer anonymer und seelenloser wird, eine *Rückkehr des Religiösen*. Die »Religion«, die da im postmodernen Beliebigkeitspluralismus wiederkommt, fühlt sich allerdings kaum mehr an die jüdisch-christliche Tradition gebunden. Sie vagabundiert in auswählender, individueller Frömmigkeit, sucht »bei sich selbst« anzukommen und bei einem »göttlichen Kern« in der eigenen Tiefe. Sie erlebt sich aber auch als mit einem unentrinnbaren Schicksal verkettet, ja als eins mit dem Kosmos. Im Hintergrund steht wohl eine »Art religionsförmige Gotteskrise«[20]. Jedenfalls wird Religion privatisiert und ganz und gar geschichtslos.

Diesem religiösen »Exodus ins Ego« und Aufgehen in einer All-Eins-Mystik steht in der Tora, im Pentateuch, *die Herausführung Israels aus Ägypten und seine religionskritische Umprägung zu einem »heiligen Volk«* gegenüber, die Geburt als »Volk Gottes«.[21] »Volk« ist in der Bibel das Wort für das, was wir heute als »Gesellschaft« mit ihren verschiedenen komplexen Subsystemen bezeichnen. Es darf also nicht mit einer bloß religiösen Gemeinschaft in den Herzen der Jahwe-Gläubigen gleichgesetzt werden. Das »Volk Gottes« ist allerdings nicht notwendig mit dem Staat identisch. Er ist ja erst unter David entstanden und war nach fünfhundert Jahren auch wieder verschwunden. Was es auszeichnet, ist vielmehr seine Bindung an Jahwe und an die Tora, die auch im »neuen Bund« gültig bleibt: »Seht, es werden Tage kommen – Spruch Jahwes – in denen ich mit dem Haus Israel und dem Haus Juda einen neuen Bund schließen werde […]: Ich lege meine Tora in sie hinein und schreibe sie auf ihr Herz. Ich werde ihr Gott sein, und sie werden mein Volk sein.« (Jer 31,33).

Die *Tora* ist reifer Rückblick des 5. Jahrhunderts vor Christus auf die Anfänge Israels und seinen Auszug aus der Welt der Religionen. Sie enthält den »Einsetzungsbericht«[22] dieses Volkes, ist »kulturelles Gedächtnis« (Jan Assmann) der

---

19 Lévinas, Emanuel: Außer sich. Meditationen über Religion und Philosophie, München 1991, 178.

20 So Metz, Johann Baptist: Gotteskrise. Versuch zur »geistigen Situation der Zeit«, in: Ders.: Diagnosen zur Zeit, Düsseldorf 1994, 76–92, 77. Er diagnostiziert diese Gotteskrise folgendermaßen: »Das Stichwort lautet: Religion, ja – Gott, nein, wobei dieses Nein wiederum nicht kategorisch gemeint ist, im Sinn der großen Atheismen. Es gibt keine großen Atheismen mehr. Der Atheismus von heute kann nämlich schon wieder Gott – zerstreut oder gelassen – im Munde führen, ohne ihn wirklich zu meinen: Als freischwebende Metapher beim Partygespräch oder auf der Couch des Psychoanalytikers, im ästhetischen Diskurs, als Codewort zur Legitimierung ziviler Rechtsgemeinschaften usw. Religion als Name für den Traum vom leidfreien Glück, als mythische Seelenverzauberung, als psychologisch-ästhetische Unschuldsvermutung: ja. Aber Gott, der Gott Abrahams, Isaaks und Jakobs, der Gott Jesu? Wie modernitätsverträglich ist eigentlich die Rede vom biblischen Gott? Wie hat sie alle Privatisierung und Funktionalisierungen in der Moderne überstanden? Wie die Verwandlung von Metaphysik in Psychologie und Ästhetik? Wie sich eingepasst in den gönnerhaften Pluralismus unserer liberalen Gesellschaften und in den Sog ihrer extremen Individualisierungen? Was ist geschehen? Ist die intelligible und kommunikative, die verheißungsvolle Macht des Wortes Gott endgültig verschwunden?« (A.a.O. 77f.).

21 Vgl. dazu Lohfink, Norbert: Gottesvolk. Alttestamentliches zu einem Zentralbegriff im konziliaren Wortfeuerwerk, in: Ders.: Unsere großen Wörter. Das Alte Testament zu Themen dieser Jahre, Freiburg ³1985, 111–126.

22 »Der Pentateuch informiert nicht über eine längst vergangene Geschichte von der Erschaffung der Welt bis zum Tod des Mose. Dieser erste Teil des Alten Testaments hat eine besondere Struktur, er ist als *Einsetzungsbericht* gestaltet, d. h. als eine Erzählung, die die Vergangenheit der Adressaten so erzählt, dass die Hörerinnen und Hörer im Rezitieren des Textes in die konstitutiven Akte dieser Gemeinschaft selbst hineingenommen werden. Im Hören auf die Stimme des Mose erfährt sich das Volk Gottes als neu geschaffen und errettet aus den Chaoswassern, wie z. B. an der engen Parallele

identitätsstiftenden »Urgeschichte« mit gespeicherten Erbinformationen ebenso wie praxis- und zukunftstiftender Gesellschaftsentwurf. Ihr folgt in den übrigen Teilen des Alten Testaments eine Lesart der Gottes-und-Israel-Geschichte, die verschiedene Verhaltensmöglichkeiten gegenüber der Tora durchspielt und zugleich vielfältige Anschlussmöglichkeiten für spätere Erfahrungen offen hält. Selbst das Neue Testament ordnet sich in diese Perspektive des Volkes Gottes ein. Denn in der über den ganzen Erdkreis gespannten Gemeindekirche Jesu tritt in voller Eindeutigkeit zutage, was das Gottesvolk ist.

Diese Urgeschichte des Gottesvolkes ist zugleich Geschichte der *Offenbarung Jahwes und seines Willens*. Denn aller deutenden Reflexion der Tora, an der Theologen jahrhundertelang gearbeitet haben, geht das Ereignis voraus, dass Gott in das Leben von Menschen trat, sie anredete und dass diese Menschen ihm antworteten. Israel war in seiner Geschichte auf den wahren Gott gestoßen[23] und hatte in einem harten und leidvollen Ringen erkennen dürfen: Jahwe, sein Gott, ist »nicht das Produkt menschlicher Phantasie und ihres Wünsche-Dschungels«, gehorcht nicht den religiösen Mechanismen und verkörpert nicht die Mächte der Natur oder des Kosmos, sondern steht der Welt gegenüber und transzendiert sie als der, der sie erschaffen hat. Obwohl Jahwe sich so irdisch und hilfreich erweist, ist er kein Lückenbüßer-Gott für Grenzsituationen. Er fordert den Menschen zu Mitsorge und Mitarbeit heraus und stellt ihn in Verantwortung. Israel konnte daher mit seinem religions- und gesellschaftskritischen Blick auf die Welt hören und erkennen, was Gott mit der Geschichte im Sinn hat und was er um der ganzen Menschheit willen für sein Volk wirken möchte – »ein Land, das seine Gerechtigkeit, seine Liebe und seine Lebensfülle spiegelt […], weil das dort wohnende Volk freiwillig und freudig sein nach Gemeinschaft strebendes Wesen nachahmt und eine entsprechende Lebensordnung aufbaut.«[24] Die Tora ist der einzigartige Versuch, diesen Willen des wahren Gottes für immer mit seinem Volk zu vermählen.

Die *Erzählung der Tora* von der Erschaffung der Welt in Genesis 1 bis zum Augenblick unmittelbar vor dem Einzug Israels in sein verheißenes Land in Deuteronomium 34 ist rasch umrissen. Für unseren Zusammenhang spielen die komplexen historischen und literaturgeschichtlichen Fragen keine Rolle, entscheidend ist allein die Fabel des Pentateuchs. Das *Buch Genesis* setzt mit der Schöpfung des Kosmos ein. Es schildert danach mit wenigen Strichen die Entwicklung menschlicher Zivilisation und Kultur, aber auch den Ungehorsam gegen Gott von Anfang an, durch den Rivalität und Gewalt anwachsen und die Menschheit ins Chaos schlittert. Schon hier zeigt sich, dass der Mensch ein gesellschaftliches Wesen ist, im Guten wie im Bösen. Das

zwischen der Schöpfungserzählung Gen 1 und der Geschichte von der Rettung aus der Todesgefahr Ex 14 deutlich wird. Ich nenne das die anamnetische Struktur der Heiligen Schrift. Anamnese, Gedächtnis und Erinnerung ist nicht nur ein Thema *in* der Schrift, sondern die formale Bestimmung des Sinns von Heiliger Schrift überhaupt. Im gemeinsamen Lesen der Schrift wird die *Gegenwart* als Raum des Wirkens Gottes erschlossen.« (Steins, Georg: Das Lesewesen Mensch und das Buch der Bücher. Zur aktuellen bibelwissenschaftlichen Grundlagendiskussion, in: Stimmen der Zeit 221 [2003] 689–699, hier 696).

23 Zu den historischen Wurzeln der Gotteserkenntnis Israels s. z. B. Koch, Klaus: Jahwes Übersiedlung vom Wüstenberg nach Kanaan. Zur Herkunft von Israels Gottesverständnis, in: Dietrich, Manfred/Kottsieper, Ingo (Hrsg.): »Und Mose schrieb dieses Lied auf«. Studien zum Alten Testament und zum Alten Orient. Festschrift für Oswald Loretz zur Vollendung seines 70. Lebensjahres mit Beiträgen von Freunden, Schülern und Kollegen (Alter Orient und Altes Testament 250), Münster 1998, 437–474.

24 Koch, Bernhard: Die Bibel erzählt Geschichten, die das Leben schrieb, in: Ders./Stötzel, Arnold/Weimer, Ludwig (Hrsg.): Wie Gott zu einem Volk kam. Biblische Geschichte neu gelesen von Abraham bis Rut, Bad Tölz 2003, 9–15, Zitate 10 und 11. Das Buch zeichnet die Grundzüge der Theologie des Volkes Gottes nach, wie sie sich vor allem aus der Tora ergibt.

bestimmt auch das Handeln Gottes, das noch vor seiner Sorge um den Einzelnen stets Gemeinschaftsdimension hat. Gott geht es von Anfang an um das Ganze der Welt und der Völker. Aber damit es zu einer neuen Weltgesellschaft kommt, beginnt Gott immer wieder bei einem Einzigen: Zunächst bei Noach, der nicht der Gewalt verfallen ist und von dem eine neue Menschheit entsteht. Dann bei Abraham, den Gott aus der antigöttlichen Welt Mesopotamiens herausholt und zum Stammvater eines neuen Volkes macht, in dem alle Völker Segen finden sollen. Die Geschichte der Erzeltern, die mit dem Auszug Abrahams beginnt, läuft deshalb auf ein geschichtlich-gesellschaftliches Experiment zu, auf ein Volk, das um der anderen Völker willen erwählt wird – das Volk Israel. Es wächst unter vielfältigen Komplikationen in Ägypten heran und muss auf seine einmalige Aufgabe für die Menschheit erst vorbereitet werden. Dazu sind zwei Ereignisse nötig, die das *Buch Exodus* als Eckdaten eines Wegs von der Befreiung zur Gerechtigkeit beschreibt. Beide Geschehnisse werden – in großartigen Bildern verdichtet und zu mächtigen Symbolen stilisiert – schließlich zur Erinnerungsfigur für alle Generationen. Das erste Ereignis ist der Herrschaftswechsel vom Gottkönig Pharao zu Jahwe, dem »Gott der Hebräer« (Exodus 5,3). Er vollzieht sich im Exodus aus Ägypten. Dabei wird der Durchzug durch das Schilfmeer als ein Schöpfungsgeschehen erzählt, in dem Gott die tödlichen Wasser zerteilt und Israel ans feste Land führt, während die Chaoswasser die Mächte der Gewalt verschlingen. Das zweite Urereignis ist der Aufenthalt am Sinai. Hier, in der Mitte zwischen der ägyptischen Knechtschaft und dem Leben im Verheißungsland, erreicht die Erzählung einen Höhepunkt. Ihm ist auch der Großteil des Pentateuchs gewidmet. Denn am Sinai zeigt sich Gott dem Volk Israel und schließt mit ihm einen Bund. Hier entsteht auch das Zeltheiligtum als Ziel der Schöpfung, eine Art »tragbarer Sinai«; hier wird das Fest gefeiert, durch das Gott in der Mitte des Volkes wohnt. Die Urkunde des Bundes ist eine neue, gerechte Sozialordnung, die Israel mit der schon zitierten Kurzformel vom »Tun und Hören« annimmt. Eine solche Gesellschaftsordnung hat es in der Menschheitsgeschichte noch nicht gegeben.[25] Sie ist gewissermaßen »die andere Seite des Exodus, die Bedingung der Bewahrung von Freiheit«[26], weil sie Israel von den anderen Völkern, ihren Göttern und Gesellschaftssystemen abhebt und es als Volk des Gottes Jahwe kenntlich macht. Sie wird, ehe Israel sein Verheißungsland betritt, durch weitere Kult- und Sozialbestimmungen angereichert. Davon berichtet zunächst das *Buch Levitikus*. Seine Opfer- und Speisevorschriften, seine Reinheitsgesetze nähern Israel wieder dem idealen Anfang an und versuchen, die Schöpfungsordnung in der realen Welt wiederherzustellen. Sie lehren es, aus der Kraft des Glaubens die Dinge der Welt kritisch zu unterscheiden, damit sie von Gottes Nähe geprägt das Leben fördern. Ähnliches gilt für den Sabbat, der der Erlösung der Zeit und Arbeit dient und an dem Menschen und Tiere die wiederhergestellte gute Schöpfung erfahren sollen. Ähnliches gilt für die Institution des Sabbatjahres, in dem das Land brach liegen bleibt und sich erholt, und für das Jobeljahr, in dem alle Schulden erlassen und alle Versklavten freigegeben werden müssen. Was die Tora hier entfaltet, ist also die Vision einer geheilten neuen Welt, die an die ursprünglichen Quellen des Lebens zurückgebunden wird und in der Gerechtigkeit blüht, eine Art Kontrastwelt zu der uns krankmachenden Welt der Ungerechtigkeiten. Mose, der

---

25 Vgl. dazu Lohfink, Norbert: Das Recht und die Barmherzigkeit. Rechtsbücher im alten Orient und in der Bibel, in: Ders.: Im Schatten deiner Flügel, 64–81.
26 Crüsemann, Frank: Die Tora. Theologie und Sozialgeschichte des alttestamentlichen Gesetzes, München ²1997, 74.

vom Buch Exodus an der Protagonist der Handlung ist, spielt dabei eine besondere Rolle. Er ist das Werkzeug der Befreiung und der Mittler des Zukunft entwerfenden Gotteswortes. Er vernimmt es am Sinai, dann im Begegnungszelt. Das *Buch Numeri* berichtet, dass das Volk unter der Führung Moses den Gottesberg verlässt, lange Zeit in der Wüste umherzieht und schließlich ins Ostjordanland gelangt. Damit ist ein zweiter Höhepunkt erreicht. Wie beim Sinai wird auch hier, an der Schwelle des gelobten Landes, die Erzählung angehalten. Wie zu Beginn der Wanderung fasst Mose auch jetzt, am Ende der vierzig Jahre, den weiter gewachsenen Gesellschaftsentwurf in einem großen Gesetzeswerk, dem *Buch Deuteronomium*, zusammen und lässt Israel sich nochmals in einem feierlichen Bundesschwur darauf verpflichten. Dann übergibt er Josua die Führung, segnet das Volk und stirbt mit dem Blick aufs Verheißungsland. Damit endet auch der Pentateuch.

Kehren wir nochmals zur Urerfahrung Israels und zum Stiftungsereignis des Gottesvolkes, dem Exodus, zurück und fragen wir religionsgeschichtlich: *Warum hat Gott eigentlich Israel aus Ägypten herausgeführt?* Das alte Ägypten war doch ein überaus religiöses Land. Die Ägypter waren durchdrungen von Gottesverehrung. Sie hofften auf ein gerechtes Gericht im Jenseits. Sie glaubten an ein ewiges Leben. Es gab, personifiziert in der Göttin Ma'at, eine hochentwickelte Ethik der Menschlichkeit und der Solidarität.[27] Warum musste Israel da heraus? Das Problem war, um es ganz kurz zu sagen, die *Deckungsgleichheit von Religion und Staat*. Ägypten war ein geschlossenes System, in dem Religion und Gesellschaft, Staat und Kosmos, Kultur und Natur, Herrschaft und Heil zu einer grandiosen Einheit verschmolzen waren. Sinnzentrum all dieser Bereiche war die Person des Pharao. Er war das reale Bild des Sonnengottes und sicherte dem ganzen Land, ja dem Kosmos die Fülle des Lebens. Er garantierte auch die Unsterblichkeit seiner Untertanen. Selbst die ägyptische Ethik war völlig an den Pharao gebunden, über dessen Beamtenschaft sie ins Land strömte. Weil in Ägypten die Götter den Staat repräsentierten und der Staat die Götter, konnte das Bild des wahren Gottes dadurch nur verdunkelt werden. Die Ungeschiedenheit von religiöser und politischer Sphäre konnte nur falsche Gottesbilder produzieren. Der Glaube an den wahren Gott braucht aber die richtige Form von Gesellschaft, sonst geht er zugrunde. Deshalb also musste Israel aus Ägypten heraus.[28] Die Bibel hat diesen Exodus als wesentliche Voraussetzung der Erkenntnis Gottes und seiner Willensoffenbarung interpretiert. Deshalb schließt Gott mit Israel, kaum dass es aus dem Gottesstaat geflohen ist, am Sinai einen Bund, das heißt: einen Vertrag. Durch ihn wird Israel zum Volk Jahwes und erhält die Tora geschenkt, die nichts anderes ist als die Ausgestaltung des Exodus, die Ordnung einer neuen freien und geschwisterlichen Gesellschaft. Damit wird die politische Bindung an die ägyptische Staatsgewalt und ihre Gerechtigkeit auf Gott »umgebucht«.[29]

---

27 Die Darstellung von Sinnwelt und Gesellschaft Ägyptens folgt Assmann, Jan: Ma'at. Gerechtigkeit und Unsterblichkeit im Alten Ägypten, München 1995.
28 In der »Erinnerungsfigur« des Exodus symbolisiert »Ägypten« also die »metahistorische Gegenposition zu der in Israel, im Licht der zu einem Archimedischen Punkt gesteigerten Religion gefundenen Trennung von Herrschaft und Heil. [...] Zum ersten Mal in der Geschichte der Menschheit fundieren die königskritischen Texte der Bibel einen Widerstand gegen das Königtum, der nicht nur einzelnen, vom Gesetz abweichenden Herrschern gilt, sondern der Institution überhaupt.« (Assmann, Jan: Herrschaft und Heil. Politische Theologie in Altägypten, Israel und Europa, München 2000, 70f.).
29 »Damit ist folgendes gemeint: Die Beziehung des Vasallen zu seinem Oberherrn wird nicht *verglichen* mit der des Volkes zu Gott, sondern sie wird dem Konto politischer Beziehungen abgezogen und dem Konto religiöser Beziehungen gutgeschrieben. Der Vertrag wird ganz buchstäblich geschlossen, ein Vertragstext aufgesetzt, Gesetze erlassen und feierlich beeidigt, das ganze Vertragswerk in regelmäßigen Zusammenkünften verlesen und ausgelegt. Mit einem Wort: eine neue Religion wird gestiftet nach dem Modell politischer Bindungen. Indem die Formen des Vertrages und des Rechtsbuches

Bemerkenswert ist noch etwas Zweites. Zu der Zeit, in der die – historisch gesehen wohl kleine, für das in Kanaan lebende Israel aber später geschichtsmächtige – Mose-Schar von Hebräern aus Ägypten entkommt,[30] vollzieht sich dort eine religiöse Revolution, die auf ihre Weise das geschlossene System Ägyptens untergräbt. Im Neuen Reich, vor allem seit dem 13. Jahrhundert vor Christus, lassen ägyptische Texte nämlich eine Wende zur *»persönlichen Frömmigkeit«* erkennen. Sie stellt den Menschen zum ersten Mal unmittelbar vor Gott und ist nicht mehr durch den Pharao vermittelt. Die Ägyptologen sagen, dass der Staatsbegriff durch diese neue religiöse Unmittelbarkeit ausgehöhlt wird. Historisch bricht die Mose-Gruppe deshalb im Exodus nicht nur aus der perfekt durchorganisierten sakralen Macht aus, sondern auch aus einer Privatisierung der Religion, die innerhalb der gesellschaftlichen Zwänge einen kleinen Sektor ausspart, in dem man fromm sein kann. Was die Darstellung der Tora angeht, so schildert sie gerade keine Seelenreise, ist sie kein Erbauungsbuch für bloße Innerlichkeit, ausgeübt in den Nischen und Freiräumen des Staates. Sie will Israel vielmehr vorbereiten, Gesellschaft im Sinn Gottes, Raum des Gottesreiches zu werden.

Denn *Gott braucht ein solches Volk*, damit die anderen Völker, von seiner Lebensform fasziniert, sich dorthin auf den Weg machen, die vorgelebte Tora empfangen und selbst anders und heil werden können.[31] Was die Völker dazu treibt, sich in die Geschichte des Heils einbeziehen zu lassen, darf ja nicht Zwang oder moralischer Druck sein, sondern allein die Attraktivität der veränderten Welt. Nur so bleibt ihre Freiheit gewahrt, ohne die es keinen Glauben gibt. Von dieser Völkerwallfahrt, gewissermaßen der Gegenbewegung zum Exodus Israels, sprechen die Bücher Moses noch nicht. Sie findet sich auf vielfältige Weise vor allem in den Prophetenschriften, aber auch in den Psalmen, und verbindet das Alte mit dem Neuen Testament.[32] Ihre Dynamik setzt, um wirksam werden zu können, eine zeichenhafte Präsenz des Gottesvolkes unter den Völkern voraus. Denn die Wahrheit der Sinai-Tora – und, so möchte ich ergänzen, ihrer messianisch-endzeitlichen Erfüllung in der Bergpredigt (s. Matthäus 5,17–20)[33] – wird nur durch ihre Praxis überzeugend erwiesen. Auch die moderne »Suche nach Verwebung und Vernetzung« wird nur dann ihr Ziel im Volk Gottes finden, wenn es selbst »die Tora tut«.

Die alte Kirche hat die *Grundstruktur des Exodus* ins Zentrum ihres Glaubens und ihres liturgischen Gedächtnisses gerückt. »Die Nacht, in der sie sich der Errettung aus Ägypten erinnert, fällt für sie in eins mit der Nacht der Errettung Jesu aus der Gewalt des Todes. Und diese Nacht zielt nun gerade nicht auf die private Seligkeit des Einzelnen, sondern auf die Auferstehung des Gottesvolkes aus Sünde und Tod.

---

aus der soziopolitischen Sphäre in die Sphäre der Gottesbeziehung übertragen werden, fallen die beiden Sphären in eins zusammen. Etwas Neues entsteht, das es vorher so nicht gab.« (Assmann, Herrschaft und Heil, 51). Die Metapher der Liebesbeziehung ist eine Ausdeutung dieser Theologisierung des Politischen. Denn der Begriff der »Liebe«, der aus der Sprache der Vasallenverträge und Loyalitätsvereidigungen stammt, ist im Deuteronomium zum Hauptgebot des Gottesbundes geworden (Vgl. dazu unten).

30 Vgl. dazu Görg, Manfred: Exodus, in: Ders./Lang, Berhard (Hrsg.): Neues Bibellexikon, Band 1, 631–636, zum historischen Exodus 634f. Zur Historizität Moses s. z. B. Smend, Rudolf: Mose als geschichtliche Gestalt, in: Historische Zeitschrift 260 (1995) 1–19.

31 Vgl. dazu z. B. Fischer, Irmtraud: Tora für Israel – Tora für die Völker. Das Konzept des Jesajabuches (Stuttgarter Bibelstudien 164), Stuttgart 1995, 24–36.

32 Vgl. dazu Lohfink, Gerhard: Wie hat Jesus Gemeinde gewollt? Zur gesellschaftlichen Dimension des christlichen Glaubens, Freiburg 1991, 28–31, 154–170 und 196–203.

33 Vgl. dazu Lohfink, Gerhard: Wem gilt die Bergpredigt? Beiträge zu einer christlichen Ethik, Freiburg 1988, z. B. 110–119.

In der Osternacht werden durch die Taufe die neuen Glieder des Gottesvolkes geboren und die anderen erinnern sich, was in ihrer eigenen Taufe geschah: Sie wurden der alten Gesellschaft entrissen und hinübergerettet in eine neue Möglichkeit von Leben: in ein neues Land, in eine neue Gesellschaft, in das endzeitliche Volk Gottes.«[34] Die *Osternacht* feiert diese Elementarerfahrung des Exodus erneut als Gegenwart: »Dies ist die Nacht!« (Osterlob des »Exsultet«).[35]

»Das Fest« – Politik und Mystik

Wo man im Pentateuch zum ersten Mal auf das Fest stößt, geht es sofort um *Politik*.[36] Es ist die Stelle, wo Mose und Aaron beim Pharao für die versklavten Israeliten intervenieren und ihm sagen: »So spricht Jahwe, der Gott Israels: Lass mein Volk ziehen, damit sie mir in der Wüste ein Fest feiern können« (Exodus 5,1). Dieses Fest hängt zweifellos mit einem hochpolitischen Akt zusammen, der Befreiung aus der Unterdrückung und Ausbeutung durch die Ägypter. Aber sie ist nicht das einzige, auch nicht das einzige politische Ziel. Die Menschen nämlich, die ausbrechen und sich am Sinai versammeln, werden im Fest zum Volk Gottes und erhalten eine Sozialordnung. Wir sprachen schon davon. Das bedeutet aber: Das *Fest* ist auch *die Geburtsstätte der richtigen Gesellschaft*. Wenn ganz Israel später im Tempel von Jerusalem am Laubhüttenfest jedes siebten Jahres die Tora rezitieren und die Furcht Gottes vom Sinai verspüren wird, wird es im kollektiven Bewusstsein als Volk Jahwes, das heißt als Gesellschaft Gottes, wiedergeboren und in ein Leben nach seiner Sozialordnung initiiert werden (Deuteronomium 31,10–13). Noch eine dritte Beobachtung, die spirituell entscheidende: Eigentlich sollte Israel nur ein Fest für Jahwe in der Wüste feiern, also etwas, das ganz auf Gott selbst zielte, und zwar in der Wüste, an einem Ort also, an dem alle Voraussetzungen für menschliches Wohl fehlen. Dabei zeigt sich aber etwas Paradoxes: Wer um Gottes willen aus seiner ägyptischen Art zu leben auszieht, dem schenkt Gott in seiner Sozialordnung auch die Lösung der Probleme eines menschlichen Miteinander und der Gestaltung der Welt; den führt er in ein Land, wo Milch und Honig strömen.

Wenn Israel dann im Verheißungsland lebt, findet es am Fest auch seine reinste Selbstdarstellung. Hier ist Jahwe Israels einziger, in Freiheit angenommener Herr und Israel mit all seinen Lebensbezügen sein Herrschaftsbereich. Die fremden wie die bodenständigen Götter dürfen dabei keinen Platz mehr haben. So wird das Fest zum Ferment einer Veränderung des gesellschaftlichen Bewusstseins und weckt die schöpferische Phantasie für die Verwirklichung von Gottes neuer Welt. Die Tora wendet deshalb dem *Festkalender* und seiner religions- wie gesellschaftspolitischen

---

34 Lohfink, Braucht Gott die Kirche?, 96.
35 Zur Theologie des Pascha-Mysteriums vgl. Braulik, Georg: Quadragesima und Pentekoste. Zum Sinn von Ostern aus alttestamentlicher und patristischer Sicht, in: Ders./Lohfink, Norbert: Osternacht und Altes Testament. Studien und Vorschläge. Mit einer Exsultetvertonung von Erwin Bücken (Österreichische Biblische Studien 22), Frankfurt/M. ²2003, 27–40.
36 Zur religions- wie gesellschaftspolitischen Dimension der deuteronomischen Liturgiereform vgl. Braulik, Georg: Die politische Kraft des Festes. Biblische Aussagen, in: Erharter, Helmut/Rauter, Horst-Michael (Hrsg.): Liturgie zwischen Mystik und Politik. Österreichische Pastoraltagung 27. bis 29. Dezember 1990, Wien 1991, 65–79.

Virulenz außerordentliche Aufmerksamkeit zu.[37] Schon das »Bundesbuch« (Ex 23,14–17) und das »Privilegrecht Jahwes« (Ex 34,18–24*), danach auch das »Heiligkeitsgesetz« (Lev 23*) und der deuteronomische Kodex (Dtn 16,1–17) sprechen von den drei großen Jahresfesten. Von ihnen feiert das sieben Tage dauernde Fest der ungesäuerten Brote den Exodus. Mit dem sieben Wochen später begangenen Wochenfest (unserem Pfingsten) und dem siebentägigen Fest der Herbst-Lese bzw. dem Laubhüttenfest dankt man für die Güter des Verheißungslandes. Alle drei Feste hängen zwar mit dem bäuerlichen Jahresrhythmus zusammen, unterlaufen aber zugleich die heidnischen Fruchtbarkeitsrituale für Regen und Ernte. Denn die Erstlinge der Gersten- bzw. der Weizen- und Traubenernte werden nicht Baal als dem Spender der Fruchtbarkeit geopfert, sondern »vor Jahwes Angesicht« gebracht. Ihm allein sind die Erträge des Landes zu danken, in das er Israel geführt hat, wie es das kleine historische Credo bei der Darbringung der Erstlingsfrüchte ausdrücklich bekennt (Dtn 26,5–10). Die Naturfeste werden in der Erinnerungskultur Israels zunehmend zu Feiern der Geschichte des Volkes mit seinem Gott umgedeutet. Außerdem wird das Jahr nicht nur vom Mond-Rhythmus der Umwelt bestimmt, sondern durch den typisch israelitischen Siebenerrhythmus neu strukturiert, wie auch der Sabbat die Arbeitswoche am siebten Tag unterbricht und sie der Herrschaft Gottes unterstellt.

Das Deuteronomium fügt das Fest der ungesäuerten Brote in das Pascha ein und macht es zu einem vom ganzen Volk kultdramatisch gefeierten Leidensgedächtnis des nächtlichen Auszugs aus Ägypten. Diese Liturgie zielt darauf, »dass du dein Leben lang des Tages gedenkst, an dem du aus Ägypten gezogen bist« (Dtn 16,3). Darin liegt zugleich das Besondere der *deuteronomischen Feierwelt des Pascha*. Sie möchte durch dieses lebenslange Gedächtnis des Exodus das gesellschaftliche Bewusstsein Israels verändern.[38] Die Pascha-Paränese durchzieht deshalb das ganze deuteronomische Gesetz – angefangen vom Dekalog, einer Art ethischer Kurzformel zum Thema »Verwirklichung der Exodusfreiheit«, über die Einzelbestimmungen zugunsten von gesellschaftlichen Randgruppen, die mit der leidvollen Erfahrung Israels in Ägypten begründet werden (zum Beispiel Dtn 15,15 und 24,18.22), bis zum Gebot der Fremdenliebe, mit der man sogar ein wie Gott Liebender wird. Denn Jahwe »liebt die Fremden und gibt ihnen Nahrung und Kleidung – auch ihr sollt die Fremden lieben, denn ihr seid Fremde in Ägypten gewesen« (Dtn 10,18f). Das Pascha vergegenwärtigt also den Auszug aus Ägypten, damit er *nach* der Feiererfahrung das gesellschaftliche Leben der einzelnen Israeliten befreiend prägt. Dagegen will das Wochenfest mit seiner Mahnung, an die Sklavenexistenz Israels zu denken (Dtn 16,12), dazu motivieren, bereits *durch* das Fest an den Menschen ohne Bodenbesitz in Israel emanzipatorisch zu handeln: Sie sollen aus ihrer Vereinzelung und seelischen Obdachlosigkeit durch die Teilnahme an den Festen in die Gesellschaft Israels integriert werden. Diesem Anliegen dient noch eine andere Besonderheit deuteronomischer Liturgie, die so genannte Kultzentralisation.

Das deuteronomische Gesetz verlangt, dass Opfer nur im Jerusalemer Heiligtum dargebracht werden. Dadurch werden auch die drei Jahresfeste zu Festen einer

---

37 Die jüngste umfassende synchrone Darstellung stammt von Volgger, David: Israel wird feiern. Untersuchung zu den Festtexten in Exodus bis Deuteronomium (Arbeiten zu Text und Sprache im Alten Testament 73), St. Ottilien 2002.
38 Vgl. dazu Crüsemann, Frank: Freiheit durch Erzählen von Freiheit. Zur Geschichte des Exodus-Motivs, in: Ders.: Kanon und Sozialgeschichte. Beiträge zum Alten Testament, Gütersloh 2003, 193–209.

Wallfahrt zum Tempel von Jerusalem. Diese Zentralisierung soll nicht nur den Einfluss fremder und synkretistischer Kulte zurückdrängen und die Alleinverehrung Jahwes sichern. Hinter ihr steht vor allem eine neue Theologie des Volkes Gottes, die das Deuteronomium wie kein anderes Buch der Bibel mit einer gewissen Systematik in die Liturgie »übersetzt« hat. Nach dieser ältesten biblischen Festtheorie werden jetzt die *Feste zu den vorrangigen Orten der Sozialisation und Weltdeutung Israels*. Wenn deshalb möglichst ganz Israel an den drei Wallfahrtsfesten im Jerusalemer Heiligtum zu einer großen Versammlung zusammenkommt, wird bei seinen Festmählern erfahrbar, was Israel von seinem Gesellschaftsentwurf her ist – von Gott gesammeltes Volk, in dem die Unterschiede von reich und arm, von Herr und Knecht, von Mann und Frau aufgehoben sind; Volk, das der Rettungstaten seines Gottes eingedenk ist; Volk, das sich über den Segen des Landes freut, in dem es leben darf. Das Leitwort der deuteronomischen Festtheorie ist die »Lust vor Jahwe«. Diese mystische Dimension ist von den Riten am Altar weg ins gemeinsame Opfermahl gezogen.[39] Ich illustriere das an den beiden Erntefesten, dem Wochenfest und dem Laubhüttenfest.

Ihre Festordnung, die mit rituellen Vorschriften sonst äußerst zurückhaltend ist, führt einzeln an, wer einzuladen ist: »Du, dein Sohn und deine Tochter, dein Sklave und deine Sklavin, auch die Leviten, die in deinen Stadtbereichen Wohnrecht haben, und die Fremden, Waisen und Witwen, die in deiner Mitte leben.« (Dtn 16,11, ähnlich 16,14). Die Teilnehmerliste zielt auf Vollständigkeit. Sie darf allerdings nicht kasuistisch missverstanden werden, als müssten alle Haus und Hof verlassen und nach Jerusalem ziehen. Sie formuliert vielmehr die Sinnstruktur, die theologische Zielvorstellung: Das Fest möchte die Klassenbarrieren überwinden. Es möchte alle Familienmitglieder und die bodenbesitzlosen Randgruppen zu einer *geschwisterlichen Gesellschaft* vereinen. Zu ihr gehört natürlich auch die freie Frau und Familienmutter, obwohl sie nicht eigens genannt wird. Sie ist bereits im angesprochenen »Du«, an das sich das Gesetz wendet, eingeschlossen. Durch diese inklusive Redeweise wird ihr textpragmatisch wie dem freien Mann das Recht zugesprochen, das Opfer ihrer Familie zu leiten. Die deuteronomische Rechtsordnung sichert der Frau also den gleichberechtigten Zutritt zum Altar.[40]

Zu dieser geschwisterlichen Welt gehört ferner, dass alle sozialen Gegensätze aufgelöst werden und es *keine Armen mehr gibt* (Dtn 15,4). Natürlich wird es Unterschiede des Besitzes geben, in einer agrarischen Gesellschaft vor allem ein unterschiedliches Maß an Grundbesitz. Es gab Berufsgruppen wie die levitischen Priester, die um ihres Berufs willen keinen Bodenbesitz haben konnten. Dazu gab es abhängige Arbeiter – etwas missverständlich »Sklaven« genannt –, Einwanderer und Asylanten, die in dem Land, in dem sie sich jetzt befanden, keinen Grund und Boden besaßen und ihrer Hände Arbeit verdingen mussten. Schließlich gab es die, die in Schwierigkeiten gerieten, wenn der Mann vorzeitig starb – die bodenbesitzlosen Gruppen der Witwen und Waisen. Sie alle galten im alten Orient als die typischen »Armen«, denen man durch Wohltätigkeit half. Genau hier setzt sich das Deuteronomium ab. Es entwirft eine Welt, in der diese Gruppen

39 Braulik, Georg: Von der Lust Israels vor seinem Gott. Warum Kirche aus dem Fest lebt, in: Ders.: Studien zum Deuteronomium und seiner Nachgeschichte (Stuttgarter Biblische Aufsatzbände 33), Stuttgart 2001, 91–112.
40 Diese liturgische Frauenemanzipation des Deuteronomiums samt ihrer Vorgeschichte behandelt ausführlich Braulik, Georg: Durften auch Frauen in Israel opfern? Beobachtungen zur Sinn- und Feiergestalt des Opfers im Deuteronomium, in: Ders.: Studien zum Deuteronomium und seiner Nachgeschichte, 59–89.

durch Tempelsteuern, Opferanteile und besondere Rechte zur Nachlese bei der Getreide-, Oliven- und Traubenernte zur normalen Nahrungsmittelversorgung kommen. Für dieses institutionelle Versorgungssystem muss die bodenbesitzende bäuerliche Bevölkerung Abgaben leisten. Aber auch überall dort, wo durch Schicksalsschläge plötzlich Not entsteht, muss sie zu Lasten des eigenen Besitzes sofort beseitigt werden, damit sich keine Elendsschichten mehr etablieren.[41] Vor allem aber regelt das Deuteronomium, wie diese Menschen, wenn es nicht nur ums Essen, sondern um mehr geht, am wöchentlichen Ruhetag und an den großen Festen gleichberechtigt mitfeiern. So wird gerade das, was Armut am bittersten macht, das Ausgeschlossensein von der gemeinsamen Freude, beseitigt. Die Fremden, Waisen und Witwen, Sklaven und Leviten werden an den Höhepunkten des nationalen Lebens, wenn ganz Israel zum Tempel nach Jerusalem zieht, in die Festgemeinschaft der landbesitzenden Familien aufgenommen und erhalten vollen Anteil an ihrer »Lust vor Gott«. Insofern kann das Deuteronomium sagen: »Es wird bei dir keine Armen mehr geben«.

Fremde, Waisen und Witwen, die sonst als die klassischen Sozialfälle gelten, werden deshalb im Deuteronomium niemals »Bruder« genannt. Diese Bezeichnung, die übrigens keinen geschlechtlich spezifizierenden Klang hat, sondern auch die Frau umfasst (vgl. Dtn 15,12), wird auch in der Kultgesetzgebung nie gebraucht. Denn der Appell an die »brüderliche« Gesinnung will in den meisten Fällen zu einem sozialen Verhalten motivieren, das sich als Recht kaum einfordern lässt. Er geht nicht von einem formalen Gerechtigkeitsprinzip aus, sondern stellt sich in bewusster Parteilichkeit hinter alle, deren Freiheit und Personwürde gefährdet ist. Diese sozialhumanitäre Gerechtigkeit ist im alten Orient einzigartig (vgl. Dtn 4,8). Ich kann auf die verschiedenen Dimensionen dieser »Bruder«-Ethik, die das Deuteronomium modellhaft entwickelt und die Jerusalemer Urgemeinde später verwirklicht hat (vgl. z. B. Apg 4,32–34), nicht weiter eingehen.[42] Für unseren Zusammenhang ist entscheidend: Diese geschwisterliche Gesellschaft wird in jeder der fröhlichen Mahlgemeinschaften im Zentralheiligtum *vor Jahwe* dargestellt. Von ihnen her baut sich eine Welt des Glücks und der Kommunikation auf. »Alle Glieder Israels sind beisammen, ohne dass es einen sozialen Unterschied gäbe. Alle sind voller Freude. Genau in diesem Augenblick sind sie ›vor Jahwe, deinem Gott‹. Nirgendwann und nirgendwo kann Israel dichter es selbst sein.«[43] Wenn diese in die Tempelmystik der Gott-Innigkeit getauchte Solidarität die gesamte gesellschaftliche Wirklichkeit Israels erfasst hat, hat das Fest sein politisches Ziel erreicht: Volk Gottes ist aus dem Fest neu geboren.[44] Wo sonst könnte die Sehnsucht nach »umfassender Heilung« auch heute besser gestillt werden als auf einem solchen Fest?

41 Das hat zuerst Lohfink, Norbert: Das deuteronomische Gesetz in der Endgestalt – Entwurf einer Gesellschaft ohne marginale Gruppen, in: Ders.: Studien zum Deuteronomium und zur deuteronomistischen Literatur III (Stuttgarter Biblische Aufsatzbände 20), Stuttgart 1995, 205–218, überzeugend herausgearbeitet.
42 Vgl. dazu Perlitt, Lothar: »Ein einzig Volk von Brüdern«. Zur deuteronomischen Herkunft der biblischen Bezeichnung »Bruder«, in: Ders.: Deuteronomium-Studien (Forschungen zum Alten Testament 8), Tübingen 1994, 50–73.
43 Lohfink, Norbert: Opferzentralisation, Säkularisierungsthese und mimetische Theorie, in: Ders.: Studien III, 219–260, 243.
44 Wie weit der deuteronomische Gesellschaftsentwurf verwirklicht worden ist, können wir aufgrund der Quellenlage nicht feststellen. Jedenfalls wurde er ab einem bestimmten Zeitpunkt als präzeptives Gottesrecht akzeptiert. Dem später verfassten Rutbuch z. B. erscheint das Deuteronomium als gültiges Recht, das hohe Autorität genießt (Braulik, Georg: Das Deuteronomium und die Bücher Ijob, Sprichwörter, Rut. Zur Frage früher Kanonizität des Deuteronomiums, in: Ders.: Studien zum Deuteronomium und seiner Nachgeschichte, 213–293, 258–280).

»Die Liebe« – das Wunschbild Gottes von seiner Geliebten verwirklichen

Die Forderung ist zunächst weniger gefühlshaft, als sie vielleicht klingt. Denn das Hauptgebot des Bundes »Gott zu lieben mit ganzem Herzen, mit ganzer Seele und mit ganzer Kraft« (Dtn 6,5) stammt aus der politischen Sprache altorientalischer Vasallenverträge und Loyalitätsvereidigungen. Gemeint ist ein juristisch anbefehlbares, ausschließliches Treueverhältnis, eine Ganzhingabe im Gehorsam, die zugleich Dankbarkeit und Vertrauen umschließt. Diese Tatliebe soll sich auch emotional in einer persönlich intimen Erfahrungssphäre verwirklichen. Das Gebot der Gottesliebe schließt ja an die Proklamation des »Jahwe allein« an: »Höre Israel! Jahwe, unser Gott, Jahwe ist einzig!« (Dtn 6,4) »Einzig« aber ist ein Topos der Liebessprache (vgl. Hdl 6,8f). Man kann Jahwe nur allein, unter Ausschluss aller Götter, als den erfahren, der er ist. Zugleich erwartet dieser für Israel einzige Gott »keinen Anteil an Israels Liebe, sondern Israels Liebe ganz.«[45] Und er erwartet sie von ganz Israel, in dessen Freiheit, aber nicht Beliebigkeit, sie gestellt ist. Das »Höre Israel!« fordert das kollektive Du Israels zur Liebe auf und erst darin auch den einzelnen Israeliten, die einzelne Israelitin – wie auch die Liebe Gottes, so sehr sie den einzelnen meint, noch davor dem ganzen Volk gilt (Dtn 7,7f). Nur das Volk als solches kann letztlich dieses »erste von allen Geboten« (Mk 12,28) erfüllen. Es soll ja, wozu das Deuteronomium mehrfach ermahnt (zum Beispiel Dtn 7,9), seinen Gott dadurch lieben, dass es seine Sozialordnung verwirklicht. So sieht es übrigens auch das Neue Testament, vor allem das johanneische Schrifttum (zum Beispiel Joh 14,15; 15,10; 1 Joh 5,3). Unsere Devise müsste demnach lauten: *Als Kirche Gott lieben.*

Die *Tora* ist also *das Wunschbild Jahwes von seiner Geliebten.* Es kann nur durch die gesellschaftliche Liebe Israels Wirklichkeit werden. Denn nur, wenn das Volk und nicht bloß einzelne Israeliten sich auf die Tora einlassen, entsteht jener Raum, in dem das Sozialgefüge nicht gewaltabgestützt und nach Klassen geschichtet ist, sondern wo in der Öffentlichkeit jenes Verhalten gilt, das sonst nur innerhalb der Familie zu Hause ist. Erst dann wird Not nicht bloß gelindert, sondern kann eine Welt entstehen, in der es überhaupt keine Armut mehr gibt (Dtn 15,4f). Nur so gibt es auch das Fest, das die gesellschaftlichen Randgruppen mit den bodenbesitzenden Familien vereint und deshalb zum Prüfstein gelebter Tora wird. Ist »Fest« doch nur »dort, wo die Liebe sich freut« (Johannes Chrysostomus). Wenn ganz Israel seinen Gott liebt, kommt es auch zu einer Wechselwirkung von Ökonomie und Ökologie: Die Erde wird nicht mehr ausgebeutet und produziert gerade dann einen Überfluss an Korn, Most und Öl, an Kälbern und Lämmern, wodurch sich auch die Bevölkerung sorglos vermehren kann (vgl. zum Beispiel Dtn 7,12–14; 11,13–15; 28,2–13). Weil soziales Verhalten und körperliche Gesundheit zusammenhängen, verschwinden, wenn die Gesellschaft in Ordnung ist, sogar die Krankheiten (Dtn 7,15). Die Beispiele mögen

---

45 Spieckermann, Hermann: Mit der Liebe im Wort. Ein Beitrag zur Theologie des Deuteronomiums, in: Ders.: Gottes Liebe zu Israel. Studien zur Theologie des Alten Testaments (Forschungen zum Alten Testament 33), Tübingen 2001, 157–172, 160. Er versucht nachzuweisen, dass die Kapitel 6–11 und 30 im paränetischen Rahmen in mehreren Fortschreibungen als Auslegung des »gestifteten und angemahnten Liebesverhältnisses zwischen Gott und Israel« entstanden sind.

genügen. Entscheidend ist immer, dass Israel als Volk Gott liebt. Genauer: seinen Gott, also Jahwe, und ihn allein. Denn andere Götter stehen für andere, letztlich inhumane gesellschaftliche Systeme. Israels Liebe zu seinem »Einzigen« aber und damit seine »Zivilisation der Liebe« (Papst Johannes Paul II.) kommt aus dem »Hören«, ist »amor ex auditu« (Dtn 6,4f). Damit findet auch die anfangs erwähnte Kurzformel alttestamentlicher Spiritualität vom »Tun vor dem Hören« eine wichtige ergänzende Deutung. Dass solches Tun der Liebe keine autonome Leistung, nicht »Gesetz« im nomistischen Sinn ist, macht das Deuteronomium am Ende des Buches deutlich: Die Gottesliebe und in ihrem Gefolge das Halten der Tora sind überhaupt nur möglich, weil Gott aus reiner Gnade zuerst das Herz seines Volkes »beschnitten« hat (Dtn 30,6). Neutestamentlich entspricht dieser Herzensbeschneidung die Taufe (vgl. Kol 2,11–13).

Was das deuteronomische Gesetz als konkrete Verwirklichung der Gottesliebe fordert, hat ein anderes Rechtskorpus der Tora, nämlich das Heiligkeitsgesetz in Levitikus 19, ausdrücklich als *Nächstenliebe* eingeführt. Dort heißt es im Rahmen einer Art von »Gemeindekatechismus«: »Du sollst deinen Nächsten – wörtlich: Nachbarn – lieben wie dich selbst« (19,18). Dieser Satz dürfte zunächst zum üblichen Ethos eines Dorfes gehört haben. Er besagt: Mit dem unmittelbaren Nachbarn soll man so umgehen wie mit den Mitgliedern der eigenen Familie. Dabei ist die Familie gewissermaßen das erweiterte Selbst des Familienvaters. Der springende Punkt in Kapitel 19 ist dann, dass die Bezeichnungen »Bruder«, »Verwandter«, »Nachbar« und »Volksangehöriger« gleichbedeutend verwendet werden (vgl. 19,16–18). Daraus ergibt sich, dass das Verhalten zu allen Israeliten diejenige »Liebe« sein soll, die man den eigenen Familienangehörigen und nächsten Nachbarn schuldet. Ganz Israel wird durch diese Solidarität und wechselseitige Verantwortung zu einer einzigen großen »Familie«. Was das bedeutet, wird im Kontext speziell auf die Schwachen und Benachteiligten hin erläutert. Nach 19,13f ist nämlich der »Nächste« speziell der Tagelöhner, der »Taube« und der »Blinde« in Israel. In 19,15 ist es, ebenso wie der »Große« auch der »Arme«. Am Ende des Kapitels wird sogar der »Fremde« den »Armen« Israels gleichgestellt. Nach 19,34 soll er wie ein »Mitbürger« behandelt werden, so dass es auch bezüglich des Fremden heißt: »Du sollst ihn lieben wie dich selbst« (vgl. Dtn 10,19). Die so genannte Nächstenliebe meint also keine romantische oder individualistische Zuneigung, sondern wird von vornherein auf das Verhalten zu den Armen, Schwachen und am Rand lebenden Fremden ausgelegt. Umfassender kann eine Liebe, wie sie heute gesucht wird, gar nicht mehr sein. Im Übrigen ist auch die Nächstenliebe des Buches Levitikus wie die Gottesliebe des Deuteronomiums in die gemeinsame Verantwortung aller in Israel gestellt. Die gleiche Nüchternheit der Liebe ist – was ich nur mehr andeuten kann – auch dort noch gegeben, wo wie zum Beispiel bei der *Feindesliebe* nicht einmal mehr von »Liebe« gesprochen wird (Ex 23,4f und Dtn 22,1–4).

Zusammenfassend: »Liebe ist für Israel sachgerecht beistehende Tat und braucht deshalb den konkreten Boden des Gottesvolkes [...] Wo dieser Boden des Gottesvolkes nicht mehr lebendig war, verkam ›Liebe‹ sehr oft zur reinen Innerlichkeit, zu einer unverbindlichen Menschheitsliebe (›seid umschlungen Millionen‹) oder zur Inszenierung von Almosen. Das, was die Bibel mit *agapē* meint, setzt den Gesellschaftsentwurf der Tora voraus. Ohne ihn wird Liebe weltlos«.[46] Auch eine moderne Spiritualitätssuche kommt um diese Voraussetzung nicht herum.

Wir sind damit wieder bei den Themen angekommen, von denen unsere Betrachtung ausgegangen ist. Ich schließe den Bogen mit einem Wort von Reinhold Schneider[47]:

Die Bibel, dieses Buch, kann man nicht lesen,
man kann es nur tun. Es ist kein Buch,
es ist eine Lebensmacht. Und es ist unmöglich,
auch nur eine Zeile zu begreifen,
ohne den Entschluss, sie zu vollziehen.

46 Lohfink, Braucht Gott die Kirche?, 110f.
47 Ohne Angabe der Quelle zitiert in Haverkamp, Cornelia (Hrsg.): Das versteigerte Buch. Kleine Erzählungen, Gießen 2003, 17.

Spiritualität aus dem Neuen Testament: Glaubenserfahrung und bleibende Christusbeziehung bei Paulus und Johannes

Roman Kühschelm

»Megatrend Spiritualität« und Beitrag der Bibel

Der neue Trend als Anfrage und Herausforderung

»Kein Wort im religiösen Raum hat in den letzten Jahren einen solchen Boom erlebt wie das Wort ›Spiritualität‹«, formuliert J. Sudbrack in seinem Buch »Gottes Geist ist konkret«; allerdings fügt er gleich hinzu: »Der christliche Ursprung (*pneumatikos*, vom Geist beseelt) ist dabei meist vergessen«[1]. Noch nie gab es ein so vielfältiges, buntes und schillerndes Angebot von »Spirituellem« mit einer fast unüberschaubaren Palette von Religionen, Weltanschauungen, Sinndeutungen und Ideologien. Da gibt es Angebote der alten monotheistischen Weltreligionen; in den Vordergrund rücken aber immer stärker Religionen und religiöse Bewegungen des fernen Ostens, schließlich Gruppierungen und Strömungen, in denen nicht nur die Grenzen zwischen den Religionen, sondern auch zwischen echten Sinnangeboten und bloßen Manipulationen des Menschen nur noch schwer erkennbar sind.[2] – Es ist nicht zu leugnen, dass in all dem ein Bedürfnis zum Ausdruck kommt: eine breite Sehnsucht nach geistig-geistlichen Werten und persönlicher, besser individueller (Transzendenz-)Erfahrung.[3] Erfahrungszentriertheit und Individualität sind denn auch die beherrschenden Kennzeichen der neuen Such- und Wanderbewegung, die viele Menschen, auch Christinnen und Christen, erfasst hat.

Dieser Trend ist nicht nur eine Anfrage an das konkrete Christentum, ob seine eigentlichen Werte heute nicht allzu sehr durch Sekundäres verdeckt werden. Er ist auch eine Anfrage an die kirchliche Schriftauslegung in all ihren Formen (Exegese, Predigt, Liturgie, Katechese, Religionsunterricht etc.), ob sie noch die Schrift als Quelle des geistlichen Lebens zu erschließen und auf dem Markt des Religiösen und Neureligiösen als kritische Norm ins Gespräch zu bringen ver-

---

1 Sudbrack, Josef: Gottes Geist ist konkret. Spiritualität im christlichen Kontext, Würzburg 1999, XIV.
2 Vgl. Marböck, Johannes: Spiritualität aus dem Alten Testament: BiLi 73 (2000) 46–54, 46.
3 Vgl. etwa Zulehner, Paul M: Megatrend Religion: StZ 128/Bd. 221 (2003) 87–96.

mag.[4] Jedenfalls lässt der »Supermarkt« spiritueller Angebote viele Menschen Ausschau und Umschau halten nach dem, was in solcher Situation wirklich glaubwürdig und trag-fähig ist.[5] Gerade in einer solchen Suchbewegung können aber die Impulse der Bibel für eine Spiritualität, d. h. für eine tragende und prägende Haltung ganzheitlichen Glaubens und Lebens, doch wieder eine eminente Bedeutung bekommen.

Biblisch begründete Spiritualität und Aufgabe der Bibelwissenschaft

Eine mögliche Definition christlicher Spiritualität lautet: »Die christliche Spiritualität ist die geistgewirkte Weise ganzheitlicher gläubiger Existenz, in der sich das Leben des Geistes in uns in geschichtlich bedingter Konkretion ausprägt.«[6] Darin ist Wichtiges festgehalten: die Geistgewirktheit gläubiger Existenz, ihre ganzheitliche Prägung und die notwendige Realisierung in der konkreten geschichtlichen Situation (auch in verschiedenen Lebensformen und Lebensstilen). Zu wenig kommt darin freilich zum Ausdruck, dass die Geistgewirktheit gläubiger Existenz wesentlich einen Bezug zum *Wort der Schrift* bzw. zur Botschaft Jesu (im umfassenden Sinn) impliziert. Gelebte christliche Spiritualität ist ja auf zwei Pole bezogen, aus deren innerer Spannung sie lebt, einerseits auf die Botschaft des Wortes Gottes vom Verhältnis Gottes zum Menschen bzw. umgekehrt (Altes und Neues Testament, Botschaft Jesu) und andererseits auf je neu aufbrechende, persönliche und soziale geistgewirkte Impulse aus der jeweiligen Zeit und Situation. Christliche Spiritualität steht damit »im Schnittpunkt v(on) Tradition u(nd) Situation«[7]; sie ist unabdingbar sowohl der biblischen Grundbotschaft als auch der modernen Zeit verpflichtet.

Bibelwissenschaft allgemein wie auch speziell neutestamentliche Bibelwissenschaft vermag vornehmlich zur Erschließung der biblischen Wurzeln des Glaubens, aus denen sich christliche Spiritualität speist, etwas beizutragen: Sie ist überzeugt, dass die Reflexion der biblischen Seite grundlegende Funktion hat, weil es dabei um die Bewahrung des Wortes Gottes und der Botschaft Jesu (im umfassenden Sinn), also um die Kontinuität mit den Ursprüngen geht.[8] – Sie wird dabei aber nicht nur exegetische und bibeltheologische Ergebnisse reproduzieren, sondern die spirituellen Erfahrungen in den biblischen Texten zu erschließen suchen: »Erfahrungen eines immer wieder überraschenden, dynamischen Weges des Glaubens und des Lebens mit diesem Wort.«[9] Es wird ihr darum gehen, den Reichtum, die Kostbarkeit und die Kraft der geistlichen und praktischen Erfahrungen der Bibel zu vermitteln, die immer neu inspirieren, herausfordern, verändern können und ein unersetzliches

4 Vgl. Theobald, Michael: Ansätze einer biblischen Spiritualität. Impulse aus dem Johannesevangelium: GuL 75 (2002) 166–182, 166.

5 Vgl. Marböck: Spiritualität, 46.

6 Fraling, Bernhard: Überlegungen zum Begriff der Spiritualität: Arbeitsgemeinschaft Theologie der Spiritualität/AGTS (Hrsg.), »Lasst euch vom Geist erfüllen!« (Eph 5,18) – Beiträge zur Theologie der Spiritualität (Theologie der Spiritualität – Beiträge 4), Münster 2001, 6–30.17.

7 Sudbrack, Josef/ Weismayer, Josef u. a.: Spiritualität: LThK IX, Freiburg ³2000, 852–860, 856. Vgl. auch Theobald, Ansätze, 166ff.

8 Vgl. Theobald: Ansätze, 167.

9 Vgl. Marböck: Spiritualität, 46.

Angebot für eine ganzheitliche gläubige Existenz unter den Herausforderungen unserer Zeit darstellen.

Dabei wird sie aber notwendig auch darauf hinweisen, dass die recht erschlossene biblische Tradition gegenüber heutigen Spiritualitätstrends in mehrfacher Hinsicht ein Korrektiv bildet und »spiritualitätskritisch« wirkt[10]:

- Gegenüber einer diffusen, synkretistischen, häufig a-personal konstruierten und unverbindlichen Bastel-Religiosität bzw. -Spiritualität betont die biblische Tradition die Notwendigkeit und Verbindlichkeit einer aus dem personalen Lebensgeschehen zwischen Gott und Mensch erwachsenden verantwortlichen Lebensgestaltung im Sinn ganzheitlich liebender Existenz.
- Gegenüber dem Trend zur Individualisierung und Privatisierung von Religiosität bzw. Spiritualität betont sie die unabdingbare mitmenschliche, gesellschaftliche bzw. gesellschaftskritische sowie praktisch-weltbezogene Implikation derselben wie auch ihren notwendig gemeindlich-kirchlichen Charakter.
- Gegenüber einem sich selbst genügenden Vollendungs- und Glücksstreben (im Sinn individueller religiöser Erfahrung) betont sie – durchaus dem Leitbild eines erfüllten Lebens (vgl. Joh 10,10) verpflichtet – einerseits die mit dem Christusereignis erfolgte Zeitenwende, die sich im »Neue-Schöpfung-Sein« (2 Kor 5,17) bereits auswirkt, andererseits aber – realistisch – auch den eschatologischen Vorbehalt (Brüchigkeit der Welt, Ungesichertheit, Noch-Ausstehen der Vollendung, Auf-dem-Weg-Sein in durchgehaltener Hoffnung, Leidensbewältigung etc.).

Es gibt nun viele große Themen aus dem Neuen Testament, die für eine christliche Spiritualität als grundlegend gelten können.[11] Die Verdeutlichung im Rahmen des Vortrags muss sich auf Weniges konzentrieren. Dem Trend neuerer Spiritualität zu individueller religiöser Erfahrung Rechnung tragend, soll daher der Stellenwert der persönlich-individuellen Glaubenserfahrung im Neuen Testament erhoben werden, freilich in ihrer Angewiesenheit auf das in Jesus einzigartig ergangene Wort Gottes und in ihrer Ausrichtung auf die Gemeinschaft der Glaubenden.

Glaubenserfahrung im Neuen Testament: Grundlagen und Konsequenzen

Um den Stellenwert authentischer Glaubenserfahrung im Neuen Testament zu erheben, legt sich eine exemplarische Spurensuche bei Paulus und im Johannesevangelium nahe. Für Paulus dürfte das aufgrund seiner überwältigenden Christuserfahrung, die ihn total umkrempelte und sein ganzes künftiges Leben (als Heidenapostel) bestimmte, sofort einleuchten. Eine Beschäftigung mit dem Johannesevangelium ist deshalb lohnend, weil es wie kein anderes die beiden Pole christlicher Spiritualität – das Wort Jesu und seine Verleiblichung in konkreter gläubiger Existenz – schon in der

---

10 Vgl. auch die »Unterscheidung der Geister« gemäß 1 Kor 12,3.10; 1 Thess 5,19–21; 1 Joh 4,1–3.
11 Kompakt zusammengestellt etwa bei Weismayer, Josef: Leben in Fülle. Zur Geschichte und Theologie christlicher Spiritualität, Innsbruck 1983 passim. – Zu spirituellen Impulsen aus der Reich-Gottes-Botschaft Jesu vgl. bes. auch Eigenmann Urs: Geist in Wirklichkeit. Aspekte einer Reich-Gottes-Spiritualität und -Mystik, in: Bieberstein Sabine/Kosch Daniel (Hrsg.): Auferstehung hat einen Namen. Biblische Anstöße zum Christsein heute, FS H.-J. Venetz, Luzern 1998, 119–127, 120–126.

Formung der Erzählungen zum Ausdruck bringt; diese haben weithin beispielhaften Charakter, auch für uns heute.[12] – Zu beginnen ist mit Paulus.

Glaubenserfahrung und Christusverbundenheit bei Paulus

Wenn wir die umstürzende Grunderfahrung des Paulus bei seinem so genannten »Damaskuserlebnis« näher in den Blick nehmen wollen, sollten wir nicht den bekannten Bericht in Apg 9 sowie dessen recht freie Wiedergaben in den Paulusreden in Apg 22 und 26 zum Ausgangspunkt nehmen. Diese sind schon stark nach der Intention des Lukas (von dem auch die Apg stammt) als Visionsgeschehen gestaltet.[13] Wir sollten uns vielmehr an die authentischen Aussagen des Paulus in seinen Briefen halten.[14] Dabei lassen sich zwei Kategorien unterscheiden; zunächst:

Erfahrungsaussagen in traditioneller Formulierung

a) Dazu zählt als Erstes die einfache Aussage vom »Sehen« in 1 Kor 9,1. In seiner Auseinandersetzung mit Gegnern in der Gemeinde von Korinth beruft sich Paulus zur Verteidigung seiner Freiheit auf seine Berufung zum Apostel mit den Worten:

> Bin ich nicht frei? Bin ich nicht ein Apostel?
> Habe ich nicht Jesus, unseren Herrn, *gesehen*? […]

Er formuliert hier in Frageform; zugrunde liegt aber ein traditioneller Satz, mit dem die Urkirche des Öfteren die Erfahrung des Auferstandenen verbalisiert hat: »Ich habe den Herrn gesehen« (Maria von Magdala nach Joh 20,18) bzw. »Wir haben den Herrn gesehen« (die Jünger gegenüber Thomas nach Joh 20,25). Paulus meint damit jedenfalls kein alltägliches, sondern ein spezielles »Sehen«, eine besondere Erfahrung des erhöhten Herrn, die den anderen Christinnen und Christen in Korinth so nicht zuteil geworden ist. Wie diese Sehenserfahrung näher zu verstehen ist, vermögen weitere Angaben zu erhellen.

b) Eine zweite traditionelle Formulierungsweise zeigt sich in 1 Kor 15,5ff:

> 5 […] und dass er (Christus) *erschien* dem Kephas, dann den Zwölfen […]
> 8 Zuletzt von allen aber, wie der Fehlgeburt, *erschien* er auch mir.
> 9 Denn ich bin der Geringste der Apostel,
> der ich nicht wert bin, Apostel genannt zu werden,
> weil ich die Kirche Gottes verfolgt habe.
> 10 Durch Gottes Gnade aber bin ich, was ich bin […]

---

12 Vgl. Theobald: Ansätze, 167f.

13 Vgl. dazu etwa Kremer, Jacob: Die dreifache Wiedergabe des Damaskuserlebnisses Pauli in der Apostelgeschichte. Eine Hilfe für das rechte Verständnis der lukanischen Osterevangelien: Verheyden, Jozef (Hrsg.): The Unity of Luke-Acts (BEThL 142), Leuven 1999, 329–355. Zur Vorstellung von Paulus als Visionär insgesamt: Heininger, Bernhard: Paulus als Visionär. Eine religionsgeschichtliche Studie (HBS 9), Freiburg/Br. 1996; Kessler, Hans: Sucht den Lebenden nicht bei den Toten. Die Auferstehung Jesu in biblischer, fundamentaltheologischer und systematischer Sicht (Topos plus TB 419), Würzburg 2002 (= Düsseldorf ³1995).

14 Zum Folgenden vgl. neben den Kommentaren zu den entsprechenden Paulusbriefen bes. Kremer, Jacob: Enthüllungen der Zukunft. Tod – Rettung – Weltgericht, Regensburg 1999, 88–93; Theißen, Gerd/Merz Annette: Der historische Jesus. Ein Lehrbuch, Göttingen 1996, 422–428.

Die alte, von Paulus schon übernommene Formel spricht in ihrem zweiten Teil von der Auferstehung Christi und führt seine »Erscheinungen« als Bestätigung an: die vor Kephas und den Zwölfen, dann vor über 500 Brüdern auf einmal, dann vor Jakobus (dem Herrenbruder) und allen Aposteln. Daran schließt Paulus sich selbst als »den Letzten« an. – Aus der langen und komplizierten Diskussion[15] darüber, wie der Erfahrungsterminus »erschien« (griech. *ōphthē*) zu verstehen ist, kann nur Folgendes festgehalten werden: Es ist nicht bloß ein formelhafter Ausdruck zur »Legitimation« einer besonderen Autorität im Sinn von »ich bin gesandt« (so W. Marxsen, U. Wilckens). Es ist aber auch nicht Ausdruck einer rein subjektiven (psychogenen) Vision oder Halluzination, die aus einem krankhaften Christuskomplex des Paulus – aufgrund seiner früheren Verfolgertätigkeit bzw. seiner Krankheit – entsprungen ist (so G. Lüdemann). Es bezeichnet auch nicht bloß ein vages »Widerfahrnis« (so wieder W. Marxsen), sondern ein »Begegnis« (H. Schlier), eine besondere personale Erfahrung, in der den Betroffenen deutlich wurde: Der getötete Jesu lebt, ist aktionsmächtig, als Person identifizierbar und zu persönlicher Kommunikation fähig. »Erschien« ist also Ausdruck einer personalen Begegnungserfahrung, die Paulus hier auch für sich selbst in Anspruch nimmt. Das genaue Wie und Was dieser Erfahrung wird allerdings nicht näher ausgeführt. – Vielleicht können persönlichere Aussagen des Apostels eine Klärung bringen.

Erfahrungsaussagen in persönlicher Formulierung

a) Als erste dieser »persönlicheren« Aussagen des Paulus ist Gal 1,15f zu nennen, obwohl auch dieser Text stark auf traditionelle Motive und geprägte Sprechweisen zurückgreift. Paulus sieht sich in Gal 1 gezwungen, seine Sendung als ebenbürtiger Apostel gegenüber Gegnern zu verteidigen. Deshalb betont er vorher (V. 11f), dass er das Evangelium »nicht von Menschen übernommen« hat, sondern »durch eine Offenbarung/Enthüllung *(apokalypsis)* Jesu Christi«. Als Beweis dafür dient ihm sein ganzer Werdegang: vom Eiferer für das Gesetz über den Verfolger der »Kirche Gottes« (V. 13f) bis zu seiner Berufung. Darüber sagt er:

> 15 Als es aber dem (= Gott) gefiel,
>   der mich vom Mutterschoß an aussonderte
>   und durch seine Gnade berief,
> 16 einen Sohn *(in) mir zu offenbaren/zu enthüllen,*
>   damit ich ihn bei den Heiden verkünde,
>   da wandte ich mich nicht sofort an Fleisch und Blut […]

Seine Aussonderung bzw. Erwählung zu einem außergewöhnlichen Dienst, die Paulus hier in der Sprache des AT (vgl. Jes 49,1: Gottesknecht; Jer 1,5: Prophet Jeremia) beschreibt, ist von Gott her darauf hingeordnet, »seinen Sohn (in) mir zu offenbaren/enthüllen«. Im Griechischen steht »in mir« *(en emoi)*, doch verstehen viele Exegeten das einfach im Sinn von »mir«, was grundsätzlich richtig sein dürfte. Es geht

---

15 Aus jüngerer Zeit vgl. etwa Kessler, Hans: Sucht den Lebenden nicht bei den Toten. Die Auferstehung Jesu in biblischer, fundamentaltheologischer und systematischer Sicht (Topos plus TB 419), Würzburg 2002 (= Düsseldorf ³1995). Verweyen, Hansjürgen (Hrsg.): Osterglaube ohne Auferstehung? Diskussion mit Gerd Lüdemann (QD 155), Freiburg/Br. 1995; Vögtle, Anton: Biblischer Osterglaube. Hintergründe – Deutungen – Herausforderungen. Eingeleitet, bearbeitet und herausgegeben von Rudolf Hoppe. Mit einem Beitrag von Eduard Lohse, Neukirchen-Vluyn 1999.

um ein den Apostel bis in die Wurzeln seiner Existenz ergreifendes und seine ganze Person, sein ganzes Leben und Wirken prägendes Geschehen.[16] Paulus meint damit also nicht *nur* ein inneres Ereignis (eine intime, subjektive Einsicht). Das schließt aber nicht aus, dass es sich *auch* um eine innere Erfahrung gehandelt hat, wie andere Stellen (besonders 2 Kor 4,6) deutlich machen können. Das zusätzliche »in (mir)« darf in dieser Richtung gedeutet werden. – Wichtig ist jedenfalls, dass die »Enthüllung« (*apokalypsis*) nicht der Offenbarung einer abstrakten Wahrheit dient, sondern der Offenbarung einer Person, nämlich des schändlich Gekreuzigten als des Auferstandenen bzw. Sohnes Gottes, der von Gott in eine überlegene, gottgleiche Machtposition erhöht ist, wie auch schon der alte urkirchliche Ruf »*Maranatha*« (»Unser Herr, komm!«) und das frühkirchliche Bekenntnis »Herr ist Jesus« (Röm 10,9; 1 Kor 12,3; vgl. Phil 2,11) zum Ausdruck bringen. Aber das ist Paulus, wie der Text verstehen lässt, auch im Zentrum seines Personseins aufgegangen.

b) Der nächste Text ist aus dem Philipperbrief (Phil 3,7–11). Hier schreibt Paulus – wiederum in einer Selbstverteidigung (V. 3f) und in sehr persönlich-biographischer Diktion – über seinen Eifer als Pharisäer bei der Verfolgung der Kirche (V. 6) und schließlich über den Grund seiner totalen Wende:

7   Doch was mir Gewinn war,
    das habe ich um Christi willen als Verlust erkannt.
8   Ja, noch mehr: ich halte alles für Verlust
    wegen des Überragenden der *Erkenntnis* Christi Jesu, meines Herrn.
    Seinetwegen habe ich alles verloren und halte es für Dreck,
    damit ich Christus gewinne
9   und in ihm gefunden werde [...]
10 Ihn (Christus) will ich *erkennen* und die Macht seiner Auferstehung
    und die Gemeinschaft mit seinen Leiden,
    gleichgestaltet seinem Tod,
11 (in der Hoffnung,) dass ich wohl zur Auferstehung von den Toten gelange.

Maßgeblich für seine Wende war also eine einzigartige Erkenntnis Christi (»das Überragende der Erkenntnis Christi Jesu, meines Herrn«). Diese meint aber nicht einfach einen kognitiven Erkenntnisakt, sondern eine existentielle Erfahrung, die eine Umwertung seines ganzen bisherigen Wertesystems mit sich gebracht, ihn in seiner persönlichen Orientierung gänzlich neu ausgerichtet hat. Freilich zeigen die folgenden Aussagen auch, dass diese »überragende Erkenntnis« noch nicht einfach abgeschlossen, sondern hingeordnet ist auf ein entsprechendes Leben (»damit ich Christus gewinne«) und auf ein weiteres Erkennen (»ihn will ich erkennen und die Macht seiner Auferstehung und die Gemeinschaft mit seinen Leiden«). Die dem Apostel bei seiner Wende geschenkte einzigartige Erkenntnis ist also darauf angelegt, sein ganzes Leben zu erfassen, seine ganze Existenz zu durchdringen: »Erkennen« meint hier eine personale Erfahrung, die von der Person des Erkannten und dessen Schicksal her auch das eigene Leiden mit Sinn füllt und zuversichtliche Hoffnung auf endgültige Rettung gibt.

---

16 Vgl. etwa Mußner, Franz: Der Galaterbrief (HThK 9), Freiburg ⁵1988, 86f.; Schlier, Heinrich: Der Brief an die Galater (KEK 7), Göttingen ¹²1962, 55f.

c) Als letzter Text in der Reihe der persönlich gehaltenen Selbstaussagen Pauli darf 2 Kor 4,6 angeführt werden. Auch hier verteidigt der Apostel – in der so genannten »Apologie« (2 Kor 2,14–7,4)[17] – sein ihm durch Gottes Erbarmen verliehenes Verkündigungsamt (diakonia). Als Basis und Grund der ihm anvertrauten Christusverkündigung führt er in V. 6 an:

> Denn Gott, der sprach: Aus der Finsternis soll Licht aufleuchten!,
>> er ist in unseren Herzen *aufgeleuchtet* (hat es in unseren Herzen aufleuchten lassen)
>> zum *Aufstrahlen* (Glanz) der *Erkenntnis* der Herrlichkeit Gottes auf dem Antlitz Christi.

Diese Aussage kann grundsätzlich für alle Hörer/innen des Evangeliums, alle Glaubenden und Getauften gelten (vgl. 4,4; 3,16–18), vom unmittelbaren Kontext her ist sie aber auf den zur Christusverkündigung befähigten Apostel bezogen. Seine Erfahrung ist hier jedoch deutlicher als an den bisherigen Stellen (die von »gesehen«, »erschienen«, »Enthüllung«, »Erkenntnis« sprechen) als innere Erleuchtung durch ein Wirken Gottes verstanden, den Paulus in Anspielung auf Gen 1,3 als Schöpfer des Lichts charakterisiert. Dieser ist in seinem Herzen (d. h. im Innersten seiner Person, im Zentrum seines Denkens, Fühlens und Wollens) aufgestrahlt (bzw. hat es in seinem Herzen aufleuchten, taghell werden lassen[18]). Und diese innere Erhellung ist hingeordnet auf eine Erleuchtung[19], die dazu dient, die Herrlichkeit Gottes auf dem Antlitz Christi zu erkennen, d. h. den Anteil Christi an der Herrlichkeit Gottes, die göttliche Majestät des Auferstandenen als Sohn Gottes (vgl. Gal 1,16). Über die schon erwähnten Texte hinaus sagt Paulus hier ausdrücklich, dass die ihm geschenkte Berufung eine gnadenhafte Erleuchtung seines Inneren einschloss (ohne aber darauf beschränkt zu bleiben und ohne ein bloßes Produkt seiner Psyche zu sein).

Persönliche Christusgemeinschaft als Konsequenz

Schon Phil 3,7–11 hat deutlich gemacht, dass die ursprüngliche Christuserfahrung des Paulus auch auf sein gesamtes Sein und Leben (samt seinen Leidenserfahrungen) ausgreift und dabei angelegt ist auf immer innigere Christuserkenntnis und Christusgemeinschaft. Einer der eindrucksvollsten Texte dazu ist Gal 2,19–20, wo der Apostel seine Ausführungen zur Rechtfertigung aus Glauben und nicht aus Werken des Gesetzes mit einem Abschnitt beschließt, der in ganz persönlicher, erfahrungsbezogener Weise seine Argumentation untermauert[20]:

> 19a Denn ich bin durch das Gesetz dem Gesetz gestorben,
>> 19b damit ich für Gott lebe.
>> 19c Mit Christus bin ich mitgekreuzigt (worden).
>> 20a Ich lebe, aber nicht mehr ich,

---

17 Vgl. neben den gängigen 2 Kor-Kommentaren bes. auch Zeilinger, Franz: Krieg und Friede in Korinth. Kommentar zum 2. Korintherbrief des Apostels Paulus. Teil 2. Die Apologie, Wien 1997.
18 Griech. *elampsen en tais kardiais hēmōn*.
19 Griech. *pros phōtismon*.
20 Zur Deutung vgl. neben den gängigen Gal-Kommentaren auch Scholtissek, Klaus: Mystik im Neuen Testament? Exegetisch-theologische Bausteine: GuL 75 (2002) 281–292.363–382, 366–369.

20b sondern es lebt in mir Christus.

20c Was ich aber nun im Fleisch lebe,

20d lebe ich im Glauben an den Sohn Gottes,

20e der mich geliebt und sich für mich hingegeben hat.

Nach den (schwierigen) Aussagen über das Gestorbensein »durch das Gesetz für das Gesetz« formuliert Paulus ganz persönlich, aber doch für alle Christen gültig: »Mit Christus bin ich mitgekreuzigt.« Er denkt dabei wohl an die Taufe, die er auch in Röm 6,4–8 als Mitgekreuzigt- und Mitgestorbensein mit Christus deutet. Dann aber folgt die fast mystisch anmutende Erklärung (V. 20ab): »Ich lebe, aber nicht mehr ich, sondern es lebt in mir Christus.« Damit sagt Paulus zunächst: Die Kraft zum neuen »Leben für Gott« (V. 19b) kommt nicht aus mir, sondern wird mir ganz von Christus geschenkt. Der von Christus Befreite empfängt sein Leben von einem neuen Ursprung her. Er lebt nicht mehr – wie der alte Mensch – aus sich. Seine Personmitte (vgl. 2 Kor 4,6: »in unseren Herzen«) wird vielmehr – geschenkhaft – von einem anderen beherrscht: von Christus. Er hat sein altes (egoistisches) Ich preisgegeben, um das ganz auf Gott bezogene und Gott verdankte Leben des Auferstandenen zu teilen. Dieser ist für ihn zur bestimmenden Macht geworden.

Wie viele Exegeten betonen, spricht Paulus hier von der Einwohnung des auferstandenen Herrn in ihm.[21] Doch gilt: »Diese Einwohnung ist […] nicht mit einem Subjektwechsel bzw. Personentausch im strengen Sinne zu verwechseln. Paulus sagt gerade nicht, dass Christus im eigentlichen Sinn an die Stelle seines eigenen Ich tritt. Dann wären auch die Aussagen in V. 20c–e sinnlos. Paulus spricht hier vielmehr von einer erfahrenen Christusgegenwart in seinem Innern, die sein Ich verwandelt, die ihn […] vereinnahmt.«[22] Es geht mit anderen Worten um eine »Dezentrierung des Ichs« bzw. um eine »neue exzentrische Seinsweise«[23]. Es geht um die Neuausrichtung der ganzen Existenz (vgl. Phil 3,7–11), die der Apostel sogar als neues Schöpfungsgeschehen werten kann (vgl. 2 Kor 4,6; 5,17; Gal 6,15).

Weil man diese Aussage aber auch enthusiastisch oder im Sinn eines »mystischen« Subjektwechsels missverstehen könnte, verweist Paulus in V. 20c–e darauf, dass er durchaus noch in der Welt (»im Fleisch«, d. h. in der Schwäche und Hinfälligkeit der Kreatur) lebt. Die neue, von Christus beherrschte Existenz (nach Röm 8 etc. die geistgewirkte Existenz) spielt sich also ab in den Verfilzungen des irdischen Lebens, im Gestrüpp der sozialen, emotionalen und materiellen Zwänge. Die neue Schöpfung ist nicht unvermischt greifbar. Aber es ist doch nicht mehr so wie früher: Der Glaubende (für den Paulus hier exemplarisch spricht) baut »im Glauben« (V. 20d) restlos auf das, was Gott in Jesus bzw. dieser selbst für ihn getan hat. »Christus lebt in mir« heißt hier: Meine Personmitte ist ganz beherrscht und durchdrungen vom »Glauben an den Sohn Gottes, der mich geliebt und sich für mich hingegeben hat.« Der Glaubende (für den das »Ich« des Apostels hier steht) lebt ausschließlich aus der Erfahrung dieser ihm geschenkten, bis zum äußersten gehenden Liebe.

Christus als lebensbestimmende innere Macht des Apostels, die ihn befähigt, alle seine positiven und negativen Lebenserfahrungen in ihrer Tiefendimension zu deu-

---

21 Vgl. etwa Schlier, Gal 101–103; Mußner, Gal 179–183; Scholtissek, Mystik 368f.
22 Scholtissek, Mystik 368f.
23 Vollenweider, Samuel: Großer Tod und Großes Leben. Ein Beitrag zum buddhistisch-christlichen Gespräch im Blick auf die Mystik des Paulus: EvTh 51 (1991) 365–382, 371.374.

ten und zu bewältigen, kommt auch sehr schön in Phil 4,11–13 zum Ausdruck.[24] Vorher bedankt sich Paulus für »die Sorge«, die ihm seine Lieblingsgemeinde wieder angedeihen ließ, besonders in der Bedrängnis seiner Gefangenschaft. Er stellt aber für seine Person klar:

> 11 Ich sage das nicht, weil ich etwa Mangel leide.
>   Denn ich habe gelernt, mich in jeder Lage zurechtzufinden.
> 12 Ich weiß Entbehrungen zu ertragen, ich weiß im Überfluss zu leben.
>   In jedes und alles *bin ich eingeweiht:*
>   in Sattsein und Hungern, Überfluss und Entbehrung.
> 13 Alles vermag ich *in dem, der mir Kraft gibt* (in dem mich Ermächtigenden).

Wenn der Apostel hier mit »in alles bin ich eingeweiht« (*memyēmai*[25]) einen Fachterminus der Mysteriensprache aufgreift, wie viele Exegeten annehmen, macht er doch sofort klar, von wem her und durch wen er in alle seine Erfahrungen »eingeweiht« ist: »Alles vermag ich in dem, der mir Kraft gibt« (V. 13; vgl. 4,10: »im Herrn«). Es geht also nicht um ein besonderes Geheimwissen, sondern einfach um das, was ihm immer wieder deutlich geworden ist: In allen gegensätzlichen und oft äußerst widerwärtigen Lebensumständen[26] erfuhr er die Kraft des auferstandenen und erhöhten Herrn – eine Erfahrung, welche die Basis seiner ganzen Theologie bildet. – Es geht Paulus aber nicht darum, sich aufgrund einer solchen religiösen Erfahrung selbst zu rühmen. Er will damit nicht sein exklusives »mystisches« Privileg in den Vordergrund rücken. Vielmehr deutet er das, was er über sich sagen kann, als Ausdruck und Charakteristikum der Heilsteilhabe aller Glaubenden (vgl. etwa 2 Kor 5,17). Das soll durch einige Hinweise kurz noch belegt werden.

Christusverbundenheit aller Glaubenden und Getauften

Hier ist zunächst die weit über hundertmal vorkommende formelhafte Wendung »*in Christus*« bzw. »*im Herrn*« oder »*im Herrn Jesus (Christus)*« zu nennen, die Paulus nicht nur auf sich, sondern auch auf die Getauften überhaupt und seine Gemeinden im besonderen anwendet (vgl. nur Phil 1,1: »an alle Heiligen in Christus Jesus, die in Philippi sind«).

Nach wie vor wird intensiv diskutiert[27], ob diese typisch paulinische »In Christus«-Formel übertragen-lokal als neues Leben im Machtbereich des Auferstandenen und in enger personaler (fast »mystischer«) Beziehung mit ihm zu werten ist (so *A. Deißmann* u. v. a.), oder ob sie instrumental bzw. kausal als durch Christus vermitteltes neues Leben zu verstehen ist (*F. Neugebauer*), oder ob sie speziell tauftheologisch (vgl. Röm 6) und damit ekklesiologisch (vgl. 1 Kor 12) zu deuten ist: Durch die Taufe werden die Glaubenden in den Leib Christi eingegliedert und leben in diesem Sinn »in Christus« (*A. Schweitzer*).

---

24 Neben den Kommentaren vgl. dazu bes. Scholtissek, Mystik 366f.
25 Perfekt Passiv von *myeō*/einweihen, unterweisen«; vgl. das deutsche Wort »Mystik«.
26 Vgl. etwa die so genannten »Peristasenkataloge« 1 Kor 4,9–13; 2 Kor 4,7–12; 6,4–10; 11,23–33; auch 12,10.
27 Übersicht über die Forschungspositionen etwa bei Scholtissek, Mystik 367ff; Strecker, Georg: Theologie des Neuen Testaments. Bearbeitet, ergänzt und herausgegeben von F. W. Horn (de Gruyter Lehrbuch), Berlin 1996, 125–132.125–128; Fenske, Wolfgang: Paulus lesen und verstehen. Ein Leitfaden zur Biographie und Theologie des Apostels, Stuttgart 2003, 75f; Meier, Hans-Christoph: Mystik bei Paulus. Zur Phänomenologie religiöser Erfahrung im Neuen Testament (TANZ 26), Tübingen 1998, 27–39.

Im Letzten deuten diese und ähnliche paulinische Wendungen (»mit Christus«, »durch Christus«, »zu Christus gehörig« etc.) gemeinsam auf eine lebendige Heilsbeziehung und Heilsgemeinschaft, in welche die Glaubenden und Getauften hineingestellt sind. Sie verweisen auf die den Christen immer wieder mögliche und ihr Leben tragende Erfahrung des Einbezogenseins in die Wirklichkeit des auferstandenen und lebenden Herrn.[28]

Diese kann Paulus – wie für sich selbst (vgl. Gal 2,20: »es lebt in mir Christus«) – auch für die Gemeinden umgekehrt aussagen mit »Christus in euch« (Röm 8,10: »wenn Christus in euch ist«; 2 Kor 13,5: »erfahrt ihr nicht an euch selbst, dass Christus Jesus in euch ist«). Damit ist sowohl der gemeindliche Aspekt hervorgehoben (»Christus in eurer Mitte/unter euch«), aber auch der – wie für Paulus selbst geltende – Umstand, dass Christus für jede(n) Getaufte(n) zu einer seins- und lebensbestimmenden Macht geworden ist. Dass das nicht nur schöne Floskeln sind, sondern von Erfahrung gesättigte Wendungen, ist aus dem Kontext der Aussagen zu ersehen. Gal 3,27–28, die »Magna Charta« der Gleichberechtigung aller Getauften, kann das exemplarisch verdeutlichen[29]:

27 Denn ihr alle, die ihr *auf* Christus *getauft* seid, habt *Christus angezogen.*
28 Es gibt nicht mehr Jude und Grieche, nicht Sklave und Freier, nicht Mann und Frau, denn ihr alle seid »*einer*« *in Christus Jesus.*

Für alle Christinnen und Christen gültig werden hier aus dem Taufgeschehen, das als existentielles »Anziehen Christi« gesehen wird, die Konsequenzen für das Selbstverständnis und die Sozialstruktur christlicher Gemeinde gezogen. Alle ethnischen Differenzen, alle sozialen Unterschiede und geschlechtlichen Diskriminierungen, also alle klassischen menschlichen Konfliktpunkte werden damit für die christliche Gemeinde als irrelevant erklärt, da alle ihre Mitglieder als »auf Christus« Getaufte (V. 27) »einer sind in Christus Jesus« (V. 28). So »ideal« das hier auch formuliert sein mag, es ist in den Gemeinden doch immer wieder erfahrbare Realität. Das »In-Christus-Sein« bzw. das »Christus in euch« kann aus dem konkret erlebten Umgang miteinander in der Gemeinde immer wieder neu gefüllt und bestätigt werden: für die ganze Gemeinde als »Leib Christi« wie auch für die/den einzelne(n) in ihr.

Wir könnten natürlich fragen, wie dieses »in Christus« bzw. »Christus in euch«, das seit dem Gläubigwerden und dessen Bestätigung in der Taufe grundsätzlich gilt, immer wieder zur ureigenen Erfahrung der/des einzelnen wird. Paulus würde hier auf das *Wirken* des »*Geistes*« bzw. des »*Geistes Christi*« in uns antworten, wie er es etwa am Ende der argumentativen Kettenreihe in Röm 5,5 tut[30]:

---

28 Vgl. Scholtissek, Mystik 368; Strecker, Theologie 127; Dunn, James Douglas Grant: The Theology of Paul the Apostle, Grand Rapids 1998, 390–412, 400f.
29 Vgl. die gängigen Gal-Kommentare.
30 Zu vergleichen sind auch die reich differenzierten Aussagen in Röm 8,9: Die Angeredeten sind »im Geist«, dieser ist also der Lebensraum, in dem sich die/der Glaubende aufhält, bewegt und lebt. Andererseits »wohnt« der Geist Gottes »in euch«; Glaubende sind also »Behausung« des Geistes, der – gemäß Röm 5,5 – ihr Herz erfüllt. (Ein wechselseitiges In-Sein wird damit deutlich.) Ein Glaubender »hat« aber auch den »Geist Christi«, und dieser ist Voraussetzung für die Zugehörigkeit zu Christus. – Vgl. auch die weiteren Äußerungen in Röm 8,11 über den Geist als die in den Christen präsente Auferstehungskraft, welche von Gott her die Erweckung zum endgültigen Leben und zur vollen Gemeinschaft mit ihm verbürgt, sowie in Röm 8,14–17; Gal 4,6f über den Geist, der uns die sklavische Furcht nimmt, uns befähigt, wie der Sohn »Abba, Vater!« zu rufen, und uns damit zu »Söhnen« (wie Töchtern) und »Erben« Gottes macht.

> Die Hoffnung aber lässt nicht zugrunde gehen;
> denn die Liebe Gottes ist ausgegossen in unseren Herzen
> durch den Heiligen Geist, der uns gegeben ist.

Durch den Geist ist die uns im Christusereignis erwiesene Liebe Gottes »ausgegossen in unseren Herzen«. Durch den Geist ist uns also zuinnerst, in der Mitte unseres Personseins, die zuversichtliche, uns immer wieder durchtränkende und belebende Gewissheit gegeben, dass wir trotz aller erfahrenen Enttäuschung und »Bedrängnis« (vgl. Röm 5,3), trotz Mühsal, Angst, Leid und Not, nicht zuschanden werden, sondern in Gottes Liebe eingeborgen sind und von ihm erwarten dürfen, dass er uns letztlich alles schenken wird (vgl. Röm 8,31–39).[31]

Angesichts solcher Aussagen über die nicht nur dem Paulus, sondern jeder/jedem Christus-Glaubenden mögliche »spirituelle« (weil letztlich vom Geist ermöglichte) Erfahrung, könnten wir weiter fragen: Wie kommt man denn zum Glauben, in dem man solche Erfahrung macht? Wie kommt es zur initiierenden Glaubenserfahrung, die dann entsprechende weitere Erfahrungen im Glauben ermöglicht? Hier bleibt der Apostel recht nüchtern; in Röm 10,17 formuliert er einfach:

> So kommt der Glaube aus dem Hören (dem Gehörten, der Botschaft[32]),
> die Botschaft aber aus dem Wort Christi.

Zur weiteren Klärung dieser Frage nach dem Ursprung eines solchen Erfahrungsglaubens können die Aussagen des Johannesevangeliums hilfreich sein, denen sich der nächste Hauptteil zuwendet.

Erfahrungsbezogener Glaube im Johannesevangelium

Für den folgenden Abschnitt vermag insbesondere M. Theobalds Beitrag »Ansätze einer biblischen Spiritualität« als Leitfaden zu dienen.[33] – Was das Johannesevangelium ins Zentrum rückt und zum Ausgangspunkt macht, ist:

Die Spiritualität des Wortes
Den Auftakt kann hier das Wort Jesu in Joh 5,24 bilden:

> Amen, amen, ich sage euch:
> *Wer mein Wort hört und* dem *glaubt*, der mich gesandt hat,
> hat ewiges Leben und kommt nicht ins Gericht,
> er ist vielmehr aus dem Tod hinübergegangen in das Leben.

Grundsätzlich ist hier dasselbe vorausgesetzt, was Paulus in Röm 10,17 (s. o.) formuliert: »So kommt der Glaube aus dem Hören (bzw. dem Gehörten, der Botschaft);

---

31 Zur Deutung vgl. bes. Theobald, Michael: Römerbrief. Kapitel 1–11 (SKK.NT 6/1), Stuttgart 1992, 142–146.
32 Griechisch *akoē*.
33 Vgl. Theobald, Römerbrief, 168–179. –Außerdem Scholtissek, Klaus: Mystagogische Christologie im Johannesevangelium? Eine Spurensuche: GuL 68 (1995) 412–426.412–424; Ders.: »Rabbi, wo wohnst du?« Zur Theologie der Immanenz-Aussagen im Johannesevangelium: BiLi 74 (2001) 240–253, 242–252, und die gängigen Joh-Kommentare.

die Botschaft aber aus dem Wort Christi.« Die rettende Botschaft hat man also nicht aus sich selbst, man muss sie sich sagen lassen. Die vertrauende Gewissheit, dass unser Leben Sinn hat und nicht dem Nichts anheim fällt, stammt letztlich nicht aus uns selbst, sondern aus der Begegnung mit dem Wort Gottes – neutestamentlich gesprochen: dem Wort Gottes in der Person Jesu Christi.

Damit wird erstens deutlich: Biblische (damit auch neutestamentliche und speziell johanneische) Spiritualität ist zunächst eine Spiritualität des Wortes. Sie resultiert aus der Überzeugung, »dass der Mensch *ansprechbar* ist auf ein rettendes Wort von *außerhalb* seiner, und dass solches Wort tatsächlich an ihn ergangen ist […]«[34] (vgl. Hebr 1,1f). – Zweitens ist Joh 5,24 zu entnehmen, dass das Wort Gottes (das Jesus als Fleisch gewordener Logos selbst ist) nicht einfach informiert, nicht bloß künftige Sinnerhellung und Rettung in Aussicht stellt, sondern diese Wirklichkeit schon eröffnet, als gültig zuspricht und realisiert: Es bewirkt, was es sagt.[35] Dafür gibt es im menschlichen Bereich als Analogie nur das Wort der Liebe, das die Liebe ausspricht, zuspricht und real schenkt. Von daher wird klarer, was Joh 5,24 sagt: Jesu Wort kündigt nicht nur künftiges Leben an, sondern eröffnet dieses Leben, ja ist es selbst.[36]

Ansprechbarkeit auf das Wort und Verweigerung

Das Johannesevangelium ist überzeugt, dass jeder Mensch ansprechbar ist auf dieses Wort, dass er danach hungert und dürstet. Es hat aber auch nachhaltig darüber reflektiert, warum Menschen sich dann dem Wort Gottes in Jesus verweigern.[37] Eine seiner Antworten auf diese bedrängende Frage lautet: Es ist ihr versteinertes religiöses Wissen, das sie aus der Tradition ableiten, welches sie gegen neue, authentische religiöse Erfahrungen unempfindlich macht. Das ist besonders eindrucksvoll in Szene gesetzt in dem letzten Dialog zwischen dem von Jesus geheilten Blindgeborenen und den Pharisäern, in Joh 9,24–34:

24 Da riefen sie (die Pharisäer bzw. Juden) den Mann, der blind gewesen war,
zum zweitenmal und sagten zu ihm:
Gib Gott die Ehre!
Wir wissen, dass dieser Mensch ein Sünder ist.

25 Jener antwortete:
Ob er ein Sünder ist, *weiß ich nicht.*
Nur eines *weiß ich,*
dass ich blind war und jetzt sehen kann […].

28 Und sie beschimpften ihn und sagten:
Du bist ein Jünger dieses Menschen;
wir aber sind Jünger des Mose.

---

34 Theobald, Ansätze, 168.
35 In Entsprechung zum hebr. dābār, das sowohl »Wort« wie auch »Tat« bzw. »Geschehen/Ereignis« bedeutet.
36 Vgl. bes. die »Ich-bin-Worte« und die Aussagen zur »präsentischen Eschatologie« im Johannesevangelium.
37 In diesen Kontext gehören auch die dualistischen und öfters als prädestinatianisch empfundenen Aussagen des vierten Evangelisten, mit denen er das mehrheitliche Nein der jüdischen Seite zu Jesus zu bewältigen sucht. Er kennt aber keine vorgängige, noch vor aller menschlichen Entscheidung liegende Vorherbestimmung zum Unheil bzw. zur Verwerfung. Vielmehr wird deutlich, dass er in der Verweigerung letztlich ein Rätsel sieht, das für Menschen unlösbar ist und das er deshalb auf Gott selbst zurückwirft. So verdeutlicht es etwa Kühschelm, Roman: Verstockung, Gericht und Heil. Exegetische und bibeltheologische Untersuchung zum so genannten »Dualismus« und »Determinismus« in Joh 12,35–50 (BBB 76), Frankfurt/M. 1990, bes. 78–99.178–196.272f.

29	*Wir wissen,* dass zu Mose Gott gesprochen hat;
	aber von dem da *wissen wir nicht,* woher er ist.
30	Der Mann antwortete ihnen und sagte:
	Darin liegt ja das Erstaunliche,
	dass *ihr nicht wisst,* woher er ist,
	dabei hat er doch meine Augen geöffnet.
31	*Wir wissen,* dass Gott Sünder nicht erhört;
	wenn einer aber Gott fürchtet und seinen Willen tut, den erhört er.
32	Noch nie hat man gehört,
	dass jemand die Augen eines Blindgeborenen geöffnet hat.
33	Wenn dieser nicht von Gott wäre,
	dann hätte er gewiss nichts tun können.
34	Sie entgegneten ihm und sagten:
	Du bist ganz und gar in Sünden geboren,
	und du willst uns belehren?
	Und sie stießen ihn hinaus.

Das *Wissen* bzw. *Nicht-Wissen* dominiert als Leitmotiv diese Verse (mit V. 18–23 sind es zehn Belege). Den Gegensatz zum traditionellen »Wissen« der »Pharisäer« (V. 13.15.16) bzw. der »Juden« (V. 18.22) bildet auf Seiten des Geheilten das »Wissen« aus Erfahrung, aus der Erfahrung der Tat Jesu, durch die ihm am Sabbat »die Augen geöffnet« wurden. – Die Pharisäer beginnen die Unterredung sofort mit dem Hinweis auf ihr »Wissen«. Dieses steht so fest, dass jeder weitere Diskurs sich eigentlich erübrigt: »*Wir wissen,* dass dieser Mensch ein Sünder ist« (V. 24). Dieses Wissen gründet in der Tora: »Dieser Mensch kann nicht von Gott sein, weil er den Sabbat nicht hält« (V. 16). Gegenüber der Barriere dieses versteinerten Wissens hat der Geheilte keine Chance, sein Wissen, das aus neuer, authentischer Erfahrung herrührt, zur Geltung zu bringen. – Dabei hat aber auch er ein vorgeprägtes theologisches Grundwissen (vgl. V. 31: »*Wir wissen,* dass Gott Sünder nicht erhört […]«). Aber dieses verweigert sich neuer Erfahrung gerade nicht, sondern ist dafür offen.

Über den Kontext der Abfassungszeit, die Auseinandersetzung der johanneischen Gemeinde mit der jüdischen Synagoge, hinaus, stellt diese Szene einen Konflikt dar, »der auch die spätere Kirche bis heute in den unterschiedlichsten Formen […] begleiten sollte: des Konflikts nämlich zwischen Glaubenswissen und Erfahrung […], Orthodoxie und Frömmigkeit.«[38] Der Konflikt entsteht, wenn herkömmliches Glaubenswissen sich verweigert gegenüber neuer Erfahrung. Diese muss natürlich auch gedeutet werden, sie will aber nicht, dass man sie einfach in Abrede stellt. Was dem Geheilten in eigener Erfahrung unmittelbar eingeleuchtet hat, das können ihm die Vertreter des traditionellen Glaubens nicht ausreden. Er ist vielmehr imstande, das überkommene Glaubenswissen mit seiner authentischen, individuellen Erfahrung zu verbinden. Ja, gerade mit seinem traditionellen Glaubenswissen vermag er diese neue Erfahrung erst in ihrer Tiefendimension zu erschließen: als Verweis auf den, der von Gott kommt (V. 33: »wenn dieser nicht von Gott wäre …«). Der geheilte Blindgeborene wird damit auch für heute zum Vorbild, wenn es um das rechte Zueinander von traditionellem Glauben und eigener Erfahrung geht.

---

38 Theobald: Ansätze, 171.

Ermutigung zu eigener religiöser Erfahrung und persönlich verantwortetem Glauben

In der Frage, wie Glauben entsteht und weitergegeben wird, kann uns das Johannesevangelium Hilfestellung leisten, weil es einen Standpunkt vertritt, der unserem ähnelt, den Standort von Menschen, die »nicht dabei waren«, die sich das Geschehene bezeugen lassen müssen und dann gefragt sind, ob sie all dem vertrauen oder nicht; die aber auch herausgefordert sind, sich nicht mit dem verkündigten Wort zu begnügen, sondern eigene Erfahrungen zu machen, die das überlieferte Zeugnis beglaubigen.[39] – Dafür nun einige Beispiele:

Die Jüngerberufungen (Joh 1,35–51)[40]

Diese erfolgen im vierten Evangelium ziemlich anders als bei den Synoptikern (vgl. etwa Mk 1,16–20). Hier wird nicht geschildert, wie Jesus vollmächtig auf Menschen zugeht, sie in Beschlag nimmt und in seine Nachfolge ruft, um sie an seiner Sendung zu beteiligen (vgl. Mk 1,17: »Ich werde euch zu Menschenfischern machen«). Nur an Philippus ergeht ein den Synoptikern vergleichbarer Ruf (Joh 1,43: »Folge mir nach!«). Ansonsten wird umgekehrt geschildert, wie Andreas und ein Anonymus (in dem manche den Geliebten Jünger erkennen wollen), dann Simon Petrus und Natanaël zu Jesus gehen, doch nicht so sehr aus eigenstem Antrieb, sondern vermittelt durch einen anderen, der Jesus schon begegnet ist: Der Täufer verweist seine beiden Jünger Andreas und jenen Anonymus an Jesus, Andreas seinen Bruder Simon (Kephas/Petrus), Philippus seinen Freund Natanaël: »aus dem Hören-Sagen wird eigene Erfahrung.«[41]

Johannes der Täufer bringt das Ganze ins Rollen, indem er zwei seiner Schüler mit seinem Bekenntnis (1,36: »Seht, das Lamm Gottes!«) auf Jesus verweist und sie so auf den Weg setzt. Sie gehen Jesus nach, um in Erfahrung zu bringen, was an den Worten des Johannes dran ist. Jesus dreht sich um und fragt sie (es ist sein erstes Wort im vierten Evangelium!): »Was sucht ihr?« Das ist offenbar »die erste Frage, die an den gerichtet werden muss, der zu Jesus kommt, über die er sich klar werden muss.«[42] Da wagen die beiden eine Gegenfrage: »Rabbi […], wo bleibst (wohnst) du?« Jesus lädt sie darauf zu sich ein: »Kommt und ihr werdet sehen!« Dabei gilt, was M. Theobald formuliert: »[…] nach Jesu ›Bleibe‹ zu fragen, nach dem Grund und Ort *seiner* Existenz, bedeutet zugleich auch nach dem *eigenen* Lebensgrund zu fragen, entsprechend dem Wort Jesu Joh 14,2f., dass er seinen Jüngern *dort* die Wohnungen bereiten werde, wo er *selbst* zu Hause ist.«[43] Indem die Jünger also Jesu »Wohnort« erfragen und erfahren, werden sie auch ihres eigenen Lebensortes inne. Auf diese Erfahrung lassen sie sich ein, schauen, wo er wohnt, und bleiben jenen Tag bei ihm.[44]

Sparsam und zurückhaltend wird hier der Weg zu authentisch-eigenem Glauben geschildert: vom Vertrauen aufgrund der Autorität eines anderen zu einem Glauben,

---

39 Vorausgesetzt ist dabei, dass das vierte Evangelium nicht von einem Augenzeugen verfasst wurde. Der »Geliebte Jünger«, wie immer er näher identifiziert wird, ist vielmehr die hinter dem Evangelium stehende Autorität.
40 Vgl. dazu neben Theobald, Ansätze, 174, bes. auch Scholtissek, Rabbi 243; Ders., Christologie, 414–416.
41 Theobald, Ansätze, 174.
42 Bultmann, Rudolf: Das Evangelium des Johannes (KEK 2), Göttingen [18]1964, 70.
43 Theobald, Ansätze, 174, Anm. 21; vgl. auch Scholtissek, Rabbi, 243.
44 Dass es die »zehnte Stunde« war, meint nach damaliger Symbolik die Stunde der Vollkommenheit und Erfüllung (vgl. etwa Philo, De vita Mosis I 96; De opificio mundi 47). Dazu Bultmann, Joh 70.

der selbst seine Erfahrung in der Gemeinschaft mit Jesus macht, und dann (wie Andreas) bekennen kann: »Wir haben den Messias gefunden, das heißt übersetzt: den Christus« (Joh 1,41).[45] – Ein eindrucksvolles Echo dieses Erfahrungsweges findet sich im Nachtrag zur Brotrede, wo Petrus stellvertretend für die Zwölf sagt: »Wohin sollen wir gehen? Du hast Worte ewigen Lebens. Wir sind zum Glauben gekommen und haben erkannt: Du bist der Heilige Gottes« (6,68f).[46] – Insgesamt wird jedenfalls deutlich, dass hier nicht nur von der vorösterlichen Berufung der fünf ersten Jünger erzählt wird, sondern paradigmatisch vom grundsätzlichen Weg des Anschlusses an Jesus, der Begegnung mit Jesus und dem Finden Jesu, wie er auch nachösterlich möglich ist – mittels des Evangeliums.

Jesus und die Samariterin (Joh 4)

Das Gespräch Jesu mit der Samariterin am Jakobsbrunnen (Joh 4,21–26 (27–42)) ist idealtypisch für johanneische Begegnungserzählungen und den von ihnen geschilderten Weg zum Glauben. In einem bewegten Gespräch, das die Frau draußen vor der Stadt am Brunnen mit Jesus führt, geht ihr die Wahrheit über ihre eigene Existenz auf. In der Begegnung mit ihm wird ihr nicht nur ihr eigenes religiöses Selbstverständnis und ihre samaritanische Heilserwartung neu erschlossen (vgl. 4,12.19f.25.29d), in seiner Gegenwart wird sie vielmehr auch sich selbst transparent – in dem ganzen Lebensdurst, der ihre bisherige Biographie prägt (vgl. 4,16–18).[47] – Zugleich damit begegnet sie aber seiner Wahrheit, der Wahrheit des Messias (vgl. 4,25f: »Ich weiß, dass der Messias kommt, der Christus heißt. Wenn jener kommt, wird er uns alles kundtun/verkünden. Da sagt Jesus zu ihr: Ich bin es, der mit dir spricht«). Sie lässt daher ihren Krug am Brunnen zurück, nach alter Auslegung Zeichen dafür, dass sie nun endlich den gefunden hat, der das Wasser schenkt, das für alle Ewigkeit den Lebensdurst zu stillen vermag (vgl. V. 13f).[48] Und sie eilt in die Stadt, wo sie zu Jesu Erstmissionarin wird: »Kommt, seht einen Menschen, der mir alles gesagt hat, was ich getan habe. Ob dieser nicht der Christus ist?« (4,29). Am Anfang ihres Glaubens steht also die authentische Erfahrung, dass sie sich in der Gegenwart Jesu selbst durchsichtig wird – in ihrem ganzen verkorksten Gewordensein. Auf dieser Grundlage entsteht das noch fragende Bekenntnis: »Ob dieser nicht der Christus ist?« (4,29; vgl. V. 25). Und schon diese aus eigener Erfahrung gefüllte Frage nach Jesus erweckt den Glauben der anderen: »Aus jener Stadt kamen viele der Samariter zum Glauben an ihn – wegen des Wortes der Frau, die bezeugt hatte: Er hat mir alles gesagt, was ich getan habe« (4,39). Die Samaritaner kommen nun selbst zu Jesus, bitten ihn, bei ihnen zu bleiben, und nehmen ihn für zwei Tage gastfreundlich auf. Und zur Frau können sie dann sagen: »Nicht mehr *aufgrund deiner Aussage* glauben wir. Denn *wir selbst* haben nun gehört und wissen: Dieser ist wirklich der Retter der Welt« (4,42).

---

45 Ähnlich Philippus nach Joh 1,45: »Wir haben den gefunden, über den Mose im Gesetz und auch die Propheten geschrieben haben […]«; Natanaël nach 1,49: »Rabbi, du bist der Sohn Gottes, du bist der König von Israel!«
46 Vgl. auch Scholtissek, Christologie, 416, Anm. 12.
47 »Er sagt zu ihr: Geh, ruf deinen Mann und komm wieder her. Die Frau antwortete und sprach zu ihm: Ich habe keinen Mann. Da sagt Jesus zu ihr: Recht hast du geantwortet: Ich habe keinen Mann. Denn fünf Männer hast du gehabt, und der, den du jetzt hast, ist nicht dein Mann. Damit hast du Wahres gesagt« (4,16–18). – Nach Theobald, Ansätze, 175, Anm. 22, können die fünf Männer auch als Anspielung auf 2 Kön 17,24–41 (die fünf in den Städten Samariens angesiedelten Völker samt ihren Fremdkulten) gedeutet werden; der jetzige Mann der Frau, der auch nicht ihr rechtmäßiger ist, kann für den gegenwärtigen samaritanischen Kult stehen. Es geht also nicht nur um die Individual-, sondern auch um die Kollektivbiographie und ihre verfehlten religiösen Unternehmungen. – Das ist möglich, kann hier aber offen bleiben.
48 Vgl. dazu Theobald, Ansätze, 175 mit Anm. 23.

Die Thomas-Erzählung (Joh 20,24–29)

Als drittes Beispiel kann die Geschichte von Thomas[49] dienen. Er hat sich einfach nicht mit dem Zeugnis seiner Mitjünger begnügt, die da in Form eines Protokollsatzes bekannten: »Wir haben den Herrn gesehen!« (20,25b). Er wollte nicht nur aufgrund der Autorität anderer glauben, sondern bestand auf seinem Recht, sich *selbst* von der Gegenwart des auferstandenen Herrn zu überzeugen: »Wenn ich nicht an seinen Händen das Mal der Nägel sehe und meinen Finger in das Mal der Nägel und meine Hand in seine Seite lege, glaube ich niemals« (20,25d–g). Er legt Wert auf seine eigene religiöse Erfahrung.

In dieser Haltung unterscheidet er sich von den Samaritanern, die schon durch das Wort der Frau hin zum Glauben kamen: Thomas will seinen Glauben bewusst aufschieben, bis er das Zeugnis seiner Mitjünger bewahrheiten kann. Er zeigt auch einen Unterschied zu den Schülern des Täufers als ersten Jüngern Jesu: Diese gewährten Jesus aufgrund der Autorität ihres Meisters einen Vorschuss an Vertrauen und wurden dafür mit seiner personalen Gemeinschaft belohnt. Und es darf gelten: »Ohne einen solchen Vertrauensvorschuss geht nichts, weil der Mensch auf das rettende Wort angewiesen ist, das ihm seine Mitmenschen vermitteln; ihm zu trauen muss er wagen, auch wenn er seine Tragfähigkeit noch nicht erproben konnte […]«[50]

Thomas bleibt daher ambivalent, wie auch der Fortgang der Erzählung zeigt: Einerseits schenkt ihm Jesus die verlangte Begegnung und erkennt damit den Wunsch nach eigener, authentischer Erfahrung als legitim an.[51] Andererseits tadelt Jesus Thomas auch: »Weil du mich gesehen hast, glaubst du. Selig sind, die nicht sehen und doch glauben« (20,29). Damit zeigt der Evangelist deutlich, wen er mit Thomas am Ende seines Buches eigentlich im Blick hat: uns, die Leser/innen seines Evangeliums: »*Wir sind Thomas und sind es auch wiederum nicht. Wir sind es*, weil wir wie er am Ostersonntag nicht dabei waren, als der Herr sich seinen Jüngern als lebend erwies; wir sind es aber auch wiederum nicht, weil *uns* eine nachträgliche Ostererscheinung *nicht* gewährt wird, die ihm, Thomas, geschenkt wurde.«[52] – Oder gibt es doch auch für uns eine vergleichbare Erfahrung?

Erkennen und Offenbarung im Halten von Jesu Wort (Joh 14,18–24)

Der letzte Einzeltext zum Thema Erfahrung, der aber schon vor der Thomasperikope steht, ist ein Abschnitt aus der ersten Abschiedsrede (13,31–14,31), nämlich *14,18–24*. Verglichen mit dem übrigen Neuen Testament redet hier der Evangelist überraschend neu von der Ostererfahrung der Jünger.

Für Paulus sind alle Späteren von den ersten Osterzeugen abhängig, die sagen dürfen: »Ich/Wir habe(n) den Herrn gesehen!« (Joh 20,18.25; 1 Kor 9,1). Weil die Ostererscheinungen des Auferstandenen mit der Berufung des Paulus als beendet gelten (vgl. 1 Kor 15,8: »als Letztem von allen […]«), gibt es ein deutliches Gefälle zwischen dem grundlegenden Osterzeugnis der Apostel und dem Glaubensvollzug aller

---

49 Gegen seine übliche, aber einseitige Bezeichnung als »Zweifler« wendet sich schon Thomas von Aquin, Lectura supra Johannem, Cap. XX, Lectio 5, Nr. 3. Vgl. dazu Theobald, Ansätze, 175f.
50 Theobald, Ansätze, 176.
51 Dass Thomas tatsächlich den Auferstandenen, wie angekündigt, berührt und handfest überprüft hätte, sagt der Text aber nicht. Vgl. dazu bes. Kremer, Jacob: »Nimm deine Hand und lege sie in meine Seite!« Exegetische, hermeneutische und bibeltheologische Überlegungen zu Joh 20,24–29, in: van Segbroek, Frans u. a. (Hrsg.): The Four Gospels 1992, FS Frans Neirynck/BEThL 100, Leuven 1992, 2153–2181.
52 Theobald, Ansätze, 176.

Späteren. Vom apostolischen Zeugnis kann man sich nicht emanzipieren. – Das vierte Evangelium sieht das ähnlich, setzt aber doch andere Akzente. Wenn man vom Geliebten Jünger (vgl. bes. 19,35; 20,8; 21,24) einmal absieht, will der Evangelist – besonders in den Abschiedsreden – gerade nicht ein Autoritätsgefälle betonen zwischen den Aposteln und den Christinnen und Christen, die später aufgrund ihres Zeugnisses glauben. Die Adressaten der Rede Jesu sind die »Seinen« (13,1) bzw. die »Jünger« (13,5), in denen die Leser/innen sich selbst angesprochen sehen dürfen.[53] Jesu Worte, die er zum Abschied an die »Seinen« richtet, gelten daher auch ihnen:

18 Ich werde euch nicht als Waisen zurücklassen;
ich komme zu euch.

19 Noch kurze Zeit,
und die Welt sieht mich nicht mehr,
ihr aber seht mich;
denn ich lebe, und auch ihr werdet leben.

20 An jenem Tag werdet ihr erkennen,
dass ich in meinem Vater bin
und ihr in mir und ich in euch.

21 Wer meine Weisungen[54] hat und sie hält,
jener ist es, der mich liebt.
Wer mich aber liebt,
wird von meinem Vater geliebt werden,
und ich werde ihn lieben
und *werde* mich ihm *offenbaren.*[55]

Ein Dreifaches ist an diesem Textabschnitt hervorzuheben[56]:

a) »*An jenem Tag*« (V. 20) meint zunächst den Ostertag, präziser aber jenen Tag, an dem die Jünger zur Erkenntnis kommen, dass Jesus in seinem Vater ist und dass sie in ihm sind, wie er in ihnen (reziproke Immanenz). Das heißt aber: Der johanneische Ostertag ist kein bestimmtes historisches Datum, ist nicht nur jener »erste Tag der Woche«, an dem der Auferstandene durch die verschlossenen Türen trat und den Jüngern den Friedensgruß sagte. »Jener Tag« ist vielmehr überall dann und dort, wo ein Mensch zur Erkenntnis kommt, dass Jesu Weg nicht in ausweisloser Verlorenheit geendet hat, dass Jesus vielmehr »in seinem Vater« ist und dass dies zugleich die Aufnahme des Menschen in die endgültige Heimstatt (vgl. 14,2) bedeutet.

b) Das Erlangen dieser Erkenntnis verdeutlicht das vierte Evangelium in Anlehnung an traditionelle *österliche* Erscheinungsaussagen: »*ich werde mich ihm offenbaren*« (V. 21).[57] Das ist erstaunlich, denn damit schrumpft doch der Vorsprung der

---

53 Nur der – vielleicht erst kirchlich-redaktionell hinzugefügte – Vers 17,20 benennt den Unterschied zwischen den Glaubenden der ersten Stunde und den Späteren: »Nicht nur für diese bete ich, sondern auch für diejenigen, die durch ihr Wort an mich glauben […]« – Dazu Theobald, Ansätze, 177, Anm. 29.

54 Griech. *tas entolas mou.* –V. 23f verwenden analog »mein Wort« (*ton logon mou*) bzw. »meine Worte« (*tous logous mou*).

55 Griech. *emphanisō* (von *emphanizō*/»sichtbar machen, offenbar machen«) *autō emauton.*

56 Vgl. Dietzfelbinger, Christian: Das Evangelium nach Johannes II: Johannes 13–21 (ZBK 4/2), Zürich 2001, 57–63; Theobald, Ansätze, 178ff.

57 Das Verb *emphanizō* für »offenbar machen« wird – leicht abgewandelt zu *emphanēs ginesthai*/»offenbar werden/erscheinen« – in Apg 10,40f für die österliche Erscheinung Jesu gebraucht: »Diesen hat Gott am dritten Tag auferweckt und hat ihn erscheinen lassen (*emphanē genesthai*), zwar nicht dem ganzen Volk, wohl aber uns, den von Gott erwählten Zeugen […]«

ursprünglichen Osterzeugen vor allen anderen, d. h. auch vor uns, beträchtlich zusammen. Damit wird doch jedem Glaubenden, dem die Ostererkenntnis aufgeht: »Ich lebe, und auch ihr werdet leben« (V. 19), im Kern dieselbe Erfahrung zugesagt wie den am ersten Ostertag versammelten Jüngern bzw. dem Thomas acht Tage darauf. Wenn das aber gilt, dann zeigt sich hier die gleiche Entwicklung im Glauben, die schon vorher in Joh 1,35ff und Kap. 4 deutlich wurde: »Aus einem Glauben *auf das Wort anderer hin* wird ein Glaube *kraft eigener Erfahrung*.«[58] Diese Erfahrung ist für den Evangelisten natürlich Geschenk Gottes, genauer des »Parakleten«, des Heiligen Geistes, der *bei* den Jüngern ist und *in* ihnen wirkt (vgl. 14,18.26). Aber dass diese Bedingung für einen echten Glauben auch auf das alles entscheidende Osterzeugnis ausgedehnt wird, zeigt die integrative Dynamik johanneischen Denkens. Ein Moment fehlt aber noch zum vollen Verstehen.

c) Wodurch wird denn die glaubende Ostererfahrung angestoßen, worin gründet sie? Der an österliche Terminologie (»ich werde mich ihm offenbaren«) angelehnte V. 21 gibt die Antwort: »Wer *meine Weisungen* (V. 23f: *mein Wort/meine Worte*) hat und sie hält, jener ist es, der mich liebt. Wer mich aber liebt, wird von meinem Vater geliebt werden, und auch ich werde ihn lieben und mich ihm *offenbaren*.« Es sind also wieder (vgl. 5,24) die Worte Jesu, wie sie das Evangelium bietet. Wenn man diese in Treue bewahrt, führen sie in das Geheimnis der Gegenwart Gottes; denn mit dem Wort Jesu erhalten die Glaubenden auch seine Liebe bzw. die Liebe seines Vaters: »sein Wort ist Unterpfand dieser Liebe, ja es ist ihr lebendiger Ausdruck. Und umgekehrt bedeutet Jesus zu lieben *sein Wort festzuhalten*, was die gemäße Antwort auf seine Liebe ist. So ist das Wort Jesu, sofern es in den Glaubenden weiterlebt, der genuine Ort, an dem die johanneische Ostererfahrung anzusiedeln ist: die Erfahrung nämlich, dass die Liebe Gottes in Jesus trotz seines Todes eine lebendige Macht ist …«[59]

Im Vergleich mit dem »gewöhnlichen« Typ österlicher Glaubensbegründung lässt sich feststellen: Was für Paulus das unabdingbare Osterzeugnis der Apostel ist, ist für die johanneische Gemeinde ihr Evangelium. In ihm sind Jesu Worte »aufbewahrt«, d. h. nicht museal archiviert, so wie sie historisch tatsächlich geäußert wurden, sondern neu gesagt, voller Dynamik, Erschließungskraft und Aktualität. Das ganze vierte Evangelium ist demnach eine einladende Ermutigung seiner Hörer/innen und Leser/innen, sich – wie die Figuren seiner Erzählung, Andreas und der Anonymus, die Samariterin und ihre Mitbürger, Thomas und die Jünger Jesu überhaupt – *selbst* auf den Weg zu begeben, um *eigene* Glaubenserfahrungen zu machen und daraus *authentisches* Zeugnis abzulegen.

Ausblick

Auch im übrigen Johannesevangelium findet sich – abgesehen von den besprochenen Stellen – eine Fülle solcher Ermutigungen zu jeweils eigener, authentischer religiöser Erfahrung und persönlich verantwortetem Glauben[60]: in den Begegnungsgeschichten (mit Nikodemus, Joh 3; dem Blindgeborenen, Joh 9; Marta, Joh 11; Maria Magdalena, Joh 20; Simon Petrus, Joh 21,15–19 etc.), in den Leitmotiven des Suchens

---

58 Theobald, Ansätze, 178.
59 Theobald, Ansätze, 178.
60 Übersicht etwa bei Scholtissek, Christologie, 418–424.

und Findens (6,24.26; 11,56; 12,21; vgl. bes. 20,15f als Pendant zu 1,38f), des Hungers und Dürstens (4,13f; 6,27.35; 7,37f), in der Präsentation Jesu als »der Weg« schlechthin (14,6) und in den zentralen christologischen Symbolen (Grundmetaphern) des Johannesevangeliums, häufig in »Ich-bin-Worten« konzentriert: lebendiges Wasser (Kap. 4; 7), Brot des Lebens (Kap. 6), Licht der Welt (Kap. 8–9). Sie alle laden ein, Jesus zur »Lebenswelt« zu machen, die jeweils neue und tiefere persönliche und gemeinschaftliche Erfahrung ermöglicht.

Zusammenfassung

Hier soll nun abgebrochen werden. Es ging um den Versuch, für die in der neuen Spiritualitätsbewegung so dominante Forderung nach eigener, persönlicher und authentischer (Transzendenz-)Erfahrung Spuren bei zwei Hauptzeugen des Neuen Testaments zu finden. Es sollte dabei deutlich werden, dass in biblischen (hier neutestamentlichen) Texten religiös-spirituelle Erfahrungen in singulärer Weise gesammelt und konzentriert sind. Es ging darum, etwas vom Reichtum, der Kostbarkeit und der Erschließungskraft der im Neuen Testament gespeicherten religiös-geistlichen Erfahrungen zu vermitteln. Und das in der Hoffnung, dass diese ins Wort der Überlieferung gehobenen Glaubenserfahrungen als je neu inspirierend und herausfordernd, als unersetzliches Angebot für eine ganzheitliche gläubige Existenz heute wahrgenommen und nicht einfach als überholter Traditionsballast abgeworfen werden. Es ging aber auch darum zu zeigen, dass das biblische Erfahrungswort ein Korrektiv bildet gegen die Tendenz zur Unverbindlichkeit, zur bloßen Individualisierung und Privatisierung von Religiosität und Spiritualität. Vor allem ging es darum zu zeigen, dass wahrhaft christliche Spiritualität unabdingbar auf das in Jesus von Nazaret einzigartig ergangene Wort Gottes verwiesen bleibt, das sich in besonderer Weise im Wort der Schrift inkarniert und verleiblicht hat, aber auch verwiesen bleibt auf die Gemeinschaft der Glaubenden und Getauften, die in immer neuer Auseinandersetzung mit diesem Wort authentisch zu leben sucht.

Liturgie und Spiritualität

Anmerkungen zu einem bedeutungsvollen Verhältnis

Hans-Jürgen Feulner

Die Frage nach dem Verhältnis von »Liturgie« und »Spiritualität« hat nach wie vor aktuelle Bedeutung. Die im Gefolge des Zweiten Vatikanischen Konzils in Gang gesetzte Reform der Liturgie hat nämlich in erstaunlich kurzer Zeit weltweit eine unübersehbare Anzahl von neuen liturgischen Büchern hervorgebracht und damit die gottesdienstliche Praxis und das Erscheinungsbild des Gottesdienstes stark verändert. Im Kontext des gegenwärtigen Standes der liturgischen Erneuerung, aber auch unter Berücksichtigung der religiösen Merkmale unserer Zeit gehört das Thema »Liturgie und Spiritualität« durchaus zu den wichtigen und wohl auch dringlichen Themen der Kirche und der Pastoral.[1]

Anmerkungen zur Liturgiereform

Am 4. Dezember 2003 waren genau 40 Jahre vergangen, seit das Zweite Vatikanische Konzil die Liturgiekonstitution *Sacrosanctum Concilium* (= SC)[2] als ihr erstes Dokument verabschiedete.[3] Die überwältigende Mehrheit von 2147 Ja- bei nur vier Nein-Stimmen zeigt, wie einmütig sich die Konzilsväter nach längeren Vorarbeiten

---

1 Dem Thema »Liturgie und Spiritualität« wurde daher vom 21. bis 25. Juli 2003 in Trier sogar eine Sommerakademie gewidmet. Die Beiträge sind veröffentlicht in: Haunerland, Winfried/Saberschinsky, Alexander/Wirtz, Hans-Gerd (Hrsg.): Liturgie und Spiritualität, Trier 2004. – Vgl. auch Brasó, Gabriel M.: Liturgy and Spirituality (translated by Leonard J. Doyle), Collegeville/MN 1971 (Orig.: Liturgia y Espiritualidad [Biblioteca Vida Cristiana 1], Montserrat/Barcelona 1956).
2 Offizieller lat. Text der Konstitution »Sacrosanctum Concilium«: Acta Apostolicae Sedis 56 (1964) 97–138; Kaczynski, Reiner (Hrsg.): Enchiridion documentorum instaurationis liturgicae [= EDIL], Bd. I, Torino 1976, 2–27; dt. Übersetzung: Dokumente zur Erneuerung der Liturgie [= DEL], hrsg. von Rennings, Heinrich/Klöckener, Martin, Bd. I, Kevelaer/Freiburg (Schweiz) ²2002, 40–76. – Die erste Fassung der dt. Übersetzung wurde »im Auftrag der deutschen, österreichischen und schweizerischen Bischöfe von den Liturgischen Kommissionen der Bischofskonferenzen Deutschlands, Österreichs und der Schweiz« herausgegeben [vgl. Wagner, Johannes, in: LThK.E I (1966) 10]. Eine verbesserte Fassung wurde veröffentlicht in: LThK.E I (1966) 15–109.
3 Zum 40. Jahrestag der Konstitution wurde auch in Wien bereits am 11. Oktober 2003 eine Tagung veranstaltet. Die Beiträge sind in einem Sammelband veröffentlicht: Redtenbacher, Andreas (Hrsg.): Die Zukunft der Liturgie. Gottesdienst 40 Jahre nach dem Konzil, Innsbruck/Wien 2004. – Vgl. auch Richter, Klemens: Die Signalfunktion der Liturgiekonstitution, in: Münchener Theologische Zeitschrift 54 (2003) 98–113 und bes. das umfangreiche Doppelheft 3–4 von »Heiliger Dienst« (57 [2003]) mit Beiträgen von Kardinal Franz König (†), Andreas Redtenbacher, Bischof Egon Kapellari, Klemens Richter, Philipp Harnoncourt, Reinhold Malcherek, Arnold Angenendt, Benedikt Kranemann, Andreas Heinz, Rudolf Pacik, Abt Georg Holzherr, Werner Horn, Albert Gerhards, Bischof Kurt Koch, Metropolit Michael Staikos und Christian Grethlein.

und intensiven Diskussionen in der Konzilsaula hinter diesen Beschluss stellten.[4] Die Liturgiekonstitution war jedoch lediglich der Auftakt einer umfassenden Reform von Kirche und Liturgie. Bereits im Januar 1964, nur sechs Wochen nach der feierlichen Promulgation der Konstitution, wurden die ersten Schritte der Liturgiereform in die Wege geleitet.[5] Diese im Gefolge des Zweiten Vatikanischen Konzils in Gang gesetzte Reform des Gottesdienstes war nicht nur von klaren theologischen Prinzipien geleitet, sondern sie führte auch zu einer Neubesinnung auf das innere Wesen der Liturgie und brachte damit auch eine veränderte gottesdienstliche Praxis und Gestalt des Gottesdienstes mit sich. Viele Hoffnungen auf eine echte Erneuerung der Liturgie und des christlichen Lebens wurden erfüllt,[6] manche mitunter allzu euphorischen Erwartungen natürlich auch enttäuscht.[7] Vor allem sind die Möglichkeiten einer aktiven und bewussten Mitfeier (*participatio actuosa, plena et conscia*)[8] verbessert und erweitert worden – aber weder die *geistige Aneignung* noch die *spirituelle Vertiefung* der erneuerten Liturgie haben mit dieser stürmischen Entwicklung wirklich Schritt halten können, wie Hans Bernhard Meyer († 2002) vor 13 Jahren feststellte.[9]

Das ist jedoch an sich nicht verwunderlich, denn für die große Mehrzahl der Gläubigen, d. h. Kleriker wie Laien außerhalb des Umkreises der »Liturgischen Bewegung«[10], war die nachkonziliare Liturgiereform kein von der Basis der Gemeinden her gewachsener Vorgang, sondern eine gleichsam von »oben«, von der zentralen Kirchenleitung verfügte Anordnung.[11] Sie wurde zwar fast überall äußerlich gehorsam durchgeführt, aber bei weitem nicht im selben Ausmaß auch innerlich angeeignet.[12]

---

4 Zum Werden der Konstitution und den verschiedenen Abstimmungen über die einzelnen Schemata vgl. die nach wie vor unentbehrlichen Kommentare von Lengeling, Emil Joseph: Die Konstitution des Zweiten Vatikanischen Konzils über die heilige Liturgie. Lateinisch-deutscher Text (Lebendiger Gottesdienst 5/6), Münster ²1965, 52*–66* und 3f.; Jungmann, Josef Andreas: Einleitung und Kommentar [zur Konstitution über die heilige Liturgie], in: LThK.E I (1966) 13. Vgl. auch Redtenbacher, Andreas:»Sacrosanctum Concilium« – eine notwendige Hinführung nach 40 Jahren, in: Ders.: Die Zukunft der Liturgie, 25–40 sowie Feulner, Hans-Jürgen: 40 Jahre Liturgiekonstitution – was braucht die Liturgie heute und morgen?, in: ebd. 119–131, hier 120 mit Anm. 3.
5 Vgl. die umfassende Dokumentation der Liturgiereform in dem dt. Quellenwerk: Dokumente zur Erneuerung der Liturgie, hrsg. von [Rennings, Heinrich/]Klöckener, Martin, Bd. I: Kevelaer/Freiburg (Schweiz) ²2002; Bd. II: ebd. 1997; Bd. III: ebd. 2001.
6 Vgl. auch das Schreiben von Papst Johannes Paul II. von 1988 »Vicesimus quintus annus«, in: Acta Apostolicae Sedis 81 (1989) 879–918 [EDIL III (Roma 1997) 430–444; DEL III, 662–680].
7 Zur Durchführung und Aufnahme der Liturgiereform in verschiedenen Ländern vgl. bes. das Sammelwerk von Klöckener, Martin/Kranemann, Benedikt (Hrsg.): Liturgiereformen. Historische Studien zu einem bleibenden Grundzug des christlichen Gottesdienstes [FS Angelus A. Häußling]. Bd. II: Liturgiereformen seit der Mitte des 19. Jahrhunderts bis zur Gegenwart (Liturgiewissenschaftliche Quellen und Forschungen 88/II), Münster 2002, 815–964.
8 Vgl. auch Kohlschein, Franz: Bewusste, tätige und fruchtbringende Teilnahme. Das Leitmotiv der Gottesdienstreform als bleibender Maßstab, in: Maas-Ewerd, Theodor u. a. (Hrsg.): Lebt unser Gottesdienst? Die bleibende Aufgabe der Liturgiereform [FS Bruno Kleinheyer], Freiburg u. a. 1988, 38–62; Hilberath, Bernd Jochen:»Participatio actuosa«. Zum ekklesiologischen Kontext eines pastoralliturgischen Programms, in: Becker, Hansjakob/Hilberath, Bernd Jochen/Willers, Ulrich (Hrsg.): Gottesdienst – Kirche – Gesellschaft. Interdisziplinäre und ökumenische Standortbestimmung nach 25 Jahren Liturgiereform (Pietas Liturgica. Studia 3), St. Ottilien 1991, 319–338.
9 Meyer, Hans Bernhard: Liturgie und Spiritualität. Eine Problemskizze, in: Ders.: Zur Theologie und Spiritualität des christlichen Gottesdienstes. Ausgewählte Aufsätze (Liturgica Oenipontana 1), hrsg. von Meßner, Reinhard/Schöpf, Wolfgang G., Münster/Hamburg/London 2000, 233–244, hier 233. – Erstveröffentlichung des Aufsatzes in: Renhart, Erich/Schnider, Andreas (Hrsg.): Sursum Corda. Variationen zu einem liturgischen Motiv [FS Philipp Harnoncourt], Graz 1991, 41–48. – Vgl. auch Probst, Manfred: Die Liturgiereform des II. Vatikanums – eine Reform gegen die Frömmigkeit?, in: Liturgisches Jahrbuch 36 (1986) 222-237.
10 Die Kleriker und Laien, die vor und nach dem Zweiten Vatikanum im Umkreis der »Liturgischen Bewegung« engagiert und durch sie geistig bzw. geistlich geprägt waren, hatten natürlich einen besseren Zugang zum Verständnis und zur aktiven Mitfeier sowie zu einem Leben aus der Liturgie gefunden.
11 Vgl. Bopp, Karl: Prinzipielle Defizite in der Liturgiereform des Zweiten Vatikanischen Konzils? Eine pastoraltheologische Kritik, in: Archiv für Liturgiewissenschaft 35/36 (1993/94) 121–134, hier 124f. – Vgl. dazu aber auch die wichtigen Ausführungen von Häußling, Angelus A.: Liturgiereform und Liturgiefähigkeit, in: Archiv für Liturgiewissenschaft 38/39 (1996/97) 1–24.
12 Vgl. Lengeling, Emil Josef: Kritische Bilanz. Liturgische Bildung des Klerus und der Laien in den Aussagen des Zweiten Vatikanischen Konzils, in den römischen Ausführungsbestimmungen und in den reformierten liturgischen Büchern, Re-

Das Werk der Liturgiereform[13] geschah auch vor dem erschwerenden Hintergrund einer umfassenden Krise der Sprach- und Symbolfähigkeit des Menschen und war von Problemen beladen, die man zumeist nur in Umrissen vorausgesehen hatte.[14] Das Defizit an spezifischer liturgischer Bildung, an geistlicher Vertiefung und damit an prägender Kraft der gottesdienstlichen Feiern für das Leben der Gemeinden und ihrer Glieder ist leider nach wie vor unübersehbar. Ebenso unübersehbar ist die erschreckende Tatsache, dass nicht wenige Christen ihr tiefes Verlangen nach einem intensiveren geistlichen bzw. spirituellen Leben mit Mitteln und auf Wegen zu verwirklichen suchen, die nicht aus der Liturgie der Kirche stammen und an ihr vorbeigehen oder ihr sogar zuwiderlaufen. Es ist schon bedenklich, wie stark fernöstliche Religionsgemeinschaften, westliche Sekten und esoterische Zirkel oder gar okkulte Kreise Zulauf besonders durch junge Menschen erhalten.[15] Man erlebt heute aber auch immer wieder Christen, die schwärmerisch vorgeben, sie würden Jesus lieben. Davon ist jedoch in ihrem Leben nicht viel zu spüren. Manchmal gehen sie ihren Mitmenschen sogar auf die Nerven, weil sie mit der Betonung ihrer Jesusliebe nur sich selbst in den Mittelpunkt stellen und ihre außergewöhnliche Spiritualität. Eine Spiritualität, die das Leben nicht mitformt, ist wertlos. Echte Spiritualität hat zu allen Zeiten auch eine Lebenskultur geschaffen, die nach außen hin sichtbar wurde und für andere Menschen gleichsam »heilend« war.[16]

Den genannten Defiziten und den aus ihnen resultierenden Fehlentwicklungen kann man gewiss nicht nur mit theoretischen Überlegungen abhelfen. Es muss allen praktischen Bemühungen allerdings eine brauchbare, sachlich begründete Theorie zugrunde liegen, wenn eine positive Wende herbeigeführt werden soll.

Zum Begriff »Spiritualität« – Bedeutung und Abgrenzungen

Das Lemma »Spiritualität« ist im *Praktischen Lexikon der Spiritualität* (1988) vielfältig aufgegliedert.[17] Interessant für unsere Ausführungen ist die Aussage, mit der Odo

gensburg 1976; Fontaine, Gaston: La Pastorale Liturgique, in: Notitiae 20 (1984) 835–844, bes. 835f. – Vgl. dazu und zum Folgenden auch Meyer, Liturgie und Spiritualität (s. Anm. 9), 233–244, hier 233.
13 Vgl. auch Bugnini, Annibale: Die Liturgiereform 1948–1975. Zeugnis und Testament. Dt. Ausg. hrsg. v. Wagner, Johannes (unter Mitarb. von Raas, François), Freiburg u. a. 1988 (ital. Orig.: La riforma liturgica [1948–1975], Roma 1983); Wagner, Johannes: Mein Weg zur Liturgiereform 1936–1986. Erinnerungen, Freiburg u. a. 1993; Giampietro, Nicola: Il Card[inale] Ferdinando Antonelli e gli sviluppi della riforma liturgica dal 1948 al 1970 (Studia Anselmiana 121 = Analecta Liturgica 21), Roma 1998.
14 Vgl. dazu auch Kapellari, Egon: 40 Jahre Liturgiekonstitution – aus der Sicht des liturgieverantwortlichen Bischofs für Österreich, in: Heiliger Dienst 57 (2003) 171–179, hier 173. – Vgl. auch May, Georg: Die Liturgiereform des Zweiten Vatikanischen Konzils, in: Gottesdienst – Kirche – Gesellschaft (s. Anm. 8), 77–116; Nichols, Aidan: Looking at the Liturgy. A Critical View on Its Contemporary Form, San Francisco 1996; Hoping, Helmut: »Die sichtbare Frucht des Konzils«. Anspruch und Wirklichkeit der erneuerten Liturgie, in: Wassilowsky, Günther (Hrsg.): Zweites Vaticanum – Vergessene Anstöße, gegenwärtige Fortschreibungen (Quaestiones Disputatae 207), Freiburg/Br. 2004, 90–115.
15 Vgl. auch Sudbrack, Josef: Christliche und nichtchristliche Spiritualität [Vortrag am 15.9.1983 auf der Via-Mundi-Tagung 1983 Christl. Spiritualität in Freising] (Via Mundi H. 2, Folge 1983), Ottobrunn 1984.
16 Zur »heilenden« Kraft von Ritualen vgl. Grün, Anselm: Geborgenheit finden – Rituale feiern. Wege zu mehr Lebensfreude, Stuttgart/Zürich 1997, 36–38.
17 Vgl. Schütz, Christian u. a.: Spiritualität, in: Praktisches Lexikon der Spiritualität, hrsg. von Schütz, Christian, Freiburg/Basel/Wien 1988, 1170–1216. – Ich stütze mich im Folgenden immer wieder auf den äußerst interessanten und wegweisenden Artikel von Haunerland, Winfried: Spiritualität der Kirche und Spiritualität der Einzelnen – ein spannungsvolles und befruchtendes Verhältnis, in: Ders./Saberschinsky, Alexander/Wirtz, Hans-Gerd (Hrsg.): Liturgie und Spiritualität, Trier 2004, 11–31.

Lang seinen Beitrag zur liturgischen Spiritualität beschließt: »Die liturgische Spiritualität kann […] mit Recht als *die* Spiritualität der Kirche bezeichnet werden.«[18]

Es muss natürlich gefragt werden, ob und inwiefern die »Liturgie« wirklich die einzige Quelle für die Spiritualität aller Christen ist. Und was meinen die Begriffe »Spiritualität« und besonders »Spiritualität der Kirche«? Um eventuellen Missverständnissen vorzubeugen, ist also zunächst anzugeben, was man einerseits unter (gelebter) *christlicher Spiritualität*[19] und *Spiritualität der Kirche*[20], andererseits unter (gefeierter) *christlicher Liturgie* versteht.

»Spiritualität« als religiöses Modewort

Josef Sudbrack bezeichnet *Spiritualität* als »das Herzwort der schwer fassbaren ›Neuen Religiosität‹«[21]. Zweifelsohne gehört *Spiritualität* zu den religiösen Modewörtern unserer Zeit, ist *Spiritualität* sicherlich ein »Megatrend«. Viele Menschen wollen »spirituell« sein und suchen deshalb nach verschiedenen mehr oder weniger spirituellen Wegen und Techniken – gegenwärtig sehr häufig außerhalb der verfassten Religionsgemeinschaften, z. B. in Sekten, und ohne dass dies sogar mit einem religiösen Bekenntnis verbunden sein muss, wie in esoterischen Zirkeln.[22] *Religiosität* und *Spiritualität* werden dabei sehr häufig gleichbedeutend verwendet und oftmals wird *Spiritualität* auch als Wechselbegriff für das Wort *Frömmigkeit* angesehen.[23]

Zur Herkunft des Wortes »Spiritualität«

Der äußerst schwer greifbare Begriff *Spiritualität*[24] hat seine Wurzeln in der (ansatzweise im Alten Testament[25] beginnenden) Geisttheologie des Neuen Testamentes, besonders in den paulinischen Schriften:[26] Der Christ ist der mit dem Geist Gottes bzw. Geist Christi begabte und von ihm bestimmte »homo spiritualis«, also ein »geistlicher« (πνευματικός)[27] Mensch. Die substantivierte lateinische Form dieses Begriffs, *spiritualitas*, bezeichnet wie das Adjektiv die nicht vom »Fleisch« und von der Sünde, sondern die vom Geist bestimmte Existenz des Menschen. Das französische Wort *(e)spiritualité*, das seit der Mitte des 13. Jahrhunderts bezeugt ist, wurde

---

18 Lang, Odo: Liturgische Spiritualität, in: Praktisches Lexikon der Spiritualität, 1203–1205, hier 1205.
19 Vgl. Brasó, Liturgy and Spirituality (s. Anm. 1), 3–10.
20 Vgl. ebd. 11–27.
21 Sudbrack, Josef: Spiritualität. VIII. Neureligiös, in: LThK³ 9 (2000) 860. – Vgl. auch Ders.: Neue Religiosität. Herausforderung für die Christen, Mainz ⁴1990.
22 Vgl. auch Zundel, Edith/Fittkau, Bernd (Hrsg.): Spirituelle Wege und transpersonale Psychotherapie (Innovative Psychotherapie und Humanwissenschaften 47), Paderborn 1989; Scharfetter, Christian: Der spirituelle Weg und seine Gefahren, Stuttgart ⁴1997.
23 Vgl. Weismayer, Josef: Frömmigkeit. II. Begriffsgeschichte, in: LThK³ 4 (1995) 168f., hier 169; Sudbrack, Josef: Spiritualität. I. Begriff, in: LThK³ 9 (2000) 852f., hier 853.
24 Vgl. dazu Meyer, Liturgie und Spiritualität (s. Anm. 9), 234f.; Brasó, Liturgy and Spirituality (s. Anm. 1), 28–57.
25 Schon das Judentum verband in dem für uns wichtigen Bedeutungszusammenhang mit רוח (πνεῦμα, Spiritus, Geist) die Sinnbreite von »Geist«, als der von Gott stammenden Lebenskraft nebst deren psychologisch-dogmatischer Greifbarkeit, bis hin zur Mächtigkeit Jahwes, die – als prophetisch-eschatologische Gabe (1 Sam 10,6; Jes 11,2; Joël 3,1f.) oder als Weisheit Gottes (Weish 1,6; 7,22) – für das Volk Gottes bedeutsam wird (vgl. Kalt, Edmund: Biblisches Reallexikon, Bd. I, Paderborn 1931, 607f.).
26 Vgl. Schweizer, Eduard: Πνεῦμα κτλ., in: Theologisches Wörterbuch zum Neuen Testament, Bd. VI (1959) 387–450 [Lit.]; Kremer, Jacob: πνεῦμα, in: Exegetisches Wörterbuch zum Neuen Testament, Bd. III (1983) 279–291. – Vgl. dazu auch den Beitrag in diesem Band von Christoph Benke: Was ist (christliche) Spiritualität? s. o. 29ff.
27 Vgl. Kremer, Jacob: πνευματικός, in: Exegetisches Wörterbuch zum Neuen Testament, Bd. III (1983) 291–293.

bis ins späte Mittelalter zunächst fast ausschließlich im juridischen Sinne verwendet. Erst seit dem 17. Jahrhundert gewinnt es den Charakter eines *terminus technicus* für die persönliche Beziehung zu Gott.[28] In dieser Bedeutung ist das Wort in neuester Zeit vom Französischen in andere Sprachen übernommen worden. Der Gebrauch von *Spiritualität* ist in den modernen Sprachen jedoch ebenso vielfältig wie unbestimmt und von einer allgemein anerkannten Definition kann daher eigentlich keine Rede sein.[29] Aber von den sprachlichen Wurzeln her kann *Spiritualität* als eine Dimension bezeichnet werden, die auf Gottes Geist bezogen ist, den Geist, der in Jesus Christus am Werk ist und an dem wir durch Jesus Christus Anteil erlangen. Genau in diesem christlichen Sinn soll im Folgenden *Spiritualität* benutzt werden. Damit wird bereits deutlich, dass *Spiritualität* eigentlich nicht als ein Synonym für *Religiosität* verstanden werden soll.[30]

»Spiritualität« und »Frömmigkeit«

Spiritualität kann aber auch abgegrenzt werden von einem Begriff der *Frömmigkeit*,[31] der sich allein auf die innere Haltung oder die subjektive Seite des Glaubensvollzugs bezieht. Christliche *Spiritualität* kann als eine gelebte Grundhaltung oder eine vom Glauben geprägte Lebenspraxis verstanden werden, die alle Lebensbereiche und Lebensvollzüge prägt.[32] Der »spirituelle« Mensch zieht sich nämlich nicht in eine weltentsagende Innerlichkeit zurück, sondern lebt seinen Alltag aus dem Glauben bzw. aus dem Geist des Evangeliums. Dabei gibt es nicht nur eine einzige legitime christliche *Spiritualität*, sondern es gibt sie in einer Vielzahl individueller Ausprägungen christlichen Lebens.[33] Jeder Christ muss daher seine eigene *Spiritualität* haben oder allmählich herausbilden.[34]

»Kirchliche« Spiritualität und »Spiritualität der Kirche«

Da Christen in ihrem durch die Taufe begründeten Christsein immer zugleich auch als Glieder der Kirche handeln, müssen alle legitimen *christlichen* Spiritualitätsformen zugleich *kirchliche* Spiritualität sein.

28 Zu dieser Entwicklung vgl. Tinsley, Lucy: The French Expressions for Spirituality and Devotion. A Semantic Study (Studies in Romance Languages and Literatures 47), Washington 1953.
29 Vgl. Sudbrack, Josef: Spiritualität, in: Sacramentum Mundi. Theologisches Lexikon für die Praxis, Bd. IV, Freiburg 1969, 674–691, bes. 679–681; Ders.: Spiritualität, in: Klostermann, Ferdinand/Rahner, Karl/Schild, Hansjörg (Hrsg.): Handbuch der Pastoraltheologie. Praktische Theologie der Kirche in ihrer Gegenwart, Bd. V, Freiburg 1972, 533–537; Ders.: Frömmigkeit/Spiritualität, in: Eicher, Peter (Hrsg.): Neues Handbuch theologischer Grundbegriffe, Bd. II, München 1984, 7–16; Schütz, Christian u. a.: Spiritualität, in: Praktisches Lexikon der Spiritualität (s. Anm. 17), bes. 1170–1172.
30 Haunerland, Spiritualität der Kirche (s. Anm. 17), 12f.
31 Vgl. auch Neunheuser, Burkhard: Objektive Frömmigkeit. Ein Beitrag zur Geschichte und Systematik dieses Begriffes, in: Paschale Mysterium. Studi in memoria dell'abate Prof. Salvatore Marsili (1910–1983) [Studia Anselmiana 91 = Analecta Liturgica 10], hrsg. von Farnedi, Giustino, Roma 1986, 97–114; Fischer, Balthasar: Frömmigkeit der Kirche. Gesammelte Studien zur christlichen Spiritualität (Hereditas. Studien zur Alten Kirchengeschichte 17), hrsg. von Gerhards, Albert/Heinz, Andreas, Bonn 2000.
32 Vgl. Meyer, Liturgie und Spiritualität (s. Anm. 9), 235.
33 Vgl. Sudbrack, Josef: Gottes Geist ist konkret. Spiritualität im christlichen Kontext, Würzburg 1999.
34 Haunerland, Spiritualität der Kirche (s. Anm. 17), 13. – Vgl. auch Weismayer, Josef: Volksfrömmigkeit und echte Spiritualität, in: Liturgisches Jahrbuch 28 (1978) 215–230.

Was ist aber unter *Spiritualität der Kirche* zu verstehen? Kirche darf hierbei allerdings nicht nur als eine wesentlich hierarchisch verfasste Institution angesehen werden, die dem Einzelnen unpersönlich gegenübersteht, sondern Kirche muss als die Gemeinschaft der Glaubenden, als der lebendige Leib Christi, dessen Glieder wir durch die Taufe geworden sind, verstanden werden. Um so deutlicher tritt dann hervor, dass dieser Gemeinschaft der Glaubenden auch eine Glaubens*praxis* zukommt, die von der Heiligen Schrift durchdrungen sein muss.[35]

War die *Spiritualität* in früheren Jahrhunderten häufig mit einer bestimmten Kommunionfrömmigkeit oder mit einem entfalteten Andachtswesen verknüpft, so bekamen Bibel und Liturgie am Anfang des vergangenen Jahrhunderts stärkeres Gewicht. Auch innerhalb der katholischen Kirche der Gegenwart gibt es unterschiedliche Ausformungen christlicher Lebenspraxis. Zu denken wäre an die verschiedenen Ordensgemeinschaften und an die vielen neuen geistlichen Bewegungen, die sich nicht nur durch ihre jeweiligen Tätigkeitsfelder, sondern besonders auch durch verschiedene spirituelle Ansätze unterscheiden. Zu berücksichtigen sind aber ebenso die unterschiedlichen Ausprägungen kirchlichen Lebens in den verschiedenen Ortskirchen, Ländern und Erdteilen.

Wenn nun dennoch von einer *Spiritualität der Kirche* gesprochen werden soll, dann geht es dabei um jenen inneren Bereich, der all diesen Spiritualitäten gemeinsam sein muss, und natürlich um jene Ausdrucksformen, die auch für die individuellen Ausprägungen ein verbindendes Element sein müssen. Wenn wir nämlich als Christen nicht nur in der Kirche leben, sondern gemeinsam Kirche bilden, dann muss auch *kirchliche Spiritualität* Gemeinsames und Verbindendes haben.[36]

Man könnte daher ansetzen bei der Trias der Grundvollzüge kirchlichen Handelns, nämlich bei *Liturgia*, *Martyria* und *Diakonia*, gegebenenfalls noch ergänzt von der Dimension der *Koinonia*. Wenn Spiritualität die Lebenspraxis aus dem Glauben ist, dann manifestiert sich diese Spiritualität im Verkündigungsdienst der Kirche genauso wie in ihrem sozial-karitativen Handeln und im gesamten Aufbau der christlichen Gemeinschaft und nicht allein in ihrem gottesdienstlichen Leben. Aber dennoch erscheint es mit Winfried Haunerland wichtig und legitim zu sein, die *Liturgie* der Kirche als zentrierende Ausdrucksform ihrer Spiritualität zu betrachten.[37] Wenn Gottesdienst Ort der Erfahrung von Kirche ist, bietet er ebenso die Möglichkeit, modellhaftes Miteinander-Umgehen im Sinne einer geschwisterlichen Kirche einzuüben und vorzuleben, was sich natürlich nicht auf die Dauer des Gottesdienstes beschränken darf. Nur wenn auch außerhalb des gemeinsam gefeierten Gottesdienstes in Diakonia und Martyria lebendige Gemeinde existiert, kann die Liturgia als wichtige Station auf einem gemeinsamen, durchaus auch »spirituellen«, Weg erfahren werden.[38]

---

35 Haunerland, Spiritualität der Kirche (s. Anm. 17), 14.
36 Ebd. 14f.
37 Ebd. 15.
38 Vgl. auch Richter, Klemens/Schilson, Arno: Den Glauben feiern. Wege liturgischer Erneuerung, Mainz 1989; Müller, Josef/Birkenbeil, Edward: Miteinander Kirche sein. Idee und Praxis, München 1990; Gerhards, Albert: Resümee. Gottesdienst als Weggemeinschaft, in: Wahrhaftig, Gott ist bei euch! Wie feiern wir heute Liturgie?, hrsg. von Ders./Knippenkötter, Anneliese/Osterholt-Kootz, Birgit/Scharfenberg, Stephanie, Paderborn 1994, 55–63.

»Liturgie« der Kirche

Der andere Terminus, der bisher immer wieder auftauchte, ist die *Liturgie*. Dieser Begriff wird nicht eindeutig verwendet.[39] Verstehen die einen unter *Liturgie* nur den christlichen Gottesdienst, so sprechen andere auch von jüdischer Liturgie oder bezeichnen sogar säkulare Rituale als Liturgien. Aber auch die innerchristliche oder sogar die »katholische« Definition von Liturgie ist nicht ganz eindeutig. Ist *Liturgie* nur der amtlich geordnete Gottesdienst[40] oder können alle gottesdienstlichen Feiern von Getauften als »Liturgie« bezeichnet werden? Daneben tritt außerdem die Sicht, dass im römischen Ritus lediglich die von Rom geordneten Feiern als Liturgie bezeichnet werden, alle anderen Gottesdienste jedoch unter die Kategorien »gottesdienstliche Feiern der Teilkirchen« (*sacra exercitia*) oder gar »Andachtsübungen des christlichen Volkes« (*pia exercitia*) eingeordnet werden (vgl. SC 13).[41]

Das Zweite Vatikanische Konzil hat bereits die zentrale Funktion der Liturgie im gesamten Leben der Kirche eindrücklich herausgestellt.[42] Sie ist nach den Worten der eingangs erwähnten Liturgiekonstitution »der Höhepunkt, dem das Tun der Kirche zustrebt, und zugleich die Quelle, aus der all ihre Kraft strömt« (SC 10). Die Liturgie bzw. die tätige Teilnahme an der Liturgie wird als »die erste und unentbehrliche Quelle« bezeichnet, »aus der die Christen wahrhaft christlichen Geist schöpfen sollen« (SC 14).

Wenn sich das Tun der Kirche nicht in der Liturgie erschöpft (vgl. SC 9) und auch das geistliche Leben sich nicht schlechthin mit der Teilnahme an der Liturgie deckt (vgl. SC 12), so realisiert sich doch in der Liturgie immer neu die Vereinigung mit Christus und dem Vater in besonderer Weise. In der Liturgie realisiert die Kirche in dichtester Form ihr königliches Priestertum und wirkt mit Christus zum Heil der Menschen und zur Verherrlichung Gottes (= katabatische und anabatische Dimension).[43]

Liturgie der Kirche hat in ihren Grundstrukturen – über die unterschiedlichen Kulturen und Ausprägungen hinweg – für die Weltkirche etwas Verbindliches und Verbindendes, wobei es hier nicht um eine bloße Einheitlichkeit geht. Jenseits der konkreten Ausprägungen einzelner liturgischer Riten gibt es Gemeinsamkeiten aller Riten, im Osten wie im Westen. Diese Gemeinsamkeiten sind nicht einfach theoretischer Art, sondern sie realisieren sich täglich in den konkret gefeierten Gottesdiensten der Kirche(n). Gottesdienst der Kirche ist immer auch Feier einer konkreten Gemeinde (vgl. LG 26).[44]

Es scheint jedoch sinnvoll zu sein, als wichtigen Ausdruck der *Spiritualität der Kirche* jene gottesdienstlichen Feiern in den Blick zu nehmen, die der Gesamtkirche gegeben sind und heute zu einem »authentischen« Kirchesein gehören. Zu denken wäre hier primär an die Eucharistiefeier und die übrigen Sakramentenfeiern, wie

---

39 Vgl. Brasó, Liturgy and Spirituality (s. Anm. 1), 58–148.
40 So z. B. gemäß can. 834 CIC/1983.
41 Vgl. dazu Haunerland, Spiritualität der Kirche (s. Anm. 17), 17.
42 Vgl. Jungmann, Josef Andreas: Liturgie und geistliches Leben. Die Spiritualität der Constitutio de Sacra Liturgia, in: Geist und Leben. Zeitschrift für Aszese und Mystik 37 (1964) 91–98.
43 Vgl. SC 7 und 10.
44 Vgl. dazu Richter, Klemens: Liturgiereform als Mitte einer Erneuerung der Kirche, in: Häußling Angelus A. (Hrsg.): Vom Sinn der Liturgie. Gedächtnis unserer Erlösung und Lobpreis Gottes (Schriften der Katholischen Akademie in Bayern 140), Düsseldorf 1991, 131–158, hier 145–150.

auch die Feier der Tagzeitenliturgie nicht ausgeschlossen werden sollte. Viele Autoren nehmen die Existenz »liturgischer Spiritualität« als gegeben an, versuchen ihre Eigenart darzustellen und sie von anderen Formen christlicher Frömmigkeit zu unterscheiden. Die Diskussion dieser Frage ist noch im Gange.[45] Es zeigt sich jedoch, dass es tatsächlich eine Form geistlichen Lebens gibt, das aus der Feier der Liturgie genährt (Quelle) und in ihr je neu aktualisiert wird (Gipfel). »Die liturgische Spiritualität ist jene christliche Gesamthaltung, welche die hervorragende Wirklichkeit der Liturgie anerkennt und in ihr Quelle und Gipfel des christlichen Lebens auf dem Weg zur Vollendung im ewigen Reich des Vaters erblickt.«[46] Mit »christlicher Gesamthaltung« ist hier eine Spiritualität angesprochen, die sich nicht nur in der Feier der Liturgie selbst entfaltet, sondern darüber hinaus alle Lebensbereiche und -vollzüge prägt.[47]

Die »liturgische Spiritualität« als authentische Ausdrucksform der »Spiritualität der Kirche« hat ihren Grund in der Feier der Liturgie und bleibt wesentlich auch an sie gebunden. Sie beginnt mit den Sakramenten der christlichen Initiation (SC 6), verwirklicht sich in allen gottesdienstlichen Handlungen der Kirche und findet ihre Sinnmitte immer wieder in der tätigen und bewussten Mitfeier der Eucharistie (SC 14).[48]

Die Liturgie der Kirche ist jedoch nicht mit dem römischen Ritus identisch, auch wenn wir aufgrund unserer Beheimatung im römischen Ritus die Liturgie der Kirche zumeist nur in dieser Ausprägung kennen und deshalb zum Ausgangspunkt nehmen.[49] Es gibt innerhalb der katholischen Kirche eine Fülle unterschiedlicher Riten: neben dem römischen gibt es den altspanischen und mailändischen Ritus im Westen, und im Osten den griechisch-katholischen, koptisch-katholischen, armenisch-katholischen, syrisch-katholischen, maronitischen, malabarischen, malankarischen Ritus etc.[50] Der römische Ritus ist natürlich *de facto* der am weitesten verbreitete Ritus der katholischen Kirche, wird heute allerdings selten in seiner lateinischen Urfassung vollzogen, sondern in mehr oder weniger großen Adaptionen der verschiedenen Sprachgebiete und Länder. Die Liturgie der Kirche konkretisiert sich für uns in der deutschen Fassung der römischen Liturgie, ist aber damit nicht identisch mit dieser. Da jedoch keine andere Lebensäußerung der Kirche so sehr Ausdruck kirchlicher Identität ist wie die Liturgie, weil hier die Kirche realsymbolisch ihre Darstellung findet, muss sie notwendigerweise die tatsächlichen Verhältnisse in der Kirche widerspiegeln, ihren Glauben und ihr vielfältiges Leben zum Ausdruck bringen.[51]

---

45 Vgl. Triacca, Achille M.: La spiritualité liturgique est-elle possible? De la méthode à la vie, in: Liturgie, spiritualité, cultures. Conférences Saint-Serge. XXIXe Semaine d'Études Liturgiques. Paris 29 juin – 2 juillet 1982 (Bibliotheca »Ephemerides Liturgicae« Subsidia 29), hrsg. von Triacca, Achille M./Pistoia, Alessandro, Roma 1983, 317–339; Brovelli, Franco: Movimento liturgico e spiritualità cristiana. Dai dati della storia al senso del loro rapporto, in: Rivista Liturgica 73 (1986) 469–490.

46 Neunheuser Burkhard: Spiritualità liturgica, in: Nuovo Dizionario di Liturgia, hrsg. von Sartore, Domenico/Triacca, Achille M., Roma 1983, 1419–1442, hier 1424.

47 Vgl. Brasó, Liturgy and Spirituality (s. Anm. 1), 165–208.

48 So Lang, Liturgische Spiritualität (s. Anm. 18), 1203.

49 Vgl. Haunerland, Spiritualität der Kirche (s. Anm. 17), 17.

50 Zu den verschiedenen Riten vgl. Feulner, Hans-Jürgen: Liturgien. III. Orientalische Liturgien, in: LThK[3] 6 (1997) 974–980; Heinz, Andreas: Liturgien. IV. Abendländische Liturgien, in: ebd. 980–984.

51 Vgl. Richter, Liturgiereform als Mitte einer Erneuerung der Kirche (s. Anm. 44), 133–137.

Zum Verhältnis von »Spiritualität der Kirche« und »liturgischer Spiritualität«

Die integrierende Funktion der Liturgie

Es besteht kein Zweifel daran, dass in der Kirche recht unterschiedliche Spiritualitäten zu Hause sind. Das gilt nicht nur für die großen spirituellen Traditionen, sondern auch für jede kleine Pfarrgemeinde. Es gibt unterschiedliche Quellen, aus denen Christen in unseren Gemeinden leben. Es gibt z. B. die kleiner werdende Gruppe derer, die täglich zur Messfeier zusammenkommen, andere beten zu Hause alleine den Rosenkranz, und wieder andere bemühen sich um häufige Schriftlesung, allein oder mit anderen. Die Quellen, aus denen wir Christen leben, sind also vielfältig. Noch vielfältiger sind die Frömmigkeitsformen, die wir Christen pflegen. Und diese Vielfalt ist legitim und »katholisch«, solange diese Frömmigkeitsformen nicht Ausschließlichkeit für sich beanspruchen.[52]

Dabei geht es aber nicht nur um eine friedliche Koexistenz. Diese anskizzierte Vielfalt der Frömmigkeitsformen und Spiritualitäten ist solange wünschenswert und gut, wie alle gemeinsam auch Liturgie feiern können. Solange Christen ehrlichen Herzens miteinander am gemeinsamen Gottesdienst teilnehmen können, haben ihre unterschiedlichen Spiritualitäten keinen trennenden Charakter, sondern bereichern einander. Durch die gemeinsame und alle verbindende kirchliche Liturgie verliert sich katholische Weite nicht ins Grenzenlose.[53] Vielfalt kann als lebendige Ergänzung verstanden werden, wobei jedoch die Gefahr der Isolation und gegenseitigen Ausgrenzung nicht übersehen werden darf. Einer solchen nicht zu unterschätzenden Gefahr entgehen die unterschiedlichen Gruppen und Individuen einer katholischen Gemeinde, wenn sie zur gemeinsamen sonntäglichen Eucharistiefeier zusammenkommen und so immer wieder die *größere* (Weg-)Gemeinschaft erfahren. Die Sonntagseucharistie hat insofern eine *zentrierende* und *integrierende* Funktion für die ganze Gemeinde. Daraus ergibt sich ein Kriterium für individuelle und partikulare Frömmigkeitsformen: *Sie sind solange legitim, wie sie die gemeinsame Feier der Gemeinde, näherhin die gemeinschaftliche Sonntagseucharistie, nicht beeinträchtigen.*[54]

Was für die konkreten Pfarrgemeinden vor Ort vorauszusetzen ist, gilt für die Christen der Kirche insgesamt. »Solange wir ehrlichen Herzens Gottesdienstgemeinschaft mit Menschen anderer Spiritualitäten in unserer Kirche haben können, sind die Unterschiede nicht trennend, sondern komplementär und können sogar gegenseitig befruchtend wirken.«[55]

---

52 Vgl. Haunerland, Spiritualität der Kirche (s. Anm. 17), 18f.
53 Vgl. ebd. 19.
54 Vgl. ebd.
55 Ebd.

Die normierende Funktion der Liturgie für kirchliche Spiritualitätsformen

Die Liturgie folgt bestimmten Formalgesetzen, die sich nicht nur im römischen Ritus, sondern auch in anderen Riten immer wieder beobachten lassen.[56] Wenngleich diese Formalgesetze natürlich nicht für alle Frömmigkeitsübungen eingefordert werden können, so zeigen sie doch etwa an, welche authentischen Ausprägungen kirchlicher Spiritualität grundsätzlich richtungsweisend bleiben.[57]

(1) Die Schriftbezogenheit: Ein erstes wesentliches Formalkriterium christlicher und katholischer Liturgie ist ihre *Schriftbezogenheit.* Liturgie ohne biblische Schriftlesung ist nach dem II. Vatikanum eigentlich nicht mehr vorstellbar.[58] Diese grundlegende Verwiesenheit der Liturgie auf die Heilige Schrift ist auch für christliche Spiritualität wegweisend: Christliche Spiritualität hat auszugehen von der Offenbarung Gottes. Sie muss deshalb immer mit dem *Hören* beginnen. Christliche Spiritualität ist immer *Antwort* auf Gottes Wort und hat daher auch in der Bibel ihre grundlegende Quelle, an der es bleibend Maß zu nehmen gilt. Die Orientierung an der Liturgie ist nicht zu trennen von der Orientierung an der Heiligen Schrift. Nicht zuletzt durch die Liturgiereform und das größere Gewicht, das den biblischen Lesungen in den neuen liturgischen Ordnungen gegeben wurde,[59] wurde für die Menschen in den Pfarrgemeinden erfahrbar, dass auch in der katholischen Liturgie nunmehr das Wort Gottes eine wesentlichere Rolle einnimmt. *Die Spiritualität der Kirche und die liturgische Spiritualität sind deshalb auch biblische Spiritualität.*[60]

(2) Der Glaubensbezug: Die Bedeutung von Liturgie als theologischem Ort erweist sich akzentuiert in dem Axiom »legem credendi lex statuat supplicandi« aus den Prosper von Aquitanien († um 455) zugeschriebenen »Capitula Caelestini«.[61] Hier wird der Liturgie eine für den christlichen Glauben bedeutsame und normativ relevante Funktion zugesprochen: Der betenden Kirche wird bescheinigt, dass ihr in den authentischen Liturgiefeiern ausgedrücktes kirchliches Handeln in einer wesentlichen Relation zu ihrem Glauben steht. An der Liturgie muss ablesbar sein, was die Kirche glaubt.[62] *Insofern »sich das Werk unserer Erlösung« (SC 2) in der Liturgie vollzieht, insofern hat liturgische Spiritualität auch eine theologische Qualität für die Norm des Glaubens.*

---

56 Bis zur ausgehenden Antike bzw. zum beginnenden Frühmittelalter lassen sich sogar gewisse liturgische »Gesetzmäßigkeiten« herausarbeiten. – Vgl. dazu Baumstark, Anton: Liturgie Comparée. Principes et méthodes pour l'étude historique des liturgies chrétiennes (revue par Bernard Botte), Chevetogne ³1953 (engl. Übers.: Comparative Liturgy, London 1958); Taft, Robert: Comparative Liturgy Fifty Years after Anton Baumstark (d. 1948). A Reply to Recent Critics, in: Worship 73 (1999) 521–540; Ders.: Anton Baumstark's Comparative Liturgy Revisited, in: Ders./Winkler, Gabriele (Hrsg.): Acts of the International Congress «Comparative Liturgy Fifty Years after Anton Baumstark (1872–1948)«. Rome, 25.–29. September 1998 (Orientalia Christiana Analecta 265), Roma 2001, 191–232.
57 Vgl. dazu Haunerland, Spiritualität der Kirche (s. Anm. 17), 20–22.
58 Vgl. SC 24, aber auch SC 51 u.ö.
59 Vgl. dazu auch Haunerland, Winfried: »Lebendig ist das Wort Gottes« (Hebr 4,12). Die Liturgie als *Sitz im Leben* der Schrift, in: Theologisch-praktische Quartalschrift 149 (2001) 114–124; Bärsch, Jürgen: »Von größtem Gewicht für die Liturgiefeier ist die Heilige Schrift« (SC 24). Zur Bedeutung der Bibel im Kontext des Gottesdienstes, in: Liturgisches Jahrbuch 53 (2003) 222–241.
60 Vgl. dazu Haunerland, Spiritualität der Kirche (s. Anm. 17), 20.
61 PL 51, 209f.
62 Vgl. dazu Federer, Karl: Liturgie und Glaube. Eine theologiegeschichtliche Untersuchung (Paradosis 4), Freiburg/Schweiz 1950; Stenzel, Alois: Liturgie als theologischer Ort, in: Mysterium Salutis. Grundriss heilsgeschichtlicher Dogmatik, Bd. I: Die Grundlagen heilsgeschichtlicher Dogmatik, hrsg. von Feiner, Johannes/Löhrer, Magnus, Einsiedeln 1965, 606–621; Lehmann, Karl: Gottesdienst als Ausdruck des Glaubens. Plädoyer für ein neues Gespräch zwischen Liturgiewissenschaft und dogmatischer Theologie, in: Liturgisches Jahrbuch 30 (1980) 197–214; Wainwright, Geoffrey: Der Gottesdienst als »Locus Theologicus«, in: Kerygma und Dogma 28 (1982) 248–258; Dürig, Walter: Zur Interpretation des Axioms »Legem credendi lex statuat supplicandi«, in: Ziegenaus, Anton/Courth, Franz/Schäfer, Philipp (Hrsg.): Veritati Catholicae, FS Leo Scheffczyk, Aschaffenburg 1985, 226–236 u. a.

(3) Die Zeichenhaftigkeit: Natürlich geht es in der Liturgie nicht nur um das Wort der Heiligen Schrift und nicht nur um Worte. Liturgie (wie auch das außerliturgische Leben) ist durchwirkt von einem Kosmos von Symbolen, von *zeichenhaften und sinnlich wahrnehmbaren Vollzügen.*[63] Das ist nicht nur eine Konzession an die menschliche Gebrechlichkeit, sondern es zeigt sich hierin die grundlegende sakramentale Struktur der Kirche. Das äußerlich Wahrnehmbare und sinnenhaft Vollzogene, das Sichtbare und Greifbare ist Träger von Unsichtbarem, nicht Greifbarem und den menschlichen Sinnen Entzogenem. Der Mensch, der vor Gott steht, ist nicht nur Geist, sondern Körper und Geist. Diese Bejahung der Leibhaftigkeit im liturgischen Vollzug ist auch äußerst bedeutsam für christliche Spiritualität.[64] Sie darf nie reine Geistigkeit sein, sondern muss auf Ganzheitlichkeit zielen. *Eine authentische liturgische Spiritualität ist nicht leibfeindlich, sondern steht mit der ganzen Menschlichkeit vor Gott.*[65]

(4) Der Gemeinschaftscharakter: Liturgie ist außerdem auf den *gemeinschaftlichen* Vollzug angelegt.[66] Liturgie ist nämlich eine Feier der kirchlichen Gemeinschaft und nicht nur Feier des vorstehenden Priesters.[67] Sie ist aber auch nicht einfach der Ort, an dem jeder gleichsam für sich seine individuelle Gottesbeziehung pflegen soll.[68]

(5) Der Weltbezug: Christliche Spiritualität muss bei aller legitimen Vielfalt eine prinzipielle *Offenheit auf die Mitchristen* haben. Denn Christ ist man immer auch mit anderen zusammen. Obgleich Liturgie ein Vollzug der christlichen Gemeinde als Gemeinschaft ist, so enthält diese Liturgie eine grundlegende Offenheit für die Welt. Liturgie ist auch ein Dienst der Kirche an der Heiligung der Welt.[69] Die liturgiefeiernde Kirche ist nicht egozentrisch, sondern sie trägt die Sorge und Nöte der Welt vor Gott. In diesem Sinn erinnert die Liturgie auch einzelne Christen und Spiritualitätsgruppen an eine wesentliche Dimension christlichen Lebens und christlichen Gebetes: Frömmigkeitsübungen und spirituelle Praxis müssen einen Weltbezug haben und dürfen nicht Flucht aus der Welt sein.[70]

Schriftbezogenheit, Glaubensbezug, Gemeinschaftscharakter und Weltbezug stehen in einer gewissen Spannung zu postmodernen Ritualen, in deren Zentrum der Einzelne mit seinen sich wandelnden Bedürfnissen steht.[71]

Verweis der Liturgie an die grundlegende Inhaltlichkeit christlicher Spiritualität

Die Authentizität der *christlichen* Spiritualität ist auch an inhaltliche Aussagen gebunden. Die Orientierung an dieser Inhaltlichkeit bewahrt den Einzelnen und einzelne religiöse Gruppen vor spiritueller Beliebigkeit. Es erweist sich, dass die Liturgie der

63 Vgl. SC 7. – Vgl. auch Guardini, Romano: Von heiligen Zeichen, Mainz o. J. [ca. 1952]; Merz, Michael B.: Verborgenes entdecken. Plädoyer für die Sinnlichkeit im Gottesdienst, in: Gottesdienst 18 (1984) 65–67; Kapellari, Egon: Heilige Zeichen in Liturgie und Alltag, Graz 2001.
64 Vgl. dazu bes. Saberschinsky, Alexander: Leibhaftige Liturgie, in: Liturgie und Spiritualität (s. Anm. 1), 49–62.
65 Vgl. Haunerland, Spiritualität der Kirche (s. Anm. 17), 20f. – Vgl. auch Häußling, Angelus A.: Liturgie und Leben, in: Lebendige Seelsorge 39 (1988) 169–174, hier 172f.
66 Vgl. SC 26f.; vgl. auch LG 9 und AG 19.
67 Vgl. auch can. 837 CIC/1983.
68 Haunerland, Spiritualität der Kirche (s. Anm. 17), 21.
69 Die Erneuerung der Fürbitten in der Feier der Messe, der Sakramente und Sakramentalien und der Vesper ist dafür ein eindrückliches Zeichen.
70 Haunerland, Spiritualität der Kirche (s. Anm. 17), 21f.
71 Vgl. dazu Kochanek, Hermann: Postmoderne Rituale und Liturgie, in: Liturgisches Jahrbuch 52 (2002) 210–233, hier 220.

Kirche selbst Ausdruck jener grundlegenden Inhaltlichkeit ist, die als Kriterium authentischer Spiritualität angesehen werden kann.[72]

Wenn es in Artikel 7 der Liturgiekonstitution heißt: »Mit Recht gilt […] die Liturgie als Vollzug des Priesteramtes Jesu Christi« (SC 7), so wird damit ausgesagt, dass das liturgische Tun der Menschen seine eigentliche Würde allein durch die Christusgemeinschaft, in der jede Liturgie vollzogen wird, erhält. Liturgie ist daher nicht zu trennen vom Bekenntnis zu Jesus Christus. Dies gilt auch für jede Ausprägung christlicher Spiritualität, denn diese verdient ihren Namen nur, wenn sie sich auf Jesus als den Christus bezieht.

Eng damit verbunden ist die inhaltliche Bestimmung der Liturgie als Feier des Paschamysteriums Christi.[73] Auch hier wird deutlich, dass es in der Liturgie nicht um das Erlernen von Techniken zur Erzeugung spiritueller Gefühle geht. Vielmehr geht es um die sakramentale Vergegenwärtigung der Heilstat Jesu Christi. Dieser personale Anschluss an seine Heilstat als *Hingabe* gibt aber wieder eine inhaltliche Vorgabe für eine angemessene christliche Lebenshaltung. Sich mit dieser Hingabe zu verbinden oder auch sakramental verbinden zu lassen, wird zur Form christlicher Existenz. Spiritualität in diesem Sinn sollte also auch von Hingabe geprägt sein. Authentische Spiritualität zeigt sich darin, dass die Gläubigen immer mehr lernen, sich selbst Gott darzubringen, wie es das Konzil ausgesagt hat.[74] Es geht um Wachstum in der Selbsthingabe an Gott.[75] Spiritualität, die sich an der Liturgie der Kirche messen lassen will, muss die Lebensbewegung Jesu aufnehmen.[76]

Christliche Gemeinden sind in ihren Bemühungen um den ihr gemäßen Gottesdienst nie am Ziel, sondern stets unterwegs, wobei es keine »absoluten« Rezepte gibt, sondern nur Perspektiven einer *Liturgia semper reformanda*, einer stets in Christus zu erneuernden Liturgie. Liturgische Bildung ist hierbei ein bleibendes Anliegen für Priester und »Laien«.[77] Eine der wesentlichen Gestaltungsaufgaben für die Zukunft wird sein, die »Wiederentdeckung« der verschiedenen Gottesdienstformen für unsere Gemeinden (z. B. Tagzeitenliturgie, Andachten etc.) zu wecken.[78] Die Bedeutung von »Liturgiekreisen« in den Gemeinden darf außerdem nicht darauf reduziert werden, dass sie lediglich als »Zulieferer« verstanden werden, sondern die Priester müssen mit den Liturgiekreisen in persönlichen Kontakt und Austausch treten. Darin liegt nämlich eine große Chance, weil bei solchen Zusammenkünften auch persönliche Glaubenserfahrung ausgetauscht und miteinander gemacht werden kann. Ziel des gemeinsamen Bemühens muss es letztlich sein, *Freude* am Gottesdienst zu vermitteln.[79]

---

72 Vgl. dazu Haunerland, Spiritualität der Kirche (s. Anm. 17), 22–24.
73 Vgl. Pahl, Irmgard: Das Paschamysterium in seiner zentralen Bedeutung für die Gestalt christlicher Liturgie, in: Liturgisches Jahrbuch 46 (1996) 71–93.
74 Vgl. SC 48. – Zur Sache insgesamt vgl. Adam, Adolf: Christlicher Gottesdienst und persönliches Opfer, in: Schreiner, Josef (Hrsg.): Freude am Gottesdienst. Aspekte ursprünglicher Liturgie [FS Josef G. Plöger], Stuttgart 1983, 361–370.
75 Vgl. dazu auch Staniloae, Dumitru: Liturgie, participation au sacrifice du Christ, spiritualité, in: Liturgie, spiritualité, cultures (s. Anm. 45), 277–297.
76 Vgl. Mt 16,25.
77 »Bildung« meint hier nicht rein intellektuellen Wissenserwerb, sondern eine Sensibilisierung und Befähigung aller Ausdrucks- und Wahrnehmungsebenen des Menschen. – Vgl. bereits Guardini, Romano: Liturgie und liturgische Bildung, Mainz/Paderborn ²1992; Meurer, Wolfgang: Von der Notwendigkeit und den Möglichkeiten liturgischer Bildung. Praktische Perspektiven, in: Gottesdienst – Kirche – Gesellschaft (s. Anm. 8), 405–416; Sauer, Ralph: Liturgische Bildung heute aus religionspädagogischer Sicht, in: ebd. 383–404.
78 Deutsche Bischofskonferenz (Hrsg.): Direktorium über die Volksfrömmigkeit und die Liturgie. Grundsätze und Orientierungen (Verlautbarungen des Apostolischen Stuhls 160), Bonn 2001.
79 Vgl. dazu auch Feulner, 40 Jahre Liturgiekonstitution (s. Anm. 4), 126–131.

Was hier nur anskizziert wurde, müsste noch inhaltlich wesentlich ergänzt und vertieft werden. Aber es dürfte deutlich geworden sein, dass die theologische Bestimmung der Liturgie auch wesentliche inhaltliche Impulse enthält, welche die christliche Spiritualität vor einer allgemein religiösen Beliebigkeit bewahrt.

Abschließende Bemerkungen

Gedanken zur Spiritualität ersetzen nicht die konkrete Lebenspraxis der Menschen, so wie auch Gedanken über die Liturgie nicht die lebendige Feier des Gottesdienstes ersetzen können. Die Richtigkeit des Sprechens über *Spiritualität* und *Liturgie* steht im Dienst einer angemessen Praxis und muss sich in dieser bewähren.

So sehr auch »liturgische Spiritualität« ihren Grund in der Feier der Liturgie selbst hat, in der Liturgie der Mensch geheiligt und Gott verherrlicht wird, so gibt es dennoch eine Unterschiedenheit. In der Feier der Liturgie erschöpft sich nicht das gesamte Tun der Kirche und auch das geistliche Leben deckt sich nicht mit der Teilnahme an der Liturgie.[80] Die *Feier der Liturgie* steht zwar in einem immer notwendigen Zusammenhang mit dem ganzen christlichen Leben, aus dem sie auch nicht gelöst werden darf. Die Ergebnisse des liturgischen Handelns entziehen sich aber der kontrollierbaren empirischen Erfahrung. Es ist also der »zelebrative« Charakter, der die Liturgiefeier vom Handeln in anderen Lebensbereichen und insbesondere vom alltäglichen Leben unterscheidet. Ihre spezifische Eigenart liegt im symbolisch-rituellen Handeln, das die Heiligung des Menschen und die Verherrlichung Gottes formell bezeichnet und real bewirkt. Gottesdienst ist dabei nicht nur *punktuelle* Gemeinschaft an einem Ort, sondern wesentlich »Weggemeinschaft«, helfende und heilende Lebensbegleitung unterwegs zum Ziel der Erfüllung der Verheißungen.

Die *christliche Spiritualität* hingegen prägt und durchwirkt alle Lebensvollzüge, auch – aber nicht nur – die Feier der Liturgie.[81] Gerade unter der Voraussetzung, dass die Unterscheidung von (gefeierter) Liturgie und (gelebter) Spiritualität sachlich gerechtfertigt scheint, läßt sich dann auch sagen, dass die Feier der Liturgie alle Äußerungen des geistlichen Lebens im engeren Sinn und das christliche Leben insgesamt prägt und durchwirkt. Christliche und liturgische Spiritualität erfassen und prägen beide das ganze Leben in allen Bereichen und Vollzügen. Sie haben zudem das gleiche Ziel, nämlich die *communio*, die vollendete Lebensgemeinschaft mit Gott durch Christus im Heiligen Geist.[82] Eine vollkommene Gleichsetzung von christlicher und liturgischer Spiritualität bleibt jedoch fraglich, denn eine »christliche Gesamthaltung« ist denkbar, die ohne Leugnung der objektiven Bedeutung der Liturgie subjektiv aus anderen Quellen gespeist wird und dennoch genuin christlich wäre (z. B. eine *biblische* Spiritualität).

---

80 SC 9 und 12.
81 Zur hier nicht thematisierten Verschränkung von »Liturgie« und »Mystagogie« vgl. Merz, Michael B.: Liturgie und Mystagogie. Eine vergessene Form der Spiritualität?, in: Schilson, Arno (Hrsg.): Gottes Weisheit im Mysterium. Vergessene Wege christlicher Spiritualität, Mainz 1989, 298–314.
82 Vgl. Meyer, Liturgie und Spiritualität (s. Anm. 9), 237f.

Aber immer geht es um die *Spiritualität der Kirche,* immer um die Spiritualität der Menschen in der Kirche. Und bei der liturgischen Spiritualität geht es besonders um jene Spiritualität, die Odo Lang als *die* Spiritualität der Kirche bezeichnet hat.

Unterscheidung der Geister – Unterscheidung der Spiritualitäten

Josef Weismayer

Kann man zu Beginn des dritten Jahrtausends zu Recht von einem »Megatrend Spiritualität« sprechen? Zwei Interpretationswege zeigen sich: Wir finden einerseits in der postsäkularen Gesellschaft und Kultur mannigfaltige Phänomene einer Suche nach Transzendenz, nach einer religiösen Dimension. Das sind die Elemente, die man als »Megatrend Spiritualität« interpretieren kann, als »Respiritualisierung«. Aber es gibt andererseits auch Bewertungen dieser »spirituellen« Phänomene, die nicht in diese Richtung weisen. Die Pastoraltheologie tendiert zu einer positiven Bewertung, sie sucht zu diesen Phänomenen Brücken zu schlagen, sie als λόγοι σπερματικοί des einen Λόγος Christus zu betrachten. Aber für andere Beobachter der religiösen Szene sind diese Phänomene nur mehr isolierte, sich verselbständigende Partikel eines größeren Ganzen, nämlich christlicher Spiritualität, die unwiederbringlich Vergangenheit ist.

Neben diesem Blick »von außen« steht der Blick »von innen«, der Versuch, Spiritualität aus der Mitte des Christseins heraus zu beschreiben.[1] Letztlich liegt wohl die Schwierigkeit, Spiritualität zu umschreiben oder zu definieren, gerade darin, dass damit eine das ganze Menschsein umfassende, die Tiefe der Existenz berührende Dimension angesprochen ist, die nicht in einen Satz zusammengefasst werden kann. Könnte man »Spiritualität« in einem sehr allgemeinen Sinn nicht als Suche des Menschen nach seiner Mitte verstehen – und damit auch als das Bemühen um das Leben aus der Mitte der Existenz?[2] Die Suche der Mitte und der Versuch des Lebens aus der Mitte artikuliert und verleiblicht sich notwendig in konkreten Vollzügen, die man als »spirituell« bezeichnen kann, die aber für sich allein nicht *die* Spiritualität ausmachen. »Unterscheidung der Geister« ist da notwendig, wird man antworten. Es braucht eine »Unterscheidung der Spiritualitäten« als Sonderfall des Topos »Unterscheidung der Geister«. Zu dieser Aufgabe soll dieser Beitrag einen Versuch unternehmen.

---

1 Vgl. dazu den Beitrag von Benke, Christoph: Was ist (christliche) Spiritualität?, s. o. 29ff.
2 Willi Lambert hat dies aus ignatianischer Perspektive in einer neuesten Publikation sehr einfach formuliert: »Spiritualität ist die Antwort auf die Fragen: Wozu, wodurch und wie lebt ein Mensch? Spiritualität ist, wie jemand lebt; sie ist die Weise, wie das Lebensziel sich im Lebensstil ausdrückt.« (Lambert, Willi: Das siebenfache Ja. Exerzitien – ein Weg zum Leben, Würzburg 2004, 20.)

Unter dem Stichwort »Unterscheidung der Geister« hat sich im Lauf der Jahrhunderte ein ungeheuer großer Erfahrungsschatz angesammelt, den man nicht ungestraft ignorieren sollte. Ein kurzer Streifzug in die Vergangenheit, in die Geschichte führt durchaus nicht zu einer musealen Wirklichkeit. Bei dieser kurzen Wanderung werden sich Elemente für die Antwort auf die Frage nach der »Unterscheidung der Spiritualitäten« finden.

Noch eine wichtige Information für diese Reise: Wir sitzen in einem theologischen Zug; dieses Unternehmen starte ich als Theologe, nicht als beschreibender Religionswissenschaftler. Ich gehe methodisch von der Grundgestalt christlicher Spiritualität bzw. von den Aspekten der christlichen Tradition der »Unterscheidung der Geister« aus und versuche von da aus, Kriterien für Spiritualität (auch in einem allgemeinen Sinn) zu erarbeiten – Spiritualität verstanden als Suche der Mitte des Lebens und als Bemühen, aus dieser Mitte zu leben.

Der Topos »Unterscheidung der Geister« in der Bibel

»Lasst euch vom Geist leiten!«, ruft Paulus den Galatern zu (Gal 5,16). Berufung in die Gemeinschaft mit Christus in der Taufe bedeutet zugleich, den Heiligen Geist zu empfangen als bewegende Kraft des Lebens mit Christus. Dabei stellt sich aber die entscheidende Frage, wie man denn die Anregungen des Heiligen Geistes erkennen kann. Paulus weist an der zitierten Stelle auf den Gegensatz zwischen »Geist« und »Fleisch« hin, auf diese andauernde Spannung, in der wir stehen. Wer dem »Fleisch« folgt, gerät in die Sklaverei, wer dem Geist folgt, wird befreit. Im Beitrag von Roman Kühschelm werden diese zentralen Texte neutestamentlicher Spiritualität näher interpretiert.[3]

Die spirituelle Tradition hat schon sehr früh Erfahrungen über das Erkennen der Wirksamkeit des Geistes gesammelt und weitergegeben. »Unterscheidung der Geister« meint diese Fähigkeit des Unterscheidens, nämlich die Hinweise und Impulse des Heiligen Geistes zu erkennen; aber auch das sich scheinbar als positiv Anzeigende als Irrweg oder Sackgasse zu entlarven, »denn auch der Satan tarnt sich als Engel des Lichts« (2 Kor 11,14). Unterscheidung der Geister ist notwendig für den Einzelnen, aber auch geistliche Gemeinschaften und die Kirche insgesamt brauchen diesen Kompass, um den rechten Weg nicht zu verfehlen.

Die Rede von der »Unterscheidung der Geister« in der zwischentestamentlichen Literatur

Der Ausdruck »Unterscheidung der Geister« steht in engem Zusammenhang mit der in der zwischentestamentlichen Literatur bezeugten Lehre, dass der Mensch von zwei Geistern bestimmt und bewegt wird, vom Geist der Wahrheit und vom Geist der Lüge, vom Geist des Lichtes und vom Geist der Finsternis. Daher ist es von entscheidender Bedeutung zu erkennen, welcher dieser beiden Geister den

---

3 Vgl. dazu den Beitrag von Kühschelm, Roman: Spiritualität aus dem Neuen Testament, s. o. 156ff.

Menschen jeweils bewegt, auf welchen Geist dieser oder jener Impuls, dieser oder jener »Gedanke«, wie die Wüstenväter formulierten, zurückgeht. So heißt es etwa im »Testament der zwölf Patriarchen«:

»Es geben mit dem Menschen sich zwei Geister ab, der Geist der Wahrheit und des Irrtums.«[4]

Die gleiche Schrift konkretisiert den Irrtumsgeist in verschiedenen Facetten:

»Dem Menschen sind von Beliar sieben Geister mitgegeben; sie sind die Führer bei den Jugendstreichen.«[5]

Auch in der »Sektenregel« der Gemeinde von Qumran findet sich diese Überzeugung von den beiden Geistern, die den Menschen bestimmen[6]:

»Er (Gott) schuf den Menschen zur Beherrschung der Welt und setzte ihm zwei Geister, um in ihnen zu wandeln bis zur festgesetzten Zeit seiner Heimsuchung. Das sind die Geister der Wahrheit und des Unrechts […] In der Hand des Fürsten der Lichter liegt die Herrschaft über alle Söhne des Rechts, auf den Wegen des Lichtes wandeln sie. In der Hand des Engels der Finsternis liegt alle Herrschaft über die Söhne des Unrechts, auf den Wegen der Finsternis wandeln sie. Durch den Engel der Finsternis geschehen die Verirrungen aller Söhne des Rechts, all ihre Sünden, ihre Vergehen, ihre Verschuldung und ihre treulosen Taten geschehen durch seine Herrschaft […].«[7]

Der Dualismus der beiden Geister ist wohl nicht metaphysisch zu verstehen, sondern ethisch, denn beide Geister sind von Gott geschaffen.[8] Wer sich der Sekte anschließen will, dessen »Geist« soll von der Gemeinschaft überprüft werden.[9] Die »Unterscheidung der Geister« ist in diesem Zusammenhang also ein Instrument in der Hand der Gemeinschaft, um die Geeignetheit eines Kandidaten festzustellen.[10]

»Unterscheidung der Geister« bei Paulus

Diese Überzeugung von den beiden im Menschen wohnenden Geistern ist nicht Gegenstand der Offenbarung, aber der von Paulus 1 Kor 12,10 verwendete Ausdruck »Unterscheidung der Geister« (διάκρισις πνευμάτων) ist nur von diesem Ursprung her verständlich. Im Kontext der Charismenliste 1 Kor 12,8–10 bezieht sich dieser Ausdruck wohl unmittelbar auf die Auslegung des prophetischen Redens, analog zur Gabe der Auslegung für die Zungenrede, von der im gleichen Vers gesprochen wird. Grundsätzlich geht es Paulus bei der Gabe der Unterscheidung um

---

4 Test. Juda 20,1; zitiert nach: Riessler, Paul (Hrsg.): Altjüdisches Schrifttum außerhalb der Bibel, Heidelberg ²1966, 1188.
5 Test. Ruben 2,1–9; 3,3–7 (Riessler, Schrifttum 1150f).
6 Vgl. dazu: Guillet, Jacques: Discernement des esprits. I. Dans l'Écriture, in: Dictionnaire de Spiritualité, Band 3 (1957) 1229–1231.
7 1 QS III, 17–22; Text nach: Maier, Johann/Schubert, Kurt (Hrsg.): Die Qumran-Essener. Texte der Schriftrollen und Leben der Gemeinde, München 1973, 147–148; vgl. auch die Ausgabe Lohse, Eduard (Hrsg.): Die Texte aus Qumran. Hebräisch und deutsch, München 1964, 11.13.
8 1 QS III,25.
9 1 QS V,20–21.24; VI,16–17; IX,15.
10 Zur Zwei-Geister-Lehre von Qumran vgl. auch: Stegemann, Hartmut: Die Essener, Qumran, Johannes der Täufer und Jesus. Ein Sachbuch, Freiburg 1993, 154–156.

die Fähigkeit zu erkennen, ob ein charismatisches Phänomen, eine Anlage, ein Antrieb vom Geist Gottes kommt.

Paulus kommt auf die Unterscheidung der Geister noch ein weiteres Mal im ersten Korintherbrief zu sprechen, wenn er um Ordnung im Gottesdienst der Gemeinde bemüht ist, gerade hinsichtlich der Gabe der Glossolalie: Im Gottesdienst sollen nur zwei, höchstens drei in Zungen reden – und zwar nacheinander; einer aber soll die Rede auslegen (vgl. 1 Kor 14,27f). Zu den Propheten gibt Paulus im gleichen Kontext die Weisung, dass nur zwei, höchstens drei sprechen sollten, »die andern sollen urteilen« (1 Kor 14,29).

Schon in seinem ersten Brief an die Gemeinde von Thessalonike klingt in den Schlussmahnungen das gleiche Anliegen an: »Löscht den Geist nicht aus! – Verachtet prophetisches Reden nicht! – Prüft alles, und behaltet das Gute!« (1 Thess 5,19–21).

»Unterscheidung der Geister« in der johanneischen Literatur

Der erste Johannesbrief sieht gerade angesichts der Erwartung der »letzten Stunde« eine besondere Vorsicht und Unterscheidung geboten: »Traut nicht jedem Geist, sondern prüft die Geister, ob sie aus Gott sind; denn viele falsche Propheten sind in die Welt hinausgezogen. Daran erkennt ihr den Geist Gottes: Jeder Geist, der bekennt, Jesus Christus sei im Fleisch gekommen, ist aus Gott. Und jeder Geist, der Jesus nicht bekennt, ist nicht aus Gott« (1 Joh 4,1–3).

Die Grundregeln der Geisterunterscheidung nach dem Neuen Testament

Im Hinblick auf unsere Frage nach dem Megatrend Spiritualität geben diese Hinweise der Schrift schon eine wichtige Auskunft: Christliche Spiritualität rechnet mit der Möglichkeit einer Fehleinschätzung. Nicht alles, was »spirituell« und fromm erscheint, verdient dieses Prädikat. Christliche Spiritualität muss bereit sein, sich mit einer kritischen Sonde untersuchen zu lassen, kritische Rationalität ist kein Gegensatz zu Spiritualität.

Die neutestamentlichen Zeugen sprechen nicht nur vom Faktum der Unterscheidung der Geister, sondern vermitteln auch einige Hinweise, woran man die Wirksamkeit des Heiligen Geistes zu erkennen vermag.

- Paulus und die johanneische Literatur betonen, dass man die wahren Geistesgaben am rechten Christusbekenntnis erkennt.

»Keiner kann sagen: Jesus ist der Herr!, wenn er nicht aus dem Heiligen Geist redet.« (1 Kor 12,3)

Und im ersten Johannesbrief lesen wir:

»Daran erkennt ihr den Geist Gottes: Jeder Geist, der bekennt, Jesus Christus sei im Fleisch gekommen, ist aus Gott.« (1 Joh 4,2)

Die wahren Gaben des Geistes legitimieren sich also am rechten Christusverständnis, d. h. sie führen zu Christus hin, sie lassen die Mitte des Glaubens neu sehen und verstellen diese nicht. Der Heilige Geist ist ja der Geist des Herrn, der Geist Jesu, der als der Paraklet, als der Geist der Wahrheit tiefer in die Christuswirklichkeit einführt (vgl. Joh 14,26; 16,13–15).

- Echte Gaben des Geistes erkennt man des Weiteren daran, dass sie zur Einordnung in das Ganze der kirchlichen Gemeinschaft motivieren, dass sie dem »Aufbau« der Gemeinde dienen wollen (vgl. 1 Kor 14; 1 Joh 4,6). Deshalb dürfen die einzelnen Gaben nicht aus ihrer Rangordnung (vgl. 1 Kor 12,28; Eph 4,11) herausgelöst werden, nicht gegeneinander ausgespielt werden. Schließlich sollen alle zuerst um die Liebe bemüht sein, sonst wären alle Gaben wertlos (vgl. 1 Kor 13,1–3).

- Paulus verweist schließlich im Zusammenhang mit den außergewöhnlichen Geistesgaben noch auf eine die Praxis betreffende Regel: Eine gewisse Ordnung soll eingehalten werden (vgl. 1 Kor 14,26–40). Vor allem gilt auch das Kriterium des Eindruckes für einen Außenstehenden: Wenn Ungläubige oder Unkundige eintreten, sollen sie nicht sagen können: »Ihr seid verrückt!« (1 Kor 14,23)

Schon diese kurze Besinnung auf die biblischen Grundlagen der Tradition von der Unterscheidung der Geister bietet wichtige Hinweise für eine Unterscheidung der Spiritualitäten. Christliche Spiritualität bedeutet: Leben aus der Mitte des Christseins, aus der Gemeinschaft mit dem lebendigen Gott, die uns durch Jesus Christus erschlossen und geschenkt wurde. Spirituelle Vollzüge, die andere Schwerpunkte setzen, die nicht auf diese Mitte hin transparent sind, stellen einen spirituellen Holzweg dar. Auch der Hinweis des Apostels Paulus, dass es letztlich immer auch um den Aufbau der Gemeinde geht, weist darauf hin, dass spirituelle Programme, die nicht offen sind für die Gemeinschaft des Volkes Gottes, bedenklich sind. Dazu gehört auch, und das gilt vor allem für innerkirchliche Bewegungen, dass echte christliche Spiritualität sich um Einheit bemüht, diese fördert, und nicht das eigene Programm verabsolutiert und als alleiniges Heilsmittel anpreist.

Die christliche Erfahrungstradition der »Unterscheidung der Geister«

Das Instrumentarium der Unterscheidung der Geister wurde in der christlichen Erfahrung durch die Jahrhunderte vor allem für zwei Bereiche angewendet: zum einen für den Bereich der persönlichen Entscheidungsfindung angesichts verschiedenartiger Antriebe und Impulse, die wir in unserem Innern erfahren, und zum anderen für den Bereich von »Charismen« und Bewegungen, die die Kirche als Gemeinschaft tangieren.

Didaché und Pastor Hermae

In der nachapostolischen Zeit sind für unsere Thematik besonders zwei Schriften bedeutsam, die vom Auftreten prophetischer Charismatiker sprechen und zugleich Kriterien für die Unterscheidung von wahren und falschen Propheten an die Hand geben:

Die *Didaché*, eine frühchristliche Schrift vom Beginn des 2. Jahrhunderts, die Katechese, Gemeindeordnung und liturgische Agende in einem darstellt[11], gibt sehr handfeste Kriterien an, an denen man ersehen kann, ob es sich bei einem Wanderapostel um einen echten Propheten handelt:

> (11,3) »Was aber die Apostel und Propheten betrifft, so handelt nach der Weisung des Evangeliums folgendermaßen: (4) Jeder Apostel, der zu euch kommt, soll aufgenommen werden wie der Herr. (5) Er soll aber nicht (länger) bleiben als einen Tag; wenn es aber notwendig ist, noch einen anderen (Tag); wenn er aber drei Tage bleibt, ist er ein Pseudoprophet.[12] (6) Wenn der Apostel fortzieht, soll er nichts (mit-)nehmen außer Brot, bis er übernachtet; wenn er aber Geld verlangt, ist er ein Pseudoprophet. (8) Nicht jeder freilich, der im Geist redet, ist ein Prophet, sondern (er ist es nur dann), wenn er die Lebensgewohnheiten des Herrn hat. An den Lebensgewohnheiten wird der Pseudoprophet und der Prophet erkannt. (10) Jeder Prophet aber, der die Wahrheit lehrt, ist ein Pseudoprophet, wenn er selbst nicht tut, was er lehrt. (12) Wer aber im Geist sagt: ›Gib mir Geld oder irgend etwas anderes‹, auf den hört nicht; wenn er aber sagt, man soll für andere Bedürftige geben, soll ihn keiner richten.«[13]

Das entscheidende Kriterium für die Echtheit der Propheten ist das christusförmige Leben des Propheten, ist der Umstand, dass er lebt, was er verkündigt. Einen großen Stellenwert hat in diesem Zusammenhang die Uneigennützigkeit des Dienstes. Der Zusammenhang mit den neutestamentlichen Texten ist offensichtlich: Der Geist macht Christus präsent; d. h. an der Christusförmigkeit kann man die Gegenwart und Wirksamkeit des Geistes erkennen. Die Frucht des Geistes ist die hingebende, sich verschenkende Liebe. Wo eigennütziges und ichbezogenes Verhalten dominiert, dort ist nicht der Heilige Geist am Werk.

In einer ähnlichen Weise bietet auch die um die Mitte des 2. Jahrhunderts verfasste Schrift *Hirte des Hermas*[14] Kriterien an für die Unterscheidung eines wahren von einem falschen Propheten. In Mandatum XI[15] wird dies näher ausgeführt:

> »An seiner Lebensführung musst du den Menschen erkennen, der den göttlichen Geist hat. *Wer den Geist von oben hat*, ist in erster Linie sanft und ruhig, demütig und frei von jeder Schlechtigkeit und von eitlen Begierden dieser Welt, macht sich geringer als alle Menschen, gibt grundsätzlich niemandem auf Befragen hin eine Antwort und redet auch

---

11 Vgl. Die Didaché. Erklärt von Niederwimmer, Kurt, Göttingen 1989 (Kommentar zu den Apostolischen Vätern, Band 1); Didaché. Zwölf-Apostel-Lehre. Übersetzt und eingeleitet von Schöllgen, Georg: Traditio Apostolica. Apostolische Überlieferung. Übersetzt und eingeleitet von Geerlings, Wilhelm, Freiburg 1991, 23–139 (Fontes Christiani, Band 1).
12 Diesen Abschnitt zählt Niederwimmer, Didaché, 215 zu einer alten vordidachistischen Tradition. Der Text behandelt Gemeinderegeln für den Umgang mit wandernden Charismatikern.
13 Übersetzung nach Niederwimmer, Didaché, 214–218.
14 Vgl. Der Hirt des Hermas. Übersetzt und erklärt von Brox, Norbert, Göttingen 1991 (Kommentar zu den Apostolischen Vätern, Band 7).
15 Kap. 43,1–16.

nicht im geheimen; und der heilige Geist redet auch nicht dann, wenn ein Mensch es wünscht, dass er redet, sondern er redet nur dann, wenn Gott will, dass er redet. (43,7f) – *Lass dich jetzt über den Geist belehren, der von dieser Erde ist,* leer, kraftlos und überdies dumm. In erster Linie ist ein solcher Mensch, der sich einbildet, Geist zu besitzen, überheblich und beansprucht (überall) den ersten Platz, ist gleich dreist, unverschämt und geschwätzig, lebt in lauter Luxus und vielen anderen verführerischen Dingen und kassiert Honorar für seine Prophetie. Wenn er es nicht bekommt, prophezeit er nicht.« (43,11f)[16]

Auch in diesem Text klingt der Grundtenor der biblischen Pneumatologie deutlich an: Der Geist ist unverfügbar und nicht manipulierbar; er wirkt, wo und wann er will. Der Lebenswandel des Propheten, konkret seine Uneigennützigkeit und Selbstlosigkeit, ist ein wichtiges Kriterium für die Feststellung, ob jemand sich vom Geist Gottes leiten lässt, ob sich der Geist Gottes seiner als Instrument bedient.

Die Grundlinien der Unterscheidung zwischen »gut« und »böse«, zwischen dem Engel der Gerechtigkeit und dem Engel der Schlechtigkeit behandelt der Pastor Hermae im Mandatum VI. Deren Wirkweisen werden so unterschieden:

»Der *Engel der Gerechtigkeit* ist empfindsam, schamhaft, sanftmütig und ruhig. Wenn er nun über dein Herz kommt, spricht er mit dir sofort über Gerechtigkeit, über Keuschheit, über Heiligkeit und Selbstgenügsamkeit, über lauter gerechte Werke und über rühmliche Tugend. Wenn das alles in dein Herz kommt, dann erkenne daran, dass der Engel der Gerechtigkeit bei dir ist […] Lass dir jetzt auch die Werke des *Engels der Schlechtigkeit* zeigen. Zu allererst ist er jähzornig, bitter und dumm, seine Werke sind schlecht und verführen die Diener Gottes […]. Wenn dich der Jähzorn packt oder Erbitterung, so erkenne daran, dass er in dir ist. Und weiter: die Gier nach möglichst viel Geschäft und großer Aufwand an Essen und Trinken und viel Rauschgelagen und an allerhand unverantwortlichem Luxus und Begierden nach Frauen und Habsucht und ausgeprägter Hochmut und Prahlerei – und was alles in dessen Nähe kommt und dem gleicht: Wenn das über dein Herz kommt, dann kannst du daran erkennen, dass der Engel der Schlechtigkeit in dir ist.« (36,3–5)[17]

Diese Darlegungen illustrieren den Anwendungsbereich der Unterscheidung der Geister im persönlichen Finden des rechten Weges inmitten der Einflüsse und Impulse, denen sich der Mensch ausgesetzt sieht.

Origines, Vita Antonii, Evagrius Ponticus, Johannes Cassian

Einen großen Stellenwert gerade für die persönliche Entscheidungsfindung nimmt die Unterscheidung der Geister in der frühen Mönchsliteratur ein. *Origenes* († 253/54) hatte mit seiner Lehre vom »Geisterkampf« das beginnende Mönchtum geprägt und beeinflusst.[18] Einer der wichtigen und einflussreichen Texte der monastischen Literatur, die *Vita Antonii* des großen Bischofs Athanasius von Alexandrien, ist auch für diese Tradition ein bedeutendes Zeugnis: Der mittlere Teil der Vita[19] stellt in Form einer Rede des Antonius († 356) eine ausführliche Belehrung

16 Übersetzung nach Brox, Hermas, 250.
17 Übersetzung nach Brox, Hermas, 223.
18 Vgl. den Überblick bei Switek, Günter: »Discretio spirituum«. Ein Beitrag zur Geschichte der Spiritualität, in: Theologie und Philosophie 47 (1972) 36–76 (vgl. bes. 41–44.)
19 Kap. 16–43.

über das Treiben und die Taktik der Dämonen dar. Dem Thema der Unterscheidung der guten und der bösen Geister sind von allem die Kap. 35 bis 38 gewidmet. Das grundlegende Unterscheidungsmerkmal ist »Trost« bzw. »Trostlosigkeit«.

Der gelehrte *Evagrius Ponticus* († 399), der die letzten Jahre seines Lebens als Mönch in der ägyptischen Wüste verbrachte, entwickelte in Anlehnung an Origenes eine »Psychologie« des Geisterkampfes. Seine Lehre von den acht Lastern zeigt die Wirkweise der Dämonen auf; die acht »Gedanken« (λογισμοί) sind die Waffen der Dämonen.[20]

Vieles von der Lehre des Evagrius hat *Johannes Cassian* († 430/35)[21] mit seinen Mönchsschriften der lateinischen geistlichen Tradition übermittelt, auch die Acht-Laster-Lehre. Bei diesem Autor zeichnet sich aber auch ein Bedeutungswandel des Begriffes *discretio* ab: Die Unterscheidung zielt auf das rechte Maß, auf die Mitte zwischen den Extremen. Daraus entwickelt sich dann bald die Bedeutung von *discretio* als Tugend des Maßes, der Ausgeglichenheit. Diese Bedeutung hat das Wort z. B. in der Benediktregel.[22] Wer zu unterscheiden weiß, geht den geraden Weg, er wahrt das Maß, er geht den Weg, den Gott weist.

Die »Unterscheidung der Geister« in der mittelalterlichen Literatur

Bernhard von Clairvaux († 1153)[23] fasste in seinen Schriften die geistlichen Einsichten im Bereich der Unterscheidung der Geister genial für seine Zeit zusammen. Grundregel der Unterscheidung ist für Bernhard das Kriterium der »conformitas cum Christo«, das Gleichwerden mit Christus.

Sehr eingehend hat man sich aber vor allem im *Spätmittelalter* mit dem Topos der Geisterunterscheidung auseinandergesetzt; in dieser Zeit entstehen umfangreiche Traktate zu dieser Thematik[24], die offenkundig eine Antwort auf ein Bedürfnis der Zeit darstellten. Das 14. und 15. Jahrhundert war ja sehr bewegt: Die Pest hatte zwischen 1348 und 1350 etwa ein Drittel der europäischen Bevölkerung hinweggerafft. Neben den Seuchen waren Kriege und politische Unruhen, hohe Steuern und Misswirtschaft Unsicherheitsfaktoren, die die Menschen nach »Sicherheiten« ausschauen ließen. Zu diesen Umständen kamen noch innerkirchliche Problembereiche wie die Kirchenspaltung im »Großen Schisma« sowie Irritationen durch die Bewegung vom »Freien Geist« (vgl. 2 Kor 3,17) und andere häretische Bewegungen. Prophezeiungen und Visionen hatten daher in dieser Epoche Hochkonjunktur; sie verhießen eine klare Information über die Zukunft. Es bedurfte daher dringend der »Unterscheidung«. So ist verständlich, dass auch eine gründliche theologische Auseinandersetzung mit dem Topos der »Unterscheidung« notwendig wurde.

Heinrich von Friemar der Ältere († 1340), als Provinzial der Augustinereremiten in Deutschland und als Professor an der Universität Paris angesehener Ordensmann, ist wahrscheinlich der Verfasser der ersten monographischen Darstellung des Topos

---

20 Vgl. dazu: Bunge, Gabriel: Akedia. Die geistliche Lehre des Evagrios Pontikos vom Überdruss, Köln 1983, 33–52.
21 Vgl. dazu: Summa, Gerd: Geistliche Unterscheidung bei Johannes Cassian, Würzburg 1992.
22 Vgl. Regula Benedicti 64,18.19; 70,6.
23 Vgl. dazu: Benke, Christoph: Unterscheidung der Geister bei Bernhard von Clairvaux, Würzburg 1991.
24 Vgl. dazu den Überblick bei: Weismayer, Josef: Ein Blick in einen fernen Spiegel. Spätmittelalterliche Traktate über die Unterscheidung der Geister, in: Imhof, Paul (Hrsg.): Gottes Nähe. Religiöse Erfahrung in Mystik und Offenbarung. Josef Sudbrack SJ, Würzburg 1990, 110–126.

der Unterscheidung der Geister: *De quattuor instinctibus*. Der Traktat stammt wohl aus der Zeit des Wirkens des Theologen in Erfurt (seit 1315).[25] Heinrich unterscheidet vier »*instinctus*«, Antriebe, die den Menschen bewegen: den göttlichen, den angelischen (d. h. den von Engeln stammenden), den diabolischen und den natürlichen. Der Schwerpunkt dieser Darstellung liegt im Bereich der persönlichen Entscheidungsfindung.

Der Traktat *De quattuor instinctibus* nennt vier Kennzeichen, an denen man erkennen kann, ob ein Antrieb von Gott stammt[26]: Dort, wo größere Gleichförmigkeit mit Christus erreicht wird, wo größere Demut angestrebt wird, wo der Mensch mehr in seinem Herzen gesammelt wird, wo ein neuer Aufbruch aus Trägheit und Nachlässigkeit hin zu einer inneren Erneuerung sich als Frucht einstellt, da ist Gott am Werk.

Heinrich Heinbuche von Langenstein († 1397), der ab 1384 in der neu begründeten Theologischen Fakultät der Universität Wien wirkte, verfasste zu Ende des 14. Jahrhunderts einen Traktat: *De discretione spirituum*.[27] In diesem Werk kommt der Autor auf viele Facetten der Unterscheidung der Geister zu sprechen: So geht er dem Verständnis des mit »Geist« und »Geistern« Gemeinten nach und behandelt auch eingehend den Fragenkreis der inneren Anregungen und Impulse, die natürlich hinsichtlich ihrer Verursachung zu unterscheiden sind.

Für die Beurteilung von Visionen und Offenbarungen – und damit die Einschätzung von charismatischen Phänomenen – sieht der Theologe als Indizien für deren Gottgewirktheit an: wenn die Liebe zu Gott dadurch größer wird; wenn der oder die mit der Vision Beschenkte sich auszeichnet für das Wohl aller, für die Ehre Gottes und die Umkehr der Mitmenschen; wenn schließlich der oder die Betroffene durch Reinheit, Abtötung und Enthaltung herausragt.

Hart geht Heinrich von Langenstein mit dem »Geist der Strenge«, dem *spiritus austeritatis*, ins Gericht, d. h. mit einem übertriebenen Eifer, der zu Stolz und Uneinsichtigkeit, zu Selbstüberschätzung und Überheblichkeit führt. Auch bei echten Visionen ist eine gesunde Selbstkritik angezeigt.

Jene, die eine unmittelbare Kundgabe oder Wegweisung Gottes durch eine Offenbarung in einer Entscheidungssituation erflehen, mahnt Heinrich von Hessen zur Nüchternheit, ja er nennt dieses Ansinnen sogar eine »Versuchung Gottes« und erklärt:

»Es steht ja fest, dass der Mensch mit Verstand und Überlegung aus dem, was uns bisher geoffenbart und mitgeteilt wurde, das zu finden vermag, was ihm mehr nützt.«

Gott habe ja einmal gesprochen und er wiederhole sich nicht; so erklärt Heinrich im Anschluss an Hiob 33,14[28], eine Aussage, die in diesem Kontext auch von ande-

25 Der Traktat Heinrichs von Friemar über die Unterscheidung der Geister. Lateinisch-mittelhochdeutsche Textausgabe mit Untersuchungen, Hrsg. von Warnock, Robert G./Zumkeller, Adolar, Würzburg 1977. Vgl. den Text über die Kennzeichen für den »göttlichen instinctus« bei: Greshake, Gisbert/Weismayer, Josef (Hrsg.): Quellen geistlichen Lebens, Band 2: Das Mittelalter, Mainz 1985, 189–193.
26 Vgl. Greshake/Weismayer, Mittelalter, 189–193.
27 Heinrichs von Langenstein: »Unterscheidung der Geister«. Lateinisch und deutsch. Texte und Untersuchungen zur Übersetzungsliteratur aus der Wiener Schule, Hrsg. von Hohmann, Thomas, München 1977. Textbeispiele bei Greshake/Weismayer, Mittelalter, 232–238.
28 Heinrich bezieht sich auf den Vulgatatext: »Semel loquitur Deus, et secundo id ipsum non repetit.« –»Einmal spricht Gott; ein zweites Mal wiederholt er (das Gesagte) nicht.«

ren Autoren zitiert wird. Der Theologe ist überzeugt, dass der Betreffende aus seinem Wissen um Gott aus der Offenbarung und aus der Kenntnis der konkreten Situation einen Weg finden kann.

Johannes Gerson († 1429), der bedeutende Kanzler der Universität Paris, hat in mehreren kleineren Schriften über unsere Frage wichtige Aussagen gemacht.[29]

Schon 1401 verfasste er eine kleine Schrift »*De distinctione verarum revelationum a falsis*«[30]. Dabei geht der Autor auf das schon in der nachbiblischen Tradition aufgegriffene Bild vom Geldwechsler[31] ein: Echte Münzen muss man von falschen unterscheiden können, ebenso gottgewirkte Offenbarungen von vermeintlichen.

Kriterien für die Unterscheidung von Offenbarungen entfaltet er auch in einer kurzen Schrift »*De probatione spirituum*«[32], die ein Referat wiedergibt, das Gerson am 8. August 1415 am Konzil von Konstanz vortragen hatte. Anlass war die Diskussion über die Bewertung der Offenbarungen der heiligen Birgitta von Schweden.

Während sich Gerson bei aller geistlichen Kompetenz seiner Darlegungen vor allem der theologischen Analyse der Phänomene von Visionen und Offenbarungen widmet, geht das Interesse des Autors der »*Wolke des Nichtwissens*«[33] in der kleinen Schrift »*Brief über die Unterscheidung von inneren Anregungen*«[34] wieder auf die individuelle Situation der Entscheidung zwischen verschiedenen Anregungen und Impulsen ein: »Du hast mich um Rat gefragt über Schweigen und Reden, gewöhnliches Essen und strenges Fasten, über gemeinsames und eremitisches Leben. Du sagst, du bist in großem Zweifel, was du tun sollst, und du bist über die beiden Möglichkeiten, die sich dir auftun, ziemlich beunruhigt.«[35]

Mit diesen einleitenden Worten des Textes ist die Entscheidungssituation angedeutet, für die der unbekannt gebliebene Autor der »Wolke« eine Hilfe bieten möchte. Die strengeren Varianten, die zur Entscheidung anstehen, scheinen auf eine größere Frömmigkeit hinzuweisen, bergen aber auch größere Gefahren in sich. Schon zu Beginn seiner Argumentation weist der Verfasser darauf hin, dass es höchst gefährlich sei, »die Natur über den allgemein üblichen Brauch und das natürliche Maß hinaus zu solchen Übungen der Frömmigkeit zu nötigen, es sei denn, man werde von der Gnade angetrieben zu diesen Übungen, die an sich indifferent, das heißt in sich nicht gut und nicht schlecht, nicht hilfreich und nicht hinderlich sind.«[36]

Der Autor warnt davor, einfach eine streng und fromm scheinende Lebensweise nachzuahmen; das wäre ein »äffisches« Verhalten: »Man sagt, der Affe tut, was er bei anderen sieht.« »Schau, dass Du kein Affe bist, das heißt, schau, ob deine Anregung zum Schweigen oder Reden, zum Fasten oder Essen, zum Alleinsein oder zum gemeinsamen Leben von innen, aus der Fülle des Liebe und aus der Frömmigkeit

---

29 Vgl. dazu: Roth, Cornelius: Discretio spiritum: Kriterien geistlicher Unterscheidung bei Johannes Gerson, Würzburg 2001.
30 Gerson, Jean: Oeuvres complètes, Hrsg. von Glorieux, Palémon, Band 3, Paris 1962, 36–56.
31 In diesem Sinn wird ein Agraphon, ein »unbekanntes Jesus-Wort« überliefert: »Werdet kundige Geldwechsler!« Vgl. dazu: Jeremias, Joachim: Unbekannte Jesusworte, Gütersloh ⁴1965, 95–98. Hugo Rahner hat dieses Agraphon im Kontext der Unterscheidung der Geister aufgegriffen in seinem Beitrag: »Werdet kundige Geldwechsler«. Zur Geschichte der Lehre des heiligen Ignatius von der Unterscheidung der Geister, in: Wulf, Friedrich (Hrsg.): Ignatius von Loyola. Seine geistliche Gestalt und sein Vermächtnis. 1556–1956, Würzburg 1956, 301–341.
32 Gerson, Jean: Oeuvres complètes, Hrsg. von Glorieux, Palémon, Band 9, Paris 1973, 177–185.
33 Vgl. Hodgson, Phyllis (Hrsg.): The Cloud of Unknowing and related treatises on contemplative prayer, Exeter 1982.
34 A Pistle of Discrecioun of Stirings. In: ebd. 109–118. Der Text wurde erstmals ins Deutsche übersetzt in: Greshake/Weismayer, Mittelalter, 247–257.
35 Greshake/Weismayer, Mittelalter, 248.
36 Greshake/Weismayer, Mittelalter, 248.

heraus kommen, und nicht etwa durch die Fenster deiner leiblichen Sinne, durch Ohren und Augen.«[37]

Diese Möglichkeiten des Verhaltens, die als Beispiele immer wiederkehren, sind nicht die wahren Ziele unserer Sehnsucht, sie sind nicht die Vollkommenheit. Vielmehr sollte der um Zielstrebigkeit Bemühte das »Verborgene« wählen, nämlich Gott selbst. »Er kann nicht durch Verstehen gedacht, ergriffen und aufgespürt werden. Aber er kann geliebt und mit dem treuen und liebenden Wollen deines Herzens erwählt werden. Erwähle ihn dir, und du sprichst schweigend und schweigst sprechend, fastest essend und isst fastend.«[38] Die »Lösung« in der Entscheidung stellt für den Autor der »Wolke« der Überstieg auf die höhere oder tiefere Ebene dar; nicht auf der Ebene der Mittel entscheidet sich die Qualität des christlichen Lebens, verwirklicht sich die eigentliche Berufung des Einzelnen. Das Entscheidende ist die Kommunikation mit Gott durch die Liebe; da wird erspürt, worin im gegenwärtigen Zeitpunkt das rechte Verhalten besteht. Strenges Schweigen, ungewöhnliches Fasten oder Alleinsein »sind Mittel, die von außen durch zufälliges Hören und Sehen oder durch das besondere Tun anderer Menschen angeregt werden. Aber wenn die Gnade Gottes je erlangt wird, so muss sie von innen her durch Gott erlernt werden, auf den du dich freudig lange Zeit mit der ganzen Liebe deines Herzens gestützt hast.«[39] »Auf jeden Fall«, so mahnt der Verfasser der »Wolke«, »hör auf, die Veranlagung anderer Menschen zum Maß deines Handelns zu nehmen. Handle vielmehr nach deiner eigenen Veranlagung, wenn du sie recht erkennst. Und bis du sie recht erkannt hast, handle nach dem Rat von Menschen, die schon Kenntnis ihrer eigenen Anlage haben, aber handle nicht nach ihrer Veranlagung.«[40]

Für unser Anliegen der »Unterscheidung der Spiritualitäten« scheint sich mir daraus eine wichtige Konsequenz zu ergeben: Christliche Spiritualität ist nicht ein starres Programm, ein fixes Schema, ein Bett des Prokrustes, sondern Verwirklichung der je eigenen Berufung. Die Christusgemeinschaft soll in einer individuellen Form gelebt werden. Das ist genau auch das Anliegen jenes Heiligen, der einem wohl beim Stichwort »Unterscheidung der Geister« als erster einfällt: Ignatius von Loyola.

Die »Unterscheidung der Geister« bei Ignatius von Loyola

Ignatius von Loyola († 1556) gilt zu Recht als »Klassiker« der Geisterunterscheidung.[41] Er setzt dieses Instrumentarium im geistlichen Prozess der Exerzitien für das Finden des je persönlichen Weges ein, auf den Gott den Einzelnen in der Nachfolge Christi ruft. Es geht konkret um das Unterscheiden innerer Antriebe im Blick auf die »Wahl« der Lebensorientierung. Dabei ist das Kriterium des »Trostes« das Entscheidende. Mit der »*consolación espiritual*« meint er »alle Zunahme an Hoffnung, Glaube und Liebe und alle innere Freudigkeit, die zu den himmlischen Dingen ruft und hinzieht und zum eigenen Heil der Seele, indem sie ihr Ruhe und Frieden in ihrem

---

37 Greshake/Weismayer, Mittelalter, 252.
38 Greshake/Weismayer, Mittelalter, 253f.
39 Greshake/Weismayer, Mittelalter, 255.
40 Greshake/Weismayer, Mittelalter, 257.
41 Vgl. Rahner, Hugo: Ignatius von Loyola als Mensch und Theologe, Freiburg 1964, 312–343; Bakker, Leo: Freiheit und Erfahrung. Redaktionsgeschichtliche Untersuchungen über die Unterscheidung der Geister bei Ignatius von Loyola, Würzburg 1970.

Schöpfer und Herrn gibt.« (Ex 316)[42] Die gegenteilige Erfahrung nennt Ignatius »geistliche Trostlosigkeit«. Diesen Zustand beschreibt er als »Dunkelheit der Seele, Verwirrung in ihr, Regung zu niederen und irdischen Dingen, Unruhe von verschiedenen Bewegungen und Versuchungen, die zu Unglauben bewegen, ohne Hoffnung, ohne Liebe, wobei sich die Seele ganz träge, lau, traurig und wie von ihrem Schöpfer und Herrn getrennt findet.« (Ex 317)[43]

Die ignatianische Wahlentscheidung geschieht im Exerzitienprozess im Rahmen der Meditationen des Weges Jesu. Im Nachgehen und Mitgehen des Weges Jesu soll der Exerzitant den je eigenen Weg der Nachfolge finden. Wo Übereinstimmung mit dem Evangelium gegeben ist, da darf man hoffen, dass der Geist Gottes am Werk ist. Eine wesentliche Voraussetzung für das Erkennen des Willens Gottes ist das Gespräch und der Austausch mit dem geistlichen Begleiter (oder mit der Begleiterin). Denn »nicht nur der Glaube kommt vom Hören, sondern auch das Kennen und Deuten des göttlichen Willens«; so formuliert Michael Schneider in seiner deutenden Übersetzung der ignatianischen Regeln.[44]

Christliche Spiritualität ist skeptisch gegenüber einer »Blitzentscheidung«. Der ignatianische Entscheidungsprozess braucht Zeit, stellt die angepeilte Entscheidung auf den »Prüfstand«. Zugleich zeigt das Kriterium des Trostes, dass der Einzelne in seiner konkreten Situation ernst genommen wird. Ignatius ist überzeugt, dass sich in den Gegebenheiten und Möglichkeiten des je Einzelnen der Wille Gottes für mich artikuliert. Wohin Gott ruft, da findet man letztlich Trost, Freude, Zuversicht und Hoffnung. Der Ruf Gottes ist ein fordernder, aber nie ein überfordernder; »er ruft so, dass man folgen kann, und sei es nur mit einem kleinen Schritt nach vorn.«[45] Gottes Stimme ist immer vernünftig, sie ist immer konkret. Entscheidend ist letztlich, dass man bereit ist, die Stimme Gottes, die man zu hören glaubt, wenigstens in wichtigen Fällen dem Urteil anderer auszusetzen.[46]

»Unterscheidung der Geister« als Entfaltung neutestamentlicher Pneumatologie

Theologisch betrachtet ist der Topos der »Unterscheidung der Geister« in seinen geschichtlichen Formen nichts anderes als eine Entfaltung und Anwendung der neutestamentlichen Pneumatologie. Die Grundregeln und Grundzüge der Lehre von der Unterscheidung der Geister sind letztlich Folgerungen aus der Erfahrung des Geistwirkens, die uns in den Zeugnissen des Neuen Testaments begegnet:

Die paulinischen Briefe betonen, dass der Heilige Geist auf Jesus Christus als den Herrn verweist. »Keiner kann sagen: Jesus ist der Herr, wenn er nicht aus dem Heiligen Geist redet« (1 Kor 12,3). Paulus spricht vom Geist Christi (vgl. Phil 1,9; Röm 8,9), vom Geist »seines Sohnes« (Gal 4,6). Mit »Leben im Geist« und dem

42 Ignatius von Loyola: Geistliche Übungen. Nach dem spanischen Urtext übersetzt von Knauer, Peter, Würzburg 1998, 128.
43 Geistliche Übungen, Übersetzung Knauer, 128.
44 Schneider, Michael: Das neue Leben. Geistliche Erfahrungen und Wegweisung, Freiburg 1987, 108.
45 Greshake, Gisbert: Gottes Willen tun. Gehorsam und geistliche Unterscheidung, Freiburg 1984, 81.
46 Vgl. Greshake, Gottes Willen tun, 83–85.

»In-Christus-Sein« bezeichnet Paulus die gleiche Wirklichkeit (vgl. z. B. Röm 8,1–11). Wo immer daher dieses Verbundensein mit Christus gestärkt wird, wo eine größere *conformitas* mit Christus wächst, kann daher zu Recht auf das Wirken des Heiligen Geistes geschlossen werden. In die gleiche Richtung weisen die johanneischen Worte über den Parakleten und Geist der Wahrheit in den Abschiedsreden Jesu (Joh 14–16). Der Tröster und Beistand »erinnert« an Jesus, interpretiert ihn, vermittelt Gemeinschaft mit ihm.

Der Geist Jesu ist der Geist der Freude und des Friedens (vgl. Gal 5,22). Johannes nennt ihn den »Parakleten«, den Tröster, Helfer, Beistand. Wenn daher in der Tradition die Erfahrung des Trostes ein Kennzeichen der Wirksamkeit des Heiligen Geistes darstellt, dann ist damit ein wichtiger Aspekt neutestamentlicher Pneumatologie getroffen. Friede und Freude sind entscheidende Hinweise auf das Wirken des Geistes.

Der Geist Gottes mobilisiert in der Gemeinde, in der Kirche eine Vielzahl von »Charismen«, von Gnadengaben, Kräften und Diensten (vgl. 1 Kor 12,4–6). Aber die Vielheit ist auf Einheit hingeordnet; die Gaben des Geistes sind »Organe« eines Organismus (vgl. 1 Kor 12). Einheit bedeutet aber nicht Uniformität. Das Wirken des Geistes kann sich daher auch in bunter Vielfalt zeigen. Ja, die verschiedenen Impulse können aufs Erste in ihrer Buntheit verwirrend sein. Letztlich ist es aber ein Kennzeichen des Geistes, wenn die Vielheit nicht auseinanderdriftet, sondern sich als Einheit in Vielheit zeigt.

Der Geist Gottes »baut« die Gemeinde, die Kirche »auf«; das betont Paulus in 1 Kor 14 des Öfteren. Wo »abgebaut wird«, wo nicht das Miteinander, sondern das Gegeneinander – auch im Sinn einer Profilierungssucht – im Vordergrund steht, ist gewiss nicht der Heilige Geist Urheber einer Bewegung oder eines Antriebes. Paulus betont auch in gleichem Sinn, dass der Heilige Geist der Geist der Liebe ist (vgl. Gal 5,16–24; 1 Kor 13). Die Bemühung um Versöhnung und ein Miteinander wird daher immer ein Zeichen seiner Gegenwart sein.

Von der Erfahrung der discretio spirituum zur »Unterscheidung der Spiritualitäten«

Nun geht es darum, vom Erfahrungsschatz der »Unterscheidung der Geister« eine Brücke zu schlagen zur »Unterscheidung der Spiritualitäten«. Wenn man Spiritualität in einem allgemeinen und umfassenden Sinn als Suche nach der Mitte versteht und als Versuch, aus dieser Mitte zu leben, dann ist Spiritualität nicht einfach mit »Religion« identisch. In diesem allgemeinen Sinn umschreibt auch Hans Urs von Balthasar »Spiritualität« als »jene praktische oder existentielle Grundhaltung eines Menschen, die Folge und Ausdruck eines religiösen – oder allgemeiner: ethisch-engagierten-Daseinsverständnisses« ist, nämlich: »eine akthafte und zuständliche (habituelle) Durchstimmtheit seines Lebens von seinen objektiven Letzteinsichten und Letztentscheidungen her«[47].

---

47 Balthasar, Hans Urs von: Das Evangelium als Norm und Kritik aller Spiritualität in der Kirche, in: Spiritus Creator. Skizzen zur Theologie III, Einsiedeln 1967, 247–263 (Zitat: 247).

Ausgangspunkt der Ringvorlesung war das Phänomen, dass wir die verschiedensten spirituellen Suchbewegungen in unserer Gesellschaft feststellen können, die aber bezeichnenderweise außerhalb der institutionellen christlichen Kirchen geschehen. Haben wir es mit einer »Respiritualisierung« zu tun, mit einem Megatrend Spiritualität? Es geht nicht darum, diese Suchbewegungen und Trends christlich zu vereinnahmen oder auszugrenzen. Aber wir haben bei manchen dieser Wege kein gutes Gefühl. Es war meine Absicht, aus dem Erfahrungsschatz der Unterscheidung der Geister Kriterien zu erarbeiten, die es gestatten, auch eine Unterscheidung der Spiritualitäten zu versuchen, ausgehend von den Umrissen einer christlichen Spiritualität und eines christlichen Menschenbildes.

Das Kriterium der Freiheit und Individualität

Echte Spiritualität nimmt den Menschen in seiner Freiheit und in seiner Individualität ernst. Das gilt für jedwedes spirituelle Angebot, das gilt auch für innerkirchliche spirituelle Bewegungen. Geistliche Programme, die jeden und jede in das gleiche Schema pressen wollen, sind bedenklich.

Das Kriterium der persönlichen Erfüllung

Echte spirituelle Orientierung steht nicht in Widerspruch zu menschlicher Erfüllung, zum wahren Glück. Darauf verweist besonders das Kriterium des Trostes bei Ignatius, das aber schon in der frühen patristischen Literatur anklingt. Es geht ja um das Finden der Mitte, um das »Gesammeltwerden« in dieser Mitte, wie z. B. Heinrich von Friemar formulierte. Eine Spiritualität, die im tiefsten unglücklich macht, ist bedenklich.

Das Kriterium der Rationalität

Echte Spiritualität ist kritisch gegenüber plötzlichen Eingebungen, denen man unhinterfragt folgt. Kritisches Hinterfragen, Abwägen im Blick auf den Herrn, dem wir nachfolgen, ist notwendig und darf nicht verweigert und nicht verboten werden. Die Tradition verweist immer auf die Möglichkeit der Selbsttäuschung, auf kurzschlüssige Identifizierungen der Stimme Gottes mit eigenen Wünschen. Ich erinnere an den vorsichtigen und Schritt für Schritt vorangehenden Entscheidungsprozess bei Ignatius von Loyola. Auch Heinrich von Langenstein warnt davor, plötzliche Erleuchtungen in einer Entscheidungssituation zu erwarten. Er weist hin auf die Heilige Schrift und auf die notwendige Analyse der Situation durch den Menschen.

Das Kriterium der positiven Früchte

Die falschen Propheten kann man an ihren Früchten erkennen, so heißt es in der Bergpredigt (Mt 7,16.20). Spirituelle Angebote sind daran zu messen, welche Früchte sie für ein gutes Leben bringen, welche Früchte sie im Hinblick auf ein Leben nach dem Evangelium bringen.

Das rechte Christusbekenntnis war für Paulus und Johannes das Unterscheidungskriterium. Dabei geht es nicht um das richtige Rezitieren des Credo. Im Lot ist jene spirituelle Orientierung, die tiefer in die Mitte des Christseins hineinführt. Anders gesagt: Ein spirituelles Angebot, das diese Mitte verstellt, das Sekundäres zum Zentrum macht, ist bedenklich.

Das zweite biblische Kriterium ist bei Paulus der »Aufbau der Gemeinde«, das Fördern der Gemeinschaft und der Einheit. Schon allgemein menschlich gilt, dass wir Gemeinschaftswesen sind, angewiesen und offen für den anderen, für das Miteinander. Eine Spiritualität, die das Miteinander erschwert, die nicht zur Bereitschaft zu Versöhnung und Verzeihung führt, die den Frieden nicht fördert, sondern Gewalt predigt, ist bedenklich. Christlich gesehen bedeutet das: Eine spirituelle Orientierung, die innerkirchlich als Spaltpilz fungiert, kann schwerlich vom Geist Gottes inspiriert sein.

Das Kriterium der rechten Begleitung

In der spirituellen Tradition spielt Begleitung, geistliche Führung immer eine wichtige Rolle. Der Exerzitienprozess des Ignatius z. B. setzt voraus, dass Entscheidungen mit einem Begleiter besprochen werden, der sich aber nie als Befehlshaber verstehen dürfte. Es geht vielmehr um eine Hilfe und Unterstützung, um die Stimme des Herrn unverfälschter zu vernehmen, um Selbsttäuschungen möglichst auszuschließen. Eine kritiklose Hörigkeit gegenüber einem Guru, auch gegenüber einem christlichen Guru, wäre bedenklich, sowohl von der Seite des Begleiteten als auch von der Seite des Begleiters.

Die spirituelle Tradition hat die Vertrauenswürdigkeit und Qualität des Begleiters immer an seinem authentischen Lebenswandel gemessen, an seiner Christusförmigkeit.

Theologisch verantwortete Respiritualisierung: Zur spirituellen Erneuerung der christlichen Kirchen

Regina Polak/Paul M. Zulehner

Das Phänomen verstehen: soziokulturell *und* personal

Bilder wie diese[1] sind uns aus der Werbung bekannt: Religiöse Symbole und Chiffren, Sujets und Assoziationen werden dazu benützt, Konsumprodukte wie Autos, Zigaretten, sogar Butter für das tägliche Brot mit einer spirituellen Aura zu

---

1 Die Bilder verdanken wir Matthias Sellmann von der Katholischen Sozialethischen Arbeitsstelle ihn Hamm, einer Arbeitsstelle der Deutschen Bischofskonferenz.

umgeben, um so nicht nur materielle Waren, sondern auch Sinn zu verkaufen. Unter dem Titel »Glaube, Liebe, Hoffnung« präsentiert uns ein unendlich aus sich herausschreiender Fußballer, dass Siegen und Gewinnen im Sport spirituell hochaufgeladene Vorgänge sind. Alan Greenspan, Direktor der US-Notenbank, ist der »Hohepriester des Geldes«, Lady Diana eine käuflich zu erwerbende inkulturierte Marienerscheinung. Hermes Phettberg, ein skurriler österreichischer Talkmaster, führt seine Interviews mit Prominenten seit kurzem im Beichtstuhl und die Wiederkehr des »Terminators« (und heutigen Gouverneurs von Kalifornien) Arnold Schwarzenegger wird mit der Auferstehung verglichen.

Das Phänomen der Verwertung religiöser Werte ist von Religionssoziologinnen und Theologinnen ausführlich erforscht:[2] Das »Sortiment« Jahrtausende alter religiöser und spiritueller Symbole ist zur allseitigen Nutzung freigegeben und die Scheu, sich ihrer für zweckfremde Interessen zu bedienen ist so gut wie verschwunden. In einer »globalen economy«, die alles menschliche Handeln zunehmend ökonomischen Interessen unterordnet, ist die logische Konsequenz, dass auch die Religion als letzte vormoderne Bastion des Widerstands gegen die Ideologie des Ökonomismus[3] der globalen Konzerne erobert und ihrer Heiligtümer beraubt wird.

Wenn Hans-Joachim Höhn angesichts solcher Bilder einem »Megatrend Spiritualität« gegenüber skeptisch reagiert und darin nur säkularisierte Fragmente von Spiritualität und Dubletten eines ästhetischen und ökonomischen Selbstverständnisses erkennen kann[4], ist ihm nicht nur zuzustimmen, sondern muss man sogar zuspitzen: Eine solche Instrumentalisierung von Religion hat mit Gott und der Suche nach ihm überhaupt nichts zu tun. Es ist nicht einmal »religionsfreundlicher Atheismus«[5], wie Johann Baptist Metz oder »Religion ohne Gott«[6] wie Ulrich Körtner sagen würden. Es handelt sich um die Inszenierung und Verwertung hochaufgeladener und deswegen interessanter religiöser Symbole und Bilder und erzählt mehr von der erschreckend öden und hohlen Geist- und Schamlosigkeit einer alles in Besitz nehmenden und vernützlichenden Kultur als von Gott.

---

2 Vgl. z. B. Barz, Heiner u. a.: Neue Werte – Neue Wünsche: Future Values. Wie sich Konsummotive auf Produktentwicklung und Marketing auswirken, Düsseldorf 2001; Ders. u. a.: Trendbibel für Marketing und Verkauf, Düsseldorf 2002; Buschmann, Gerd/ Priler, Manfred: Werbung, Religion, Bildung, Frankfurt am Main 2003; Bolz, Norbert/Bosshart, David: Kult-Marketing. Die neuen Götter des Marktes, Düsseldorf 1995; Horx, Matthias: Megatrends der späten neunziger Jahre, Düsseldorf 1991; Ders.: 100 Top Trends. Die wichtigsten »Driving Forces« des kommenden Wandels, Kelkheim 2002; Höhn, Hans-Joachim: Zerstreuungen. Religion zwischen Sinnsuche und Erlebnismarkt, Düsseldorf 1998; Klie, Thomas: Spiegelflächen. Phänomenologie – Religionspädagogik – Werbung, Münster 1999; Klie, Thomas: Religion sucht Raum. Kirchengebäude in der Postmoderne, Vortrag im Rahmen der Tagung »Missionarische Perspektiven für die Kirche der Zukunft« in Greifswald vom 6.– 8. 5. 2004, unveröff. MS; Pichler, Clemens: Dem Religiösen auf der Spur, Diplomarbeit, Wien 2000; Polak, Regina (Hrsg.): Megatrend Religion? Neue Religiositäten in Europa, Ostfildern 2002 u. v. a.
3 Ökonomismus ist nicht identisch mit Ökonomie, die dazu gedacht ist, die Ressourcen der Erde global und gerecht zu verteilen, sodass Friede und Freiheit für alle möglich sind. Zur Ideologie wird, wie schon Karl Marx in seiner »Deutschen Ideologie« gezeigt hat, jedes Interesse, das sich anderen humanen Interessen gegenüber absolut setzt. Gegenwärtig trifft dies für das ökonomische Interesse zu, das entgegen einem integrativen Ökonomiebegriff, wie er in modernen Wirtschaftswissenschaften und Wirtschaftethiken durchaus auch bekannt ist, Wirtschaft auf nackte Gewinnmaximierung reduziert. Zur Kritik vgl. u. a.: Amery, Carl: Global Exit. Die Kirchen und der totale Markt, München 2002; Gray, John: Die falsche Verheißung. Der globale Kapitalismus und seine Folgen, Frankfurt am Main, ²2002; Hardt, Michael/Negri, Antonio: Empire. Die neue Weltordnung, Frankfurt am Main 2003; Ulrich, Peter: Integrative Wirtschaftsethik, Grundlagen einer lebensdienlichen Ökonomie; Bern, 3. Auflage, 2001; u.v.a.
4 Vgl. dazu in diesem Band: Höhn, Hans-Joachim: Auf dem Weg in eine postsäkulare Kultur, s. o. 15ff.
5 Metz, Johann Baptist: Gotteskrise. Versuch zur »geistigen Situation der Zeit«, in: Ders.: Diagnosen zur Zeit. Mit Beiträgen von Johann Baptist Metz, Günther Bernd Ginzel, Peter Glotz, Jürgen Habermas, Dorothee Sölle. Düsseldorf 1994, 76–92, 77.
6 Körtner, Ulrich: »Religion ohne Gott, in: Die Furche 46 (2003), 11.

Dennoch: Wir werden uns bei der abschließenden pastoraltheologischen Zusammenfassung der Ringvorlesung nicht nur dem soziokulturellen Phänomen widmen und nachfragen, wie spirituelle Fragmente deformatiert werden, in moderner Kultur diffundieren und so missbraucht werden – wobei Deformation und Diffusion ja noch nicht von sich aus der Religion Gewalt antun müssen. Die These, dass Spiritualität, die in unserer Kultur wieder relevant wird, nur im Modus des Missbrauchs wiederkehren kann, ist uns zu eindimensional und zudem zu stark dem marxistischen Paradigma verhaftet, dass Wohlstand und Modernisierung Religion gleichsam automatisch überflüssig machen müssen. Auch die stillschweigend dahinterstehende Voraussetzung, dass Moderne und Religion einander ausschließen und Gegnerinnen sein müssen, greift zu kurz. Die religionssoziologische Logik Max Webers, derzufolge Modernisierung linear zur Entzauberung der Wirklichkeit und damit zur Abschaffung der Religion führen müsse, ihre Wiederkehr also nur eine »Wiederverzauberung« sein könne, wird weder der Modernisierung noch der Religion in deren ambivalenten Komplexitäten gerecht. Diese monokausalen Theorien neigen allesamt dazu, den Menschen in Soziologie aufgehen zu lassen und differenzierte anthropologische Perspektiven zu vernachlässigen, wodurch dann auch die entsprechenden Theologien einseitig werden. So wollen wir im Weiteren auch einen Blick auf die konkreten Menschen werfen, die sich in unserer modernen Kultur auf die Suche machen und dabei »Spiritualität« – vorläufig in der ganzen Weite dieses zweifellos sehr schwammigen »Containerbegriffes« – als eine mögliche Antwort auf ihre Fragen, Probleme und Sehnsüchte entdecken.

Natürlich bedeutet ein solcher Perspektivenwechsel, der die vielen suchenden Menschen zuerst einmal wertschätzend in den Blick bekommen will, keine naive oder blauäugige Seligsprechung des Megatrends. Wertschätzung bezieht sich zuerst auf die Person, die sucht – und von daher dann auch auf den Weg, den sie dabei einschlägt. Dabei wird man den Weg nicht selten kritisieren müssen. So manche Route, die hier gewählt wird, so manche Praxis, die der Glückssuche dienen soll, viele der neuen Lehren sind zum einen dann gar nicht so neu und zudem aus der Sicht des Evangeliums inakzeptabel. Sie dienen nicht der Verherrlichung Gottes und der Inspiration des Menschen und haben ethisch fragwürdige Konsequenzen; oft sind sie eher Ausdruck einer egomanischen Selbstsucht und verfehlen daher Gottes- und Menschenliebe, die allein zum Heil führen. Das bedeutet, dass es neben der positiven Wertschätzung immer auch einer Spiritualitätskritik bedarf. Eine solche anzudenken, insbesondere ein Augenmerk auf den Stil solcher Kritik zu werfen, werden wir im Folgenden in einem Dialog mit den anderen Beiträgen zur Ringvorlesung versuchen. Solche Verfehlungen spiritueller Wege sind allerdings kein Monopol neuspirituell Bewegter; auch christliche Suchende schlagen nicht selten Irrwege ein.

Der praktischen Theologie obliegt es ferner, zu bedenken, was aus diesen Wahrnehmungen und Deutungen spiritueller Suche in der zeitgenössischen Kultur für die Arbeit der Kirchen folgt. Dazu gehören strukturelle Überlegungen ebenso wie die Herausarbeitung interdisziplinärer Fragestellungen, die die Dogmatik, die Fundamentaltheologie, die Moraltheologie usw. genauso betreffen wie die Pastoraltheologie: Welches sind die Themen, die eine gründliche theologische Analyse zukünftiger Theologie aufgibt?

So legen wir hier eine erste, vorsichtig-tastende zusammenfassende Synthese des Projektes »Megatrend Spiritualität« vor, das keine abschließenden Antworten geben, sondern anregen will, angestoßen durch die vielen umstrittenen, von außen her lernbaren thematischen Provokationen, die spirituelle Entwicklung in den Kirchen mutig und entschlossen voranzutreiben.

Verstehen, was Personen umtreibt: Dimensionen von Spiritualität

Untergründig, verschüttet, kaum wahrgenommen, aber am ehesten in persönlichen Begegnungen entdeckt, gibt es neben der dämonischen Vermarktung des Religiösen auch das Andere: eine seltsame, eigenwillige spirituelle Suche mit veränderter Qualität. Eine spirituelle Wanderschaft hat eingesetzt. Ein Forschungsprojekt der deutschen Ethnologin Ariane Martin erarbeitet in Kooperation mit uns anhand umfangreichen empirischen Materials eine Phänomenologie dieser Suchbewegungen.[7] Dabei schälen sich Dimensionen heraus, Qualitäten moderner Spiritualität, die querliegen zu einzelnen Personen und Gruppen und charakteristisch für diese spirituellen Wanderbewegungen sind.

Die Reise ins Innere

Moderne Menschen sind dabei, ihre Mitte, ihr Ich zu verlieren. Sie sind buchstäblich außer sich, geschleudert an die Peripherie des Lebensrades. Der Psychotherapeut Hans-Willi Weis, der die spirituelle Szene aus eigener Erfahrung kennt, reflektiert therapeutisch diese Reise ins Innere und spricht von einem »Exodus ins Ego«[8], wie er diese Suche nach dem Ich bezeichnet hat. Er beschreibt die konkreten Vorgänge, die Techniken und Unternehmungen, mit deren Hilfe diese Reise ins Innere inszeniert wird. Die spirituelle Suche zeigt sich dabei als Suche nach dem eigenen Ich, nach der Mitte, nach der Berührung mit der eigenen Tiefe.

Wo kommt man aber an, wenn man sich auf diese Reise begibt? Das kann zum einen die bloße Enge des eigenen Ichs sein: Man stößt auf das eigene, nackte, leere Selbst. Darin kann man sich verfangen, auf sich selbst fixiert bleiben, ein *homo incurvatus in se ipsum*, wie ihn Martin Luther beschreibt. Aber man kann – und davon erzählen alle Mystikerinnen der verschiedenen religiösen Traditionen – in diesem leeren Innenraum auch auf das Andere seiner Selbst stoßen, in der Leere die Fülle entdecken, wie Johann Figl sagt.[9] Mit Karl Rahners Mystagogie ausgedrückt: Man kann am Grund der Seele auf jenes Geheimnis stoßen, das das Leben von jeher ist; jenen Ort, wo die Geschichte Gottes mit jedem Einzelnen für jeden Einzelnen erfahrbar wird. An diesem innersten Ort, wo Gott mir innerlicher ist als ich mir selbst (vgl. Augustinus), ist eine unendliche Weite zu erfahren – und hier kann eine Reise beginnen, von der wir im Einzelfall nicht wissen, wohin sie führt.

Das Ich zu entdecken meint aber im positiven Sinn zugleich die persönliche Würde und das eigene Selbstvertrauen wiederzugewinnen, jene Dimension, in der ich unverfügbar bin, wo niemand Zugriff auf mich hat. Alle kulturell so gängigen Abwertungen und psychischen Hinrichtungen, die Reduktion der Person auf ein Rädchen im Getriebe einer Gesellschaft, die einen vor allem funktionalisieren will –

---

7 Vgl. Martin, Ariane: Mehr Licht?! Unveröff. Dissertation in Arbeit, Wien 2005.
8 Weis, Hans-Willi: Exodus ins Ego. Therapie und Spiritualität im Selbstverwirklichungsmilieu, Zürich 1998.
9 Vgl. dazu in diesem Band, Figl, Johann: Spiritualität im interreligiösen Dialog, s. o. 129ff.

all das hat hier keine Macht über den Einzelnen, wo er/sie frei ist, zu wählen, was es mit ihm/ihr und seinem/ihrem Leben auf sich hat.

Der Weg führt die Suchenden freilich in unterschiedliche Tiefen. Die einen landen selbstzufrieden bei sich selbst, andere graben weiter und finden in sich Urbilder göttlichen Lebens. Sie lernen, sich als Gottes Geliebte verstehen, fühlen sich geborgen in Gottes Weite oder einem schützenden, wohlwollenden Kosmos und erleben darin eine Würde, die ihnen niemand mehr nehmen kann. Sie gewinnen dadurch eine Unangreifbarkeit gegen alle versuchten Zugriffe von Menschen auf den Menschen. Sie erleben sich einig rückbezogen auf Gott (was eine der etymologischen Bedeutungen von Religion ist) und weigern sich daher, sich irgendetwas anderem auf der Welt zu unterwerfen. Es muss hier in Erinnerung gerufen werden, dass dies der Grund ist, warum die Religion immer auch die letzte Feindin totalitärer Systeme sein konnte. Denn Menschen, die im lebendigen Gott selbst verwurzelt sind, verweigern den totalen Zugriff weltlicher Mächte auf sich (in der Politik, in der Wirtschaft, im Konsum). Gerade das vermeintlich Unpolitischste, nämlich die Religion, erweist sich an dieser Stelle als politisch hochbrisant. »Totalitär« sind auch heute so manche Systeme: der Konsumismus, der uns unter die Macht unserer Bedürfnisse zwingen will[10]; die Unkultur des Immer-mehr-haben-Müssens, die Unkultur der gegenseitigen Hinrichtung, die beim Anderen immer zuerst das Mangelhafte, Falsche, Verbesserungsfähige sieht und so den ganzen Menschen übersieht und verletzt.

Die Reise ins Innere ist hochbegehrt – nicht zuletzt deswegen, weil viele Menschen moderner Gesellschaften an einer massiven Selbstentfremdung leiden und die Mitte verloren haben. Wahrscheinlich müssen Menschen auch deshalb zuerst zu sich selbst finden, ehe sie Gott wiederfinden können. Das bedeutet freilich nicht, dass Spiritualität automatisch helfen muss, die eigene Menschlichkeit wiederzugewinnen; manchmal leistet Spiritualität dann einfach Reparaturdienste zum Aufrechterhalten des Status quo. Es gibt nicht wenige Industrielle, die hin und wieder auf teure Spiritualitäts-Seminare fahren, um ein meditatives Wochenende zu machen und mittels Kontemplation oder Meditation jenen Stress abbauen, den sie im Arbeitsalltag aufbauen. Spiritualität benützen sie dann dazu, den brutalen Alltag überleben zu können – und dafür zahlen sie täglich 500 Euro. Diese Reise ist kaum von hoher spiritueller Qualität. Jesus hätte ihnen wahrscheinlich gesagt: »Macht Betriebsberatung, verändert eure Arbeits- und Wirtschaftsstrukturen und baut den Stress ab. Investiert in die Umkehr und nicht in die opiate Vertröstung und Entstressung!«

Die Reise ins Weite

Das Zweite, das viele Menschen suchen, ist die Reise ins Weite. Auch dafür gibt es sehr viele Dokumente. Die Studie »Panorama der neuen Religiosität« der evangelischen Zentralstelle für Weltanschauungsfragen in Berlin[11] liefert einen umfassenden Überblick über die Weite der Reiseziele. Dabei wird deutlich, dass vielen die Reise ins Innere in der Zwischenzeit zu eng, zu beziehungsarm geworden ist. Oft lauern dort nur Angst und Depression und Menschen wollen »hinaus«, in die Weite.

---

10 Vgl. dazu Gronemeyer, Marianne: Die Macht der Bedürfnisse, Reflexionen über ein Phantom, Reinbek bei Hamburg 1988.
11 Hempelmann, Reinhard u. a. im Auftrag der EZW Berlin (Hrsg.): Panorama der neuen Religiosität. Sinnsuche und Heilsversprechen zu Beginn des 21. Jahrhunderts, Gütersloh 2003.

Und jetzt wieder: Wohin führt diese Reise? Die Orte, an denen Menschen landen können, sind außerordentlich bunt. Manchen genügt das Eintauchen in den schicksalshaften Oikos, in den Kreislauf der Natur. Hier ist die gesamte »grüne«, die ökologische Spiritualität angesiedelt. Aber dort bleiben die Menschen längst nicht stehen. Viele suchen nach umfassender kosmischer Verwebung und Vernetzung. Sie erleben sich dann als eins mit dem Kosmos, sehen enge Bande und Abbildungen zwischen dem Makro- und dem Mikrokosmos, der Welt »oben« und jener »unten«, erleben sich verkettet mit einem unentrinnbaren Schicksal, fühlen sich eingebunden in den schicksalshaften Lauf der Welt und sehen z. B. die Reinkarnation als einen sinnvollen Ausdruck für eine solche Verwebung. Andere greifen auf alte mystische Traditionen zurück und erleben sich als ein Teil des Göttlichen, des Ganzen, des Ursprungs und des Anfangs. Erlebbar werden solche kosmischen und mystischen Verwebungen durch den Eintritt in unterstützende Gemeinschaften, in denen nicht nur die Würde, sondern eine tiefe Zusammengehörigkeit aller und die heilige Gabe des Lebens zentrale Erfahrungen sind.

Es gibt unter diesen Gruppen auch viele spirituelle Suchbewegungen, die in eine pantheistische Diffusität hineinführen und Kosmos und Leben sakralisieren. Man geht gleichsam selbst in das allumfassend Göttliche ein, wird ein Teil des Göttlichen und übergeht die Transzendenz und Andersartigkeit Gottes, seinen unendlichen Abstand. Das ermöglicht das illusionäre Gefühl totaler Geborgenheit, freilich um den Preis der Freiheit. Aber freiheitsangestrengte Individualistinnen finden es mitunter ganz angenehm, ihre Individualität kurzfristig ablegen zu können. Jene biblischen und kirchlichen Traditionen, die aus der Sicht der Schöpfungstheologie neben der Transzendenz auch die Immanenz Gottes, des in Bezug auf die Schöpfung »Nicht-Anderen« (Nikolaus Cusanus), stärker herausstreichen, werden dann selektiv interpretiert und dienen der Selbstbestätigung der eigenen, einseitigen Position. Meister Eckart, Johannes Tauler, Hildegard von Bingen, die Bibel selbst werden dann Gewährsleute und Zeugen. Die paradoxe Spannung der biblischen Tradition, die das Geheimnis Gott – insbesondere in Christus – als den »ganz Anderen« und den »ganz Nahen« zugleich denken kann, wird dabei gern übersehen. Trotzdem: Die Reise ins Weite, die nach kosmischer Vernetzung und Verwebung sucht, ist eine kontrafaktische Dimension in eine ganz andere Richtung als die Reise ins Innere und darin oft von durchaus spirituellem Ernst – zumal sie Christinnen daran erinnert, dass wir – trotz unseres Christusglaubens – die Nähe Gottes in konkreter Gegenwart und seine bleibende Treue dem ganzen Kosmos gegenüber (vgl. Röm 8, 18–25) zu verkünden vergessen haben.

Suche nach umfassender Heilung

Modernes Leben macht viele Menschen in oft diffuser Weise krank. Jedes vierte Kind am Beginn der Schulzeit leidet, obwohl von Gott ganz und heil ins Leben gestellt, an tiefen Ängsten. Die herkömmliche Medizin, aber auch die Psychotherapie, so hochentwickelt sie sind, stehen oftmals an unüberwindlichen Grenzen ihrer Heilkünste. Manche werfen ihnen vor, den Menschen nicht in seiner Ganzheit zu sehen: auf funktionierende Organe oder eine heile Psyche zu reduzieren. Spirituell Suchende haben den Verdacht, dass die Ursachen der Krankheit noch tiefer sitzen können. Der Verlust der Rückbindung an den Anfang, an die ursprünglichen Quellen des Lebens, an Gott, kann krank machen. Ängste können sich einstellen, wenn der Mensch seine spirituellen Quellen und den Sinn seines Lebens verliert.

So wächst in immer mehr Menschen die Sehnsucht nach dem – aus den Tiefen und dem Anfang her geheilten – neuen Menschen, nach einer neuen Welt, nach Visionen, die tragen, und Gemeinschaften, in denen all das auch Wirklichkeit wird: Oasen einer neuen heilen Welt.

Auch hier finden sich viele Einseitigkeiten: Manche weigern oder fürchten sich, sich auf den oft mühsamen Prozess einer ernsthaften Psychotherapie einzulassen, der einen selbst in Frage stellt und ohne Schmerzen nicht zu haben ist. Stattdessen erhoffen sie von spirituellen Praktiken eine rasche Linderung seelischer Schmerzen, ganz passend zur Konsumgesellschaft, in der auch das Seelenheil rasch zu haben sein muss. Andere weichen einem ebenso langwierigen ernsthaften spirituellem Weg aus und probieren – wie im Supermarkt – eine Methode nach der anderen aus: Zen, Yoga, Reiki, Fasten und wenn das alles nichts nützt, legen sie Tarotkarten. Hinter so mancher Abwehr moderner Medizin verbirgt sich mitunter eine diffus-gnostische Abwertung des Körperlichen oder eine illusionäre Vorstellung von Gesundheit, die davon ausgeht, dass leidfreie Gesundheit um jeden Preis zu haben sein muss; Gesundheit gilt hier als höchster Wert, und man kann der Erfahrung, dass Leid oder das Durchstehen von Krankheiten zum Leben gehören, keinerlei Sinn mehr abgewinnen.

Trotzdem: Die vielen, die sich hier auf die Suche nach Heilung machen, sehen wohl etwas Wichtiges, wenn sie sagen: Das, was den Menschen krank macht, ist nicht nur unser Alltagsleben, unsere Kultur, unsere Biographie. Auch die Tatsache, dass wir von unserem göttlichen Ursprung abgeschnitten sind, macht uns krank. Statt in ein modernes Krankenhaus, zum Psychotherapeuten oder Priester, gehen dann viele zum »Heil-Abend«. Dort kommen sie rituell mit dem Qi oder mit dem Licht in Berührung und erhoffen so umfassendes Heil. Ganz weit entfernt von allen dogmatischen Lehrgebäuden suchen die Menschen Rituale, die sie mit dem Erleben entlassen, dass ihnen Heilung wiederfahren ist. Und oft finden sie hier tatsächlich einen größeren Frieden für ihr Leben.

Suche nach Strenge, Struktur und Ordnung

In der dialektischen Logik einer liberalistischen, freiheitsverliebten Kultur ist es verständlich, dass bei manchen auch wieder eine Suche nach Ordnung und Regeln entsteht. Freiheit wird als überfordernd erlebt, man sucht Halt und Orientierung für eine obdachlose Seele – auch in spirituellen Belangen. In einer Kultur, in der der Mensch ziemlich ratlos geworden ist angesichts der Fülle möglicher Entscheidungen, werden viele mit ihren schwachen Entscheidungskräften und Orientierungskapazitäten nicht fertig. Da ist es durchaus willkommen, wenn eine/r kommt und sagt: Ich weiß, wie es dir wirklich geht. Und ich habe auch eine Lösung für dich! Das schafft Sicherheit – eine Sicherheit jedoch, die weit entfernt ist von jenem Wagnis und Risiko, die der christliche Glaubensentscheid bedeutet.[12]

Offenbar ist es das, was viele Leute suchen: Sicherheit und Verlässlichkeit bei Meistern, in Gruppen, bei Offenbarungen – und diese Erfahrungen werden spirituell inszeniert. Denn tatsächlich braucht man viele Glaubensenergien, um vom Intellekt

---

12 Vgl. dazu in diesem Band: Stubenrauch, Betram: Sicherheit um jeden Preis?, s. o. 87ff.

abzusehen und sich solchen Vorgängen hinzugeben – offenbar ein ersehntes Geschehen für Menschen, von denen tagsüber ausschließlich Rationalität, Entschiedenheit, Individualität gefragt ist. Endlich einmal nicht »Ich-AG« sein müssen.

Suche nach Gemeinschaft mit einer Ethik der Liebe

In vielen Feldern modernen Lebens, in Beziehungen, in Büros, in der Freizeit herrscht oftmals ein Lebensstil, der nicht aufbaut. Konkurrenz, Stress, Leistungsdruck unterhöhlen den Selbstwert, der sich reziprok durch Überheblichkeit anderen gegenüber überkompensiert. Was dabei auf der Strecke bleibt, ist der Respekt vor dem anderen, ist Solidarität mit dem anderen, ist letztlich die Liebe. Die Kultur individualistischer »Hinrichtung« hat wenig Vorrat an solidarischer Liebe untereinander.

Die Menschen fühlen, wie sie selbst von solch einem zerstörerischen Lebensstil erfasst sind. Sie merken zugleich, wie sie selbst Opfer abwertender Demütigungen werden. Gegenseitig wertschätzende, fördernde und daher aufbauende Synergien sind in Gemeinschaften und Arbeitsbeziehungen selten geworden.

Dagegen begehren aber jene auf, die sich auf eine spirituelle Suche gemacht haben. Sie suchen nach einer neuen Ethik, einer Ethik umfassender Liebe, die aufrichtet und nicht hinrichtet. Umfassend meint: zu den anderen, zu sich, zur Schöpfung, zu Gott. Solche Liebe, so fühlen sie, ist lediglich die Handlungsseite ihres Seins. Weil sie sich von ihrer Herkunft dem liebenden Anfang, den sie Gott nennen, verdanken, tragen sie auch die Möglichkeit in sich, wie Gott Liebende zu sein oder zu werden.

Viele der neuen spirituellen Gemeinschaften versuchen hier, neue Wege zu gehen – und legen großen Wert darauf, dass sie völlig anders sind als die normale Welt. Sie verstehen sich als »Kontrastgesellschaften«, in denen man miteinander menschlich umgeht – und nicht selten kann man dort einen Umgang und Kommunikationsstil miteinander erleben, den man in so mancher christlichen Gemeinde heute vergeblich sucht.

Avantgarde einer kommenden Welt?

Viele der spirituell »Neuerweckten« sagen: Die alte Welt, in der wir leben, ist dem Untergang geweiht, sie hat keine Zukunft. So kann es nicht weitergehen: Mit dieser Art zu wirtschaften nicht, mit dem Terror nicht, mit der vielen Gewalt und den Kriegen nicht, mit der Armut nicht, mit der Umweltausbeutung nicht. Diese Welt ist dem Untergang geweiht. Wir aber werden übrig bleiben als die Vorhut der neuen Welt. Diese Art des apokalyptischen Denkens ist relativ verbreitet – und sie erinnert nicht selten an alte biblische Sprache. Manche entwickeln dabei Extremvorstellungen und erwarten UFOS, die sie bis zur Wiederherstellung der neuen Welt in Sicherheit bringen, andere krempeln die Ärmel hoch und beginnen tatkräftig am Umbau wirtschaftlicher Strukturen zu arbeiten und setzen sich für nachhaltiges Wirtschaften oder Umweltschutz ein.

Auch wenn vieles in dieser neuen Szene theologisch und ethisch fragwürdig ist: Es wird sichtbar, dass so manche qualitative Dimension moderner Spiritualität, auf die wir hier treffen, von einer völlig anderen Art ist als jene Klosterfrauen, die auf einem der oben angeführten Bilder für Erdgas werben. Diese Vermarktungsspiritualität ist geradezu lächerlich gegenüber dem, was ernsthafte Suche vieler interessanter Menschen zu sein scheint. Wenn man diese Biographien aus der Nähe kennt, sind viele von ihnen von einer persönlichen Ernsthaftigkeit in einem Maße aufgeladen, das zur Zeit in den Kirchen bei normal Gläubigen ganz selten zu finden ist: Viele Christinnen wissen offenbar schon alles, erwarten wenig von der Zukunft und suchen daher nicht nach neuen Wegen und Offenbarungen Gottes. Als Christ, als Christin kann man sich mitunter durchaus zu schämen beginnen neben dem spirituellen Engagement solcher Menschen.

Verstehen, dass die Kultur abfärbt auf die Inszenierungen: Soziologische Verstehensmodelle

In einem zweiten Schritt geht es darum, diese Phänomene aus soziologischer Sicht angemessener zu verstehen und zu sehen wie sehr die Kultur, in der diese veränderten Spiritualitäten auftauchen, auf die Phänomene abfärbt.

Exemplarisch stellen wir Spiritualität im Kontext von vier soziologischen Verstehensmodellen dar, die diesen Wandel moderner Spiritualitäten ein Stück weit besser verständlich machen – und zwar auch, insofern dieser Wandel christliche Spiritualitäten betrifft. Diese bleiben von den kultursoziologischen Entwicklungen nicht unbetroffen. Die Kultur färbt auf die Inszenierungen ab.

Wir leben in einer Wirtschaftsgesellschaft

Im Kontext der Hegemonie des Ökonomismus über alle anderen Lebensbereiche ist damit zu rechnen, dass auch Spiritualität von den Gesetzen der ökonomischen Logik nicht unberührt bleibt: Spiritualität wird zur Ware. Man kann sie kaufen und verkaufen, herstellen und konsumieren. Sie steht unter dem Anspruch, Bedürfnisse zu befriedigen, sie soll nützlich und funktional sein. So entsteht ein Markt, der nach ökonomischen Gesetzen funktioniert: Angebot und Nachfrage, Konkurrenz, Gewinne und Verluste prägen auch diesen Markt. Was »nichts bringt«, verschwindet schnell wieder vom Markt. Bedürfnisse werden geweckt und befriedigt.

Ist dieser Vorgang von vorneweg gewissenlose »Geschäftemacherei« – ein unverzichtbares Kriterium, das Josef Weismayer zur Unterscheidung einer humanen von einer inhumanen Spiritualität angeführt hat? In vielen Fällen trifft dieser Vorwurf zu. Sektenberatungsstellen können von einem rasanten Zuwachs an Betrügereien und Missbrauch in diesem neuen Wirtschaftssektor Esoterik berichten.

Zugleich ist aber ein anderer Aspekt nicht zu übersehen, der eine Anfrage an die Kirchen ist: Entscheidend ist für viele spirituell suchende Menschen, dass die spirituellen Angebote niederschwellig und einfach, ohne große Vorleistungen oder spezielle religiöse Kenntnisse zu erwerben sind. Man darf nicht vergessen: In einer Kultur, wo Religion als Privatsache gilt und religiöse Bildung und Erziehung gerade einmal ein Thema für Kinder und Jugendliche ist, sind die wenigsten religiös kompetent und verfügen daher auch nicht über eine entsprechende Kriteriologie, gute von schlechter »Ware« unterscheiden zu können. Die meisten sind zudem als Einzelpersonen unterwegs und haben sich gerade – aus zumeist biographischen Gründen – von der Kirche »emanzipiert«, misstrauen ihr oder wollen nichts mehr von ihr wissen. Sie haben dann kein Interesse, sich wieder an eine weltanschauliche Institution zu binden oder gar ein Bekenntnis ablegen zu müssen. Sie wollen frei wählen, womit sie sich spirituell beschäftigen. Wer in einer Demokratie seinen Lebensstil frei wählen kann, wird das auch in religiösen Belangen einfordern. Diese Kriterien erfüllt – in Ermangelung alternativer Strukturen, die den erwünschten freien und niederschwelligen Zugang zur Religion ermöglichen – gegenwärtig anscheinend nur der Markt. So kann ein Geschäftszweig entstehen, der zwischenzeitlich Milliardenumsätze verbucht. Das mitunter paradoxe Phänomen, das man hier beobachten kann: Viele spirituell Suchende sind durchaus ökonomiekritisch, bemerken aber noch nicht oder wollen, können nicht bemerken, dass sie mit diesem Verhalten genau jene Strukturen verstärken, die sie kritisieren.

Einer Wirtschaftsgesellschaft entspricht auch durchaus die Vermarktung religiöser Symbole: Wer psychologisches Wissen, also Wissen um den Menschen, für Werbezwecke nutzen darf, wird sich schwer tun zu verstehen, warum man nicht auch religiöses Wissen verwenden darf. Gerade weil religiöse Symbole Kraft und Aura haben, sind sie für die Werbebranche und für die Güterproduktion höchst attraktiv – und diese Aura wirkt; wenn auch noch näher zu klären wäre, wie und warum. Geschäftsleute würden diese Symbole sonst nicht benützen. Die Vermarktung bestätigt hier also implizit, dass Religiosität bei vielen Menschen im Modus der Potentialität anzutreffen ist – die Symbole fallen auf fruchtbaren Boden, werden aber durch die Instrumentalisierung zumeist in das Gegenteil ihrer selbst verkehrt. Nichts entmenschlicht den Menschen so sehr wie die Vernutzung des Göttlichen – denn indem der Mensch die Beziehung zu Gott vergegenständlicht, vergöttlicht er letztlich immer nur sich selbst. Wenn Hans Joachim Höhn diese Spiritualitäten daher als Heiligenschein einer ökonomisierten Welt erkennt, trifft er den Nagel auf den Kopf. Religion dient der Legitimation der empirischen Wirklichkeit, schreibt diese fest und absolut und macht sichtbar, was dem Menschen wirklich heilig ist: Geld, Konsum, Erfolg und Sicherheit.

Die ökonomische Rationalität der Moderne erfasst im Kontext einer Wirtschaftsgesellschaft freilich auch die Spiritualitäten der Kirchen. Man denke an die diversen Finanzkrisen in so manchen österreichischen und deutschen Diözesen, die nicht in Gebet, Solidarität und Kreativität gelöst werden, sondern wo nur entsprechend der ökonomischen Logik (manchmal mithilfe von säkularen Unternehmungsberatungen wie McKinsey) der Rotstift angesetzt wird und der Untergang verwaltet statt gestaltet wird. Beobachtenswert ist auch, dass wir dabei im kirchlichen Bereich in der Zwischenzeit ohne Scheu mit Begriffen wie Kunden, Service und Dienstleistungen, Angebot und Nachfrage operieren. Sogar »Kirchenmarketing« wird schon angeboten.[13]

Anfrage an die Kirchen: Der Vorteil einer Spiritualität, die sich über den Markt verteilt, besteht darin, dass sie für eine größere Mehrheit zugänglich wird. Wie ist es möglich, dass das Evangelium, dass sich unterschiedslos an alle Menschen wendet, nicht mehr zu den Menschen dringen kann und der Zutritt zu christlicher Spiritualität für viele versperrt oder zu hochschwellig erachtet wird? Wo und wie kann ein moderner Mensch auf das Evangelium stoßen?

Wir leben in einer Gesundheitsgesellschaft

Jung, gesund und schön sein – so lautet der mehr oder weniger direkte Appell an moderne Europäer und Europäerinnen. Das kann man bei Medienanalysen feststellen, das kann man in der Werbung sehen und in der Beobachtung moderner Frei-

---

13 Z. B. Mödinger, Winfried: Kirchenmarketing, Stuttgart 2001; Hillebrecht, Steffen W. : Kirche vermarkten! Hannover 1999.

zeitkultur. Der Gesundheitsmarkt explodiert und in die medizinische Forschung werden Milliarden zur Optimierung eines gesunden Lebens investiert.

Dabei geht es bei diesem Gesundheitsprinzip nicht nur um körperliche Gesundheit oder Heilung von Krankheiten: Ganzheitliche Gesundheit ist gefragt. Vorsorge, Wellness, Work-Live-Balance sind die entsprechenden Zauberworte. Die Harmonie von seelischem, geistigem und körperlichem Wohlbefinden ist angesichts (angeblich?) zunehmend leerer Gesundheitskassen das Projektziel jener, die sich das leisten können. Behindertes, krankes, unvollkommenes und leidendes Leben gerät so unter massiven Rechtfertigungsdruck.

Von daher wird Spiritualität in der Gesundheitsgesellschaft interessant. Sie wird zum einen eingesetzt bei der Suche nach optimal leidfreiem Glück. Ganzheitlichkeit und Gesundheit, Wholeness und Wellness sind die Visionen am Horizont, die die Spiritualitäten versprechen. Gesucht sind dabei vor allem heilende Rituale, Spiritualität soll den Zugang zu den göttlichen Lebensquellen erschließen – eine Art Lebensenergie, neue Möglichkeiten zum Andocken an Energie ermöglichen, um ganzheitlich gesund zu bleiben oder zu werden. Spiritualität wird zur Medizin und darin zum Politikum.

Die paradoxe Entwicklung dabei: Das, was die Entfremdung heilen soll, bekommt die Form des Entfremdenden und verstärkt damit die Entfremdung. So beginnt dann mitunter durch das verstärkte Entfremdungserlebnis einer Spiritualität, die ihr Ziel verfehlt, eine oft endlose Suche: Man »zappt« von spirituellem Seminar zu spirituellem Seminar, eine Suche nach Gesundheit beginnt, die zugleich den Markt stärkt.

Ermöglicht wird diese »Kontaktaufnahme« zur Spiritualität zum Zwecke der Gesundheit durch den Vorgang, den Pietschmann beschrieben hat:[14] die Aufweichung der Trennung von Geist und Materie in den Naturwissenschaften, wie sich das z. B. in der psychosomatischen Medizin zeigt. So bleibt der medizinische Fortschritt nach wie vor wichtig, wird aber durch alternative Heilmethoden und auch Spiritualitäten ergänzt, die dann wiederum ihre Wissenschaftlichkeit beweisen müssen. Spiritualität wird hier zum Produkt und Objekt der Gesundheitsgesellschaft.

Und auch hiervon sind Christinnen und Christen betroffen: Man muss nur einen Blick in die Programme christlicher Bildungshäuser unter dieser Perspektive werfen. Oder: Immer wieder trifft man auch in der Wissenschaft auf Studien, die zu beweisen versuchen, dass es gesünder ist, zu glauben, als nicht zu glauben.

Anfrage an die Kirchen: Warum suchen Menschen ihr Heil – und das heißt immer auch konkret Gesundheit und Wohlergehen – außerhalb der Kirchen? Haben die Kirchen den Heils-Begriff so abstrahiert, dass er mit dem konkreten Leben der Menschen kaum mehr etwas zu tun hat? Sehen wir in unseren Gemeinden den ganzen Menschen – oder verdoppeln wir die funktionale Ausdifferenzierung moderner Gesellschaften, in der die Religion nur für den Glauben, für die Gesundheit aber andere Institutionen zuständig sind?

Wir leben in einer Erlebnisgesellschaft
Dieser Begriff wurde Anfang der 90er Jahre von Gerhard Schulze geprägt und beschreibt die Ästhetisierung moderner Gesellschaften und deren Ziel, das Leben nicht nur zu leben, sondern bewusst zu er-leben, zu gestalten. Ins Philosophische

---

14 Vgl. dazu in diesem Band: Pietschmann, Herbert: Moderne Physik – Quelle echter und falscher Spiritualität, s. o. 57ff.

gewendet könnte man damit ein spezifisches Verhältnis beschreiben zwischen dem handelnden und erkennenden Subjekt und dem, was zu handeln veranlasst und zu erkennen gibt: Nicht die Objekte – Theologen und Theologinnen würden sagen: nicht die Ereignisse, nicht die Widerfahrnisse – bestimmen die Erfahrungen des Menschen in der Erlebnisgesellschaft, sondern der Mensch wird zum Zentrum seiner Ereignisse. Er organisiert sich aktiv seine Erfahrungen selbst, »sammelt« sie und wird so zum Nabel der Welt. Man kann das heute an den Konsumtempeln und Shoppingcentern diverser Art beobachten, die Freizeit so aufbereiten, dass Menschen darin um gutes Geld Erfahrungen sammeln können. Shopping wird zum Wochenend-Erlebnis. Erfahrung widerfährt also nicht mehr, wird nicht erlitten, sondern sie wird bewusst und gezielt geplant und gemacht in einer Erlebnisgesellschaft. Und wiederum: um Glück und Zufriedenheit zu optimieren.

Nun ist diese Erlebniskultur heute keinesfalls mehr so euphorisch wie das noch in den 80er-Jahren der Fall war. Spätestens der 11. September, aber auch die in den 90er-Jahren aufkommenden Zweifel am Fortschrittsmythos haben in unseren Kulturen ein massives Unbehagen an der Kultur ausgelöst. Die Oberflächlichkeit dieser so genannten Erlebnisgesellschaft, die wir heute beobachten können, ist daher wahrscheinlich eher eine aus Angst vor der Tiefe. Die »Spaßgesellschaft« ist – trotz Wohlstandes und einem Ausmaß an Sicherheit, wie es die Geschichte nie zuvor gekannt hat – in Wahrheit schon längst zur »Angstgesellschaft« geworden. Das zeigen auch Jugendwertestudien. Wenn wir in Tiefeninterviews die erste, »coole«, wiederständige und abgeklärte Oberflächenschicht durchdringen können, stoßen wir nicht selten auf Resignation, Zukunftsangst und Hoffnungslosigkeit, manchmal auch auf erschreckende geistige Leere, die nicht mehr anders denken kann als im Konsum. Deswegen ist die Frage erlaubt, ob der unersättliche Erlebnishunger unserer Kultur nicht in einer intensiven Angst vor dem Leben oder vor dem versäumten Leben gründet und mit einem frappanten Mangel an substantiellen Erfahrungen dichten Lebens gepaart ist, sodass man sich leicht mit Pseudo-Spiritualität abspeisen lässt, weil man gar nichts anderes kennt.

Spiritualität steht heute unter dem Anspruch, Erlebnisse zu ermöglichen. Auch das betrifft die Kirchen. Jeder, der in der Kinder- und Jugendarbeit arbeitet, weiß, wie schwierig es ist, Kinder und Jugendliche bei der Stange zu halten; oftmals funktioniert das nur über attraktive Erlebnisangebote – und dabei stellt sich dann die Frage, ob wir so nicht die Probleme der Gesellschaft bloß verdoppeln, statt uns anzustrengen, nachhaltige Erfahrungen zu ermöglichen und Auswege aus der Angst- und Erlebniskultur zu ermöglichen. Auch Wege zu suchen, wie junge Menschen einen guten Geschmack in Sachen Spiritualität und Erfahrung erlernen können, wäre ein Beitrag, der nicht nur den Kirchen, sondern auch der Kultur der Gesellschaft gut täte.

Die Erlebnisorientierung jedenfalls forciert eine massive Entdogmatisierung in allen Lebensbelangen, Inhalte werden sekundär oder dienen dem moralischen Aufputz des Erlebnisses. Das subjektive Erleben wird zum Maßstab. Es ist dann nicht mehr so wichtig, ob etwas wahr ist, sondern ob es nützt und ob die Person glaubwürdig ist. Die Verweigerung, sich mit Spiritualität auch vernünftig auseinander zusetzen, ist die gefährliche Folge. Man sucht das »Event«, den spirituellen Kick, um den grauen Alltag zu unterbrechen – Suche wird zur Sucht, denn die Erlebnisse nützen sich schnell ab und verstärken das Vagabundieren auf der Suche nach Noch-nicht-Erlebtem.

Auch hier können sich die Kirchen fragen, wie neue Wege zu finden sind, Spiritualität und Vernunft wieder miteinander zu versöhnen, zumal sie nicht unwesentlich an der Entzweiung dieser beiden Größen beteiligt waren, indem sie im Rahmen der nötigen, aber rationalistisch verkürzten Entmythologisierung zugleich auch das Geheimnis aus den Kirchen vertrieben haben.

Wir leben in einer hochindividualisierten Gesellschaft
Individualisierung ist ein Vorgang, der alle gesellschaftlichen Bereiche im Lauf der Moderne erfasst hat. Zwischenzeitlich hat er auch die Religion als letzte vormoderne Bastion erreicht. Kurt Remele hat darauf hingewiesen, dass Individualisierung ein ganz zentrales Merkmal neuer Spiritualitäten ist, das den kompositorischen Charakter der Spiritualitäten verstärkt.[15]

Individualisierung von Spiritualität ist höchst zwiespältig. Der ausgelöste Prozess kann auf der einen Seite zu einer Fluchtbewegung vor der riskanten Freiheit der Moderne hin zu den Gewissheiten von Meistern und Offenbarungen führen. Zugleich ist die Erfahrung unverwechselbarer, unverfügbarer Individualität durchaus auch substantieller spiritueller Erfahrung zu eigen – die freilich dort, wo sie an den Ursprung des Daseins führt, immer zum Anderen führt. Der/Die Einzelne erfährt seine einzigartige Individualität dann *zugleich* als eingebunden und untrennbar verwoben mit anderen.

Die Wertestudien bestätigen, dass Individualisierung nicht das letzte Wort sein muss.[16] Die Individualisierungswelle hat ihren Höhepunkt erreicht, sie »kippt«: Menschen suchen, was ihnen fehlt. Die Orientierung am Anderen, die Sehnsucht nach Gemeinschaft und Zusammenhalt wächst, zunächst auf familiärer und freundschaftlicher Ebene, wo diese Werte eine beachtliche Renaissance erleben (was noch nicht bedeuten muss, dass dadurch Beziehungen stabiler werden). Aber auch zukunftsweisenden Minderheitengruppen, v. a. bei Jugendlichen und jungen Erwachsenen, wird die Ausrichtung am eigenen Ich, auf die zwar niemand verzichten möchte, als einziges Lebenskonzept zu eng und sie machen sich auf die Suche nach neuen Wegen, Solidarität zu leben.[17] Daher können wir beobachten, dass die spirituelle Praxis einerseits hochindividualisiert ist, viele aber *zugleich* die Reise ins Weite angetreten haben.

Verstehen, wer der Mensch ist: Der Mensch ist mehr als sein Kontext

Nach der soziologischen Analyse lässt sich fragen: Löst sich alles in diesem soziologischen Verstehen auf, was wir an spirituellen Phänomenen vorfinden? Oder sollten wir nicht auch einmal riskieren zu sagen: Der Mensch ist immer mehr als sein gesellschaftlicher Kontext. Das würde bedeuten, dass Spiritualität nicht nur gesellschafts-

---

15 Vgl. dazu in diesem Band: Remele, Kurt: Die Reise ins Innere: Spiritualität als Heilung, s. o. 44ff.
16 Z. B. Friesl, Christian/Denz, Hermann/Polak, Regina/Zuba, Reinhard/Zulehner, Paul M.: Die Konfliktgesellschaft. Wertewandel in Österreich 1990–2000, Wien 2001.
17 Vgl. Friesl, Christian (Hrsg.): Experiment Jung-Sein, Wien 2001.

produziert erscheint, sondern dass Spiritualität auch so etwas sein kann wie ein Protest gegen die Gesellschaft oder sich sogar stärker erweist als alle gesellschaftlichen Überformungen. Dass der Mensch eben nicht aufgeht in seinen Verhältnissen, dass da etwas Unverletzbares, Unveräußerliches in ihm ist, das sich auf nichts anderes reduzieren lässt als die Person selbst. Hanna-Barbara Gerl-Falkovitz hat Spiritualität in diesem Sinn als konstitutive menschliche Fähigkeit, als Leben aus dem Geist bezeichnet; Josef Weismayer spricht von der Suche des Menschen nach seiner Mitte.

Eine mögliche Deutung des Phänomens wäre dann: Ob wir nicht nach etwa 30 Jahren des intensiven und nötigen Gottesfastens kulturell so etwas entdecken, wie einen neuartigen, noch kaum erkennbaren Gotteshunger der Menschen. Das muss nicht bedeuten, dass damit die »Gotteskrise« (Johann Baptist Metz), die »Gottesfinsternis« (Martin Buber) zu Ende wäre; der Mensch ist immer gefährdet, seine eigene Wirklichkeit in den Himmel zu projizieren und mit Gottes Wirklichkeit zu verwechseln, seine Erfahrungen, Wünsche und Sehnsüchte zu vergötzen und seine sündigen Verhältnisse zu legitimieren – vor allem mittels Religion. Aber möglicherweise ist die Gotteskrise in eine neue Phase getreten, in der entscheidende Weichen gestellt werden können, die die Finsternis entweder lichten oder noch mehr verdüstern können. Spiritualität wäre hier jedoch nicht etwas, was gesellschaftlich erwartbar ist und in den Menschen von außen hineinkommt. Die spirituelle Suchbewegung wäre aus anthropologischer Sicht dann etwas, das aus der Tiefe des Menschseins herauswächst.

Vielleicht – hier müsste man die gesamte christliche Anthropologie weiterverfolgen, etwa in der Sprache von Karl Rahner – erscheint hier die verschüttete Gottessehnsucht des Menschen. Wo die Sehnsucht des Menschen nach dem lebendigen Gott, wie sie sich etwa im Psalm 63 wiederspiegelt, nichts anderes ist, als die Wiederspiegelung der Sehnsucht Gottes nach dem Menschen. Die Sehnsucht des Menschen wäre dann der Modus der Gottespräsenz im säkularisierten Menschen und hätte als solche höchste theologische Dignität im Sinne eines locus theologicus.

Gott, Du mein Gott, dich suche ich
Meine Seele dürstet nach Dir,
nach Dir schmachtet mein Leib wie dürres, lechzendes Land ohne Wasser.
Darum halte ich Ausschau nach Dir im Heiligtum
um Deine Macht und Herrlichkeit zu sehen.
Denn Deine Huld ist besser als das Leben.
Darum preisen Dich meine Lippen, ich will Dich rühmen mein Leben lang.
Ps 63, 1–4

Könnte es also sein, dass wir es nicht nur mit einem theologisch hochfragwürdigen Phänomen einer Vernützlichung der Religion und damit deren Zerstörung zu tun haben, sondern dass wir auf der anderen Seite fast so etwas wie Spuren Gottes, zumindest einen Ernstfall theologischer Anthropologie vor uns hätten? Diese Frage ist zu stellen, bevor wir – wie wir in der öffentlichen Debatte unentwegt beobachten – allzu schnell wissen, was es mit diesen neuen Phänomenen auf sich hat: dass sie nämlich sicherlich abzulehnen sind, weil sie gottlos sind und nicht in unsere religionsgeschichtlichen Konzepte passen, die wie die der traditionellen Religionssoziologie von einer monokausalen, linearen Säkularisierungsthese geprägt sind.

Spiritualitätskritik

Wer als Christ oder Christin mit solchen »neuspirituellen« Menschen zu tun hat, wird sich immer fragen: Was und vor allem wie soll er das tun? Wie ist ihnen zu begegnen?

Eine Spiritualitätskritik muss zunächst dazu fähig sein, Spiritualitäten zu unterscheiden. Wir haben diesem Thema zwei Einheiten gewidmet, Christoph Benke und Josef Weismayer haben sich mit diesem Thema näher beschäftigt.[18] Hier haben wir einen nächsten kleinen weiteren Versuch entwickelt, für den, wie für alle anderen Unterscheidungskriteriologien gilt: Spiritualitätskritik dient nicht dazu, Menschen in Schachteln zu stecken und zu kategorisieren, sondern sie dient in erster Linie dazu, als Christ, als Christin handlungsfähig und mit Menschen im Gespräch und gemeinsam auf den Spuren der Wahrheit Gottes bleiben zu können.

Zum Stil der Spiritualitätskritik

Da wäre zunächst die Frage nach dem Stil der Spiritualitätskritik. Was tun, wenn der Geist weht, wo er will?

Zunächst wäre die *Haltung des Lernens* einzunehmen: bereit sein, auch von diesen spirituellen Aufbrüchen etwas mitzunehmen, sich verändern zu lassen, sich darauf einzulassen. Wer z. B. ein seriöses Schamanismus-Seminar besucht, kann lernen, was Eingebundensein in die Schöpfung konkret bedeutet und eine Theologie der Mitgeschöpflichkeit aller Natur weiterentwickeln; er beginnt vielleicht neu über sein Verhältnis zu Natur und Gott nachzudenken. Beispiele oder Methoden dafür sind ohne Zweifel in den Erfahrungen des interreligiösen Lernens zu suchen und zu modifizieren. Vielleicht kann man hier auch auf die Überlegungen zurückgreifen, die Johann Figl im Rahmen seines Vortrages formuliert hat: Der Dialog der Spiritualitäten bedeutet auch, nicht nur darüber zu schreiben, sondern auch daran teilzuhaben. Zu erinnern ist an seine beiden Begriffe, die er in die Diskussion gebracht hat. Statt von den eher statischen, substantialistischen Begriffen Identität und Differenz auszugehen, empfiehlt es sich, mit den Kategorien Konvergenz und Divergenz zu arbeiten, weil das Prozesskategorien sind, die das Gespräch nicht stoppen lassen und den Kontakt zwischen doch sehr verschiedenen Menschen in Gang halten können.[19]

Wichtig ist dabei auf jeden Fall: Wer Kritik übt, sollte dies *empathisch und von innen her*, immanent tun. Das heißt: Versuchen sich in diese Spiritualität, in diesen Menschen, in die Sehnsüchte dieses Menschen hineinzuversetzen und dann von innen her die Binnenlogik dieser Spiritualitäten zu verstehen, einfühlsam zu sein sowohl mit dem Herzen als auch mit dem Kopf. Die Kritik erfolgt dann von der Binnenlogik des Phänomens her. Die gute, alte Husserlsche epoché, die Zurückhaltung im Urteil, steht hier gut an. In dieser Haltung ist es – für den Kritisierten einfacher anzunehmen – dann möglich, Kritik zu üben, die der Weiterentwicklung, der Reifung eines spirituellen Menschen dienen kann und soll. Das kann solcher Art

---

18 Vgl. dazu in diesem Band: Benke, Christoph: Was ist (christliche) Spiritualität? S. o. 29ff.; Weismayer, Josef: Unterscheidung der Geister – Unterscheidung der Spiritualitäten, s. o. 189ff.
19 Vgl. dazu in diesem Band, Figl, Johann: Spiritualität im interreligiösem Dialog, s. o. 129ff.

geschehen, dass man die Sehnsucht und das Ziel, das einen Menschen bewegt, mit dem Weg vergleicht, den er oder sie eingeschlagen hat. Wenn das angestrebte spirituelle Ziel durch diesen Weg, den man beobachten und wahrnehmen kann, nicht erreicht wird, sondern das Erreichen der Sehnsucht, das Erreichen des Zieles sogar erschwert und unmöglich wird, dann ist ein Kurswechsel, dann ist Kritik notwendig. Wir bleiben hier aber immer im Bereich der Binnenkritik: Argumentieren mit den Argumenten und Wünschen des Anderen.

Wenn explizit *christliche* Kritik erwünscht ist, dann formulieren wir zunächst zwei wesentliche Kriterien:

- Da wäre zum einen die Sehnsucht des ganz konkreten Menschen zu bestärken. Der Mensch, der Mann, die Frau, wäre darin zu ermutigen, in dem, was sie suchen. Wir können sie ermutigen, genauer zu formulieren, was sie suchen: Liebe, Friede, eine bessere Welt, bessere Beziehungen.
- Zum anderen ginge es dann darum, einen unserer langen christlichen Erfahrung nach zielführenden Weg zugänglich zu machen: den Weg der Nachfolge Jesu Christi. Diesen gilt es im mystagogischen Prozess, für das und im Leben des Gesprächspartners durchzubuchstabieren, zu konkretisieren und verständlich zu machen.

Kriterien der Unterscheidung

Wir haben versucht, eine kleine Kriteriologie zur Unterscheidung zu entwickeln, die auch jene Kriterien zusammenfasst, die im Lauf der Ringvorlesung genannt wurden.

Hilfreich ist es, zwischen zwei Dimensionen zu unterscheiden:

Da wäre zum einen die *menschliche Dimension* der Spiritualität. Die Leitfrage, wenn ich nun Spiritualitäten kritisieren möchte, wäre: Dient diese Spiritualität, dient dieser spirituelle Weg der Freiheit, dient er der Rationalität? Kann man ihn vernünftig verstehen, begreifen und auch argumentieren? Ist er verhandelbar und dient, unterstützt und mehrt er Solidarität auch im Sinn von Gerechtigkeit und Liebe? Lässt dieser spezifische spirituelle Weg einen Menschen einen Menschen werden, menschlich reifen? Die Kritik muss dabei ganzheitlich sein, sie darf nicht nur die intellektuelle und ethische Redlichkeit betrachten, sie muss auch einen Blick auf die seelische, die emotionale Reife werfen, sie muss die leibliche Dimension beachten. Dient Spiritualität dazu, dass ein Mensch menschlicher wird: freiheits- und liebesfähiger? Dass ein Mensch »ganzheitlicher« wird: Seele, Geist und Leib zusammenwachsen? Wächst die Kompetenz zum solidarischen und gerechten Handeln? All das sind Kriterien, die sich im Diskurs überprüfen lassen, die sich an Haltung und Handlung eines Menschen wahrnehmen lassen und die einen für mehr als die betroffene Person selbst wahrnehmbaren Wandel mit einer Person vollziehen. Das hieße im Sinne der menschlichen Dimensionen, wie Weismayer das auch ausgeführt hat: Spiritualität, die menschlich ist, dient immer auch der persönlichen Erfüllung – und das wird auch heißen, dass sie das Leid nicht ausblendet und ausspart. Sie lässt sich an ihren kurz-, mittel- und langfristigen Folgen, Nachwirkungen messen: an den positiven Früchten, wie Weismayer formuliert.[20]

---

20 Vgl. Weismayer, Josef: Unterscheidung der Geister – Unterscheidung der Spiritualitäten, s.o. 189ff.

Die zweite Dimension zur Unterscheidungshilfe wäre dann die *gläubige Dimension*. Hier wäre zu fragen: Macht diese Spiritualität offen für weitere Glaubensentwicklung? Wenn das so ist, dann lassen sich auch hier Kriterien formulieren.

Eine solche Spiritualität öffnet sich auf Reifung hin, auf eine christusförmige Gestalt und zwar im Modus des »Sprungs«. Das heißt, eine Spiritualität, die offen ist für den Glauben, ist bereit – so wie das Bertram Stubenrauch formuliert hat – sich einzuüben in das Gesamt von Wagnis und Entscheidung[21], zwei unverzichtbare Elemente für den christlichen Glauben.

Eine solche Spiritualität, die sich auf den Glauben hin öffnet, mündet in gläubige Gemeinschaft ein, wie Roman Kühschelm und Georg Braulik gezeigt haben.[22] Sie ist bereit, sich in rechter Weise begleiten zu lassen. Das heißt, so jemand ist auch bereit, sich einen Lehrer, eine Lehrerin, einen Begleiter, eine Begleiterin zu suchen.

Wesentlich ist zum dritten: In einer solchen Spiritualität, die sich dem Glauben öffnet, sind Gottes- und Nächstenliebe unterscheidbar und zugleich untrennbar miteinander verbunden. Mystik und Politik, Kontemplation und Aktion, Heiligkeit und Ethik – wie das Ingeborg Gabriel formuliert hat[23] – sind natürlich auch in solcher Spiritualität unterscheidbar und in polarer Spannung, aber sie sind nicht mehr zu trennen, wachsen schrittweise ineinander und aufeinander zu, gehören untrennbar zusammen: Wer in Gott eintaucht, taucht bei den Armen auf.

Zwischenertrag

Bevor wir jetzt zu den pastoraltheologischen Konsequenzen kommen, ist in einem Zwischenschritt der wesentliche Ertrag der Analysen zu formulieren.

Die neuen spirituellen Phänomene – wenn sie denn neu sind, das wäre noch eigens aus einer religionshistorischen Sicht zu verhandeln, die hier den Rahmen sprengt – entstammen nicht nur der gesellschaftlichen Vernützlichung des Religiösen für das säkulare Geschäft. Sie entstammen und dienen nicht nur der opiaten Vernützlichung für ein diesseitskonzentriertes Lifedesign. Dies alles sind unverzichtbare Kritiken, die der Läuterung und Klärung der Spiritualitäten dienen müssen, sie erfassen aber nur einen (wenngleich zentralen) Aspekt des Phänomens.

Sie können vielmehr auch ein kulturell avantgardistischer Protest gegen die Banalität und Flachheit eines engen Lebens sein, das sich selbst – materialistisch und empiristisch-geistlos verengt – als »letzte Gelegenheit« versteht[24] und nach Auswegen sucht. Dieser Protest entstammt aber nicht einer gesellschaftlichen Induktion, sondern erfolgt aus dem Innersten des Menschen selbst: dort, wo er unverfügbare Person ist, die auf Freiheit und Liebe hin transzendiert. So gesehen kann der Megatrend

---

21 Vgl. dazu in diesem Band: Stubenrauch, Bertram: Sicherheit um jeden Preis?, s. o. 87ff.
22 Vgl. dazu in diesem Band: Braulik, Georg: Das Volk, das Fest, die Liebe. Alttestamentliche Spiritualität, s.o. 139ff.; Kühschelm, Roman: Spiritualität aus dem Neuen Testament: Glaubenserfahrung und bleibende Christusbeziehung bei Paulus und Johannes, s.o. 156ff.
23 Vgl. dazu in diesem Band: Gabriel, Ingeborg: Humanität und Heiligkeit. Respiritualisierung und die Suche nach einer neuen Ethik, s.o. 95ff.
24 Gronemeyer, Marianne: Leben als letzte Gelegenheit. Zeitknappheit und Sicherheitsbedürfnisse, Darmstadt 1993.

Spiritualität auch dann Durchbruch der – letztlich vielleicht sogar unzerstörbaren, das mögen Dogmatikerinnen entscheiden – Gottessehnsucht im Menschen sein.

Respiritualisierung der Kirchen

Und damit biegen wir in die pastoralpraktische Zielgerade ein: Die Respiritualisierung und die Kirchen. Dabei geht es

- erstens darum, einige Themen zu benennen, von denen wir im Dialog mit der spirituellen Suchbewegung die Einschätzung haben, dass es vergessene Themen unserer derzeitigen theologischen Arbeit sind – oder die zumindest in der Verkündigung nicht ausreichend vorkommen für den Fall, dass sie verborgen und versteckt immer noch in den Dogmatiklehrbüchern schlummern.
- zweitens wären einige Vorschläge zu machen zu angemessenen Strukturen einer spirituell starken Kirche – mit der ganz simplen Vision, dass wir vielleicht doch die Courage haben, uns als Ziel zu setzen, für spirituell Suchende in der nächsten Zeit wieder die erste und beste gesellschaftliche Adresse zu werden, was wir zur Zeit nicht sind.

1972 schrieb Karl Rahner in dem kleinen Büchlein »Strukturwandel als Aufgabe und Chance der Kirche«, allen heutigen Kirchenreformerinnen meilenweit voraus:

»Wir sind doch, wenn wir ehrlich sind, in einem schrecklichen Maße eine spirituell unlebendige Kirche. Die lebendige Spiritualität, die es natürlich auch heute noch gibt, hat sich doch in einer seltsamen Weise aus der Öffentlichkeit der Kirche in (soziologisch gesehen) kleine Konventikel der ›noch Frommen‹ zurückgezogen und versteckt. In der Öffentlichkeit der Kirche herrschen in einem erschreckenden Maße auch heute noch (bei allem guten Willen, der nicht bestritten werden soll) Ritualismus, Legalismus, Administration und ein sich allmählich selbst langweilig werdendes und resignierendes Weiterfahren auf den üblichen Geleisen einer spirituellen Mittelmäßigkeit.«[25]

Das ist ein hartes Zitat, trifft aber den Kern der Sache. Es geht darum, Vernachlässigtes wieder zu entdecken. Auch spirituelle Suchbewegungen außerhalb der Kirchen sind eine Erinnerung an Wahrheiten und Weisheiten, die in den Kirchen im Zuge der Annäherung an die moderne Kultur vergessen wurden. Bestimmte Themen haben wir verkündigungsgeschichtlich im Zeitgeist vergessen – so wie Rahner damals schon den berühmten Beitrag über vergessene Wahrheiten des Bußsakramentes schrieb, übrigens ein hoch- und brandaktueller Artikel, weil auch dieses Thema aus unseren normalen kirchlichen Redefeldern völlig verschwunden ist.[26]

Zudem machen diese Spiritualitäten manch spirituelle Erlebnisweise, die verloren wurde oder die wir noch gar nicht kennen, wieder oder neu zugänglich. Man denke etwa an das gesamte Repertoire östlicher Erlebnisweisen, von denen viele sagen, dass wir sie in den westeuropäischen Kirchen im Kirchenalltag noch nie so richtig gelernt haben, sondern auch ausgelagert haben in kleine Gruppen und Bildungszentren. Hier würde der interreligiöse Erfahrungsaustausch weiterführen.

---

25 Rahner, Karl: Strukturwandel der Kirche als Aufgabe und Chance der Kirche, Freiburg im Breisgau 1972, 88.
26 Rahner, Karl: Vergessene Wahrheiten über das Bußsakrament, in: Geist und Leben 26 (1953) 338–364.

Themen

In einem ersten Teil folgt nun ein kleiner Katalog von Themen, denen wir Theologinnen uns hoffentlich in der nächsten Zeit zuwenden, damit wir zumindest dieselben Themen diskutieren, wie spirituell Suchende sie schon längst verhandeln.

Eine Theologie des unvermittelbaren inneren Erlebens und Suchens nach Lebensweisheit

Auch wenn wir Theologinnen vielleicht großteils schon längst nicht mehr so arbeiten: Unsere Umfragen zeigen allesamt, dass Kirche nach wie vor unter dem Kontext »Dogma und Moral« wahrgenommen wird. Gegen die Neigung zu dogmatischer und moralischer Belehrung, die auch für uns eine stetige Versuchung ist, brauchen wir eine Theologie des unvermittelbaren inneren Erlebens und Suchens nach Lebensweisheit. Karl Rahner hat das schon vor Jahrzehnten die mystagogische, anthropologische Wende in der Pastoral genannt. Reflexiv ist längst eingeholt, was das bedeutet – die konkrete Durchführung ist ausständig.

Eine Theologie entindividualisierender Verwebungen

Eine solche Theologie brauchen wir dringend gegen individualistische Tendenzen, die wir auch innerhalb der Theologie finden können. In der Neuzeit, seit Luther und vor allem mit der Entstehung moderner Naturwissenschaften, wurde die Theologie zunehmend individualisiert und vieles, was mit tiefer Verwobenheit der Menschen hinein in die *eine* Schöpfungsgeschichte, in die *eine* Heilsgeschichte, in die *eine* Unheilsgeschichte, mit der Verbindung von Immanenz und Transzendenz zu tun hat, ist ausgeblendet worden. Wir betonen heute in der Theologie unentwegt, dass Gott der »ganz Andere« ist, und der Einzelne unvertretbar und allein vor ihm steht. Doch das ist nur die eine Seite der Wahrheit: Gott ist uns in Christus ganz nahe gekommen, und von jeher ist er der Schöpfung, die die Naturgeschichte ebenso umfasst wie die historische Geschichte des Menschen, als unser Heil, unsere Vergangenheit, Gegenwart und Zukunft zuinnerst gegenwärtig. Auch stehen wir nicht allein vor Gott: Durch das Gebet, durch das gemeinsame Glauben, Hoffen und Lieben sind wir als Kirche zuinnerst miteinander verbunden, als Gemeinschaft der Lebenden und der Toten.

Was uns fehlt, ist eine theologische Kosmologie sowie eine Theologie, die Schöpfungs- und Heilsgeschichte in einem globalen und interreligiösen Kontext mutig zusammen- und weiterdenkt. Was uns ebenfalls fehlt, ist eine Ekklesiologie, die die Spiritualität der Kirche als Leib Christi für moderne Zeitgenossinnen entfaltet. Eine solche Ekkesiologie wäre zudem ein wirklich alternativer Beitrag zu modernen Spiritualitäten, die in der Regel vom Einzelnen ausgehen, der dem Kosmos gegenübersteht. Die Gemeinschaft der Menschen als Ausgangspunkt spiritueller Erfahrung zu wählen, wäre revolutionär und heilsam für uns alle.

Viele christliche Glaubenstopoi könnten so wieder verständlicher werden. Hermann Stenger, der eine hohe Sensibilität aus seinen psychologischen und psychotherapeutischen Erfahrungen in die Pastoraltheologie eingebracht hat, legt z. B. großen Wert darauf, parallel zum Begriff der »Erbschuld« mit einem Begriff des »Erbheils« zu experimentieren. Auch mit einer Theologie der Stellvertretung, die erst einen Sinn hat, wenn es diese tiefe Verwobenheit der Menschen mit Gott, untereinander und mit der ganzen geschöpflichen Wirklichkeit gibt, wird man sich wie viele unserer Zeitgenossinnen solange schwer tun, bis man eine solche Theologie der Verwebung entwickelt hat. Erst dann kann man verstehen, was Paulus meint, wenn er sagt, dass in Adam alle Sünder geworden sind und im zweiten Adam alle gerettet sind. Momentan ist von diesem Gespür für die All-Verwobenheit, die komplexen und dichten Beziehungen zwischen Gott, Mensch und Schöpfung wenig zu spüren. Es ist also kein Wunder, dass man dafür, was die Kirche ist, wenig Sinn hat – auch unter eingefleischten Katholikinnen, die zwar die Institution verteidigen, aber den lebendigen, mystischen Leib Christi nicht spirituell erfahren können. Theologie ist also aufgefordert, sich wie die spirituell Suchenden wieder in die größere Einheit des Kosmos einzuweben – um so dort seiner Sakralisierung ebenso standzuhalten wie seiner Zerstörung durch eine aus den Fugen geratene Modernisierung.

Wir haben zurzeit auch wenig Auseinandersetzung theologischer Art mit dem Pantheismus, mit dem Panentheismus auch nicht, eher schon mit dem Atheismus. Haben wir eine Theologie der Welt, haben wir eine Theologie der Schöpfung? Haben wir eine ökologische Theologie? Und was bedeutet es, dass wir in jeder Eucharistiefeier die Gemeinschaft der Lebenden und Toten bekennen, um wieder die Verwebungen von Immanenz und Transzendenz zu benennen. Was bedeutet es, wenn wir in der Liturgie feiern und sagen, dass Gott, der Jenseitige mitten unter uns ist, wenn wir uns versammeln und er uns versammelt?

Theologie der heilsamen Dimension des christlichen Glaubens

Gegen die Moralisierung des Glaubens ist viel schon gefordert und geschrieben, aber noch nicht eingelöst worden, obwohl es eine Reihe prominenter Leute in der theologischen Szene gibt, die das deutlich einmahnen: dass man die heilende Dimension des christlichen Glaubens wieder stärker hervorkehren muss (Eugen Biser, Eugen Drewermann, Hermann Stenger).

Schon in der Logik des Römerbriefes wird deutlich, dass die Moral uns letztlich nur sagt, dass wir in der Verfolgung des Guten unvermögend sind und einzig und allein die Gnade uns fähig machen wird, das Gute zu tun und Liebende zu werden. Nur die Heilung der Menschen an der Wurzel der Seele durch das Entgegenkommen Gottes lässt uns Menschen zu Menschen ausreifen. Solche Heilung des Menschen durch Gottes Gnade wird sichtbar in den Sakramenten unserer Kirche, die den Menschen rituell rückbinden an seinen göttlichen Ursprung. Und weil es Gott selbst ist, der in diesen Ritualen wirkt, nennen wir sie Sakramente: Sichtbare Zeichen, die den unsichtbaren Gott wahrnehmbar machen und Gnade bewirken, uns auf ewig zusprechen.

In einem solchen Konzept einer heilenden therapeutischen Theologie wächst natürlich auch eine andere Ekklesiologie mit anderen Schwerpunkten. Markus Beranek, der für Missio Aachen ein Forschungsprojekt betreute, hat gezeigt, dass eine Kirche, die in der Nachfolge des Heilands steht, »Heil-Land« wird[27] – und alles, was sich an kirchlichem Leben in der Form des Miteinanders ereignet, wird letztlich durchwoben von diesem therapeutischen Grundzug: Die Art, wie wir Gottesdienst feiern, das Wort verkünden, wie wir helfende und politische Diakonie betreiben. Eine solche Kirche versucht nicht, über die Moral den Menschen gut zu machen; sie

---

27 Beranek, Markus: Gemeinde als Heil-Land. Erfahrungen heilsamer Gemeindepraxis im Rahmen der Studie »Gemeinde als Heil-Land« und theologisch-spirituelle Perspektiven, Wien 2002.

weiß, dass die Heilung des Menschen nur durch Heilung an der Wurzel seiner Seele von seiner tief sitzenden Daseinsangst frei wird, geschehen kann. Das Volk Gottes hat diese Erfahrung in seiner Geschichte immer wieder gemacht: dass es trotz großer Schuld von Gott in unverbesserlicher Treue immer wieder konkretes Heil und Heilung zugesprochen bekommen hat. Dass es deshalb auch heute Gemeinden braucht, die strukturkongruente Erfahrungen solcher Befreiung aus Not und Unterdrückung gemacht haben, hat Georg Braulik eindringlich deutlich gemacht.[28]

Theologie des befreienden Entgegenkommens Gottes

Eines der interessanten Themen in der Auseinandersetzung mit neueren spirituellen Bewegungen ist die Frage der Balance zwischen Freiheit und Wahrheit – ein Thema, das auch kulturpolitisch relevant ist. Gehen wir mit unseren Ergebnissen aus der Werteforschung davon aus, dass moderne Kulturen inmitten einer Spannung zwischen freiheitsbesorgter Beliebigkeit und sicherheitsbedürftigem Fundamentalismus leben[29], wird diese Spannung zwischen moderner Freiheit und überlieferter Wahrheit von vielen gegenwärtig entweder durch das Ausweichen auf die eine oder die andere Seite gelöst. Die einen sagen, damit wir die Freiheit nicht verlieren, müssen wir uns vom Anspruch der Wahrheit wegbewegen, wobei Wahrheit im herkömmlichen Sinn unentwegt als totalitär missverstanden wird. Die anderen sagen: Nein, wir müssen die Wahrheit retten, also können wir mit der Freiheit nichts anfangen, weil diese im Grunde genommen nur die Wahrheit unterwandert, untergräbt und subjektiv macht.

Die theologische Frage ist: Wie gehen die beiden scheinbar unverträglichen Pole für moderne Menschen zusammen? Denn es ist ein tiefes Anliegen vieler spirituell Suchender, moderne Menschen und *zugleich* gläubige Menschen in einem zu sein. Wenn es uns gelänge, die Zusammengehörigkeit von Freiheit und Wahrheit aufzuzeigen, könnten wir auch den Dauer-Verdacht überwinden, dass es nur religionsunverträgliche Modernitäten gibt, wie es viele kirchliche und theologische Stellungnahmen zur Moderne immer wieder nahe legen. Der Soziologe Peter Berger hat dem widersprechend, immer wieder daran erinnert, dass in der Soziologie mit religionsverträglichen und religionsunverträglichen Modernitäten zu rechnen ist.[30] Die Kunst der Kirche wäre es, nicht in die Vormoderne zurückzugehen, was manche, Priester wie Laien, tun, weil sie glauben, dies sei der einzige Weg der Rettung des Evangeliums. Herausfordernder wäre der Versuch, die Moderne und das Evangelium, die Freiheit mit der Wahrheit in einer völlig riskanten Weise neu auszubalancieren. Diese Versöhnung zwischen moderner Welt und Evangelium, die schärfsten Widerspruch und Kritik gegen die inhumanen Auswüchse der Modernisierung nicht nur nicht ausschließt, sondern unbedingt gebietet, beschränkt sich aber nicht nur auf die Anwendung neuester Technologien innerhalb der Kirche. Auch Inhalte, Sprache und Argumentationen müssen weiterentwickelt werden, so dass wir dem Anspruch Gottes gerecht werden, sein Wort, das uns in Schrift und Tradition mitgegeben ist, immer wieder neu in die Zeit hineinzusagen, sodass alle sehen und erkennen können: Hier offenbart sich der eine und einzige Gott.

---

28 Vgl. dazu in diesem Band Braulik, Georg: Das Volk, das Fest, die Liebe. Alttestamentliche Spiritualität, s. o. 139ff.
29 Z. B. Denz, Hermann (Hrsg.): Die europäische Seele. Leben und Glauben in Europa, Wien 2002.
30 Vgl. Berger, Peter L. u. a.: Desecularization of the World. Resurgent Religion and World Politics, Washington 1999.

Vermutlich wird ein zentraler Ausgangspunkt dazu der Rückgriff auf den personalisierten Wahrheitsbegriff der biblischen Tradition sein: Wahrheit bedeutet im Hebräischen eben nicht die gesatzte Wahrheit, auch nicht die unbezweifelbare, logisch beweis- und verrechenbare Richtigkeit, sondern zuallererst das verlässliche Entgegenkommen eines dialogfreundlichen, treuen Gottes, der in Freundschaft mit Abraham anfängt, in ein Gespräch einzutreten über das, was die Heilsgeschichte ausmacht. Die kluge Personalisierung des Wahrheitsbegriffes ist wahrscheinlich der einzig aussichtsreiche Weg, Freiheit und Wahrheit – damit aber auch die Moderne mit dem Evangelium – in einer plausiblen Weise in Kontakt zu bringen.[31]

Theologie der eschatologischen Kraft

Ein weiteres thematisches Feld der Auseinandersetzung ist die Frage nach der Zukunft der Menschheit – man sieht das an den vielen, die die alte Welt verachten und meinen, es käme durch sie in ihrer spirituellen Gruppe eine neue herauf. Glauben Christinnen noch daran, dass ihnen aus der Zukunft Gott entgegenkommt und mit Jesus Christus schon längst begonnen hat, sein Reich aufzurichten? Oder sind die Christinnen auch bereits in den Chor jener eingetreten, die von der Zukunft nicht mehr erhoffen als die ewige Wiederkehr des Gleichen mit immer neuen technologischen Methoden? Gegen eine sich in den Wissenschaftsbetrieb und eine bürgerliche Wohlstandswelt einpassende Theologie braucht es das Wiedergewinnen der eschatologischen Kraft. Das würde bedeuten, dass sich die Kirchen wieder als Spur des aus der Zukunft hereindrängenden Reiches Gottes verstehen.

Möglicherweise sind wir wieder in einer Zeit der Orden – denn ein wesentlicher Punkt der Verarmung der Kirchen ist das Sterben der Orden. Als Zeichen der eschatologischen Riskierfreudigkeit brauchen wir Menschen voller Hoffnung, die für dieses Hereinkommen des Reiches Gottes aus der Zukunft stehen. Menschen, die dafür alles auf eine Karte zu setzen bereit sind – wir brauchen eine kirchengemeindliche Alternativkultur. Auch wenn man mit den theologischen Konzepten der integrierten Gemeinden streiten kann, ob das Wort der so genannten »Kontrastgesellschaft« wirklich gut gewählt ist: Kein Zweifel besteht darüber, dass wir Gemeinden alternativer Kultur brauchen, wenn wir durch eine allzu rasche Angleichung nicht nur die Hoffnungslosigkeit der Welt auf dem kirchlichen Boden verdoppeln wollen und so – kein Wunder – nicht interessant sind für die, die Alternativen suchen.[32]

Strukturen

Natürlich können wir in den Dialog mit spirituell Suchenden nur eintreten, wenn wir auch Ressourcen und Strukturen dazu haben. Dazu braucht es: Orte, Personen und Vorgänge.

31 Einen komplexen Wahrheitsbegriff der in die hier vorgeschlagene Richtung weist, entwickelt Schockenhoff, Eberhard: Zur Lüge verdammt?, Freiburg 2000.
32 Zur Frage der Hoffnung vgl. Sekretär der Deutschen Bischofskonferenz, Dr. Josef Homeyer: Unsere Hoffnung. Ein Beschluss der Gemeinsamen Synode der Bistümer in der Bundesrepublik Deutschland, 18.– 23. November 1975.

Orte

Wenn jemand einmal eine Reise nach Taizé gemacht hat, dann weiß er oder sie, was die Kraft eines spirituellen Ortes ausmacht. Solche Orte wiederzubeleben – und die Kirchen haben davon mehr als genug – ist eine wichtige Aufgabe. Wallfahrtsorte können auf kreative Weise wiederbelebt werden, Klöster bieten Räume zum Innehalten und Beten, aber auch als Lebenshilfestationen an.

Personen

Noch wichtiger sind die Personen. Zur verantworteten Respiritualisierung des Lebens der Kirche braucht es spirituell starke Gemeinschaften, mit spirituell kompetenten Personen – Gottesfrauen und Gottesmänner – sowie Vorgänge, die spirituelle Wege eröffnen. Respiritualisierung verlangt ja nicht nach einer Wegweiserkirche, die anderen jenen Weg zeigt, den man selbst nicht geht. Es braucht vielmehr spirituelle Weggemeinschaften.

Qualitätsvolles spirituelles Leben hat im Laufe der Geschichte unentwegt von der Begegnung mit solchen erfahrenen Meistern und Meisterinnen gelebt. Nun kann man solche Charismen, wie sie eine Teresa von Avila oder ein Franz von Assisi hatten, nicht planen und machen. Bloß: So, wie unsere Priesterschaft, unsere Ehrenamtlichen und Hauptamtlichen zur Zeit ausgestattet sind, fehlt ihnen diese spirituelle Primärkompetenz in aller Regel. Wir beobachten eine Art spirituellen Ausblutens des kirchlichen Personals, was wiederum erheblich zum Ausbluten der Kirche beiträgt. Gesucht sind »zeitoffene«[33] Gottesmänner und Gottesfrauen, Laien und Priester, die beides verbinden können: die mitten im Leben der Menschen zeitoffen anwesend sein können und zugleich stark zurückgebunden sind in Gottes Geheimnis. Diese mystische und mystagogische Kompetenz zu erwerben ist das Kreuz der modernen Amtsträger und auch aller Christinnen, dass sie diese Spannung aushalten zwischen der Nähe zu den modernen Menschen und sich nicht abbringen lassen, zeitgleich tief einzutauchen in das Geheimnis Gottes – und in dieser Spannung ihren Dienst tun.

Vorgänge

Karl Rahner hat am Ende seines Lebens bei vielen Begegnungen unentwegt die Frage gestellt, ob nicht die Freiheitsgeschichte jedes einzelnen Menschen eine kleine Offenbarungsgeschichte Gottes in diesem einmaligen Leben sei. Wenn das so ist, sind wir ermächtigt zu sagen, dass jede und jeder eine kleine heilige Schrift in sich trägt, in der lesen zu lernen eine Aufgabe des Lebens ist. Die Pastoral hat hier die Pflicht, mit den Menschen lesen zu lernen und zu üben. Eben nicht nur die große heilige Schrift zu lesen, die immer als Prüfstand für diese individualisierten, kleinen heiligen Schriften wichtig ist, sondern auch im konkreten Leben der Menschen Gottes Spuren zu lesen.

In Zukunft wird es nur noch Gotteserfahrung aus erster Hand geben, die zählt. Im eigenen Leben gibt es keine geliehene, keine vermittelte Erfahrung der Gegenwart Gottes. Es braucht diese Ursprünglichkeit und Unvermitteltheit im eigenen

---

33 Vgl. Paul M. Zulehner/Hennersperger, Anna: »Sie gehen und werden nicht matt.« (Jes 40,31) Priester in heutiger Kultur. Ergebnisse der Priesterstudie 2000, Ostfildern 2001; die hier vorgelegte Typologie der unterschiedlichen Weisen, wie Priester sich der Moderne nähern (zeitlos, zeitoffen, zeitnah, zeitgemäß), lässt sich auch auf Laien übertragen.

Inneren, in meinem eigenen Leben. Eine mystagogische Pastoral lehrt Menschen, jene Erfahrungen zu erkennen und zu verstehen, die sie bereits haben mit dem Geheimnis, das das Leben immer schon ist – denn Gott kommt unserem Tun mit seiner Gnade zuvor.[34] Gott wird also nicht in das Leben der Menschen hineingetragen, sondern das Göttliche im Menschen wird aufgespürt, freigelegt, als Mitte des Lebens machtvoll und heilsam in bewundernswerter Weise wirksam. Christliche Kirchen werden daher eine Art Mystik für Anfängerinnen entwickeln, Schulen der Meditation und der Kontemplation, des Gebets und des Segnens. Dazu müssen wir freilich strukturell »übersiedeln« aus einer versorgenden Seelsorge in eine mystagogische Seelsorge.

Ein weiteres Herzstück wäre die Weiterentwicklung unserer Gottesdienste. Sorgsam die *Ars celebrandi* und die *Ars praedicandi* einzuüben, würde unseren Liturgien gut tun und könnte erfahrbar machen, dass Liturgie *die* zentrale Spiritualität der Kirche ist – erneut eine Alternative zu individualisierter Spiritualität. Unsere Gottesdienststudie[35] zeigt, dass sehr viele Leiden an den Gottesdiensten sich an zwei Punkten festmachen: Nämlich an der Art und Weise, wie der Priester dem Gottesdienst vorsteht, und wie gepredigt wird. Die Vision wäre, dass Menschen von Gott versammelt werden und dass sich die feiernde Gemeinde dem Risiko aussetzt, dass eine sozial zerklüftete Gemeinschaft von »Juden und Christen, Sklaven und Freien, Männern und Frauen« (vgl. Gal 3,28) hineingewandelt wird durch die Kraft des herabgerufenen Gottesgeistes, in einen Leib hingegeben, in eine Gemeinschaft, die dient. Wenn Helmut Schüller, ehemals Generalvikar der Erzdiözese Wien, meinte, die Gottesdienste der Wiener Pfarrgemeinden seien »religiös verschönte sonntägliche Konditoreibesuche«, ist das eine scharfe Kritik. Der nur zu entgegnen, indem Christinnen sich zukünftig beim Gottesdienst in Gottesgefahr begeben und zulassen, dass ein »gottvoller und erlebnisstarker« Gottesdienst sie nicht nur ergreift, sondern auch verändert und zu Umkehr und konkretem, verändertem Handeln drängt. Dies wäre ein wesentliches Kriterium christlicher, eucharistischer Spiritualität.

Günther Nenning schreibt in seinem Buch »Gott ist verrückt« in seiner typischen Art als Überschrift über sein fünftes Kapitel:[36] »Die Sehnsucht boomt, aber die Kirchen schrumpfen.« Als Pastoraltheologe, als Pastoraltheologin können wir nur formulieren: Hoffentlich schrumpfen die Kirchen *noch*. Aber wir hoffen auf eine Zeit, in der Kirchen das werden, wozu sie beauftragt sind: Ein Ort der erlebbaren Nähe Gottes zu uns Menschen, was uns zu einer spirituellen Gemeinschaft formt, die gottnah und menschennah in einem ist. Ein Ort, wo Menschen das werden, woraufhin sie Gott erschaffen hat: Liebende in der Art jenes Gottes, der die Liebe ist. So können wir vielleicht auch einer der ersten und besten gesellschaftlichen Orte für jene spirituellen Wanderer werden, die wir oben beschrieben haben. Schön wäre es, wenn sie ein Stück unseres Weges mit uns gehen wollten und wir dabei voneinander lernen können.

---

34 Vgl. Zulehner, Paul M. im Gespräch mit Karl Rahner: Denn Du kommst unserem Tun mit Deiner Gnade zuvor. Zur Theologie der Seelsorge heute, Ostfildern 2002.
35 Zulehner, Paul M./Beranek, Markus/König, Marcus: Gottvoll und erlebnisstark. Für eine neue Kultur und Qualität unserer Gottesdienste, Ostfildern 2004.
36 Nenning, Günther: Gott ist verrückt. Die Zukunft der Religion, Düsseldorf 1997.

Autorinnen und Autoren

Univ. Doz. Dr. Christoph Benke	Lektor am Institut für Dogmatische Theologie, Katholisch-Theologische Fakultät der Universität Wien, und Seelsorger am Zentrum für Theologiestudierende (Wien)
Univ.-Prof. P. DDr. Georg Braulik OSB	Vorstand des Institutes für Alttestamentliche Bibelwissenschaft, Katholisch-Theologische Fakultät der Universität Wien
Univ. Prof. Dr. Hans-Jürgen Feulner	Vorstand des Institutes für Liturgiewissenschaft, Katholisch-Theologische Fakultät der Universität Wien
Univ. Prof. DDr. Johann Figl	Vorstand des Institutes für Religionswissenschaft, Katholisch-Theologische Fakultät der Universität Wien
Univ. Prof. Mag. Dr. Ingeborg Gerda Gabriel	Vorstand des Institutes für Sozialethik, Katholisch-Theologische Fakultät der Universität Wien
Univ. Prof. Dr. Hanna-Barbara Gerl-Falkovitz	Vorstand des Lehrstuhls für Religionsphilosophie und vergleichende Religionswissenschaft der Technischen Universität Dresden
Univ. Prof. Dr. Hans-Joachim Höhn	Universitätsprofessor für Systematische Theologie an der Philosophischen Fakultät der Universität Köln
Univ. Prof. Dr. Roman Kühschelm	Vorstand des Institutes für Neutestamentliche Bibelwissenschaft, Katholisch-Theologische Fakultät der Universität Wien
Univ. Prof. Dr. Herbert Pietschmann	Vorstand des Institutes für Theoretische Physik der Universität Wien

Mag. Regina Polak	Assistentin am Institut für Pastoraltheologie, Katholisch-Theologische Fakultät der Universität Wien
Univ. Prof. DDr. Johann Reikerstorfer	Vorstand des Institutes für Fundamentaltheologie, Katholisch-Theologische Fakultät der Universität Wien
ao. Univ. Prof. Dr. Kurt Remele	Professor am Institut für Ethik und Gesellschaftslehre, Katholisch-theologische Fakultät der Universität Graz
Univ. Prof. Dr. Bertram Stubenrauch	Professor für Dogmatische Theologie, Katholisch-Theologische Fakultät an der Universität Wien
Univ. Prof. Dr. Günter Virt	Vorstand des Institutes für Moraltheologie, Katholisch-Theologische Fakultät der Universität Wien
Univ. Prof. Dr. Josef Weismayer	Vorstand des Institutes für Dogmatische Theologie der Universität Wien
Univ. Prof. DDr. Paul M. Zulehner	Dekan der Katholisch-Theologischen Fakultät und Professor am Institut für Pastoraltheologie, Katholisch-Theologische Fakultät der Universität Wien